U.S. Cultural Diplomacy and Japan in the Cold War Era

アメリカ文化外交と日本

冷戦期の文化と人の交流

藤田文子——［著］
Fumiko Fujita

東京大学出版会

U.S. Cultural Diplomacy and Japan in the Cold War Era
Fumiko Fujita
University of Tokyo Press, 2015
ISBN 978-4-13-020302-9

アメリカ文化外交と日本／目　次

［カバー写真］シンフォニーオブ・ジ・エアの「少年少女におくる音楽会」（日比谷野外音楽堂）、米国国立公文書館所蔵

はじめに

一九五五年五月三日、日比谷公園の一角にある日比谷公会堂には、夕方六時の開場前から人が続々と集まっていた。アメリカから来日した交響楽団のシンフォニー・オブ・ジ・エア[1]の演奏を心待ちにする人々だった。いまでは知る人も少ない交響楽団だが、当時はアルトゥーロ・トスカニーニが指揮したNBC交響楽団の後身として世界的に有名だった。日本ではそれまでにも外国人アーティストの公演は珍しくなかったが、海外の交響楽団といえば、一九三九年にロシア人演奏家で構成されるハルピン交響楽団が来日したくらいだったから[2]、シンフォニー・オブ・ジ・エアの来日は、日本の音楽愛好家にとって「黒船の来航」にもたとえられる大事件だった。

会場を埋め尽くした三〇〇〇人の聴衆のなかには山田耕筰もいた。「赤とんぼ」や「からたちの花」をはじめとする童謡や歌曲、校歌からオペラ、室内楽曲、交響曲にいたる数多くの作品の作曲者として知られる山田は、日本の交響楽団の生みの親でもあり、一九二五年三月、近衛秀麿とともに日本交響楽協会を創設した。その翌月には、ロシア各地から寄せ集めた三四名の演奏家と日本交響楽協会の楽員三八名による「日露交歓交響管弦楽演奏会」を、東京の歌舞伎座を皮切りに、名古屋、京都、神戸、大阪で開催した。それが、日本の交響楽団による初の演奏会だった[3]。それからちょうど三〇年の歳月が流れていた。山田は、翌日の『毎日新聞』(夕刊)に次のような思いを綴っている。

一九五五年五月三日という日は日本楽団にとって忘れえぬ日となった。こよい、日比谷公会堂で私は、堂を割るような大聴衆のなかに座ると、はるばるニューヨークから渡来したシンフォニー・オブ・ザ・エアの演奏に魅了されたのである。それは実に交響楽の一大饗宴であった。楽団の優秀さとか指揮者の卓越さとかを超えた音の法悦に浴して、ぼうだとしてほおを伝う感激の涙をふく暇もなかったほどであった。〔略〕アメリカからこの世界的楽団を迎え得たことは、まったく奇跡にひとしいというべきであり、我々交響楽運動を展開した者にとっては、日本の交響楽三十年をことほぐ天与の饗宴であるとしか思えないのである。

ああしかし、こよいの音こそは、音楽を熱愛するあらゆる人々の待ちに待った音なのである。その豊かさ、その繊細さ、力強さ、自由さ！　むしろ遠慮〔原文のママ〕とすら思える奔放さ、しかも一糸乱れぬ抑制〔略〕。

こうしてこよいの演奏を思い起こしている私の頭は、まるで雷電に打ちひしがれたようにしびれている。しかしそれは幸福の絶頂にある歓喜のしびれである。〔略〕ああ、実に素晴らしいこよいであった、と私はくり返していう。

山田の脳裏には、日本の交響楽団がたどった波乱の道のりが、戦争の生々しい思い出とともに去来したことだろう。また、憲法記念日のこの日に日比谷公会堂で、あるいはラジオやテレビで中継された演奏に耳を傾けた多くの日本人は、壮絶な戦争の体験を経て、いま再び音楽に酔いしれることのできる平和のありがたさをかみしめたに違いない。この音楽会が、講和後の日本を自由主義陣営に引き入れるためにアメリカが展開した冷戦文化外交の一環であることに思いをはせる日本人は少なかっただろう。

一九五〇年代は自由主義陣営と共産主義陣営が対立する冷戦のまっただなかにあった。しかし、両陣営を率いるアメリカとソ連はともに核保有国であり、軍事力の増強をはかりながらも、冷戦があらたな世界戦争に発展することを望んではいなかった。実際の戦争にはいたらずに相手陣営の結束を崩し、味方の陣営を強化し、中立国を自らの陣営に引き入れることをめざす米ソ両国にとって、公然の、あるいは隠密の文化攻勢は重要な武器だった。

日本では敗戦のあと、アメリカを主体とする連合国軍による占領が六年八か月にわたって続いた。その間にアメリカがアジアにおける協力者とみなしていた中国が共産主義国家になったために、アメリカの期待は日本に託された。対日講和条約が批准されたとき、アメリカは日米安全保障条約を締結して日本に米軍基地を維持し、さらに日本の再軍備を要求するようになった。しかし、それだけでは十分でないことをアメリカの指導者たちは知っていた。日米間の同盟を揺るぎないものにするためには、アメリカを理解し、アメリカに親近感をもち、そしてアメリカの政策に共鳴する日本人の層を拡大しなければならなかった。それができるのは軍事力ではなく、アメリカの広報文化活動、すなわち文化外交だった。

本書では、外交の一翼を担う広報文化活動を「文化外交」という言葉で表現している。海外の人々に働きかける広報文化活動を成功させるためには、対象となる国あるいは地域の人々の考えや心情を把握し、影響を与えることが必要であるから、「心理戦」、「心理作戦」あるいは「心理戦略」と呼ばれることも少なくない。とりわけ、戦争中や冷戦のように、敵対する国が明確に存在するときにはよく用いられる言葉である。あるいは、ネガティヴな意味で使われることが多い「プロパガンダ」という言葉もあるが、広報文化活動とプロパガンダの境界は曖昧なことが多い。最近では、アメリカはもとより日本でも、「パブリック・ディプロマシー」という言葉がよく用いられている。本書では、「文化外交」を政府がかかわる広報も文化活動も教育交流も包括する簡潔な言葉として、「広報文化活動」という一般的な表現とともに用いている。

「文化」という言葉も、その意味するところはさまざまであり、曖昧でもある。「文化」という言葉が好まれる日本では文化センターという名称を使う通販もあるくらいだが、文化をあえて大別すると、音楽、演劇、舞踊、絵画、建築、映画、文学など芸術や大衆文化をさす狭い意味と、ある一定の国や社会あるいは集団に属する人たちの価値観や生活様式、ときには政治や経済のあり方まで含む広い意味がある。たとえば、「文化の日」、「文化庁」、「文化祭」、

「文化遺産」などで用いられる「文化」は狭い意味での文化をさし、「政治文化」、「若者文化」あるいは「異文化」、「多文化」などは、文化人類学的な概念の「文化」を意味している。「文化外交」は、狭義および広義の「文化」をともに海外に紹介することをめざすものである。

アメリカは一九五〇年代を通して冷戦文化外交を世界規模で展開した。なかでも講和後の日本は、アメリカ政府が文化外交の必要性を最も強く認識した国の一つだった。日本人が占領期のようにアメリカの政策に従順に従うことはありえなかった。むしろ占領期には表面化しなかった日本人の屈辱感が反米感情に変わり、共産主義や中立主義に傾くことをアメリカは危惧した。したがって、五〇年代の冷戦期は、アメリカの対日文化外交が最も活発な時代だった。

日本におけるアメリカの広報文化活動は、出版、映画、放送、展示から人物交流、芸術家やスポーツ選手の来日、全国の主要都市にあるアメリカ文化センターの活動にいたるまで多岐にわたった。こうした活動を企画し、実施するにあたっては、アメリカの政府関係者だけでなく日米両国の多数の民間の組織や個人も深くかかわっていた。また文化外交を現場で推進するアメリカ人は、ワシントンで形成される反共外交の指針に従いながらも、日本人の考えや感情を考慮しなければ成功はありえないことを知っていた。しかし日本人の考えや感情も一様ではなかったどころか、とくに一九五〇年代は左翼の影響力がいまよりもはるかに強い時代だった。アメリカの対日文化外交は、アメリカの価値観を一方的に日本人に押し付ける、あるいは巧妙に日本人が受け入れるように仕向ける文化的ヘゲモニーだったとは言いがたい。なぜなら、対日文化外交を形成し、実施するアメリカ人も、それを受けとめる日本人も実に多様だったからである。

一九五二年四月、対日講和条約が発効し、日本は再び主権を手にした。しかし、その後の日本はアメリカへの依存と反発の間で大きく揺れ、六〇年六月には、戦後最大規模の反対運動が渦巻くなかで新日米安全保障条約が成立した。本書では、この約一〇年間の日米関係を、政府間の外交よりもむしろアメリカ文化外交の送り手と日本の受け手の相互関係の視点から振り返りたいと思う。

本書では、まずアメリカ文化外交の軌跡をたどり、それを踏まえて一九五〇年代の対日アメリカ文化外交の形成と活動を概観する。そのあと具体的な例として、米国大使館文化交換局（ＵＳＩＳ）が提供する『父湯川博士』などの映画、ノーベル文学賞受賞作家ウィリアム・フォークナーの来日、エドワード・スタイケンの「ザ・ファミリー・オブ・マン」写真展、一九五五年春のシンフォニー・オブ・ジ・エアを皮切りとする交響楽団、舞踊団、ジャズバンド、その他の芸術家の来日公演を取り上げ、それぞれの内容と日本人の対応を考察する。「日米知的交流計画」は日米民間組織による企画だが、冷戦期における民間の交流と政治の関係を示している。最終章では、こうしたアメリカの対日文化外交の効果をおもに当時の資料から考察する。

講和後のアメリカの対日文化外交からは、歴史の本には登場しない普通の人も数多く見えてくる。政治や経済を中心とする日米関係とは異なる両国の関係も見えてくる。そして、この時代を生きた人々は、六〇年後の私たちにさまざまなメッセージを伝えている。

凡例

一　日本文の引用にあたっては旧漢字を新漢字に、旧仮名遣いを新仮名遣いにあらためている。

一　引用文中の〔〕は、引用者による省略ないし補足であることを示している。

一　個人および組織の英語名は、おもに本文ではなく索引に表記している。

第一章　アメリカ文化外交の軌跡

一九世紀のアメリカでは、情報や文化を海外に伝えたのは宣教師、貿易商、冒険家、教師などの民間人だった。二〇世紀に入ると、アメリカと海外を結ぶ文化・教育交流は、宗教団体、高等教育機関、国際交流団体に加えて、新たにカーネギー国際平和基金（一九一〇年設立）やロックフェラー財団（一九一三年設立）など資金力のある財団が参入し、一層活発になった。政府による文化外交は、第一次世界大戦への参戦という非常事態のもとで始まった(1)。しかし、建国以来、連邦政府の権限拡大を警戒する風潮の強いアメリカでは、文化外交の道は平坦ではなかった。広報かプロパガンダか、相互理解をめざすのか、アメリカ外交の道具なのか、果たして有用なのか、むしろ本来の外交の妨げになっているのではないかなど、さまざまな意見がせめぎ合うなかで展開した。

一　文化外交の原点

第一次世界大戦は史上初の総力戦で、各国は競ってプロパガンダを活用した。ウッドロー・ウィルソン大統領も、参戦から一週間後の一九一七年四月一三日、国務、海軍、陸軍の各長官を構成員とする「広報委員会」（Committee on Public Information）を行政命令によって設置した。委員長には、大統領選挙戦でウィルソン陣営の参謀をつとめたジャーナリストのジョージ・クリールが任命された。クリール委員会と呼ばれることも多い組織の当初の目的は、国内の戦争遂行の士気を高めることにあったが、やがて活動を海外にまで拡大した(2)。

クリール委員会はアメリカ文化外交の原点だった。アメリカで「広報」が「情報（インフォメーション）」という言葉で表現されることが多いのは、クリールが委員会の名前を決めるにあたって、故意の嘘や情報操作を示唆する「プロパガンダ」という言葉を避けるために、「インフォメーション」という言葉を用いたことに起因している。海外の主要都市に設けられたオフィスを「USIS」（米国広報局）、その責任者を「PAO」（広報官）と呼ぶことも、のちのアメリカ文化外交に引き継がれた(3)。

クリール委員会は、その後の文化外交の原型となる多様な企画を実施した。そのなかには映画の製作、パンフレット・漫画・ポスターなどの出版物の作成、展示企画、外国報道機関への情報提供、外国人記者のアメリカへの招聘、広報センターや読書室の設置、英語講座の開設などがある。さらにクリール委員会は、活動の企画および実施にあたって、著述家、大学教員、ジャーナリスト、広告業者から、映画製作者、映画スター、労働組合指導者にいたる多様な領域の民間人を数多く動員し、政府の広報活動には民間の協力が必須であることを示した。

同時に、政府に対するアメリカ人の伝統的な不信感はクリール委員会の活動にも向けられた。クリール自身は著書のなかで、「私たちの努力は一貫して教育的な広報活動だった。私たちは自分たちの陣営の正しさを十分確信していたので、率直かつ単刀直入に事実を提示すれば、それ以外の議論は必要ないと思った」と述べている。しかし、活動の規模が急速に拡大するにつれて、誤報が流されたり、出版物や映画の検閲が行われることもあった。広報委員会は、ヴェルサイユ条約の調印から二か月後の一九一九年八月に廃止された。事後処理も終わらないうちに資金を打ち切られたことに、クリールは憤った。翌年、クリールは、『いかに我々はアメリカを宣伝したか――アメリカ主義の福音を世界の隅々にまで届けた広報委員会の驚くべき物語をはじめて伝える』という長い副題がついた分厚い本を出版し、広報委員会の功績をたたえた。しかし、列強の利権拡大を認めるヴェルサイユ条約に幻滅した多くのアメリカ人は、アメリカの参戦は間違いだったと考え、戦争の士気をあおったクリール委員会を批判した。(4)

二　文化外交の再開

第一次世界大戦によって疲弊したヨーロッパでは、文化の力によって威信を回復しようとする気運があり、その先頭を切ったのはフランスだった。フランス政府は、海外でフランス語教育を推進する民間のアリアンス・フランセーズ（一八八三年設立）に財政支援を行うと同時に、一九二三年には外務省内に文化局を設置し、フランス語とフランス文化の伝播に力を注いだ。イギリス政府も、ソ連、イタリア、ドイツなどの共産主義国家や全体主義国家が次々と文化外交を開始したのに対抗して、一九三四年に英語教育とイギリス文化の普及をめざすブリティッシュ・カウンシルの設立に踏み切った。この年には日本でも、日本文化の海外への発進をめざす半官半民の国際文化振興会が創設された。(5)

アメリカ政府が対外広報文化活動を再開したのは、第二次世界大戦が勃発する前年の一九三八年のことだった。フランクリン・D・ローズヴェルト政権は、ナチス・ドイツが中南米で貿易や広報活動を通して影響力を拡大させていることを危惧し、中南米との文化関係の強化を検討する各省間の委員会を立ち上げると同時に、国務省に「文化関係部」を設置した。予算もスタッフも限られていた文化関係部は、国際教育協会、米国教育会議、米国図書館協会、米国学術団体評議会など既存の民間教育組織と提携しながら、中南米に対して、学生や教員の交流、図書館の設置、映画や放送番組の配布などを行った。文化関係部の初代部長に就任したベン・M・チェリングトンは、デンバー大学の社会科学向上財団の責任者として国際交流に長年かかわった経験をもち、文化外交はアメリカの宣伝を行うのではなく、交流と相互理解の推進をめざすべきだと主張する国際主義者だった。[6]

しかし第二次世界大戦の勃発後、ローズヴェルト政権は、文化関係部の地味な活動ではドイツの攻勢に太刀打ちできないと考え、一九四〇年八月、国務省の外に「米州通商文化関係調整局」（翌年七月には米州調整局に、四五年三月には米州局に改称）を設置し、その責任者に三二歳のネルソン・A・ロックフェラーを任命した。富豪ロックフェラー家の次男であるネルソンは、ロックフェラー系列の銀行や石油業にたずさわるかたわら、ロックフェラー家の財政支援に支えられているニューヨーク近代美術館やロックフェラー・センターの要職にもついていた。実のところ、石油業を通して中南米に深いかかわりをもつロックフェラーは、民間の力を活用しながら中南米でより積極的にドイツに対抗することをローズヴェルトに進言した一人だった。ローズヴェルトや側近が国務省の外に広報文化活動を行う組織を設けるというロックフェラーらの提案を支持したのは、国務省は慎重に議論するばかりで行動力に欠けると感じていたからだった。[7]

就任当時のネルソン・A・ロックフェラー（1940 年）
©ImageCollect.com/AdMedia

「ロックフェラー局」と呼ばれることも多い米州調整局は、実業界から芸術やメディアにいたる多様な分野でロックフェラーの幅広い人脈を動員し、貿易の促進をはかると同時に、中南米に向けて活発な広報文化活動を展開した。そのなかには、ワシントンからの短波放送、巡回美術展、音楽会、講演、オフィスならびに図書館の設置、二国間センターの拡充、人物交流、雑誌の刊行、地元の放送局や映画産業の育成などがあった。ハリウッド映画の検閲を行う一方で、ウォルト・ディズニーにドナルド・ダックやグーフィが中南米を舞台に活躍するアニメ映画を製作させたりもした。さらに、ドイツの映画を上映する映画館にはアメリカ映画の供給を停止したり、ドイツ寄りの放送局に対しては、番組のスポンサーや機材を販売する企業に圧力をかけて廃局に追い込むなど強引な手段も辞さなかった。一九四二年には、米州調整局の予算が国務省文化関係部の予算の一〇倍にも達した。国際理解の推進を重視する国務省のスタッフは、潤沢な資金をもとにプロパガンダ色の濃い活動を展開する米州調整局を不信の目で眺めた。[8] 両者の反目は、アメリカ文化外交のあり方をめぐる根本的な見解の相違を反映していた。

一九四一年七月、拡大するヨーロッパでの戦火や深まる日米対立に危機感をつのらせたローズヴェルト政権は、「情報調整局」を設置した。おもな目的は、政府機関と軍部の諜報活動を調整し、安全保障に関する情報の収集と分析を向上させることだった。まもなく情報調整局のなかに「海外情報部」が設けられ、その責任者には、ピューリッツア賞を受賞した劇作家でローズヴェルトのスピーチライターをつとめるロバート・シャーウッドが就任した。これを機に、中南米が中心だったアメリカ政府の広報文化活動はヨーロッパにも拡大されることになった。

日米開戦から半年後の一九四二年六月、情報調整局に代わって、国内および国外に向けて広報活動を行う「戦時情報局」（ＯＷＩ）と、敵国に対して諜報活動や隠密作戦を行う「戦略局」（ＯＳＳ）が設置された。ＯＷＩのなかで引き続き対外広報を担当した海外情報部は、ＯＷＩが設置される四か月前から「ヴォイス・オブ・アメリカ」（ＶＯＡ）として知られる短波放送を開始していた。最初の放送はドイツ語で、「ニュースは私たちにとって、よいこともあれば悪いこともあるかもしれない。私たちは真実を伝えるだろう」と、ＶＯＡ放送の中立性を強調した。敵国を含む広範な地域に情報を発信できるＶＯＡは、アメリカ広報活動の強力な武器となり、戦争末期には四〇か国語で放送を行っていた。海外情報部は、同盟国と広報活動を調整しながら、ニュースやアメリカに関する情報を提供した。パンフレットや冊子、雑誌、本を刊行しただけでなく、民間の出版物も最大限に活用した。オフィスは、ヨーロッパはもとよりアフリカや東アジアにも広がり、世界二八か所に設けられた図書室には、アメリカの歴史、文学、政治、社会、科学技術、医学、政府刊行物など幅広い分野の書籍が並んだ。外国人記者にはアメリカを視察する機会を提供した[9]。

一方、OWIは映画の力も活用した。国の内外で上映されるハリウッド映画に対しては、アメリカや同盟国の好ましくないイメージを控えるように促すとともに、戦争の士気を鼓舞する映画の製作を奨励した。しかし、ハリウッド映画に見られる扇情主義や人種偏見を危惧したOWIは、映画の事前検閲を行うようになった。抑制されたプロパガンダを志向するOWIと、映画にスリルと興奮を求めるハリウッドとの関係は緊張をはらんだものだった[10]。OWIはまた、国内および海外向けに多くのドキュメンタリー映画の製作を手掛けた。そうした映画は必ずしも戦争の士気を高める宣伝映画ばかりではなく、戦後も引き続きアメリカの広報映画として上映される作品も数多く含まれていた[11]。

第二次世界大戦中の対外広報活動は、第一次世界大戦時の活動をはるかに超える規模で展開したが、同時にアメリカでは、報道や出版を厳しく規制した戦時中の日本とは異なり、政府の活動は常に批判にさらされていた。とくに海外情報部には、責任者のシャーウッドを筆頭にニューディール政策の支持者が多かったために、保守派からは、しばしば広報の内容が政権寄りだと非難された。VOAがムッソリーニ失脚直後のイタリアの政治状況を報じたときには、その内容が政府の立場よりもさらに急進的であることを問題視する記事が『ニューヨーク・タイムズ』紙の一面に掲載された[12]。

国務省の文化関係部は、華々しい活動を繰り広げるOWIやVOA、あるいは米州調整局のかげで目立たなかったが、OWIや米州調整局と提携する機会も増大した。海外の教育機関との書籍や教材の交換、海外での英語クラスおよび文化センターや図書室の運営などの活動はこれまでよりも活発になり、活動地域も中国や中東に広がった。さらに、一九四四年一二月には、従来、交流を重視してきた文化関係部にとって、外交色を強めることになる組織変更が行われた。広報文化担当国務次官補の職が新設され、その下に設けられる広報局に、文化関係部は「科学教育芸術部」と名を変えて組み込まれることになった。これに対して、文化関係部の初代部長だったチェリングトンを中心とする国際主義者は、文化が政治に利用されることを警戒し、議員や政府関係者に変更の撤回を促した。チェリングトンらの強い要望に応じて、部署の名前は「文化協力部」に変更されたものの、アーチボルド・マクリーシュが初代広報文化担当国務次官補に就任したためにチェリングトンらの危惧は解消されなかった。ハーヴァード・ロースクール出身で詩人のマクリーシュは、連邦議会図書館長のかたわらOSSの設立にかかわり、またOWI次長をつとめるなど、文化と政治の融合を象徴していた。(13)

国務省（1950年）
提供：The Historical Society of Washington, D.C.

三　文化外交の継続

第二次世界大戦の終結とともに、OWIとOSSは廃止されることになった。外交政策担当者の間では、世界の超大国となったアメリカにとって対外広報は欠かせないという認識はあったものの、平時には小規模な活動で十分だと思われていた。ハリー・S・トルーマン大統領は、一九四五年八月三一日、残存するOWI、米州局、国務省文化協力部を吸収する「暫定国際広報部」を国務省に設置し、そこで戦後の対外広報の組織と役割についての検討を行うと発表した。声明のなかでトルーマンは、「今日の外交の性質を考えると、対外広報は外交の遂行にとって欠くことのできない要素であり、その維持はアメリカにとって不可欠である」としながらも、海外の人たちにアメリカについての情報を伝えるのは、おもにニュース、映画、コミュニケーションなどにかかわる民間の組織や個人であり、政府の役割は、民間の活動を支援し補完することにあるとの見解を明らかにした。さらにトルーマンは、戦後の対外広報は、戦時中のように他国の広報活動に対抗するのではなく、「アメリカ人の生活およびアメリカ政府の目的と政策について、十分かつ公正な描写を他国の人々に提供する」ことにあると述べた[14]。

翌月には、広告・出版業界で活躍した経歴をもつウィリアム・ベントンが二代目の広報文化担当国務次官補（翌一九四六年に広報担当国務次官補に改称）に就任し、新たな広報組織の検討を指揮した。その結果を踏まえて、一九四六年一月、国務省に設置された「国際広報文化局」が、OWIの傘下にあったVOAおよび海外拠点のUSISや図書館を引き継ぎ、報道、放送、出版、映画、人物交流などの活動を継続することになった。ベントンは、戦時中の対外広報活動の大幅な縮小を望む大統領や議会の意向をくんで、現地採用者を含む一万一〇〇〇人を超えるOWIと米州局のスタッフを三〇〇〇人に削減した。しかし、議会はさらなる削減を求めた。予算は、一九四六会計年度（一九四五年七月～四六年六月）の四五〇〇万ドルから、一九四七年度には二五四〇万ドル、一九四八年度には二〇七〇万ドルに削られた[15]。活動の大幅な縮小をよぎなくされた国際広報文化局は四七年九月に改組され、名称も「国際広報教育交流局」に変わった。活動は教育交流を中心とし、ほかに海外のUSISや図書室の運営、小規模なVOAの実施、報道、展示、映画上映などを行うことになった。

戦後、アメリカ文化外交は存続したものの、アメリカ人の不信感は依然として根強かった。ベントンは「国務省はいわゆるプロパガンダにかかわるつもりはない」と明言したが[16]、議会はもとより、国務省のなかにも警戒心を抱く人は少なくなかった。伝統的な外交を重視する国務省のスタッフは、内密に行われるべき外国との微妙な交渉がプロパガンダやVOAの報道によって損なわれることを警戒した。

四　冷戦文化外交の誕生

戦後の小規模なアメリカ文化外交を飛躍的に拡大させたのは冷戦だった。一九四七年三月、トルーマン大統領は、ギリシャおよびトルコへの経済軍事援助を議会に提案するにあたって、国際的な規模で共産主義勢力に対抗するアメリカの方針を表明した。六月には欧州復興計画（通称マーシャル・プラン）が発表され、七月には国家安全保障法の成立によって国家軍事機構（二年後に国防総省に改称）、中央情報局（CIA）、国家安全保障会議（NSC）が設置された。他方、九月にはヨーロッパでも各国共産党の情報交換を目的とするコミンフォルムが結成され、アメリカを攻撃する広報活動が活発になった。(17)

この年の五月、共和党下院議員カール・E・ムントと共和党上院議員H・アレグザンダー・スミスが共同で米国広報教育交流法案を議会に提出し、法案は七月に下院を通過した。上院での議決を前に、ムントとスミスは上下両院の議員たちとともに、九月から一〇月にかけての五週間、ヨーロッパと中東の二二か国を歴訪し、対外広報、とくにUSISの活動を視察した。視察報告書には、共産主義勢力によるプロパガンダの猛威が次のように描かれている。

いま、ヨーロッパは再び広大なイデオロギーの戦場となり、そこでは、おおむね言葉が武器に代わって攻撃・防御の道具として使われている。ソ連とソ連に従順なヨーロッパ中の共産党が、西欧の民主的な国々に対するこの言葉の戦争において主導権を握っている。ヨーロッパの民主的自由と経済的安定に献身する最大最強の国であるアメリカをヨーロッパのいたるところで主要な標的とし、中傷と虚偽の組織的活動をたくらみ、展開している。(18)

それに対してUSISが「単なるささやき」しか返していないことに報告書は警鐘を鳴らした。

一九四八年一月に成立した「米国広報教育交流法」(通称スミス・ムント法)は、視察報告書よりも穏やかな表現で、アメリカ政府が「他国において米国のよりよい理解を促進し、米国民と他国民との相互理解を増大させる」ために、アメリカの国・国民・政策についての情報を海外に伝える「広報活動」と、人・知識・技術の交流、技術などのサービスの提供、および教育・芸術・科学分野における成果の交流を推進する「教育交流活動」を行うことを宣言した。スミス・ムント法には、政府の対外広報文化活動を規制する要件も盛り込まれていた。一つは、外部の評価機関として「米国広報諮問委員会」と「米国教育交流諮問委員会」を設置することだった。さらに、政府が国内世論を操作したり、民間のメディアと競合したりすることを避けるために、海外向けの放送や出版物、映画などの国内での使用を禁じた[19]。議会が平時における政府の大規模な文化外交を承認するのは、アメリカ史上初のことだった。それは、相互理解に平和の願いを託し、民間だけでなく政府の積極的な関与を求めてきた国際主義者たちの努力の成果でもあったが、同時に、冷戦が追い風となったことは否めなかった。

スミス・ムント法の成立を受けて、国務省にはメディアを扱う「国際広報局」(OII)と人物交流を担当する「教育交流局」(OEX)が設置された。一九四六年にすでに議会で承認された学生および研究者の交流を推進する「フルブライト交流計画」は、四八年から教育交流局のもとで始まった。翌年からは、スミス・ムント法に基づき、専門家や知識人、あるいは政府関係者など指導者層を対象とする国務省人物交流計画も実施された。国務省では、OIIとOEXの活動はまとめて「USIE」(米国広報教育交流)と呼ばれた。USIEの責任者である広報担当国務次官補の職は、一九四七年にベントンが離任して以来空席になっていたが、四八年三月に外交官のジョージ・V・アレンが就任した。

一九四九年、米ソの対立はさらに激しさを増した。八月にはソ連が原爆実験に成功し、一〇月には中国共産党が政権を掌握した。トルーマン大統領は国務・国防政策班に安全保障政策の検討を要請し、五〇年四月、大規模な軍事力の増強を勧告するNSC六八（国家安全保障会議文書六八）が提出された[20]。

一方、トルーマンは、四月二〇日、全米新聞編集者協会で行った演説のなかで、共産主義諸国によるプロパガンダにあらためて警鐘を鳴らした。「自由主義は、今日、帝国主義的共産主義勢力の挑戦を世界中で受けている。これは、なによりも人の心をつかむ戦いだ。この戦いでは、プロパガンダが共産主義者にとって最も強力な武器である。彼らは、欺瞞、歪曲、虚偽を熟慮した政策として計画的に用いている」と語り、世界に真のアメリカを知らせる「真実のキャンペーン」の実施を提唱した。「真実のキャンペーン」というスローガンは、アレンに代わって広報担当国務次官補に就任したばかりのエドワード・バレットが思いついたという。バレットはOWIでは報道部の責任者をつとめ、国務次官補に就任する前は『ニューズウィーク』誌の編集主幹だった[21]。

冷戦下とはいえ、大幅な予算増額をともなうNSC六八の提言には反対者も多く、トルーマン自身も決断を躊躇《ちゅうちょ》していた。「真実のキャンペーン」も単なるスローガンで終わったかもしれない。事態を一変させたのは、一九五〇年六月二五日に勃発した朝鮮戦争の衝撃だった。トルーマンはNSC六八の実施を承認し、議会は「真実のキャンペーン」を含む対外広報文化活動の予算を大幅に増額した。その結果、一九五一年には、前年に比べて、外国人指導者の招待は三九〇〇人から一万人に、本や雑誌の出版は一五〇万点から三七〇万点に、ドキュメンタリー映画の製作は三倍に増加した。「真実のためのキャンペーン」用の印刷物は、一億二五〇〇万種類におよんだ[22]。

対外広報文化活動の一九五二会計年度予算は一億一五〇〇万ドルにまで膨れ上がり、国務省予算の半分を占めた。広報文化担当の職員も国務省の全職員の半数に達した。「真実のキャンペーン」の導入によって広報活動の反共色が強まったこともあり、国務省では伝統的な外交を担うスタッフと広報文化担当者との軋轢《あつれき》が顕著になった。その結果、一九五二年一月には、国務省内に国務長官に直属する半独立機関として「国際広報庁」（IIA）が設置され、国際広報局と教育交流局はその傘下に入った。同時に、国際広報庁の一九五三会計年度予算は八六五〇万ドルに削減された[23]。

朝鮮戦争の勃発はまた、国務省、国防省、軍部、CIAが個別に行っている対外広報、文化活動、諜報活動、および心理作戦を調整し、効率化をはかる必要性を浮き彫りにした。一九五一年六月、トルーマン政権は、「心理作戦のより効率的な立案、調整、実施」のために「心理戦略本部」(PSB)を設けた。正式メンバーは国務次官、国防副長官、CIA長官で、大統領によって任命される本部長には、立案や調整の結果をNSCに報告する義務があった。本部には五〇人から七五人の職員がいたが、常任はその半数で、残りは省や部局からの出向だった。(24)

五 USIAの設立

一九五三年一月、ヨーロッパ戦線の連合軍総司令官として連合国を勝利に導いたドワイト・D・アイゼンハワーが大統領に就任した。アイゼンハワーは、米ソの武力衝突を避けたいという思いからも、また第二次世界大戦中の体験からも心理作戦の熱心な支持者だった。戦争の終了後には、「口頭や文書でメッセージを伝えるために投入する人と資金は、敵の抵抗する意志をくじき、潜在的味方の戦う士気を維持することに貢献する重要な要素だった」と書いている。(25)アイゼンハワーの対外広報に寄せる信頼は終生変わることはなかった。亡くなる三か月前の一九六八年一二月には、翌月に発足するニクソン政権で米国広報庁(USIA)長官をつとめるフランク・シェイクスピアを病室に招き入れ、USIAの歴史、使命、有用性について二時間近くも語り、アイゼンハワーの豊富な知識と熱意にシェイクスピアは圧倒されたという。(26)一九五〇年代にアメリカ文化外交が活発に展開した要因の一つは、紛れもなくアイゼンハワー大統領にあった。

アイゼンハワーは、一九五三年二月、大統領就任後初の年頭教書のなかで、「国際広報活動に関する政府のあらゆる活動を一層効果的にする」ことを約束した。(27)そのときにはすでに、アイゼンハワーは心理作戦の調整を担当する大統領特別補佐官の職を新設し、チャールズ・D・ジャクソン（通称C・D・ジャクソン）を任命していた。戦前はタイム・ライフ社の幹部だったC・D・ジャクソンは、戦時中はOWIおよびアイゼンワーが率いる連合軍最高司令部で心理作戦を指揮し、戦後は再びタイム・ライフ社に戻った。一九五一年からはアイゼンハワーの大統領選挙参謀をつとめ、アイゼンハワーから全幅の信頼を得ていた(28)。

VOAから海外にメッセージを送る初の大統領ドワイト・D・アイゼンハワー（1957年）
提供：Eisenhower Library

アイゼンハワーはまた、大統領に当選するとすぐに投資会社の重役でCIA副長官の経歴をもつウィリアム・H・ジャクソンを委員長とする「国際広報活動大統領諮問委員会（通称ジャクソン委員会）」を設置した。このほかにも、ネルソン・ロックフェラーを委員長とする「政府機構に関する大統領諮問委員会」、トルーマン政権時から活動を続けている「上院外交委員会海外プログラム小委員会」、政府の対外広報活動を評価する外部機関の「米国広報諮問委員会」などが、それぞれに対外広報活動のあり方と組織について検討を行った。主要な争点は、どこが対外広報文化活動を担当するかということだった。広報と外交の連携を緊密にすることを重視する人たちは、引き続き国務省が対外広報を担うべきだと考えた。他方、国務省から独立した機関のほうが効果的な活動を行うことができると考える人たちもいた。

アイゼンハワー（左）とジョン・フォスター・ダレス（右）（1956年）
提供：Eisenhower Library

Ｃ・Ｄ・ジャクソンとロックフェラーは独立案の支持者だった。米国広報諮問委員会は、議会に半年ごとに提出する報告書（一九五三年一月）のなかで「国務省の熱意と創造力の欠如」を指摘し、最終的には省レベルの海外広報担当機関の新設を提言した。Ｊ・ウィリアム・フルブライト上院議員も委員をつとめる上院外交委員会海外プログラム小委員会は、最終報告書のなかで、効果的な対外広報は「慎重で伝統に縛られる官僚的な外交組織の枠組みでは、到底対処できない」と指摘したが、当面は国務省のなかで活動を強化することを提案した。同時に、教育文化交流を国務省に残すのであれば、独立機関を設置することにも反対ではなかった。フルブライトらは、対外広報の必要性を認める一方で、プロパガンダになる可能性を想定し、交流活動がプロパガンダに利用されることを防ごうとしたのであった。各委員会の調整役を担ったＣ・Ｄ・ジャクソンは、上院での承認を得る代償として広報と教育文化交流の切り離しに同意した。[29]

国務長官ジョン・フォスター・ダレスも独立案に賛成だったが、ダレスの場合は、国務省は対外広報に煩わされずに本来の外交に専念すべきだと考えていたからだった。ダレスの考えは、一九五二年初頭からジョゼフ・マッカーシー上院議員らがあおり立てた反共旋風によって一層揺るぎないものになった。マッカーシーは、対外広報が共産主義に寛容なスタッフに牛耳られていると告発し、ＶＯＡは上院非米活動調査委員会で激しい攻撃の矢面に立たされた。一九五三年三月には海外の図書館に関する公聴会が始まり、マッカーシーの部下たちはヨーロッパのＵＳＩＳを訪れて、危険な書籍を探しまわった。パニックに陥った国務省は、危険な本を除去するように海外のＵＳＩＳに指示したが、実際には、共産主義をたたえるような書籍はほとんどなかった。しかしダレスにすれば、攻撃の火種を国務省から取り除くのに越したことはなかった。(30)

ジャクソン委員会で事務局長をつとめた国務省のアボット・ウォッシュバーンとCIAから参加したヘンリー・ルーミスは、のちにUSIAの幹部として活躍することになるが、二人とも当初は、対外広報活動を国務省に残すほうが望ましいと考えていた。しかし、ダレスの広報に対する否定的な態度を知ってからは、独立案を支持するようになったという。(31) 六月末に大統領に提出されたジャクソン委員会の報告書は、対外広報をより効果的にするための方策を数多く提言しているが、組織の独立については明言していない。(32) しかし、このときまでにアイゼンハワー政権は新しい広報機関の設立に動き出していた。

一九五三年六月、アイゼンハワーは、海外での情報収集ならびに広報活動を担当する「米国広報庁」（USIA）の設立を議会に提案した。USIAは八月一日に発足したが、それに先立ちアイゼンハワーは、USIAの任務について次のように述べた。「私たちには、世界の平和、自由、進歩という目標をめざす政策がある。だが、その政策は世界中のすべての人に知られ、理解されなければならない。それが、新しいUSIAの責任である」と。さらに、海外の拠点であるUSISにあてた通達のなかでは、USIAの役割を、「合衆国の目的と政策が、自由、進歩、平和を求める人々の正当な願いに合致し、それを推進するであろうという証拠を、コミュニケーション技術を用いて他国の人々に提示すること」であると定義している。(33)

一九五三年九月、アイゼンハワーはジャクソン委員会の提言に基づき、効率の悪さで知られる心理戦略本部（PSB）を廃止し、新たに「作戦調整本部」（OCB）を発足させた。一見実態のわからない名称になったのは、「心理戦」という好戦的なイメージを避けるためだったという。(34) 国務次官、国防副長官、CIA長官、海外活動局長官、大統領代行（C・D・ジャクソン）から構成され、そのうち国務次官が本部長になった。また必要に応じて国家安全保障会議

（NSC）担当大統領特別補佐官も出席した。OCBの任務は、NSCで決定される外交政策の指針をもとに広報計画を立案し、NSCに提言することだった。常任職員は四八人で、多様な地域や課題に関する調査ならびに提案作成は作業班に委託された。一九五四年春には二三の作業班が活動していた。独立機関として設置されたPSBは関係省局の調整に手間取り、とくに国務省との摩擦に悩まされたが、NSCの下部組織であるOCBは、関係省局の間の対立に巻き込まれることが少なかった。(35)

六　アイゼンハワー政権期のUSIA

アメリカ文化外交を担う組織は、戦後八年の間に、戦争終結直後の暫定委員会を別にしても、名称と構成が五回も変わった。国務省の外に出ることによって、やっと安住の地を得ることができたのだった。USIAの本部は一九八三年に移転するまで、ホワイトハウスから二ブロック離れたペンシルヴェニア・アヴェニューにあった。人目を引くこともない一一階建てのグレイの建物だったが、入口脇の標識には、「アメリカの物語を世界に伝える」というUSIAのモットーが刻まれていた。USIAの施設はほかにも、ワシントンとニューヨークに一〇以上あった。(36)

USIAの組織は大きく分けると、職員ならびに各部署を管轄するとともに、関連省庁、とくに国務省と連携しながら活動全体を統括する行政部門、資料や企画を制作し海外に届けるメディア部門、現場で活動する海外部門の三つから構成されている。設立当初は、図1-1が示すように、メディア部門には報道、映画、広報センター、放送（VOA）があり、このうちVOAが最も規模が大きく、海外にも中継基地や番組編成および監視を行う拠点をもっている。VOAとソ連圏が同じ管轄になっているのは、活動のおもな対象が共産圏だったからである。当時、VOAは三四か国語で放送を行なっていたが、企画の七七％が共産圏向けだった。報道部は、速報をほぼ毎日海外に送るとともに、定期刊行物や書籍、パンフレット、冊子、連載漫画などを作成した。広報センター部の仕事は、世界各地にある米国広報局（USIS）に書籍、雑誌、レコード、展示の資材などを届けることだった。英語教育や翻訳も支援した。映画部は、ドキュメンタリーやニュース映画などを製作すると同時に、民間の製作会社や他の政府機関で製作されたフィルムも活用した。一九六〇年初頭のUSIAのメディア部門は、放送、テレビ、広報センター、映画、報道・出版に分かれているが、発足当初とあまり変わらない。USIAと海外の拠点を結ぶ部局は、設立当初はソ連圏、欧州、中近東、極東、米州の五つだったが、一九六〇年初頭までにはソ連圏は欧州に統合され、中近東に南アジアおよびアフリカが追加されている。地域担当長官補佐（AD）は担当地域に頻繁に出向いて本部の方針を伝えるとともに、各

USIA 本部
提供：The Historical Society of Washington, D.C.

USIA 本部の標識「アメリカの物語を世界に伝える」
提供：National Archives

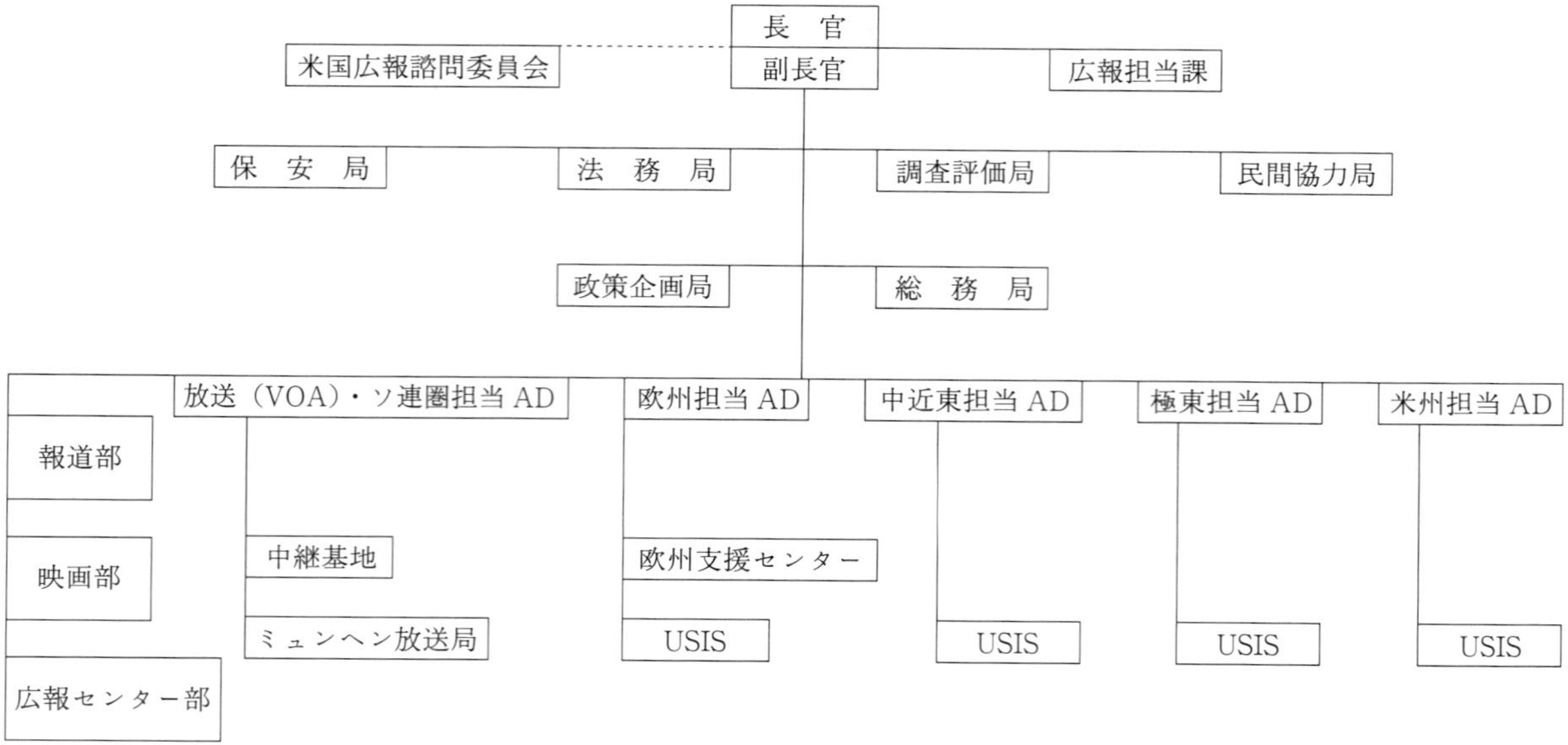

AD：長官補佐
出所：*U.S. Information Agency: First Review of Operations, Aug.-Dec. 1953*, 22.

図 1-1　USIA の組織（1953 年 12 月）

地域の要請を本部の企画に反映させる役割を担っていた。[37]

ＵＳＩＡは世界最大の文化外交の拠点だった。一九五三年末の職員数は、大幅な削減のあとにもかかわらず九二八一人におよんだ。職員の七〇％（六五一二人）が七六か国にあるＵＳＩＳで勤務し、そのうちの八六％が現地採用だった。ＵＳＩＳ以外にも無線放送の番組編成・中継・監視、あるいは報道支援などの業務を行う海外拠点があるので、海外で働くＵＳＩＡの職員数は、実際には全職員の七割を超えていた。一九六〇年三月には一万六五二人の職員の七六％（八〇七〇人）が海外勤務で、そのうちの八五％が現地採用だった。ＵＳＩＳがある国は八五に増加している。[38] いずれの数字も、ＵＳＩＡの活動が多くの現地採用者によって支えられていたことを示している。

1953 年 12 月

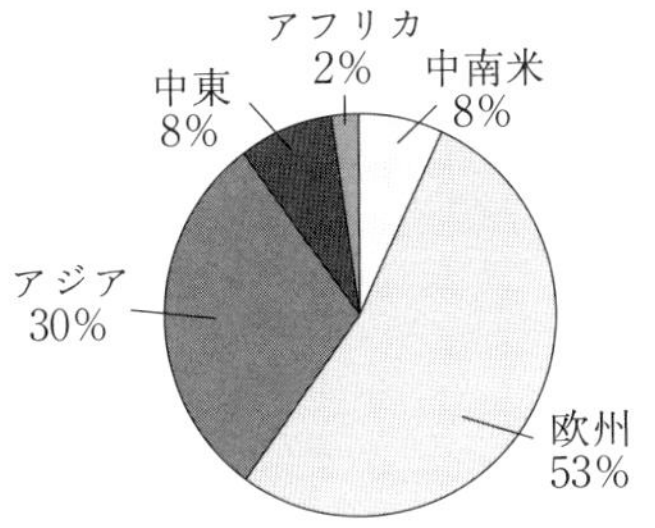

USIS 職員総数 6512 人（内アメリカ人 926 人）

出所：*U.S. Information Agency: First Review of Operations, Aug.-Dec. 1953*, 24-26 から作成

1960 会計年度（1959.7～60.6）予算

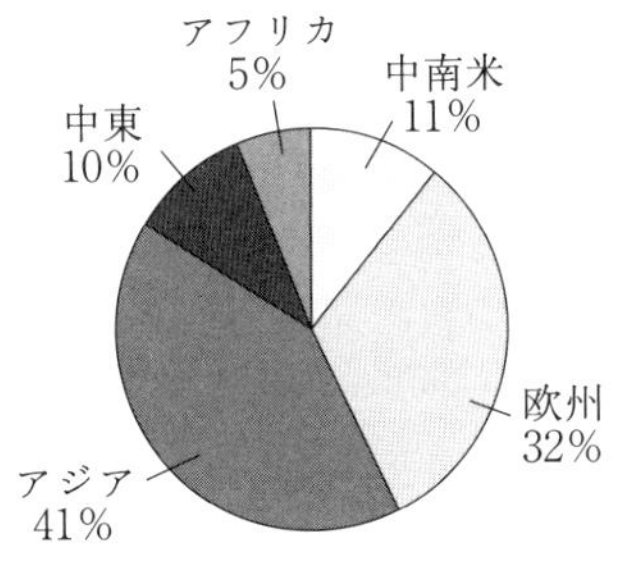

USIS 職員総数 7172 人（内アメリカ人 947 人）

出所：USIA, "The Agency in Brief," Jan. 1960, Section E, 2-16, Sprague Committee Records, Eisenhower Library から作成

図 1-2　地域別 USIS 職員数

海外のＵＳＩＳで働く職員の地域配分がわかる一九五三年一二月と一九六〇会計年度予算の数字を比較すると、図1-2が示すように、ヨーロッパの比重が大幅に減少している。他の地域ではいずれも職員数が増加しているが、なかでもアジアにおける増加が際立っている。ヨーロッパでは、一九五八年一月に締結された米ソ文化技術教育交流協

表1-1 USIA予算 1954～60会計年度

会計年度	額（ドル）
1954	84,217,000
1955	77,299,000
1956	87,336,630
1957	113,000,000
1958	96,517,000
1959	101,673,800
1960	101,557,300

出所：*U.S. Information Agency, 14th Report to Congress, 1 Jan.–30 June 1960*, 27.

備考：1954会計年度は53年8月から54年6月まで．1955会計年度以降は前年7月から該当年の6月まで．

定に象徴されるように、米ソ間に緊張緩和のきざしが見られたのに対して、アメリカは、アジアにおける中国の影響力の拡大、とくにフランスが一九五四年に撤退したあとのインドシナにおける共産主義勢力の拡大を警戒していた。一九五三年一二月にはインドシナのＵＳＩＳの職員数はアジア全体の職員数の七％だったが、一九六〇会計年度予算では、カンボジア、ラオス、ヴェトナム三か国のＵＳＩＳ職員の総数は日本よりも多く、アジア全体の一五％を占めている。また、ヨーロッパの職員数は全体としては減少したものの、東欧（含むソ連）を担当する職員の数は六倍以上に増加し、ヨーロッパ全体の職員数の三〇％近くを占めている。冷戦の終焉はまだ遠い先のことだが、この頃からアメリカは東欧・ソ連における反共勢力の増大をめざす文化攻勢に力を入れていたことがうかがわれる。(39)

連邦議会で決定されるＵＳＩＡの予算（活動費と職員俸給のみで、無線局設置などの費用は含まない）には、表1-1が示すように、かなり大きな変動が見られる。予算を左右するおもな要因は、議会における民主党と共和党の勢力分布にあるが、アイゼンハワー政権のもとで任命された三人のＵＳＩＡ長官の体験は、長官の資質にも影響されることを示している。初代長官のセオドア・ストライバートは、ハーヴァードで経営学修士（ＭＢＡ）を取得したあと、おもに放送局の経営者として活躍し、長官に就任する前はドイツで連合国高等弁務官の広報担当顧問をつとめていた。(40)ストライバートが着任早々、前年度より三六％も少ない予算に対応しなければならなかったのは、一九五二年の選挙で共和党が上下両院の多数派になったからだった。とくに、かねてから対外広報が民主党リベラルによって牛耳られていると非難してきた共和党保守派にとっては、大幅な予算削減を行う絶好の機会だった。ストライバートは、就任

ジョージ・V・アレン

アーサー・ラーソン

セオドア・ストライバート

提供：National Archives

後の半年間に職員の四分の一（二八四九人）を解雇し、三八か所のＵＳＩＳを閉鎖せざるを得なかった。しかし、精力的な努力を重ねた結果、一九五七会計年度予算を一億一三〇〇ドルにまで増額させることができた(41)。

一九五六年一一月、ストライバートの後任に任命されたのは、コーネル大学とピッツバーグ大学の法学部長、およびアイゼンハワー政権一期目の労働次官を歴任したアーサー・ラーソンだった。一九五八会計年度予算が削減された大きな理由は、ラーソンの軽率な発言と運の悪さにあった。一九五七年春、州への昇格をめざすハワイを訪れたラーソンは、共和党員の集りで、「ローズヴェルトならびにトルーマン政権は異質なヨーロッパの思想に影響されていた」という趣旨の発言をした。たまたまハワイに立ち寄っていた民主党議員が地元の新聞でこのことを知り、ラーソンは、前年の選挙で上下両院の多数派となった民主党から、とくに院内総務で上院予算小委員会の委員長をつとめるリンドン・Ｂ・ジョンソンから報復されるはめになった(42)。アイゼンハワーは、議会との関係を悪化させたラーソンを一年足らずで異動させた。

一九五七年一一月に長官に就任したジョージ・Ｖ・アレンは、広報文化担当国務次官補をつとめたあと、大使としてイラン、ユーゴスラヴィア、インド、ギリシャに赴任し、その間に、中東・南アジア・アフリカ担当国務次官補をつとめたベテランの外交官だった。アイゼンハワーがラーソンの後任に外交官を任命したのは、悪化した議会との関係を修復したいという意図からだったが、その期待は裏切られなかった。アレンは、USIAが抱える問題の一つは、「プロパガンダを扱う機関は根本的に悪で、非アメリカ的だというような疑いが、とくに議会で強いこと」だと認識していた。また、「私たちのところに世界で最もすぐれた、最も高価な設備があり、アメリカで最も鋭敏な専門家たちがいたとしても、外国の国民に、政策が彼らにとって本当に最善の利益だと信じさせることは、明らかにそうでないときにできるとは思わない」とも語っていた[43]。粉飾しない情報の提供や英語教育、また文化活動を重視したアレンは、スタッフから高く評価された。国務省や議会との関係も改善し、一九五九会計年度予算は一億ドルにまで引き上げられた[44]。

アイゼンハワーは、大統領退任後の一九六五年、『リーダーズ・ダイジェスト』誌に掲載された寄稿文のなかでUSIAの役割を高く評価するとともに、「私の大統領在任中を通して、私が推奨するUSIAの予算が議会で大幅に削減されなかったことが一年でもあっただろうか」と、議会を非難した。とくにラーソンに関しては、優秀な人材であったにもかかわらず、「一部の主要な議員たちに嫌われたために、私が支持する予算が徹底的に削られ、USIAの効果に甚大な被害をもたらした」と述べた。一九六五会計年度のUSIA予算は一億五六〇〇万ドルだったが、アイゼンハワーは、冷戦に勝つためには、防衛費や宇宙開発費などを削ってでもUSIA予算を五億ドルに、もし必要なら一〇億ドルにでも増額すべきだと主張した[45]。

七　USIAと国務省

USIAは国務省から独立することによって予算や職員に関しては裁量権を握ったが、国務省の管轄下にあることに変わりはなかった。アイゼンハワーは、USIAの設立を議会に提案するにあたって、外交にかかわる行政組織についての覚書を各省の長に送り、そのなかで、USIAの活動を含む外交業務はすべて国務長官の管轄であり、海外のUSISはその国の米国公館代表の指揮下にあることを明言した[46]。その覚書には、USIAが国務省の従属機関であることに念を押しておきたいダレスの意向がうかがわれる。

海外の人々に直接働きかけるUSIAの役割を高く評価し、USIAが省レベルの機関になることを期待した人たちの思いとは裏腹に、政府内でのUSIAの影響力は限られていた。制度的にはNSCを通して大統領に報告することになっていたが、USIA長官がNSCに出席できるようになったのは一九五五年以降のことだった。そのときも、二列目にすわり、発言を求められたときのみ議論に参加した。USIA長官は、毎週開かれるOCBの会合には、発足後まもなく参加を認められたが、一九五五年までは議決に加わる権限はなかった。ストライバートはOCBの会合に毎回出席して発言し、また定期的にアイゼンハワーに会い、間接的にNSCへの政策提言を行った。しかし、ダレスをはじめとする国務省幹部からの支持はなく、海外世論への配慮を重視するUSIAの主張が政策に反映されることはなかった。USIA長官が閣議に参加するようになったのは一九五六年のことだった[47]。

対外広報は外交の主要な要素ではない、あるいはプロパガンダにすぎないという見方も依然として根強かった。その一因は、第一次世界大戦中に設置された広報委員会以来、文化外交の担当者にメディア関係者が多かったことにもある。とくに設立当初のUSIAには、戦時中にOWIに入ったジャーナリスト、ラジオの解説者、番組制作者、あるいは広報・広告の専門家が多く残っていたが、OWIで活躍した著名人は戦争終結とともに民間に戻っていた。フィッツヒュー・グリーンによれば、USIAの職員に対しては「おおむね、ともすれば、さえない」というイメージがあり、一九五四年にUSIAに入ったグリーンは、友人で著名なコラムニストのジョセフ・オルソップから、「君は、いったい何を考えているのか？　なぜ、あんな気が滅入るような連中と一緒に仕事をしたいのか？」と言われたという[48]。

前任地ドイツでのパトリシア・G・ヴァン・デルデン
提供：National Archives

USIAには、コミュニケーション分野にとどまらない多彩な経歴の持ち主がいた。たとえば、一九五二年にアメリカ文化センターの統括責任者として来日したパトリシア・G・ヴァン・デルデンはロサンゼルスの生まれだが、一九三〇年代にドイツ、オーストリア、スイスの大学で学び、第二次世界大戦中はナチスに抵抗するオランダの地下組織に加わった。オランダ人技師の夫は収容所に連行され、消息不明だった。前任地のドイツでは二九か所にあるアメリカ・ハウス（日本のアメリカ文化センターに相当）の統括責任者をつとめ、世界のなかでも重要なUSISの要職についたはじめての女性だった。[49] 一九五五年に日本のUSIS次長として赴任したアーサー・W・ハメル・ジュニアの経歴も波乱に満ちていた。宣教師の息子として中国で生まれたハメルは、戦時中は日本軍に強制収容されたが、脱出に成功し、中国の反日ゲリラ・グループに加わった。[50] 四半世紀にわたってUSIAの職員だったウィルソン・P・ディザードは、外交官とは経歴や気質を異にする職員のなかには、「ある種の押しの強さに加えて、伝統的な外交官の慣習や態度に苛立つ性急さ」を示す人たちもいたが、大半の職員は外交慣例に従いながら、現地の人々との接触を重視するという新しいスタイルを外交の世界にもたらしたと指摘する。[51]

また、外交官と文化外交担当者では、地位も俸給も平等ではなかった。外交官になるためには、むずかしい筆記試験と口述試験を突破し、長い訓練期間を経なければならなかったが、ひとたび合格すれば身分は保証され、ランクも次第に高くなり、最終的な目標である在外公使館の次席最高責任者（大使がいる国では主席公使）の地位をめざすこともできた。他方、一九五〇年代には文化外交担当者の採用はおもに面接で決まり、定年までの在職は保証されず、主席公使になることもまれだった。五〇年代半ばに高松の日米文化センターに赴任したハリー・H・ケンドールの場合は、一九五〇年春にワシントンで面接を受け、翌年一月に採用通知が届いた。その間に半年以上が経過したのは、身元調査が厳重だったからだった。ケンドールは、国務省で三週間の訓練を受け、二月には任地のカラカスに向かった。その後、外交官コースに移りたいと思い、筆記試験に合格したが、口述試験を受ける前にUSIAが設立され、政治や経済よりも広報や文化に関心があったことからUSIAを選択した。ケンドールは、タイ・米国両国センターの責任者を最後に二三年間のUSIA勤務を終えた（ケンドールの日本での体験については第八章を参照）[52]。

文化外交の担い手が不足した一九五〇年代には、外交官試験に合格した若手がUSIAの仕事にまわされることもあった。一九五七年に日本の大使館に赴任したロイ・T・ハヴァカンプの場合は、外交官になるために、一九五一年九月、世界史、アメリカ史、文学、経済など多岐にわたる三日間の筆記試験と半日の語学試験を受けた。一度は不合格になった語学試験に再度臨み、一九五二年六月に口述試験に合格し、八月から三か月の訓練を経て、一九五三年一月に任地に派遣されることになった。二十数名の同期生のうち、六、七割が対外広報の任務に振り当てられ、その大半がドイツのアメリカ・ハウスに送られた。韓国に派遣されたハヴァカンプは広報映画の製作にやりがいを感じたが、ドイツに派遣された同期のなかには、外交に直接かかわることへの期待がはずれ、最初の海外勤務を終えたときに辞任した者も少なくなかったという。ハヴァカンプは、のちにアフリカならびに中米の米国公館に次席最高責任者として赴任した[53]。

USIAは、海外の人々にアメリカの情報や文化を伝えるだけでなく、現地の人々の声をアメリカの外交政策に反映させることもめざしていた。しかし、USIAの創設から退職までの一四年間をUSIAならびに海外のUSISで過ごしたジョン・W・ヘンダーソンは、「国務省を含む古くからある官庁は、外交を遂行するにあたって心理的な要素に十分注意を払うことなく、また残念なことに、USIAがもつ専門知識にも懐疑的であり続けている」（強調は原文による）と指摘する。[54] ヘンダーソンがそう痛感した多くの経験のなかには、日本でＵＳＩＳの報道担当官をつとめたときの体験も含まれていたかもしれない。一九五三年、ジョン・Ｍ・アリソン大使の公邸でアメリカから訪日した一〇人あまりの知事たちのための晩餐会が開かれたとき、ヘンダーソンは、知事たちから日本の印象を聞きたいと待機しているアメリカ人記者たちのために、その機会をつくるように大使に申し入れたが、大使の同意が得られず、大使と言い合いになったという。[55]

ヘンダーソンは、外交官の無理解にしばしば失望しながらも任務に専念するＵＳＩＡの職員をたたえ、次のように書いている。

広報プログラムの成功や失敗がなんであれ、その長所や弱点がなんであれ、そこに大いなる資産が存在することは、近くで見ている人には明らかだ。それは、国内および海外の〔ＵＳＩＡの〕組織で働く人たちの資質と意気込みである。強い動機と高い能力と揺らぐことのない情熱をもつ、これらの男女は、アメリカにおける公共奉仕の最良の伝統にとっての誇りである。[56]

外交研究・研修協会は、アメリカ外交の理解を促進するとともに、外交にたずさわる人たちの研修を支援するために一九八六年に創設された非営利団体である。この組織が設立後すぐに取り組んだ企画は、海外勤務を経験した国務省ならびにＵＳＩＡの退職者から体験談を聞き、オーラル・ヒストリーとして保存することだった。いまでは一八〇〇人以上におよぶ膨大な証言からは、海外でアメリカを代表する職業を選んだ人々の使命感がひしひしと伝わる。[57] 一九五〇年代の対日文化外交にたずさわったアメリカ人もその例外ではなかった。

第二章　対日文化外交の形成と展開

白亜の米国大使館が港区赤坂に建設されたのは一九三一年のことだった。その一〇年後に日米関係は断絶し、大使館も閉鎖された。占領中に日本を統治した連合国軍最高司令官総司令部（GHQ／SCAP、以下GHQと略記）の本部は、皇居を見下ろす外堀沿いの第一生命ビルのなかにあった。講和条約の発効とともに大使館の業務は再開されたが、それに先立ち、米国政府は大使館からほど近い旧南満州鉄道ビルを購入し、大使館別館とした。米国大使館文化交換局（USIS）は、おもにこの大使館別館のなかにあった。[1]アメリカ対日文化外交は、かつては日本の満州支配を象徴した建物を主要な拠点として、ワシントン、東京、各地の地方支部、そしてアメリカ文化センターを結びながら繰り広げられた。

一　占領から講和へ

一九五〇年五月、トルーマン大統領は共和党の外交通として知られるジョン・フォスター・ダレスを対日講和担当の国務長官顧問に任命し、講和への動きが活発になった。講和を控えてアメリカ政府は多くの検討課題を抱えていたが、対日広報文化活動をGHQの「民間情報教育局」（CIE）から国務省に移管することもその一つだった。国務省

サクストン・ブラッドフォード
提供：National Archives

政策局のサクストン・ブラッドフォードがこの任務を託され、占領下の日本で国務省を代表する政治顧問局（GHQでは外交局と呼ばれた）に広報官として着任した(2)。ブラッドフォードは、一九二八年にカリフォルニア大学ロサンゼルス校を卒業したあと一〇年余り新聞の編集者をつとめた。四一年から四二年にかけてはアルゼンチンの米国大使館で働き、その後、海軍に所属しながら『ブエノスアイレスを守る戦い』を出版している。国務省には四五年六月に入省した(3)。

ブラッドフォードは来日から数か月が経過した一九五一年二月、政治顧問局長のウィリアム・J・シーボルドに、「日本人に心からアメリカと協力したいと思わせることができるような日本のUSIE（米国広報教育交流）計画をつくらなければならない」と述べている。しかし、GHQならびに陸軍占領地域再教育部が国務省に移管計画の作成を要請しており、またブラッドフォードも国務省極東課広報担当官のW・ブラッドリー・コナーズと話し合いを重ねてきたにもかかわらず、国務省は計画の立案に動き出していなかった。ブラッドフォードはシーボルドに、日本の緊迫する安全保障およびソ連と中国の対日心理攻勢の増大を国務省に警告するように促した(4)。ブラッドフォードの要請は功を奏し、二週間後にはコナーズがまとめた日本USIE計画のたたき台が国務省関係者に配布された。以後、国務省と政治顧問局を中心に関係部署の間で検討が続き、秋までに大枠がまとまった。CIEが行ってきた報道、放送、出版、映画、図書館、文化活動、および人物交流は、講和後も継続されることになった。しかし目標の重点は、占領期における日本の民主的再建から、「（日本の）独立・安全・文化的進歩・繁栄は、自由世界の集団安全保障体制を通してのみ達成されることを日本人に納得させる」ことに移った。さらに、従来よりも学生や労働者、知識人などを対象とする活動の必要性も確認された(5)。

ブラッドフォードがとくに重視したことの一つは、日本人が自由に考え、自由に行動できるようになる講和後の新たな状況に対応することだった。六年八か月におよぶ占領は、復興にあたったアメリカ人に対する日本人の感謝と親近感をもたらしたが、同時に、日本人のなかに支配されることへの当惑、苛立ち、あるいは憤りの感情が鬱積《うっせき》していることも否定できなかった。日本人の自尊心は敗戦や占領だけでなく、戦前から続くアメリカ国内の人種差別によっても傷ついているように思われた。占領後の対日文化外交では、日本人に劣等感を抱かせないためにも、日米両国の生活水準や社会習慣の違いよりも共通する関心や目的を強調すべきだと、ブラッドフォードは考えた。また、ブラッドフォードがなによりも重視したことは、有能なアメリカ人スタッフの確保だった。アメリカ文化外交の成功は、日本人の関心や考えを理解しながら、アメリカの知的文化的豊かさを伝えることのできる人材にかかっていることをブラッドフォードは疑わなかった。(6)

ＣＩＥの最盛期には三四四人のアメリカ人がおり、このほかにも都道府県にはＣＩＥの活動と類似する広報や教育、青年活動の支援などに従事するＧＨＱのアメリカ人が約二〇〇人いたが、一九五一年夏までにはＣＩＥのアメリカ人も一三一人に減少していた。ブラッドフォードは、ＣＩＥ職員を継続して雇用することには消極的だった。占領軍の日本人に対する高圧的あるいは優越的な態度を払拭する必要を痛感していたからだった。また、優秀な人材の多くがすでに帰国し、残っているアメリカ人の大半は能力不足か、日本人の評判がよくないと思われた。(7)しかし、ＣＩＥには日本をよく知るアメリカ人が多かったし、ワシントンから十分な数の適任者を調達することは不可能だったから、講和後も引き続き対日文化外交にたずさわるＣＩＥ職員は少なくなかった。

二 「対日心理戦略計画」

ワシントンの心理戦略本部（PSB）は、対日講和条約の発効が間近い一九五二年二月、対日心理戦略計画の作成を決定した。「パネルD－27」というコード名がついた作業班は、国務省、国防省、CIAの代表から構成され、責任者は極東担当国務次官補に就任したばかりのジョン・M・アリソンだった。対日心理戦略計画の作成は、省内および各省間の意見を調整するのに時間がかかり、最終案が完成したのは一九五三年一月末のことで、承認したのは大統領に就任したばかりのドワイト・D・アイゼンハワーだった。「対日心理戦略計画」は、国務省、国防省、CIAが留意すべき基本的指針を示したもので、二八枚の本文と二二枚の補足文書からなっている。本文でも触れられている日本人の思考や行動が、「日本人の態度」と題する補足文書のなかでさらに詳しく論じられていることは、心理作戦は日本人の感情や思考に沿ったものでなければ成功しないという認識を如実に示している。(8)

計画書はまず、「アジアにおけるアメリカの諸目的を達成するうえで、日本から最大の貢献を得るために必要な心理戦略計画を作成すること」が課題であると明言したあと、アメリカの諸目的として次の九項目をあげている。

（一）日本の安全と独立の維持
（二）アメリカとの同盟関係の維持
（三）自由主義諸国との円滑な経済関係に支えられた日本経済の繁栄
（四）代議制を基盤とする政治の安定
（五）国内の破壊工作や外からの攻撃に対応できる防衛

（六）太平洋地域の安全に貢献する意思と能力をもつ日本
（七）自由主義諸国に寄与する日本の工業発展
（八）太平洋地域の相互の安全保障と経済的利益のために日本がその一員となること
（九）日本の国連加盟

このように、アメリカの対日文化外交の目標は冷戦外交と直結していた。めざすところは、日本が政治的にも経済的にも安定した民主主義国家として発展し、アメリカと足並みをそろえながら経済的にも軍事的にも自由主義陣営の強化に貢献することだった。

しかし計画書は、対日心理作戦にとって深刻な問題が数多く存在することを警告している。有利な条件が一二項目あげられているのに対して、不利な条件は一九項目にのぼり、そのなかには日本人の強い中立志向や平和主義、中国への親近感、知識人や学生の間で顕著なマルクス主義の信奉、かつての占領者に対する反発、駐留軍に対する不信、日米同盟によって戦争に巻き込まれることへの危惧などがある。

そのうえで、目的を達成するための活動指針が一五頁にわたって列挙されている。そのなかには人物交流や国際親善など米国政府の支援が明示される企画も多いが、それだけではなく、日米安全保障条約に反対する勢力の信用を失墜させるための活動、反共の学生ならびに教師の組織に対する支援、労働組合を共産主義勢力から引き離す工作、日本政府による反共活動の支援など、隠密作戦も少なくない。とくに指導者層の対策が重視されており、それは、タテ社会の日本では指導者がとりわけ大きな影響力をもっているという日本理解にも依拠している。しかし、計画書に盛り込まれた活動の指針はあくまでも総花的であり、目的達成のためには、関係各省および機関が「あらゆる適切な手段を駆使する」必要があると繰り返し述べられている。

米国大使館（1955 年）
提供：共同通信社

三　在日ＵＳＩＳの始動

一九五二年四月二八日、講和条約の発効とともに在日米国大使館による広報文化活動が始まったが、その三か月前に国務省では広報文化活動の担当部署として国際広報庁（ＩＩＡ）が設置されていた。アメリカ政府の広報文化活動を担う海外の部署は戦前からＵＳＩＳと呼ばれてきたが、講和後の日本では「米国大使館文化交換局」と表記され、大使館広報担当参事官のブラッドフォードが責任者になった。しばらくは混沌とした状態が続いた。ＵＳＩＳの別館への移動、建物の改修による活動の一部停止、ＵＳＩＳと大使館との連携の模索、全国各地にあるアメリカ文化センターが入る建物探し、広報活動のための資材不足など多くの問題に対処しなければならなかった。また、トルーマン政権のもとで認可された日本のＵＳＩＳの一九五三会計年度（一九五二年七月〜五三年六月）予算は三一〇万ドルで、このうち広報文化活動に充当できるのは一六〇万ドルだった。ＣＩＥの広報文化活動の年間予算は八〇〇万ドルだったから、活動の内容と規模を大幅に縮小する必要があった。(9)

しかし、最も深刻な問題はアメリカ人スタッフの不足だった。ブラッドフォードは、CIEからUSISへの移行にともなって運営やプログラムにある程度の支障が起こることは想定していたが、「混乱が生じただけでなく拡大したのは、移行日の一九五二年四月二八日までに国務省が日本に十分なスタッフを送らなかったことにある」と、国務省を批判している。活動を開始するにあたって、USISには一〇〇人のアメリカ人と四〇〇人の日本人の採用が認められていた。しかし、講和条約発効の日までに日本人枠は埋まったが、アメリカ人は四〇人しか調達できなかった。当時、総務部長だったG・ルイス・シュミットの回想によれば、USISはCIE職員を含む相当数の採用を国務省に申請したが、半数近くが身元調査を通らなかった。身元調査が極端に厳しかったのは、マッカーシー旋風にさらされていた国務省が必要以上に神経過敏になっていたためだった(10)。

一九五三年一月にはアメリカ人職員は七八人に達したが、全国一九か所にあるアメリカ文化センターではアメリカ人館長が不在の所も少なくなかった。ブラッドフォードは調達されたアメリカ人についても不満があり、「いまいる館長のうち、経験、専門的資格、性格、熱意において適任者は五人くらいしかいない」と述べている。とくにCIEから引き継いだ一部のアメリカ人については、「軍事的・占領者的なやり方と思考習慣を大使館や領事館の活動に適応させることの困難さ」を指摘している(11)。

他方、ワシントンでは一月にアイゼンハワー政権が発足し、ダレスが国務長官に就任した。駐日大使には、ロバート・マーフィの後任として、

USIS-Japan 本部：米国大使館別館（講和後）
提供：共同通信社

日米協会主催の昼食会でスピーチをするジョン・M・アリソン大使（1953年）
提供：共同通信社

「対日心理戦略計画」作成班の責任者だったアリソンが任命され、五月に着任した。アリソンは一九二七年にネブラスカ大学を卒業後すぐに来日し、小田原中学、厚木中学、海軍機関学校（舞鶴）で二年間にわたって英語教師をつとめた。その後、ゼネラル・モーターズ（GM）上海支社での勤務を経て、一九三二年に国務省に入省したあとも、日本（東京、神戸）や中国（大連、済南、南京）の領事館や大使館に勤務し、太平洋戦争が勃発したときには大阪で領事をつとめていた。戦後は、国務省の日本課長補佐、北東アジア課長、極東局次長、北東アジア局長、極東担当国務次官補を歴任した。対日講和条約の交渉にあたるダレスの訪日には常に随行し、条約の草案作成にもかかわった国務省の日本通だった(12)。

ブラッドフォードは四月末に、大使館の広報文化担当者ならびに政治部や経済部のスタッフとともにUSIS計画書を作成した。六月にダレスから大使館に届いた文書は、このUSIS計画書をもとに作成されたもので、アイゼンハワー政権の対日文化外交に対する姿勢を示している。ダレス文書では、対日文化外交の目標は次の三つにまとめられている(13)。

（一）自由で民主的な制度に基づく秩序ある政治・経済・社会の進歩を支援すること

（二）日本の正当な抱負の実現にとってソ連や中国の共産主義は脅威であり、中立主義や「第三勢力」という考え方は間違った解決方法で、国の安全保障のためには適切な対策をとる必要があることを日本人に説得すること

（三）世界の平和・進歩・安全のために、米国ならびに他の自由主義諸国との協力を促すこと

さらに、この三つの目標を達成するために必要な課題が二〇項目列挙されている。その多くは冷戦と直結する内容で、日本人に中国やソ連の実態を知らせることによって共産主義の脅威を警告すること、日米両国の国益の相互依存性を認識させること、日本の再軍備や日米安全保障条約および在日米軍基地に対する日本人の支持を強化することなどがあがっている。同時に、日本人のアメリカに対する正しい理解を促進すること、とくにアメリカの知的・文化的豊かさを紹介し、アメリカは物質主義的で好戦的だというイメージを是正することも課題とされている。さらに、「アメリカが日本文化の成果、価値、活力を認識し、敬意を払っていることを示すこと」も課題だった。

アメリカの対日文化外交の目標が冷戦外交と直結する一方で、現場では必ずしも冷戦に限定されない幅広い活動が行われたのは、ブラッドフォードがかねてから主張しているように、講和後の活動は日本人に受け入れられるものでなければならなかったからである。ダレス文書のもとになっている、ブラッドフォードがまとめたUSIS計画書では、USISが留意すべき日本人の基本的志向が七つあげられている。そのなかの「個人としても国としても認められたいという強い願望」は、ダレス文書では日本文化に対する認識と敬意の必要性として言及されている。ブラッドフォードの文書は、そのほかに、長い歴史と人種的誇りに基づくナショナリズム、たび重なる自然災害や乏しい資源など多くの要因に根ざす不安感、同質的文化、階層社会、海外文化の高い受容、さらに教育ある人々の間で顕著なプロパガンダに対する強い警戒心を指摘している(14)。

日本のUSISは、アメリカ政府の文化外交がプロパガンダとして退けられる可能性に十分配慮しながら、日本人に受け入れられる活動を進める必要があった。ブラッドフォードは、「日本でのIIAの目的を達成するために要求する人材と資金を最大限に活用するために、これらの人材・資金の運用においては国務省が大使館に最大限の裁量を

与える」ように要請した[15]。それは、日本人の考えや心情を考慮しながら計画を進めることができるのは現場の担当者だという思いからだった。

四　USIAの設立とUSIS

一九五三年八月一日、海外のUSISは国務省からUSIAの傘下に移った。教育文化交流は国務省に残されたが、現場ではUSISが引き続き広報も交流も担った。

日本人の著述のなかでUSIAとUSISの日本語表記が統一されていないのは、日本語の正式名称が途中で変更されたからであろう。USIAは発足時から「米国広報庁」と表記されたが、USIAが設立される以前から存在したUSISは、引き続き「米国大使館文化交換局」と呼ばれた。一九六七年に「米国大使館広報文化局」になり、さらに一九八二年にも名称が変更された。そのきっかけは、五年前の一九七七年、新しく発足したジミー・カーター政権のもとで、USIAと国務省の教育文化局を統合し、「米国国際交流庁」(U.S. International Communication Agency)を新設する案が議会で承認されたことだった。しかし、翌年にスタートした組織の名称は馴染みにくく、とくに略称のICAあるいはUSICAがCIAを連想させると不評だったこともあり、一九八二年八月、ロナルド・レーガン政権は統合された組織を変えずに、名称だけをUSIAに戻した。このときに日本では、USIAとUSISの名称がそれぞれ「米国広報・文化交流庁」と「米国（大使館）広報・文化交流局」に変更された[16]。

一九五〇年代を通して在日USISの組織には種々の変更があったものの、大枠では変わっていない。図2-1が示すように、一九五六年二月のUSISには、企画を担当する部署として、ラジオ・テレビ、映画、人物交流、書籍・展示、報道・出版がある[17]。USISの責任者は広報官（PAO）で、大使館の広報担当参事官を兼ねることが多

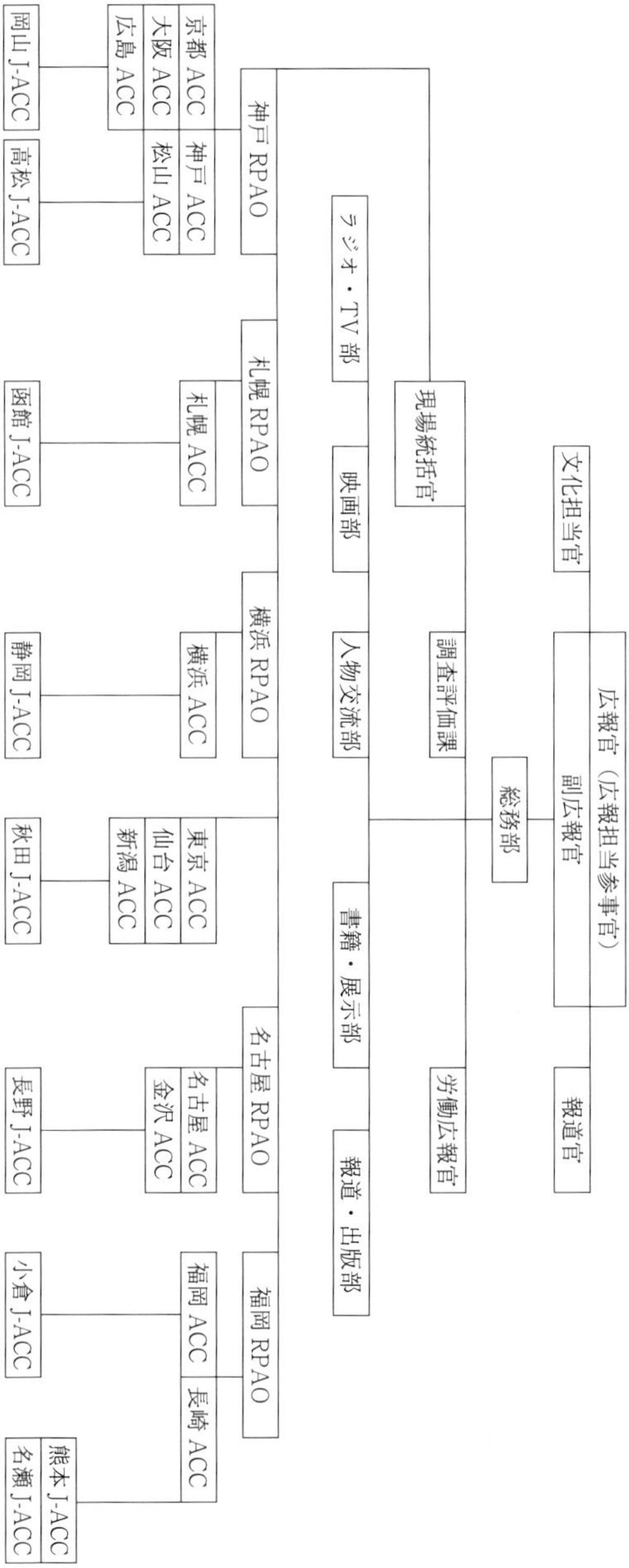

RPAO：地方担当広報官　ACC：アメリカ文化センター　J-ACC：日米文化センター
出所：USIS, Tokyo, to USIA, 8 Feb. 1956, RG306

図 2-1　USIS-Japan の組織（1956 年 2 月）

かった。USIS初代局長のブラッドフォードは、USIAの発足後まもなく本部に異動し、極東担当長官補佐という要職についた。ブラッドフォードの後任に局長代行として着任し、まもなく局長に昇格したウィラード・A・ハナは、戦前にミシガン大学で英文学の博士号を取得したが、さらに戦後、コロンビア大学で国際経営の修士号を取得した。一九四七年に国務省に入り、マニラおよびジャカルタでUSISを設置し、軌道に乗せる仕事に七年間従事した。しかしハナは、来日半年後の一九五四年三月、アメリカのビキニ環礁での水爆実験によって日本のマグロ漁船が被爆したとき、情報のすみやかな公開を主張してアリソン大使と対立し、夏には自ら職を辞した。[18]

一九五四年秋から翌年六月まではウィリアム・ケネス・バンスが局長代行をつとめた。オハイオ州立大学の博士号とコロンビア大学の修士号をもつバンスは、戦前に松山高等学校の教師だった経験もあり、占領期にはCIEの宗教文化資源課長だった。バンスの離任後は、総務部長のG・ルイス・シュミットが短期間、局長代行を兼任した（シュミットの経歴は第四章を参照）。一九五五年一〇月、広報官および広報担当参事官として着任したジョセフ・S・エヴァンズ・ジュニアは、イェール大学を卒業後、『ニューヨーク・ヘラルド・トリビューン』紙や『ニューズウィーク』誌の特派員として、また欧州経済復興計画（マーシャル・プラン）の広報官としてロンドンに長くつとめた経歴の持ち主だった。三年後の一九五八年九月、エヴァンズの後任になったジョージ・M・ヘリヤーは、スイスのローザンヌ大学を卒業後、製茶会社の社員として、戦前は日本に、戦後は台湾と香港に駐在したあと国務省に入った。[19]ジャーナリスト出身のブラッドフォードを筆頭に、講和後の日本に赴任したUSIS局長や局長代行には、伝統的な外交官とは異なる多彩な経歴の持ち主が多かった。

一九五六年二月の時点では、領事館ないしは総領事館のある神戸、札幌、横浜、名古屋、福岡の五都市にUSISの地方支部が置かれていた。責任者である地方担当広報官の任務は、東京のUSISが提供する書籍、映画、企画、報道や放送のための資料あるいは人物交流計画を、それぞれの地域の特殊性を考慮しながら有効に活用し、地域の

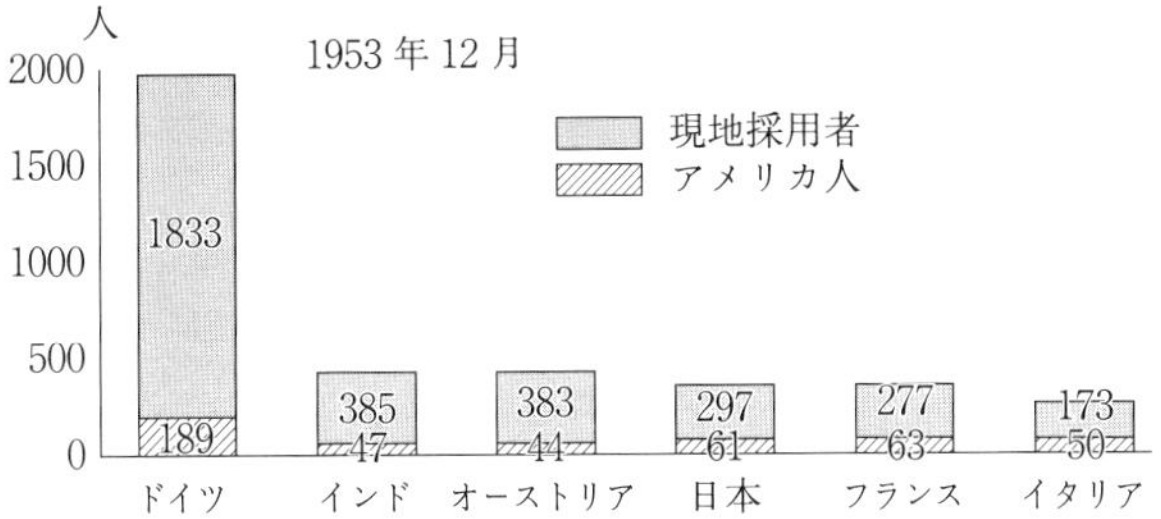

出所：*U.S. Information Agency: First Review of Operations, Aug.-Dec. 1953*, 24-26から作成

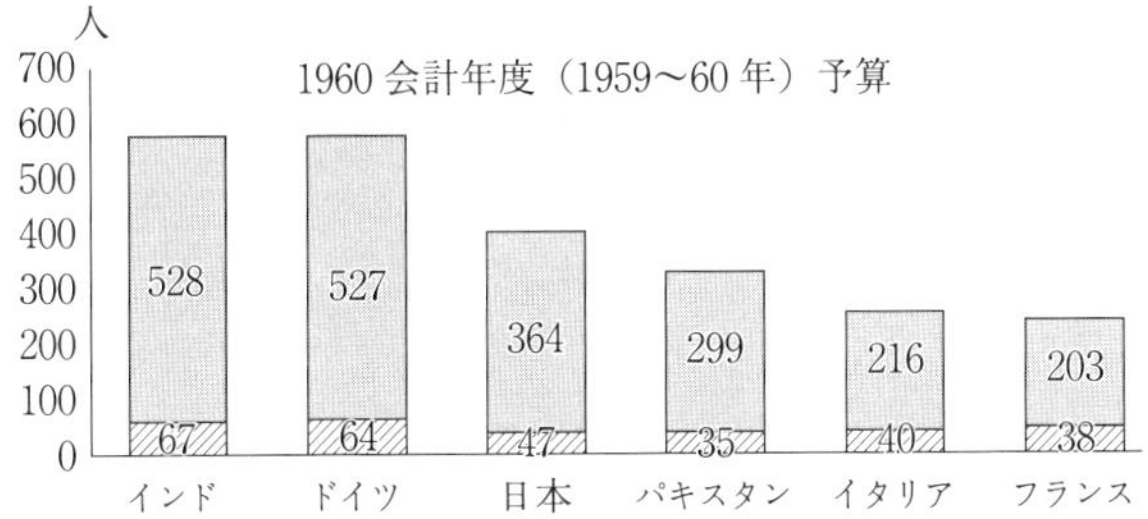

出所：USIA, "The Agency in Brief," Jan. 1960, Section E, 2-16, Sprague Committee Records, Eisenhower Libraryから作成

図2-2　USIS海外職員数　上位6か国

人々の信頼と協力を得ることだった。ブラッドフォードは地方担当広報官の役割を重視し、「説得と友情の技術にたけ、多くのグループ、とくにターゲットとなるグループとうまく仕事をする能力」、「まれなほど広い経験と判断力」、「日本をよく知っているか、すばやく知ることができる知性と洞察力」、そして「真の文化的威信」を備えていることを期待した。[20] また北海道から九州までの主要都市には、地方支部の管轄下に置かれたアメリカ文化センターがあった。センターの館長はアメリカ人で、センターの運営・企画の責任者であると同時に、担当地域の広報官でもあった。ブラッドフォードが地方担当広報官に期待した資質は、アメリカ文化センターの館長にも望まれる要件だった。

　米国政府が日本を重視したことは、海外のUSISで働く職員の国別割当数からもうかがわれる。図2-2が示すように、一九五三年末には冷戦の渦中にあるドイツの職員が抜きん出て多いが、日本も総数では四位、アメリカ人の数では三位に位置している。第一章でも触れたように、五〇年代末までには、アメリカ文化外交はヨーロッパよりもアジアを重視するようになったが、それはUSIS職員の国別割当にも反映している。一九六〇会計年度予算では、インドとドイツの職員数が拮抗し、日本は総数でもアメリカ人の職員数でも三位を占めている。(21)

日本のUSISが世界のなかでも際立って大きいことは、その活動が多彩かつ複雑であることを物語っていた。通信や交通の手段がいまほど発達していない一九五〇年代には、太平洋をはさむ日米間はもちろんのこと、東京と地方の連絡にも時間がかかり、連携は容易ではなかった。アメリカ文化センターにはUSISから資料が一方的に送られてくることも多く、過去二年間にUSISから誰も訪ねてこなかったというセンターも複数あると、一九五五年の視察報告書には書かれている。さらに東京のUSIS自体も、部局ごとに活動することが多く、他の部局の活動については知らないことも珍しくなかった。(22) ワシントンから東京、そして日本の主要都市を結ぶ対日文化外交は決して一枚岩ではなく、多様な側面をもつ多くの活動から成り立っていた。

五　アメリカ文化センター

日本の主要都市にあるアメリカ文化センターは、「アメリカの窓」として日本人にアメリカの情報と文化を届けた。その前身は、占領期にはCIE図書館として知られた広報センターで、占領終結時には全国に二三か所あった。新聞、雑誌、書籍、パンフレットをそろえた図書室には誰でも自由に出入りし、無料で借り出すことができた。CIE図書館の開架式閲覧、レファレンス・サービス、図書館相互貸出制度《インターライブラリー・ローン》も、当時の日本では画期的だった。CIE図書館はまた、映画、展示、講演、講習会、レコード・コンサート、英会話教室などの文化活動も提供した。(23)

講和後、CIE図書館はアメリカ文化センターと呼ばれることになった。同様の施設は、他国ではインフォメーション・センターと呼ばれることが多かったが、日本では「情報」を指す言葉が「諜報」を示唆する恐れがあり、他方、「文化」という言葉が好まれたからだった[24]。講和後は、大幅な予算削減にともない、一部のセンターの閉鎖は避けられなかった。一九五三年四月にはまだ一九のセンターが残っていたが、一〇月には札幌、新潟、仙台、東京、横浜、名古屋、金沢、大阪、京都、神戸、広島、松山、福岡、長崎の一四か所になり、五九年にはさらに長崎が閉鎖された[25]。閉鎖されたセンターは県あるいは市に移管され、日米文化センターと呼ばれた。日米文化センターへのアメリカの支援は、おおむね書籍や雑誌、映画などの資料提供に限られたが、高松は例外で、一九五五年から二年間アメリカ人が館長をつとめた（第八章参照）。

各地のアメリカ文化センターの図書室は、学生を中心とする幅広い層の日本人に利用された。東京アメリカ文化センターでは、座席の余裕がないために資料の利用者だけに入館を制限したが、それでも一九五三年には一日に一〇〇〇人内外の利用者がいたという[26]。東京アメリカ文化センターは、五六年には二万六三九五冊（一七八五冊の翻訳書を含む）の図書、九六九種類の定期刊行物、二万七九九六冊のパンフレット、三五九〇枚のレコードを所蔵した。芸術資料室や医学資料室も併設されていた。またレファレンス・サービスも図書室の重要な任務で、学生、研究者、企業、報道機関、官公庁などから多くの問い合わせが寄せられた。大阪アメリカ文化センターで司書をつとめた豊後レイコは、「情報を求めてきた人を素手で帰さない」ことをモットーにしていたという[27]。

センターの文化活動はCIE図書館の時代よりも一段と活発になり、映画上映、レコード・コンサート、英語クラス、写真展、ダンスの講習会などが定期的に開催された。英語クラスや講習会では、その地域に住む民間のアメリカ人や基地のアメリカ人がボランティアとして講師をつとめることも多かった。横浜アメリカ文化センターの上級の英会話教室には、試験に合格した大学教授、中学・高校の教員、公務員、学生、会社員が通い、年間三〇〇人から四〇〇

広島

仙台

新潟

神戸

図書室

講演会（東京）

クリスマス会（広島）

アメリカ文化センター点描

横浜

松山

大阪

仙台

神戸

松山

アメリカ文化センター点描（英語クラス）

すべての写真提供：National Archives

〇人が修了した。その後、修了者の約三分の一が海外に出かけたという。(28)

アメリカでは一九五〇年代に普及したLPレコードも日本ではまだ高価だったから、レコード・コンサートも人気があった。たとえば一九五九年に大阪アメリカ文化センターでは、クラシックは週に一度、ジャズ、フォークソングとカントリー・ミュージック、現代音楽はそれぞれ月に一度の割合で音楽鑑賞会が開かれ、その多くがいつも満員だった。東京アメリカ文化センターでは、アメリカ人の指導のもとに専属のコーラスとオーケストラがつくられ、日本人の専属指揮者を迎えて、五四年から六一年までの間に九回の定期演奏会を開催したり、関東の主要都市への演奏旅行を行ったりした。(29)こうした定期的な活動のほかにセンターがとくに力を入れたのは、アメリカについての講演会やセミナーだった。東京のUSISは、各地域のセンターの要望も考慮しながら、日本人の大学教授、フルブライト交換教授、あるいは国務省人物交流計画で来日するアメリカ人を講師として送り込んだ。

アメリカ文化センターの館長は、センターの責任者であると同時に、その地域でアメリカを代表する文化人だった。一九五九年に日本のUSISを視察した米国広報諮問委員会委員長のマーク・A・メイは、館長の時間は文化活動に五〇％、広報活動に二五％、その他の業務に二五％使われていると指摘し、館長の典型的な一日を報告書のなかで次のように紹介している。

一日は、まず地元採用の職員との打ち合わせから始まる。そのあと手紙を読み、返事を書く。アメリカ人講師の訪問の件で大学教授と話し合い、まもなく勉学のために渡米するフルブライト交換留学生に適当な本を贈る。ジェット機の騒音に関して領事ならびに地元の空軍基地司令官と会談し、ロータリー・クラブの昼食会に出席したあと、センター主催の英語討論コンテストで開会の辞を述べる。新聞社に記者を訪ね、日米貿易について話し合う。百貨店の幹部のもとに立ち寄り、共催するアメリカ絵画展の企画を調整し、再選された市長を表敬訪問する。夕方には友人の知識人を数人自宅に招き、ビールを飲みながら歓談するかもしれない。[30]

各センターには一〇人から二〇人の日本人職員がおり、そのうちの一人ないし複数の日本人がシニア・アドヴァイザーとして館長の参謀役をつとめた。[31] センターの顔はアメリカ人の館長だったが、センターの活動を実質的に担ったのは、日本人利用者の要望を理解し、利用者の便宜を常に考える日本人職員だった。

六　出版

USISの出版物には速報、リーフレットや冊子、雑誌、書籍がある。[32] まず、ワシントンのUSIAから週六日送られてくる電信速報には、外交や国際政治、経済、芸術、科学に関するニュース、アメリカ政府の発表や高官のスピーチ、特集記事などが掲載されていた。USISは、このなかから日本人向けのニュースや記事を選択して、「デイリー・ワイアレス・ブルテン」の英語版と日本語版を作成した。一九五五年には一五〇〇部が報道機関や雑誌社、政府機関などに届けられた。[33] アメリカの対外政策や政府高官の演説、時事問題の解説などを掲載する冊子も、官僚、議員、報道関係者、評論家に配付された。アメリカの中国政策や原子力に関する冊子はとくに要望が多く、それぞれ一万部を配布したこともある。五九年のジュネーヴ外相会議の直後には、ドイツ問題を解説する一〇〇頁の資料も配布されている。他方、リーフレットや冊子のなかにはUSISのかかわりを明示しない場合もある。たとえば、USISは五四年に左派系労働組合の総評（日本労働組合総評議会）から分かれた全労（全日本労働組合会議）を支援し、共産主義の脅威を警告する一連のパンフレットを全労から配布した。[34]

USISの月刊定期刊行物には、アメリカの新刊書を紹介する書評誌の『米書だより』（一九五三年四月創刊）と、

USIS発行の雑誌

アメリカの学術論文を掲載する『アメリカーナ』（一九五五年一〇月創刊）がある。『米書だより』の各号には、文学および社会科学の書籍を中心に二〇点の書評と各月のベスト・セラー一覧のほかに、書き下ろし記事も掲載されている。書き下ろし記事には英語や翻訳に関する内容が多く、たとえば、エリザベス・ヴァイニング「皇太子の英語勉強」とケネス・安田「俳句および短歌の英訳について」（ともに一九五三年五月号）、福田恒存「私の翻訳論」（一九五三年七月号）、内村直也「戯曲の翻訳」（一九五四年二月号）などが掲載されている。『アメリカーナ』は、人文・社会・自然の三分野における最新の研究動向を日本の学界ならびに有識者に紹介することを目的とし、約五〇の代表的な学術雑誌から選択した一〇点余りの論文を掲載している。創刊号巻末の「発刊のことば」には、編集委員として各分野で著名な六人の大学教授と一人の助教授が名を連ね、論文の選択は「アメリカの対外政策とは無関係に、純粋に学問的な立場から」なされており、「本誌の発刊によって、国家間の学術文化交流の道が一段と広く開かれることを、信じて疑いません」と書かれている。一九五五年には、『米書だより』は六五五〇部、『アメリカーナ』は七〇〇〇部印刷され、USISから研究者や有識者、大学、図書館、報道機関などに配布された(35)。

他方、一九五五年にはUSISの支援を伏せて日本の出版社から発行される定期刊行物も三点あった。ワシントンの国際広報庁（IIA）が創刊し、USIAに引き継がれた『共産主義の諸問題』は日本語に訳され、一九五三年四月からは『コムミュニズムの諸問題』、二年後からは『二つの世界』という題の月刊誌として出版された（経緯については、第八章を参照)。五五年の発行部数は一万部で、そのうちの半数が大学、図書館、個人に寄贈され、残りは販売された。日米外交に関する出来事や問題を解説した週二回発行のニューズレター『世界新潮』は、雑誌『改造』の元編集長の原勝が主宰する新国民外交調査会から出版され、一〇〇以上の新聞社と約一〇〇〇人の教育者、著述家、評論家に送付された。編集は原に一任され、各分野のリベラルな識者たちによる署名入りの記事が掲載された。共産主義や冷戦に関する記事が多い『国際ニュース』は大学生向けの月刊新聞で、七万五〇〇〇部印刷された。『共産主義の諸問題』と『世界新潮』は少なくとも当初は全額、『国際ニュース』は費用の一部をUSISが負担した。(36)

単行本の出版ではUSISの資金援助が伏せられていることが多い。USISは、アメリカを紹介したり共産主義を批判したりする洋書の翻訳と、親米的な日本人の著作活動に対して資金援助を行った。一九五五年にはUSISが支援した翻訳本七八冊が日本の出版社から刊行されている。また時事通信社が五六年に創刊した「時事新書」シリーズの一部もUSISが支援している。六〇年末までには八〇冊以上の時事新書が出版され、そのなかには文学作品もあるが、ハンガリー動乱を扱った『血ぬられた日曜日』のような反共色の強い書籍や、『アメリカ外交への新基調』から『百貨店王メーシー』までアメリカを紹介する書籍が多い。(37)

このほかにもUSISの出版部は、新聞社や雑誌社が利用できる原稿を数多く用意した。その多くはUSISへの言及なしに用いられたが、本章で後述するように、USIS職員の署名記事として掲載されることもあった。また、親米的な執筆者に、本や雑誌の記事を書くために必要な資料を提供することも重要な仕事だった。他方、大学のテキストとして活用できるアメリカの歴史や経済などに関する解説書では、USISの出版物であることが明示されていた。個人的な友好関係を築くために、研究者、報道関係者、知識人にアメリカで出版された本を寄贈することもよく行われた。

七　放送・映画

ＵＳＩＳはＮＨＫや民放局に番組あるいは番組制作に必要な材料を提供した[38]。戦後しばらくの間、日本の放送局には自社だけですべての番組を用意する予算や人材がなく、とくに一九五一年秋に始まったばかりの民放では番組のスポンサーを募る方法も定着していなかったから、ＵＳＩＳが提供する番組の需要は高かった。ＵＳＩＳの番組には、ニュース、解説、特別番組、ドラマ、音楽、実用番組などがあった。たとえば実用番組の「ファミリー・アルバム」は、日本の家庭でも役立つようなアメリカの生活を紹介した。解説番組では日本の新聞記者や学者、評論家が、ＵＳＩＳが提供する資料も利用しながら外交、経済、科学などについて語った。ＶＯＡも日本向けにアメリカの外交政策や原子力の平和利用など日米共通の話題に関する解説番組を流した。短波放送は一般の日本人向けではなかったが、ＮＨＫや民放局によって直接、あるいは資料として間接的に利用された。吉田茂首相のワシントン訪問や連邦議会選挙、ワールド・シリーズなどを中継する特別番組もあった。ＵＳＩＳ番組の利用は日本の放送関係者の間では周知の事実だったが、一般の視聴者は知らないことが多かった。

東京ではＵＳＩＳ、地方ではアメリカ文化センターの職員が放送局に番組を吹き込んだテープを提供したが、ＵＳＩＳで放送を担当するヘンリー・ゴショはテープを携えて全国の放送局をまめに訪問した。ゴショはシアトル生まれの日系二世で、戦前に日本の中等教育を受けたあと関西学院に進学したが、真珠湾攻撃の直前に帰国した。戦後は国務省に入り、ＶＯＡで日本語放送の立ち上げにかかわった経験から放送の知識も豊富だった。放送局からの要望が圧倒的に多いのは音楽番組だったが、音楽のテープと一緒に解説や実用番組も使用することが暗黙の了解になっていた。一九五五会計年度に放送されたＵＳＩＳの番組は述べ一万八三〇〇時間におよんだ。ゴショによれば、最盛期には三〇から四〇のＵＳＩＳ番組がおおむね視聴率の高い時間帯に放送されたが、民放のコマーシャルが普及するにつれて需要は激減し、夜中の一時や朝四時といった時間帯にまわされた。しかしＵＳＩＳが提供する資料のほうは、時事問題や世界の話題を取り上げる番組のなかで引き続き利用された(39)。

日本でテレビ放送が始まったのは一九五三年だった。ＮＨＫが二月に、日本テレビが八月に開局した。やがて全国の主要都市にもテレビ局が拡大し、五九年五月には六四局（うち三三局はＮＨＫ）がすでに活動を開始し、さらに一四局が認可された。開局当初はテレビ番組を製作する知識、技術、設備に乏しく、スポーツや演劇などの中継で番組を埋めることが多かった。したがってＵＳＩＳ映画部は、技術や番組編成に関する支援とともに、番組用のニュースや映画を提供するのに忙しかった(40)。たとえば、五五年五月三日のラジオ・テレビ番組表を見ると、ラジオは各局とも朝六時から夜一一時まで放送しているが、テレビの放映は、ＮＨＫが午前一一時三五分から、民放二局は昼過ぎから始まっている。この日のＮＨＫのテレビでは、シンフォニー・オブ・ジ・エアの演奏と並んで、「ＶＯＡ週間ニュース」という番組も放映されている。ニュース映画はアメリカの映画会社からも配給されたが、ＵＳＩＡから毎週ＵＳＩＳに送られてくるニュース映画は、無料であることに加えて、海外向けに編集されているという利点もあった。さらに、後述するドキュメンタリー映画の「ＵＳＩＳ映画」もテレビでしばしば放映された。五九年三月だけで、ＵＳＩＳ映画は全国各地のテレビ局で二〇五回放映された(41)。

日本のＵＳＩＳは常時二つから三つのテレビ番組を制作したが、英語を学ぶ番組が多かった。五九年秋から新たに放映された二つの番組のうち一つは英会話で、もう一つは「国際記者会見」だった。著名な日本人が著名なアメリカ人をインタビューする番組だったが、実際には日本とアメリカで別々に収録したフィルムをつなぎ合わせたものだった。しかし、皇太子の結婚式がテレビ中継された五九年以降テレビの普及はめざましく、番組のスポンサーを得ることも容易になったため、ＵＳＩＳのテレビ番組は急速に必要とされなくなった(42)。

ＵＳＩＳは、本書の第三章で取り上げるように、多くのドキュメンタリー映画と数本の興行映画を提供した。一般に「ＵＳＩＳ映画」と呼ばれるドキュメンタリー映画は、アメリカ文化センターで常時上映されただけでなく、映写機を載せた専用車が管轄地域を巡回した。また、フィルムはアメリカ文化センターと都道府県の視聴覚センターから地方自治体や学校、労働組合など多くの組織に貸し出され、さまざまな集会で上映された。『ＵＳＩＳ映画目録』によれば、一九五三年には三三三本あった映画は徐々に増え、五八年末までには四五六本に達している。ＵＳＩＳはまた、日本の映画製作会社に費用の一部あるいは全額を提供し、一般の映画館で上映する長編劇映画を製作させた。五三年から六〇年の間に製作された映画は五本ある。いずれも共産主義者の陰謀を描いたり、日本の再軍備を促したりする政治色の強い作品で、ＵＳＩＳの支援は伏せられた。

八　展示企画

展示は各地のアメリカ文化センターには欠かせないもので、ＵＳＩＳから提供される写真や情報をもとに用意される企画から、日本人の協賛を得ながら開催される企画までさまざまだった。横浜アメリカ文化センターの展示は月平均一五〇〇人の目に触れたというが、一九五六年に、タウンゼンド・ハリスが下田に米国領事館を設置してから一〇〇年になることを記念し、開港後の横浜に逗留する外国人を描いた二〇〇枚近い錦絵を日本人の収集家から借りて展示会を開催したときには、二週間で一万人以上が訪れた。日本のアメリカ人学校の生徒たちが作成した壁画や、陶芸を専門とするフルブライト交換教授が来日時に持参したオハイオ州立大学所蔵の陶器が数か所のセンターで展示されたこともあれば、ＵＳＩＳの主催で、アリソン大使夫人が二五年間にわたって収集した古い貴重な磁器の展示会が国際文化会館で開かれたこともあった(43)。さらに、日本の新聞社や団体が主催する展示にアメリカからの出品協力を求められることも多く、USISは日本人の要望とUSIAの限られた予算の板挟みになることが少なくなかった。

　USISの展示企画のなかで規模も反響も際立って大きかったのは、日本各地で開催された「原子力平和利用博覧会」だった。発端は、一九五三年八月のソ連による水爆実験の成功に危機感を抱いた国家安全保障会議（NSC）が、核に対するアメリカの立場を説明する作戦の実施を勧告したことにあった。その目的は、国内では核開発への支持をつなぎとめ、海外では敵を抑止し、友邦国を安心させることにあった。一二月にアイゼンハワーが国連総会で行った「平和のための原子力（アトムズ・フォア・ピース）」と呼ばれるようになる演説は、その第一弾だった。アイゼンハワーは演説のなかで、核兵器競争の危険を警告すると同時に、核保有国が核分裂物質を国際的な原子力機関に供出し、農業、医療、発電などの分野における原子力の平和利用の推進を提唱した[44]。このあとUSIAは、展示、講演、冊子や本の出版、映画の製作、報道機関への情報提供など、あらゆるメディアを駆使する「原子力平和利用キャンペーン」を海外で開始した[45]。一九五五年までには日本のUSISも、USIAから送られてくる情報や写真を日本のメディアや関係者に流し、その結果、雑誌や新聞には原子力関連の記事や写真が数多く掲載され、USISの資料を活用した書籍も五冊出版された。USIA制作のラジオ番組「今日の科学」も原子力の平和利用を取り上げ、日本では、日本人の大学教授による解説をまじえて民放局から全国に放送された[46]。キャンペーンのクライマックスは、五五年一一月から六週間、読売新聞社とUSISの主催、東京都の後援のもとに日比谷公園で開催された

VOAの展示を見る高校生（松山アメリカ文化センター）
提供：National Archives

「原子力平和利用博覧会」で原子炉について解説する日本人技術者
提供：National Archives

「原子力平和利用博覧会」だった。世界各地で開催される博覧会用にUSIAが用意した資料や写真、原子炉の実物大の模型や多数の機器を展示する博覧会では、工業、農業、医学あるいは日常生活における原子力の平和利用がもたらす明るく豊かな未来が描かれていた。その後、博覧会は約二年間にわたって日本全国の主要都市をまわり、観客数は二六三万七〇〇〇人に達した(47)。

もう一つの大規模な展示は、ニューヨーク近代美術館の写真部長エドワード・スタイケンが企画した「ザ・ファミリー・オブ・マン（人間家族）」展だった。本書の第五章で取り上げるこの写真展は、USIAの後援のもとに世界各地で開催されたが、日本では、USISよりもむしろ日本経済新聞社ならびに写真関係者の並々ならぬ努力によって実現した。写真展は一九五六年三月に東京で開催されたあと一年半にわたって日本各地を巡回し、観客数は約一〇〇万人に達した。

一九五七年に開かれた「平和のための空中査察展」は、アイゼンハワー大統領が五五年七月の米英仏ソ四か国首脳会談で核軍備削減のための空中査察を提案したことに起因している。当初、ソ連は提案に同意しなかったが、翌年二月のソ連共産党大会以降、西側との平和共存を掲げ、アメリカに核兵器削減を提案した。「平和のための空中査察展」は、ソ連の平和攻勢に対抗し、アメリカの平和的立場を宣伝するためのUSIAによる企画だった。日本では五月から一〇月にかけて東京など七都市で開催され、来場者数は五二万一〇〇〇人に達した。しかし広島以外の都市では会場が百貨店だったことから、百貨店でたまたま展示の開催を知った買い物客も多かったと、USISは報告している。[48]

九　人物・文化交流

占領期には陸軍省の管轄下にあった日米の人物交流は、講和後は国務省に引き継がれた。[49] 国務省が行う交流にはフルブライト交流計画とスミス・ムント法に基づく交流計画がある。このうちフルブライト交流計画の受給者は大学院への留学生、派遣先の大学で講義や研究にたずさわる大学教員および研究者、中等教育の教員の三種類に分かれる。日本人の教員には、当初は英語だけでなく理科や社会の教員、ときには小学校の教員も含まれ、通常半年間アメリカで教授法を学んだり、関連施設を視察した。アメリカ人の教員はみな英語教員で、一年間にわたって国立大学の付属中学校で生徒の指導にあたるとともに地域の英語教員との交流を深めた。

スミス・ムント法によって発足した国務省人物交流計画には、各界の指導的立場にある人物を対象とするリーダー・プログラムと専門家を対象とするスペシャリスト・プログラムがある。日本人の場合は指導者が多く、専門家は少ない。滞米期間は二、三か月で、専門分野や関心を共有するアメリカ人と交流し、興味のある組織や施設を視察した。アメリカでは国務省から委託された民間の交流組織が、訪米者それぞれの関心に沿うプログラムを組み、アメリカ各地の民間人や民間組織の協力を得ながら交流の成果をあげるために努力した。来日するアメリカ人の場合には指導者のカテゴリーはなく、専門家のみで、大学、研究所、アメリカ文化センターなどさまざまな場所でセミナーや講演を行った。

フルブライト交流計画では、多数の日本人の応募者に対して試験と面接による選考が行われたが、指導者や専門家は、USISおよび地方支部、アメリカ文化センターから推薦された候補者のなかから選ばれた。とくに各分野で影響力をもつと思われる日本人の派遣が重視され、一九五九年のOCB文書では官僚、労働指導者、実業家、メディア関係者、知識人の訪米が重要だと指摘されている。たとえば五五会計年度に渡米した日本人指導者のなかには、総評の書記長に選ばれたばかりの岩井章など総評と全労の代表者が一一人含まれていた(50)。

国務省の管轄で日米の人物交流が行われるようになった一九五二年から六〇年までの間に留学、研究、講義、視察のために渡米した日本人への助成は二五一九件、来日するアメリカ人への助成は四二四件、日本を含むアジア諸国を訪問するアメリカ人への助成は一〇九件だった。たとえば一九五八会計年度（五七年七月～五八年六月）では、渡米した日本人は三一六人で、その内訳は大学院留学生一六〇人、客員教授・研究者六五人、英語教員二五人、指導者六〇人、専門家六人だった。他方、来日したアメリカ人の総数は六一人で、大学院生一二人、交換教授二八人、英語教員九人、専門家一二人だった(51)。来日するアメリカ人は渡米する日本人よりも少なかったが、当時の日本人にとっては、フルブライト交換教授、英語教員、多様な分野の専門家と交流する機会は貴重だった。なかでも大きな反響を呼んだのは、米国大使館とUSISが長野で開催したアメリカ文学セミナーに参加するために、五五年に国務省人物交流計画で来日したノーベル賞受賞作家のウィリアム・フォークナーだった。本書の第四章で取り上げるように、三週間の滞在中フォークナーの活動や発言は多くの日本人の注目を集めた。

USISは交流計画で来日するアメリカ人を講師とするセミナーを数多く開催している。長野アメリカ文学セミナー以外の長期のセミナーとしては、一九五七年に早稲田大学ならびにフルブライト委員会との共催で早稲田大学において開催された一〇日間の「夏期経済セミナー」がある。フルブライト交流計画で来日中の三人の経済専門家を中心に、日本人の大学教授や経済専門家、経済担当の米国大使館員らが講師やディスカッション・リーダーをつとめ、大学、政府、企業から四四人の経済専門家が参加した。翌年の夏には、「英語教育セミナー」が国際基督教大学で一二日間にわたって開かれ、フルブライト委員会、米国大使館、国際基督教大学が共催し、文部省が後援した。言語学および英語教育の専門家として著名なミシガン大学英語研究所所長のロバート・ラドーを中心に、フルブライト交流計画で来日中の一一人のアメリカ人英語教員と、フルブライト交流計画で渡米した経験をもつ同数の日本人の英語教員が講師をつとめ、日本全国の応募者のなかから選ばれた一五二人の中学校の英語教員が受講した。昼食時にはUSISならびに大使館のアメリカ人職員の妻たち四〇人が交代で、受講生の英会話の相手役をつとめた。[52]

一九五五年には大統領緊急基金が設置され、音楽家や交響楽団、舞踊団、スポーツ・チームなどを海外に派遣する国務省の企画が始まった。第六章で取り上げるこの一連の企画は、共産圏が行っている同様の企画に対抗するとともに、アメリカ文化の水準の高さを誇示することを目的とし、日本にも多彩な芸術家やスポーツ選手が訪れた。当時はドルの調達が困難で、とりわけ交響楽団のように規模の大きな公演を自前で招待することは容易ではなかったから、新聞社や放送局は主催者になることを競った。収益があがる興行では、日本までの旅費はアメリカ政府が負担し、国内の費用は日本の主催者が興行収入でまかなった。交響楽団の反響は大きかったが、一人のハーモニカ奏者の演奏でも地方に住む日本人には海外の文化に触れる数少ない機会だった。

地域に根ざす姉妹都市の交流は、一九五六年五月にアイゼンハワー大統領が提唱した「ピープル・トゥ・ピープル・プログラム」の一つだった。「ピープル・トゥ・ピープル・プログラム」は、USIAの主導のもとにアメリカの民間の人や組織が、関心を共有する海外の人や組織との交流を促進する企画で、出版者、教育者、科学者あるいは労働組合指導者、作家、音楽家など、さまざまな集団を代表する四一の委員会が設けられた。フォークナーがかかわった作家の委員会のように、活動を開始する前に消滅したものも少なくなかったが、姉妹都市、文通、本・雑誌の寄贈、外国人訪問者の受け入れなど以前から行われていた活動は一段と盛んになった。[53]日本では五五年一二月に長崎とミネソタ州セント・ポールの間で最初の姉妹都市の協定が結ばれたが、活動は低調だった。しかし、「ピープル・トゥ・ピープル・プログラム」が提唱されてからは関心をもつ都市が増え、日米の姉妹都市は六〇年九月までに三〇組に達した。なかには、学生や教員、新聞記者などの交流、本や展示の交換などを活発に行うところもあれば、名ばかりの姉妹都市もあった。USISのスタッフ（とくにアメリカ文化センターの職員）は、遠く離れた姉妹都市の間の意思の疎通や活動を支援するために多くの時間と労力を注いだ。(54)

一〇　USISの日本人職員

USISでは日本人の職員がアメリカ人よりもはるかに多く、その比率は一九五三年には約五倍、五六年には六倍、五九年には八倍に近かった。(55)すなわち、USISの活動は日本人職員の支えなしには不可能だった。

USISの日本人職員には英語に堪能な人が多く、国際会議やテレビの名通訳として知られる西山千《せん》もその一人だった。西山はユタ州で生まれ、地元の州立大学で修士号（電子工学・物理学専攻）を取得後、一九三五年に日本に帰化した。戦後はGHQの民間通信局および外交局を経て、五二年から約二〇年間USISに勤務した。西山は、アメリカ人が数年で交代しても活動の継続性が保たれるのは「それぞれの分野のエキスパート」になった日本人職員のおかげであり、「現地職員の役割は測り知れない」と断言する。五〇年代半ばからUSISが頻繁に行った世論調査（第八章を参照）にもかかわった西山は、多くの問題に関してアメリカ人から助言を求められただけでなく、VOA放送番組の制作や展示の準備から大使の演説の翻訳や通訳まで広範な任務をこなした。五〇年代末に日本のUSISを視察したメイの報告書には、USISにとって西山は「欠かせない人」だと書かれている。(56)

USISで企画以外の業務全体を統括する総務部に一九五二年から九六年まで勤務した紺屋孝雄も、ロサンゼルス生まれの日系二世だった。一五歳のときに日本の教育を受けるために来日したが、戦争が勃発したため日本に帰化した。戦後はGHQのアルバイトをしながら早稲田大学を卒業し、米国大使館広報課に就職した。当時の日本について紺屋は、「独立を達成したものの、その世界的評価は四等国としてであって、一般国民の誇りと自信は依然として低調で、敗戦の打撃からはまだ立ち直っていなかった」と回想する。総領事館やアメリカ文化センターを含むと四〇〇名を超える大使館の日本人職員も、「当初は敗戦国民として見られていたので、職員達は人知れぬ重荷と劣等感を背負っての勤務だった」が、「大使館当局の日本に対する一義的評価は、日本人職員の資質いかんに左右され」るという思いから、「語学力を身に付け、業務に精通して高度な職務能力を発揮することによって、アメリカ人上司の信頼を勝ち取り、アメリカ人外交官達を驚かせた」という。紺屋は、「日米外交の一端を陰ながら支えてきた」日本人職員たちが「日米関係に測り知れない知られざる貢献をしたこと」を誇りに思った[57]。

働くアメリカの主婦　(上)

家庭

後藤優美さん

〝非常勤〟で広く進出

年齢や未、既婚の区別なし

後藤優美

年令別

25以下 25-34 35-44 45-54 55以上

未婚既婚の別

未婚 既婚 未亡人 別居または離婚

非常勤婦人の割合

後藤優美「働くアメリカの主婦　上」
『朝日新聞』1954年4月13日（夕刊）掲載

一九五二年から二〇年近くUSISに勤務した齋藤襄治は、大使館で働くことに対してもっと冷めた見方をしていた。戦前に京都大学言語学科を卒業した齋藤は、海軍軍司令部で暗号解読に従事したあと高等商船学校の英語教師をつとめ、戦後はGHQのCIEおよび外交局を経てUSISに入った。六〇年代後半にアメリカ文化センターが相次いで閉鎖されたときには、「アメリカという巨大な国の意志は、僕たちの涙ぐましい陳情などに耳をかさないものらしい」と嘆いた。また、原民喜の『夏の花』の英訳者でもある齋藤は、「翻訳はいかに正当化しようとも、所詮蔭の仕事である。〔略〕外国公館に勤めるということも翻訳という作業に似ている。自己の主体性を尊重するものならば、早晩大きな矛盾を感じないではいられない」と書いている。それからまもなく、齋藤は大学教授に転身した[58]。

戦前に津田英学塾を卒業した後藤優美は、戦後は極東裁判検察局文書課およびCIEの中等教育課を経て、一九五二年から七三年までUSISの出版課に勤務した。仕事はアメリカの資料を日本の新聞雑誌に紹介することで、読書が好きな後藤には「願ってもない職場」だった。後藤にとって忘れられないことの一つは、一九五四年四月に「働くアメリカの主婦」というパートタイムを紹介する記事が『朝日新聞』の家庭欄に二回にわたって掲載され、大きな反響を呼んだことだった。その年の秋に東京の百貨店がパート従業員を募集したところ、主婦たちが競って応募したという。一九三〇年代に早稲田大学とスタンフォード大学で開かれた二度の日米学生会議に参加した経験をもつ後藤は、USISの仕事について、「大使館のために働いたのではなく、日米理解のために働いていました」と語っている[59]。

戦前に長崎の高等女学校を卒業した豊後レイコは、戦後、長崎のCIE図書館に就職し、結婚後は大阪のCIE図書館に勤務した。講和後、大阪アメリカ文化センターの開館を祝う式典に出席したパトリシア・G・ヴァン・デルデンは、式典のあと職員に向かって、「これまでのCIE図書館は、民主化推進のためにアメリカの公共図書館のモデルを見せるという、いわば博愛的な役割を果たしたがその任務は終了した。これからは国務省のもとに運営される。したがって従来の方針と異なり、アメリカの外交方針を理解してもらうのが使命であり、目的となる」という趣旨の話をした。それを聞いた豊後は「いやな気持になった」という[60]。それもあって、出産を機に退職したが、一九五七年に復職した。そのときの心境を豊後は次のように述べている。

アメリカの「使命」云々は以前気になっていたが、もう気にならなくなっていた。「国益」であろうと「宣伝」であろうと、こちら側の主体性次第ではないか。図書館で提供している情報を取捨選択して、アメリカを理解してもらえればいいのではないかと思い始めていた。太平洋戦争の原因の一つも、無知や傲慢さが正確な情報収集とその分析を誤らせたのではないか、と思うようになっていたからである。

二七年間つとめたアメリカ文化センターは、豊後にとって「楽しく、やりがいのある職場」だった。(61) USIS神戸支部の熊谷直忠は、日本人職員のなかでも際立って政治的な役割を担った。戦前にハーヴァード大学を卒業し、日商岩井に勤務した熊谷は、戦後はGHQを経てUSIS神戸支部につとめた。主要な仕事の一つは、地方担当広報官のウォルター・ニコルスとともに、マルキスト系の教授や学生が多い京都大学で反マルキスト派の教授たちを支援することだった。反マルキスト派の教授を国務省の人物交流計画で渡米させることを提案したのは熊谷だった。実際のアメリカを見ることによって、反米の議論に反駁することが容易になると考えたからだった。また一九五七年から関西以西の主要都市で開かれた日本国際連合協会主催の連続セミナーを企画したのも熊谷だった。東京のUSISが資金を提供し、USIS神戸支部が講師の調達、パンフレットの作成、日程の調整などを行い、開催地のアメリカ文化センターが宣伝、パンフレットの配布、セミナー後の対応にあたったが、USISや神戸支部の関与は公にはされなかった。メイの報告書には、熊谷は「USISの日本人職員のなかで、おそらく最も価値ある有能な人材」であり、日本の企業や政府で高給が得られる職につくことができるにもかかわらずUSISの仕事をしているのは、「[日本を]民主的で西欧寄りの路線に向かわせるために最善を尽くしたいと思っている」からだと書かれている。際立った貢献をしたUSIAの職員を表彰する賞が一九五九年には世界で八人に授与されたが、熊谷はその一人だった。(62)

一九九八年に京都外国語大学学長に就任した重乃皓は、戦後、オハイオ州のマスキンガム大学および同志社大学英文科を卒業したあと、京都アメリカ文化センターに二二年間つとめた経歴をもっていた。重乃は、「USISは決して悪い職場ではなかった。むしろその逆である。この職場は、日本の会社勤めなどではとても得ることのできない、バラエティーに富んだ人生経験をさせてくれた」と回顧している。とりわけ、センターの活動を通して京都の官公庁、大学、企業、労働組合、報道などの各界で得た友人や知人は、重乃にとって「何ものにも代え難い『私の宝』」だったという。(63)

外国政府の職員であることには制約もあった。助言を求められる立場にいながら、決定を下すのはアメリカ人職員であり、最終的にはワシントンのUSIAや国務省だった。カントリー・プランと呼ばれる活動計画書は、USISが作成し、大使が目を通したあとUSIAの承認を得て実施されるが、その概要はごく一部の日本人幹部には知らされていたものの、計画書自体は機密文書として扱われ、日本人職員の目に触れることはなかった。機密文書を保管する場所がないアメリカ文化センターの館長にさえ送られていなかった。計画書が外部の反米勢力の手に渡り、「アメリカ政府が日本人に対して宣伝を行うための陰険な組織的計画」があると取りざたされることを恐れたからだった。(64)待遇においても、日本の企業では当たり前のボーナスはないし、アメリカの公務員年金制度に加入できるようになったのも、西山千によれば一九五七年のことだった。メイは日本人職員の貢献を称賛する一方で、「日本人職員の多くは、報酬や権利において二級市民扱いされていることに憤っている印象を受けた」と報告している。(65)しかし、そのことによって、日本人職員の仕事への情熱が薄れることはなかった。

USISは講和後の日本で、公然の企画から隠密の作戦まで多彩な活動を行った。日本では一九五六年に国交を回復したソ連とも人や文化の交流が行われたが、アメリカの対日文化外交はソ連の対日文化外交をはるかに超える規模で展開した。その活動は、文化外交の遂行に使命感を抱くアメリカ人と、アメリカの文化外交が日本にとって、また自分にとって意義があると考える多くの日本人によって支えられていた。

第三章　USISの映画、ハリウッド映画

一九四九年一一月三日、日本中が日本人初のノーベル賞受賞のニュースで沸き返った。受賞したのは理論物理学者の湯川秀樹で、戦前に発表した中間子理論が戦後になって実証されたためだった。この快挙は、占領下の日本人を勇気づけ、四二歳の湯川を一躍国民的英雄にした。受賞当時、湯川はプリンストン高等研究所におり、翌年八月にはコロンビア大学の客員教授になった。国務省映画部にとっては、湯川の映画を製作するのに格好の状況だった。完成した『父湯川博士』の映画は、日本のUSISが数多く提供した「USIS映画」と呼ばれるドキュメンタリー・フィルムの一つだった。USISはまた数本の興行映画も製作した。講和後の日本では多くのハリウッド映画も上映されていた。USISの映画はハリウッド映画とともに多様なアメリカのイメージを日本人に届けたが、日本人の受けとめ方はさまざまだった。

一　『父湯川博士』の製作

在日米国大使館が国務省で湯川の映画製作が計画されていることを知ったのは、一九五二年九月、国務省から資料の送付を依頼されたときだった。マイケル・ロンバルディをはじめとする大使館映画部の職員は京都に一時帰国中の

撮影中の湯川秀樹夫妻（1952 年 9 月，京都の自宅で）
提供：毎日新聞社

湯川を訪ね、七〇〇メートルにおよぶ映像のネガと現像写真、湯川の音声テープ二巻を含む資料を用意し、国務省に送った。ロンバルディは、湯川が日本人にとって格別の存在であることを強調し、製作予定の映画についての助言も書き添えた。翌年三月にも大使館は国務省からの要請に応じて、日本の新聞・雑誌に掲載された湯川関連の記事を翻訳して送った(1)。

それから約二か月後、コロンビア大学にいる湯川のもとに映画の脚本が届いた。脚本を書いたのは、ドキュメンタリー映画の脚本家および監督として著名なジョゼフ・クラムゴールドだった。しかし、脚本を読んだ湯川は驚いた。それは湯川についての映画ではなく、大使館が送った厖大な資料もあまり使われていなかった(2)。クラムゴールドは湯川にあてた手紙のなかで、湯川の経歴や業績よりも湯川が体現するテーマ、すなわち核の時代に生きる「私たち一人ひとりが下さなければならない緊急の決断」に関心があることを伝えた。「緊急の決断」を下さなければならない問題については次のように説明した。

理論科学とその意味するところがもたらす結果は、いま私たちの生活を変えつつある。私たちはこの変化を認めるのだろうか。一部を受け入れ、一部を拒否することを望むのだろうか。イエスかノーのいずれかを選択する問題なのだろうか。選択の余地があるのだろうか。あるいは、いま起こっていることに対する個人の態度が重要なのだろうか(3)。

人間を支配しかねない科学の進歩に対してとるべき選択は、古い価値観と新しい価値観の融合であると考えるクラムゴールドにとって、湯川はまさに伝統と進歩の融合を象徴しているように思われた。クラムゴールドは湯川に、映画の趣旨に賛同することを求めると同時に、この「真理」を提示するためには事実と多少異なるところがあっても目をつぶってほしいと頼んだ。しかし湯川は、脚本家の主張の片棒をかつぐ気にはなれなかった。[4]

その二か月後、ロンバルディは日本に帰国した湯川に会い、脚本をはじめて目にすると同時に、湯川から脚本には重大な問題があると聞かされた。最大の問題は湯川の映画ではないことだったが、ほかにもいろいろあった。その一つは、クラムゴールドが科学の力を過大に評価していることだった。たとえば、脚本ではIBMの機械が人間の頭脳に匹敵するかのように書かれているが、そうでないことは多くの数学者や物理学者には明らかだった。それにもまして重大な問題は、西欧と東洋が二項対立的に描かれていることだった。クラムゴールドは、西欧が進歩を、東洋が伝統を象徴するものとして描いただけでなく、湯川が進歩を、湯川の妻が伝統を体現し、息子がその二つの価値観の間で葛藤する物語を書いたのだった。湯川は、二つの文明をそのように単純に区別することなどあり得ず、日本にも進歩があればアメリカにも伝統があるとロンバルディに語った。また湯川と妻の対比にしても、多くの場合、妻のほうがモダンで進歩的だと湯川は述べた。湯川もロンバルディも、もし日本での上映を考えているのであれば、脚本を抜本的に修正し、日本の映像をもっと多く取り込む必要があると考えた。[5]

その後間もなくUSIAが創設され、それにともなって日本でも映画部は米国大使館からUSISに移った。USIS局長のブラッドフォードはUSIAにあてた文書のなかで、湯川の映画製作が国務省の一方的な依頼に在日米国大使館が応える形で進められてきた経緯に言及し、事前に相談を受けていれば、湯川が受け入れられないと思うような脚本にはならなかったであろうと述べた。いまの脚本をもとにつくられる映画が日本で上映されることはUSISとして受け入れられないのはもちろんのこと、湯川とその家族を利用するような映画の上映は海外であっても問題だ

タイトル画面

橋の上の湯川高秋

モニター室の湯川

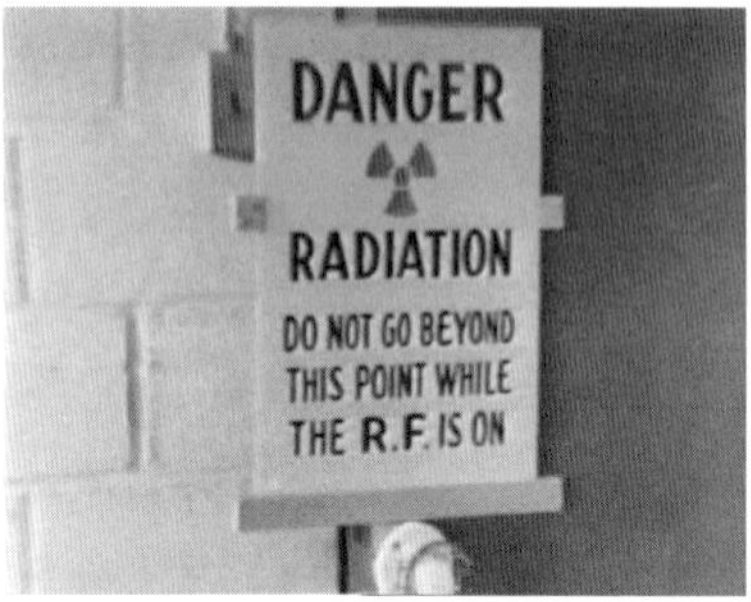

危険の標識

散策する物理学者：左からアルベルト・アインシュタイン（米），湯川，ジョン・ホイーラー（米），ホーミ・J・バーバ（印）

USIS映画『父湯川博士』 National Archives所蔵

と伝えた。ＵＳＩＡ長官のストライバートからは、脚本を修正し、今後は事前にＵＳＩＳに目を通してもらうとの返答が届いた。(6) 関係者の意見の対立や妥協、修正を経て完成した映画の試写会が京都で開かれたのは、それから一年八か月後の一九五五年六月のことだった。

現在入手できる映画は、日本で上映された『父湯川博士』ではなく、米国国立公文書館が所蔵する英語版で、題名は『湯川物語』(*The Yukawa Story*) となっている。しかし、日本語版の題名が示すように、物語は次男の高秋から見た湯川が描かれている。英語のナレーションの多くも高秋が担当し、当初、湯川が朗読するはずだった部分は、アメリカ人によって吹き込まれている。

映画は、ニューヨークのハドソン河にかかるジョージ・ワシントン・ブリッジに高校の卒業を控えた高秋が登場し、母のように伝統を選ぶか、あるいは父のように未知の世界を探求する科学者になるか思案する場面から始まる。続いて、ニューヨーク州ロングアイランドにあるブルックヘブン国立研究所に移り、そこでは数十億ボルトのエネルギーをもつ陽子《プロトン》の製造が可能なコスモトロン（高エネルギー加速器）の作動を湯川と同僚が、ときには談笑しながらモニター室で眺めている。しかし、その合間には、機械室の外に貼られた「危険、放射線、高周波装置作動中の入室禁止」の注意書きが何度も映し出される。

次に画面は京都に移り、湯川の幼少期から研究者になるまでの経歴をたどるとともに、和服姿で息子と囲碁に興じたり、自作の和歌を画仙紙にしたためる湯川の生活が紹介される。そうした日本的な生活は、進歩と伝統の融合を象徴するかのように、湯川の原子物理学に関する多くの著書と交互に繰り返し映し出される。日本はもとより海外からも注目を浴びるようになった湯川の活躍が紹介されたあと、招聘先のプリンストン大学のキャンパスでは学生たちが湯川の理論について語り合ったり、湯川がアルベルト・アインシュタインをはじめとする世界一流の科学者たちと散策したりするなど、湯川の偉大さを強調する場面が続く。(7) また、コロンビア大学の研究室では黒板いっぱいに書かれ

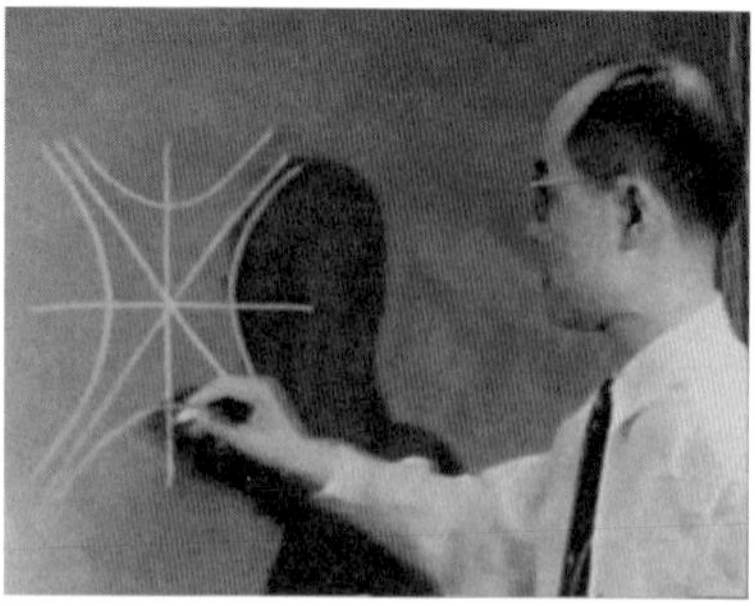

『父湯川博士』 進歩と伝統を象徴する湯川と夫人

た数式を前に難問と苦闘する湯川の様子も描かれている。

画面は一変し、高秋の母がアメリカの女性たちを前に日本舞踊を踊るなか、日本舞踊は過去の伝統を踏襲しているという高秋のナレーションが流れる。再び、科学者になるべきか仏教哲学者になるべきか迷う高秋は、卒業式の日になぜか突然に、両親の間にあるのは伝統と進歩の対立ではなく、融合だと悟る。続いてアメリカ人のナレーターが、機械が解決できるのは量の問題だけで、価値観や人間の問題を解決するには「智」(wisdom)が必要だと語る。コロンビア大学から近いニューヨーク仏教会で祭壇に手を合わせ、焼香をしている湯川夫妻が映し出されると、アメリカ人のナレーションが流れる。「進歩と拡大のためには東洋の伝統の受容が必要だ。人間として私たちが皆で分かち合う責任を知るためには西欧の自由が必要だ。この二つの文明から新たな統合を達成することができれば、人間にとって成長の可能性はある」と(8)。その後、アメリカの女性たちを前に茶道の手前を披露する湯川夫人と、研究室で黒板にチョークを走らせながら若い研究者たちに原子物理学の講義をする湯川が、交互に一五回、それも次第にスピードをあげてめまぐるしく映し出される。高秋はアメリカに残って勉強することを決意し、日本に帰国する両親を飛行場で見送るところで映画は終わる。

映画では、脚本に対する湯川の批判はある程度解消されている。湯川が登場する場面は多く、湯川に対する国際的評価の高さも十分に示されている。湯川が進歩、妻が伝統という構図は、和服姿の湯川が和歌をたしなんだり、母の愛用する最新の家電製品を息子が紹介したりする場面を挿入することによって多少は修正されている。しかし東洋と西欧、そして湯川と妻の二項対立は基本的には存続し、人間の未来は西欧の進歩と東洋の伝統との融合にかかっているというクラムゴールドのメッセージが生き続けている。

二　湯川と脚本家の対立の背景

脚本をめぐるクラムゴールドと湯川の考え方の相違には、個人的な見解の違いとともに、日米の異なる社会状況も反映されている。

湯川より一歳年下のクラムゴールドは一九〇八年にニュージャージー州で生まれ、映画館を経営する父のもとで映画の世界に浸り、一二歳のときにはすでに映画製作をめざすようになったという。ニューヨーク大学を卒業後、ハリウッド映画の脚本作家になったが、次第にドキュメンタリー映画の製作に関心をもつようになった。三〇年代半ばには映画製作会社を立ち上げ、戦中から戦後にかけて、戦時情報局（OWI）、国務省、USIAの映画を手掛けた。クラムゴールドの主要な関心は映画製作だったが、毎年アメリカの優れた児童文学作品に与えられる「ニューベリー賞」も二度受賞している。(9)

ニューベリー章を受賞した『やっとミゲルも』（一九五三年）と『オニオン・ジョン』（一九五九年）は、もともとは映画の脚本として書かれたもので、いずれもアメリカの田舎や小さな町

ジョセフ・クラムゴールド
Something About the Author, vol. 48, ed. Anne Commire（Gale Research Company, 1987）掲載

で暮らす少年と父親の葛藤を扱っている。とくに『オニオン・ジョン』では、湯川の映画と共通する伝統と進歩の対立も主要なテーマになっている。主人公の一二歳の少年は平凡な町の暮らしに満足しているが、進歩を尊ぶ父には大きな夢をもたない息子が歯がゆく思われる。町で一番味のよいタマネギを育てることから「オニオン・ジョン」と呼ばれる男は、東欧出身の変わり者で、質素な石小屋の生活に満足している。少年や少年の仲間たちは、ジョンから迷信や妖怪の話を聞くのが楽しみだった。一方、父は町の人たちを動かし、ジョンのために家電製品の備わった家を建てた。しかし、便利な生活に不慣れなジョンは、ストーブの上に新聞を置いたままにしたために家を焼失させ、自由を求めて町を立ち去った。父はジョンに自分の考えを押しつけたことを後悔し、息子にも自分が果たせなかった夢を託していたことに気づく。やがて町はずれの丘の洞穴付近から煙がのぼるのを目にした少年と父は、ジョンが戻ってきたことを知って安堵するところで物語は終わる。(10)

一九五〇年代のアメリカは世界で最も近代的で豊かな社会だったが、アメリカ人、とくに知識人や芸術家、ビート・ジェネレーションに象徴される若者のなかには、アメリカの物質文明や機械文明あるいは巨大化する組織の非人間性を危惧する人たちも少なくなかった。クラムゴールドもその一人だったことは、一九五四年に一回目のニューベリー賞を受賞したときの演説からも明らかである。クラムゴールドは、長い演説の大半を『やっとミゲルも』の舞台であるニューメキシコ州ロスコルドヴァスと、そこから車で一時間の所にあるロスアラモスの比較に費やしている。かつてはスペイン領だったロスコルドヴァスの町は貧しく、収穫だけでは暮らしていけない人たちは出稼ぎに行くが、必ず町に戻ってくる。人はこの町に帰属し、互いに、また祖先と固く結ばれているからだ。他方、原子力研究機関があるロスアラモスは政府から多額の援助を受け、裕福で、失業者もいない。老人の姿もなく、平均年齢は三三歳に満たない。しかし敵の攻撃によって、あるいはそれ以上に自分たちの過失によって爆発するかもしれない核を抱えている。二つの町のいずれも理想の地ではないとクラムゴールドは言う。ロスコルドヴァスは貧困や病気に対処するために進歩が必要であり、ロスアラモスは真の成長を遂げるために人類の智が必要だ。しかし、政党も、学校も、教会も、資本主義も共産主義も、拡大を進歩とみなし、拡大がもたらす危険と向き合おうとしない。クラムゴールドは、児童文学は自分にとって進歩と伝統がともに重要であることを伝える場であると述べて、演説を締めくくった(11)。それは、クラムゴールドが湯川の映画でも伝えたいメッセージだった。

湯川は、自分のことを「我執の強い人間である」と評している。また、自伝が二七歳で終わっている理由を「これから先を書けば書くほど、勉強以外のことに時間をとられてゆく自分が、悲しくなってきそうだからである」と書いている。そんな湯川が国務省の映画製作に協力したのは、日米の友好と相互理解に貢献したいと思ったからだった。脚本に失望し、企画からおりたいと思ったことも一度ならずあったが、そうしなかったのは、映画がめざす国際親善を個人的感情から反古にすべきではないと思ったからだとロンバルディに語っている(12)。

当時、湯川がアメリカに対して抱いていた好感がアメリカに対する恩義と密接に関係していたことは、一九四八年の渡米に際して『京都新聞』や母校の『洛北高校新聞』、あるいは『世界の子供』に寄稿した文からうかがわれる。そのなかで湯川は、アメリカの学者たちが、ついこの間まで敵だった「日本の物理学者の研究価値を率直に認めてくれている」ことや、本国ならびにGHQのアメリカ人の尽力のおかげで渡米できるようになったことに感謝を表明している(13)。しかし感謝の気持ちが、湯川個人の次元を超えて日本国民全体におよぶことは、『世界の子供』に掲載された次の文に示されている。

明治以後の日本の発展にアメリカがどんなに大きな力をかしてくれたかということを、みなさんは忘れておられないと思います。日本はこのアメリカに、あのような無謀な戦争をしかけて、すっかり負けました。アメリカの全国民が日本に対して大へんふんがいしたのも無理のないことであります。しかし、今日は、も早《（ママ）》や、アメリカと日本はお互に敵同志ではありません。それどころかアメリカは日本の再建のために、他のどの国よりも一生懸命になって、援助してくれています。(14)

湯川にとっては、渡米も自分のためだけでなく、日本のためでもあった。なぜなら「日本から一人でも多くの優れた科学者がでれば、それだけ世界の学会から日本というものを高く評価されることになり、これが結局もっとも正しい意味において日本の国際的な地位を高める結果となるに違いない」からだった。また、日本が再び国際社会の一員になるためには、日本人が世界に目を向けることも必要だった。「戦争のため長い間、アメリカ、ヨーロッパ文明から隔離され〔略〕日本人の見解はしらずしらずのうちに狭くなってきている」という認識のもとに、湯川は「科学者に限らず一般に人間としても出来るだけ見解をひろくし、世界的な立場からものをみていくということに努力する必要があると痛感される」と書いている。(15)

他方、クラムゴールドには湯川の映画製作を依頼されるまで日本との接点はなく、日米の友好促進にもとくに関心はなかった。クラムゴールドと湯川では、機械に対する見方も異なっていた。湯川は、脚本を読んだときにクラムゴールドが機械の力を過大に評価していると感じたし、機械文明に対するクラムゴールドの危機感も共有していなかった。戦争の焼け跡から立ち上がることに精一杯だった当時の日本人には、科学技術の発達がもたらす豊かさはむしろ夢であり、映画のなかで機械文明の象徴として登場する巨大高エネルギー加速器は湯川にとって羨望の的だった。「今日おおがかりな装置を作って、目新しい、そして、いちばん大切な実験が出来るのは、何と言ってもアメリカより他にありません」と、湯川は述べている。(16) 二人は、ドキュメンタリー映画に対する見方も異なっていた。クラムゴールドは、ドキュメンタリー映画の製作でも「ストーリーを事実と同じくらい重視している」と評されている。(17) メッセージをもつストーリーの展開は、USIS映画でもよく見られることだった。しかし科学者の湯川には、映画の物語のために事実を変えることは受け入れがたかったであろう。

三　映画のメッセージの多様性

映画『父湯川博士』のメッセージは、監督と湯川の間だけでなく、アメリカ政府関係者の間でも異なり、さらに受け手である日本人の間でもさまざまだった。

湯川の映画が公開された一九五五年にはすでに「原子力平和利用キャンペーン」を開始していたＵＳＩＡは、連邦議会への報告書のなかで湯川の映画をキャンペーンの一環として位置づけ、「ノーベル賞受賞者湯川秀樹博士の原子力研究と家庭生活についての記録映画」であると説明した。他方、日本人利用者のために配布される『ＵＳＩＳ映画目録』に記載されている映画の紹介文には「原子力」の文字はなく、次のようにしるされている。「ノーベル物理学賞の湯川博士を父に、日本の伝統的文化を身につけた澄子夫人を母に、その次男として生まれた高秋君が、この父と母の生活、考え方の中に何を見たか、高校卒業後の人生をいかに進むべきか……東洋と西洋、総合と分析、芸術と科学の調和にその道を求めるのである」（省略は原文による）と。連邦議会に提出する報告書の説明と大きく異なるのは、対外広報に政治的効果を求める議員たちの意向に敏感にならざるを得ないワシントンのＵＳＩＡと、日本人の感情に配慮するＵＳＩＳの違いにある。しかし、ＵＳＩＡ関係者の見方も一つではなかったかもしれない。一九五五年に、当時はドキュメンタリー映画だけを対象にしていたエディンバラ国際映画祭にＵＳＩＡが出品した三つのフィルムのうちの一つが湯川の映画だった[18]。おそらく、クラムゴールドの進歩と伝統、機械と人間という大きなテーマが国際的な映画祭にふさわしいと思われたからであろう。

一九五五年六月一日の夕方、京都アメリカ文化センターと京都新聞社の共催による映画『父湯川博士』の贈呈式と

『父湯川博士』 コロンビア大学研究室の湯川

試写会が、京都新聞ホールで開かれた。二〇〇〇人を超える人で埋め尽くされた会場には、湯川秀樹夫妻、湯川の母、弟の小川環樹を含む京都大学の教授陣や総長、そのほかにも京都を代表する多くの知名人の姿があった。映画の上映は約四〇分だったが、来賓の祝辞や湯川の挨拶が会を盛りあげた。[19]

『京都新聞』（六月二日）に掲載された挨拶要旨によれば、京都市長は、「博士を京都名誉市民にいただくことはわれわれ京都の市民として光栄と誇りを痛感する」と語り、京都新聞社長は、「文化の花は長い歴史と深い伝統の大地からでないと咲かない。博士のような偉大な文化の花がこの京都の土に開いたのは決して偶然ではない。博士を育んだ京都から第二、第三の世界的偉人の生まれることを確信するとともにこれを切望する」と述べて、ともに京都への誇りをうたいあげた。他方、米国神戸総領事のラルフ・J・ブレークは、「この映画を通じ日米文化の交流、ひいては両国が互いに理解を深め、いささかなりとも親善に寄与することとなれば、これに優る喜びはない」と日米の絆を強調した。湯川は次のように語った。

筋書きもできており、私は監督の命ずるままに動けばよかったが、いざクランクに入ると相当やり直しをされて困った。〔略〕監督はこわいし閉口したものだ。映画になって光栄の至りであるが、また一面恥しい気持で一杯で、早くこの映画が消えてしまえばいいような感じもする。世間に知られず学問研究にはげむ人々も多いことだし、ただこの映画が私だけでなく学者みなの苦心のほどがわかってもらえれば幸いである。[20]

ロンバルディには撮影を引き受けた理由として日米の友好をあげた湯川だったが、映画を見たときには、コロンビア大学の研究室で難問と苦闘する姿に最も共感を覚えたのかもしれない。

二時間にわたる映画の試写会は、USIS映画部長ハリー・キースの音頭で「湯川博士バンザイ」を三唱したあと幕を閉じた。一般的にどんな映画についても、「見る人は見たいものを見る」ということが言えるかもしれない。アメリカ政府がつくる映画であれば、メッセージは一般の映画よりも明確だと思われるかもしれないが、『父湯川博士』の場合でも、どのメッセージが見る人に伝わるかはその人にしかわからない。会場をあとにする人々には、湯川への称賛、京都への誇り、日本人としての誇り、アメリカへの親近感、あるいは湯川が口にした研究者の苦労など、さまざまな思いがそれぞれの人の心に去来したことであろう。

四　USIS映画の全体像

『父湯川博士』を含むUSIS映画の前身は、GHQの民間情報教育局（CIE）が日本再生の重要な手段として全国津々浦々で上映した四〇〇本あまりのCIE映画だった。その多くはアメリカの政府機関によって製作されたが、外国政府、CIE、あるいはアメリカや日本の映画会社が独自に製作した映画もあった。総じてアメリカの風土や民主主義を紹介し、日本の再建と民主化を促す内容が多かったが、日本を題材にした映画も全体の一割以上を占め、さらに朝鮮戦争の勃発後は反共色の濃い映画も増加した。(21)

占領当初は映写機が不足していたために映画の上映もままならなかったが、一九四八年二月、CIEは文部省に一六ミリ映写機の貸与を伝え、上映体制の整備を命じた。文部省はすぐに各都道府県に視聴覚ライブラリーの設置を義務づけた。一般に「ナトコ」（映写機製作会社ナショナル・カンパニーの略称）と呼ばれる映写機は、太平洋戦争中に外地での慰安や広報活動に使われていたもので、約一三〇〇台が順次日本に到着し、都道府県に配布された。視聴覚ライブラリーの設置は地方自治体に大きな財政負担を強いたが、戦後日本における視聴覚教育の発展ならびにＣＩＥ映画（のちにＵＳＩＳ映画）の普及に重要な役割を果たした。[22]

講和から二年後の一九五四年二月、貸与されていたナトコ映写機が日本政府に譲渡され、あらためて映写機は文部省から各都道府県教育委員会その他の公共教育機関に配布されることになった。そのときに日米間でかわされた協定書では、ＵＳＩＳ映画が引き続き広く利用されるための措置として、文部省は「アメリカ合衆国広報機関からの提供が続くかぎり、ＵＳＩＳフィルム及び手引書（研究と討論）を受領して、これらを都道府県教育委員会その他の公共教育機関に配布する」こと、また「ナトコ映写機による上映に際しては、必ずＵＳＩＳフィルムを上映することを条件としてナトコ映写機を配布する」ことが義務づけられていた。[23]

講和後、米国大使館映画部は審査委員会を設置し、各都道府県の視聴覚ライブラリーが所蔵する四〇二本のＣＩＥ映画について、ＵＳＩＳ映画としての適性を検討した。その結果、三九本のフィルムを回収し、外国政府の映画三八本をＵＳＩＳ映画から外した。引き続き使用する映画についてはＣＩＥの文字をＵＳＩＳに変える作業があり、秋までに約三万点を修正した。またＣＩＥから引き継いだ未公開フィルムに加えて、九月半ばまでには国務省からも一二〇本のフィルムが届いた。そのなかから上映選考委員会が作品を選び、映画部が日本人向けに編集し、日本語のナレーションをつける仕事を担当した。こうして、一九五三年三月発行の『ＵＳＩＳ映画目録』には三三三本の映画の解説が掲載されている。[24]

映画部はその後も古い映画の一部を回収し、新しい映画を追加した。追加された映画の多くは、国務省から、一九五三年八月以降はＵＳＩＡから送られてくるフィルムのなかから選ばれたが、ＵＳＩＳも独自に、あるいは外務省、農地開発機械公団、在日米国商工会議所などの組織と提携しながら、日本を舞台とする映画を製作した。[25] アメリカから送られてくるフィルムを日本人向けに編集し、日本語の題名やナレーションを入れる費用は、一リール（一〇分前後の長さ）につき約五〇ドルだったのに対して、日本で映画を製作する場合には二四〇〇ドルから三〇〇〇ドルを必要としたが、日本人への影響力という点では、日本で製作する映画のほうがはるかに効果的だと思われた[26]。いずれの場合も、技術的な作業は日本の業者に委託した。『ＵＳＩＳ映画目録』の一九五九年版には五八年末までに封切られた四五六本の映画の解説が記載されている。五三年以降七七本が回収されているので、約六年の間に二〇〇本、一か月に二本から三本の割合で新しい映画が追加されたことになる[27]。

ＵＳＩＳ映画の上映時間は一〇分未満から八〇分近いものまで幅があるが、たとえば、一九五三年版の『ＵＳＩＳ映画目録』に掲載された映画一本当りの平均は一七、八分である。また大半の映画は、移動映写機があれば上映できる一六ミリのほかに、広い会場で上映する三五ミリも用意されていた。内容としては、アメリカを紹介する映画が圧倒的に多く、日本人にアメリカを知らせる意図を反映している。都市や名所史跡の紹介にはじまって、美術館や博物館、政治、交通機関、科学、工業、農林、漁業、教育、図書館、報道、保健、医学、コミュニティ、労働者、女性、青少年、家族、芸術、スポーツなど、ほとんどすべての領域が網羅されている。英語学習に関する映画もある。国際情勢を扱う映画には、国際連合やユニセフなどの国際協力を紹介するものと並んで、共産主義の脅威を伝えるものがある。占領末期に増加した朝鮮戦争関連の映画は

意匠をこらした『USIS映画目録』の表紙（1953年版，1957年版）

休戦後に一部が回収され、代わって五六年に起ったハンガリー動乱を扱う映画が増加した。また一九五五年以降の原子力平和利用キャンペーンの一環として原子力に関連する映画も増加し、『USIS映画目録』五三年版では一本だったが、五九年版では『父湯川博士』を含めて二〇本に達している。[28] 日本関連の映画も、『USIS映画目録』の五三年版と五九年版では五〇本から九一本に増加している。なかでも目立つのは日米交流に関連する映画の増加で、皇太子や岸信介首相の訪米あるいは巨人軍の渡米遠征記など日本人の訪米を扱う映画もあるが、来日アメリカ人の活動を伝える映画がとくに多い。毎日新聞社の主催で来日したニューヨーク・ヤンキーズやセントルイス・カージナルスもUSIS映画の題材になっているが、多くは、ウィリアム・フォークナーを除くと、五五年から始まった大統領基金によって来日した交響楽団や音楽家たちの映画だった。[29]

講和後の日本では、USIS映画とは別に、日本人が製作する教育映画にも進展が見られた。[30] 戦時中には国策として上映された文化映画と呼ばれる短編の製作に従事した日本人は、終戦とともに仕事を失ったが、GHQの教育映画推進政策にあと押しされ、教育映画の製作に新たな道を見いだしていた。製作本数は着実に増加し、一九四六年には八四本だったが、五三年には三七二本、五九年には八六一本に達した。しかし、多くの教育映画製作者は資金不足に悩まされていた。興行映画のような収益は望めないうえに、学校、公民館あるいは視聴覚ライブラリーなどによる組織的かつ計画的な受け入れ体制が整わず、製作費の回収すらままならなかった。したがって教育映画といっても、実際には官公庁の委託作品や一般会社ならびに諸団体のPR映画が多く、五三年には八〇%以上、五九年でも半数以上を占めていた。PR映画のなかにも優れた作品はあったが、教育映画製作者は、いつかは自分たちのつくりたい映画を製作する日がくることを願いながら切磋琢磨していた。[31]

USIS映画が日本の教育映画と異なる特色の一つは無料で利用できることであり、予算の乏しい視聴覚ライブラリーや映画上映会を企画するグループにとっては好都合だった。また、日本の教育映画がもっぱら日本で撮影されているのに対して、外の世界を紹介する作品が多かったこともUSIS映画の特色だった。一九五〇年代後半からは日本のドキュメンタリー映画にも外国の映像が増えたが、『カラコルム』、『マナスルに立つ』、『メソポタミア』、『アフリカ横断』、『民族の河メコン』、『花嫁の嶺チョゴリザ』など、探検隊や調査隊に同行して撮影されたものが大半だった。アメリカの文化や社会、政治、産業、技術に触れる機会を提供したのはUSIS映画だった。

USISは、各地のアメリカ文化センター、日米文化センター、各都道府県の視聴覚ライブリーを活用しながら、学校、行政組織や企業、労働組合、PTA、公民館など多様な組織の集会でUSIS映画が幅広く利用されるために最大限の努力をした。たとえば、一九五二年一二月、ストレプトマイシンなどの抗生物質の発見者であるセルマン・ワクスマンがノーベル賞授賞式の帰途に来日することを知ったUSISは、二年前に公開された『ストレプトマイシン』のフィルムを急遽焼き増し、フィルムを所有していないアメリカ文化センターやワクスマンを招待した読売新聞社に届けるとともに、各地の視聴覚センターを含む関係機関に、この映画の活用方法を説明する文書を配布した。一〇分間の短編映画は、一〇〇〇人の聴衆を集めたワクスマンの講演会をはじめ、さまざまな場で上映された。

ナトコ映写機の講習会（松山アメリカ文化センター）
提供：National Archives

『Arts of Japan ── 日本美をもとめて：研究と討論』

「会を成功させる7ツの階段」『日本美をもとめて――研究と討論』

あるいは、松山アメリカ文化センターのように、『日本美をもとめて』（一九五四年公開）というUSIS映画の上映と同時にセンターで地元の華道家による生け花展を開くことによって、五〇〇人以上の観客を集めることもあった[32]。

さらに、USIS映画部は、利用できる各映画の概要を紹介する隔年発行の『USIS映画目録』と年に数回作成する追加目録を、フィルムを所蔵する施設だけでなく多くの公共機関に配布した。毎月発行するニューズレターの『USIS映画ダイジェスト』には、新しいUSIS映画の内容紹介とそれを用いた企画の提言、翌月の出来事に関連するUSIS映画の紹介や、アメリカ文化センター館長の映画に関する寄稿文などが掲載された[33]。映画が広く利用されるために、ナトコ映写機の使い方の講習会も開催した。

USISがめざしたことは、多くの日本人が映画を見るだけでなく、映画をよく理解し、自分たちの生活に役立たせることだった。そのために、各映画には『研究と討論』という冊子が用意されていた。たとえば『日本美をもとめて――研究と討論』は、日本語と英語が併記された三六頁の冊子で、映画の筋書き、製作の意図、登場人物と製作スタッフの紹介に加えて、神楽や田楽から始まる日本の演劇史、日本の美術、建築、華道、音楽など、映画を理解するのに役立つ予備知識を掲載している。また冊子では、映画会には「絶対に欠かすことのできない」討論会の進め方も詳しく説明されている。映画会の主催者は事前に映画を見ておくだけでなく、『研究と討論』を丹念に読んでおく必要があり、討論の司会に不慣れな人には、ＵＳＩＳ映画の『ディスカッションの手引き』を見ておくことを勧めている。当日は、司会者が上映後には討論会があることを予告しておき、討論では話しやすい雰囲気をつくり、多くの人が発言するように配慮する必要がある。討論を活発にするためには、「その映画と、映画が提起する問題を、その地方の実情と、その映画を見に来ている観客に結びつけて考え」ることも必要で、討論を締めくくる結論も「その社会とそこに住む人々に役立つものでなくてはなりません」と書かれている。こうした説明に加えて、『研究と討論』の巻末には映画会を成功させるための手順もイラストで描かれている(34)。

講和後の対日文化外交は、日本社会の復興と民主化を主要な目的とする占領期とは異なり、日米関係の強化をめざしたが、日本の民主化を推進する意図はＵＳＩＳ映画にも受け継がれていた。映画部の職員には日本人が圧倒的に多く、一九五二年秋には七〇人中六三人、五九年には四三人中四〇人が日本人だった(35)。ＵＳＩＳ映画の上映会を通して民主主義の要素である話し合いの能力と自分たちの住む地域への関心をはぐくむことは、ＵＳＩＳ映画にかかわるアメリカ人と日本人が共有する願いだったのではないだろうか。

五　ＵＳＩＳ映画の受容

ＵＳＩＳ映画は無料の魅力とＵＳＩＳ職員の創意工夫のおかげで多くの日本人に利用されたが、同時に、ＵＳＩＳ

映画を見る層と見ない層はかなり明確に分かれていた。USIS映画部の推定によれば、一九五八年に都道府県視聴覚ライブラリー所蔵のUSIS映画を見た日本人は約五〇〇〇万人、その他の機関を通して見た人数を合わせると約六〇〇〇万人になり、その三分の一は学生だった。[36]しかし、対日アメリカ文化外交が重視した知識人の一翼を占める教育映画製作関係者からは、USIS映画は無視されることが多かった。たとえば、日本映画教育協会常務理事の森脇達夫は『キネマ旬報』(一九五四年)誌上で、都道府県視聴覚ライブラリーが所蔵するフィルムの大半が「CIE映画(後にUSIS映画)」であることに言及しながら、「現在ではこのアメリカの対日政策はすでに停止されている」ので「日本の教育映画の需要が、急激に増加することは当然である」との期待を表明している。教育映画や記録映画の監督として活躍した羽仁進も『キネマ旬報』(一九五八年)誌上で、「日本占領アメリカ軍の政策による指導や援助は、すでに一応の終止符がうたれたが、今日でも『ナトコ』16ミリ映写機が全国の各地で活躍し、多数のC・I・Eフィルムが地方のフィルム・ライブラリーに収められている事実が示すように、その影響はいろいろな形で残っている」と書いている。[37]USIS映画への言及が皆無であるだけでなく、CIE映画が引き続き利用されていることに対する羽仁の違和感がうかがわれる。講和後、日本人による日本人のための教育映画の製作をめざした映画人は、CIE映画を占領の象徴とみなし、その後身であるUSIS映画には関心がなかったようだ。

しかしまれには、一九五四年に公開された『日本美をもとめて』のように、USIS映画が『キネマ旬報』の「短編映画」欄で取り上げられることもあった。この映画を製作したUSISの意図は、「日本文化に対する私たちの認識と高い評価を示し、それによって、一見無関係な領域ではあるが、友好と共通の理解の雰囲気をつくり出すこと」にあった。[38]三〇分の映画は、日本の伝統文化に関心をもつアメリカの青年が、古寺、仏像、鳥居、木橋、古池、ハニワ、神代造りの家などを眺めて歩き、巫女の舞い、能、桂離宮の庭、茶の湯、歌舞伎などを鑑賞し、さらに日本を代表する芸術家たち——版画家の棟方志功、陶芸家の浜田庄司、日本画家の川合玉堂——を訪ねる内容である。[39]『キネマ旬報』の評者がこの映画をどこで見たかは不明だが、「字幕も解説も米?語《ママ》」で、青年のことは「アチラの青年」と紹介し、「うれいをふくむハンサムボーイだが画面的には邪まになることがある」と述べている。内容に関しても、外国人向けの映画と思い込んでいるために、「版画制作やロクロの製陶、皿の薬かけ、川合玉堂の席画等は動くものだけに誰にも喜ばれそうだ」としながらも、雅楽や能舞台は「どうも退屈で」、北斎、広重、歌麿の錦絵や歌舞伎は「グロテスクにみえないか」と危惧する。「カメラは悪くないが、あちらの誰にみせるのか。高級スーベニエル的なフランシス・ハール演出のUSIS映画ではある」というのが、評者の締めくくりの感想だった[40]。

他方、USIS映画が着実に利用されていたことを示すアンケート結果もある。おもに一九五八年一月に三つの労働組合が開催したUSIS映画上映会で一三頁のアンケート冊子を配布し、回答した三九九人の結果を集計したものである。回答者の内訳は福島の常磐炭坑組合（全労左派）一九六人、福岡の東洋陶器（現在のTOTO株式会社）組合（独立組合）一一二人、福岡八幡製鉄組合（総評系）九一人である。性別がわかる二七九人のうち女性は二割未満で、圧倒的に男性が多い。年齢がわかる二七〇人のうち約七割が三〇歳以下で、学歴がわかる二八〇人については「新制高校・旧制中学・女学校まで」が四四％と最も多く、「専門学校・大学まで」は九％である。設問を用意したのはUSISだが、アンケートを実施したのは各組合の文化部だった[41]。

USIS映画を見ている人は多く、回答者の五三％が過去一年間にUSIS映画を見たと答えている。そのうち二本から五本見た人が半数近くを占め、一〇本から一九本が四分の一、二〇本以上見た人も八％いる。ちなみに、過去一年間に見たUSIS映画として、最も多くの人があげているのが『日本美をもとめて』だった。USIS映画を見る理由としては、「会社（組合）、青年団が上映するので」という回答が最も多く、過半数に達している。アンケートが実施された日の映画会に参加した理由を複数選択で回答する設問に対しては、「出来るだけUSISの映画を全部見ようと思っているから」を選んだ人が最も多い（二一％）。回答結果は、USIS映画が職場や労働組合、青年会などの集会でよく上映され、なかにはUSIS映画マニアすらいたことを示している。

「USIS映画は、あなた個人にとって、どのような価値をもつと思いますか」という設問に対しては、用意された三つの答えと「それ以外」の四つのなかから一つを選択する形式になっている。結果は、「私の一般的な知識を増す機会となっている」という回答（五九％）が、「アメリカ――その人々の行動――に一段としたしみをもち、よく理解する機会になっている」（七％）および「娯楽として余暇を過ごすのに役立つ機会となっている」（三％）を大きく引き離している。しかしUSISは、「アメリカを知る」という英語の回答が「したしみをもち」と誤訳されていたことに集計後気づき、正しく翻訳されていたならば「アメリカを知る」という回答がもっと多かったに違いないとUSIAに報告している。「USISが日本で映画をやるのは何故だと思いますか」という記述式の設問に対しては、「アメリカの広報」をあげる回答が最も多く（一〇三人中四九人）、「文化交流」（一八人）や「日米の親善」（一八人）を大きく引き離している。しかし、USIS映画が公正か偏っているかを問う二者択一の設問では、五七％が「公正」を選び、「片寄っている」を選んだのは一二％だった。片寄っていると思う理由としては、共産主義諸国の脅威を強調しすぎる、アメリカの自由主義の宣伝だ、人種差別に触れていないなどがあがっている。日本人は、USIS映画がアメリカの広報活動であることを認識しながらも、自分たちの世界を広げるために活用していたと言えよう。

六　USISの興行映画

USISは、ドキュメンタリー映画とは別に、政治的メッセージの濃い長編劇映画も提供した。プロパガンダとみられることを避けるために、USISの資金援助は伏せ、日本映画として一般の映画館で上映された。表3-1が示すように、講和後にUSISの資金援助を得て製作された長編劇映画は五本ある。[42] しかし、共産党員による労働組合

表 3-1　USIS 支援の興行映画

タイトル	公開日	配給	製作	製作費（$）	USIS 負担額（$）	上映時間（分）
鉄の花束	1953.8.1（完成日）	北星	中井プロ	34,583	16,667	88
嵐の青春	1954.6.1	新東宝	中井プロ	42,500	17,500	88
怒濤の兄弟	1957.6.5	新東宝	新東宝	（不明）	16,667	80
第 101 航空基地	1957.12.15	東映	東映	222,222	55,555	84
殺《け》されるのは御免だ	1960.4.23	新東宝	糸永英一 杉山務	30,000	30,000	78

出所：“Inspection Report: USIS-Japan, 20 May 1961,” RG 306；『キネマ旬報』（1952〜60 年）；「日本映画データベース」http://www.jmdb.ne.jp

の乗っ取りをテーマとする『鉄の花束』は，上映された形跡がない。実は『キネマ旬報』では，「USISの特需――『鉄の花束』完成」の見出しで，「公式にはまったく日本側プロダクションによる自主製作となっている」が，実際にはUSISの資金を得て製作された「反共自由諸国家の理念を宣伝する長編劇映画」が近く公開されると報じる記事が掲載されている。USISの支援が公にされたために，上映が見送られたのだろう。一九五八年にも，日本の国連加盟を題材にした映画の製作が，USISの資金提供がもれたために中止になっている。製作会社に支払った一万四〇〇七ドルのうちUSISが回収できたのは一割未満だった(43)。『鉄の花束』は内部文書では上映されたことになっているので，提供した資金はまったく回収できなかった可能性が高い。

『嵐の青春』は，裕福な友人たちになじめない貧しい学生が左翼の地下組織に入り，暴力や粛正に翻弄される物語で，『怒濤の兄弟』は，理想社会の実現を夢見て共産党の組織に入りながら，実際には密輸団の手先として殺人を犯すことになる若者とその家族の葛藤を描いている。『第一〇一航空基地』は自衛隊の若者たちを主人公とし，『殺《け》されるのは御免だ』では，共産主義の国際組織による麻薬の密輸とは知らずにアルバイトをした学生たちが次々と殺される(44)。

このなかで最も集客力があったのは『第一〇一航空基地』だった。他

『ジェット機出動　第101航空基地』1957年公開
© 東映

の映画に比べて製作費が破格に高いのはカラーだったためでもある。デビューしてまだ一年の高倉健が演じる主人公は、子供の頃からパイロットに憧れ、自衛隊の第一期操縦幹部候補生になった。パイロットの長男を戦争で亡くした父の反対を押し切って入隊した主人公には、「名パイロットになればお父さんだって、きっとわかって下さるわ」と言う幼なじみの励ましの言葉が支えだった。父が息子を除隊させようと基地を訪れたとき、航行中の貨客船から、中毒患者が発生したので至急血清を空輸するようにとの要請が舞い込んだ。豪雨と強風で視界がまったくきかない悪天候を押して救助に向かった隊長が使命を果たして帰還したとき、父は、駆け寄る隊員たちとともにその勇気に感動し、国の役に立ちたいと思う息子の気持を理解した。ラスト・シーンでは、F86Fの編隊が紺碧の空に飛行機雲を描きながら飛び去っていく[45]。航空自衛隊浜松基地で数十機のジェット機を動員して撮影された『第一〇一航空基地』は、USISの視察報告書によれば、二二〇〇の劇場で上映され、観客数は一五〇〇万人に達したという。他方、浅草の興行街で一九五七年下半期に公開された邦画一四六本のうち、『忍者御前試合』と二本立てで上映された『第一〇一航空基地』は、観客数の週計

では九二番目、興行収入の週計では九五番目だったから、実際には、そこそこの人気だったと思われる。(46)
長編劇映画の製作にあたっては、USISの関与がテーマの設定だけのこともあれば、内容を仔細に検討し、撮影に介入する場合もあった。教員組合に共産党員が潜入する映画の製作も予定されていたが、脚本の段階でUSISが希望する変更がなされなかったために製作は見送られたこともあり、この場合はUSISの資金提供もなかった。(47)

USIS支援の劇映画は、上映されなかったと思われる『鉄の花束』以外はみな、『キネマ旬報』誌上で紹介されたり、批評されているが、評価は総じて低い。『嵐の青春』は、「現代の大学生の苦悩をえがこうとした着眼はいいとしても、左翼を型通りの悪役にえがくようでは、その苦悩もえがける筈はなかった。反共を目指していながら、反共主義者の共感もえられないように見える」と評されている。『怒濤の兄弟』は、「左翼運動の描写も、組織のからくり暴露も、安易なギャングものを思わせる」内容で、興行の見通しについては、「スター・ヴァリューがそれほど強くもなく、演出も特筆すべきものは発見出来ない平凡な映画だけになかなか大変だ」と書かれている。(48)『殺《け》される のは御免だ』は、紹介記事は掲載されているが、批評記事はない。批評に値しないとみなされたのかもしれない。

『第一〇一航空基地』の評者は、「思い切って、自衛隊宣伝映画を作ったのが興味を呼ぶ。〔略〕大型でジェット機の迫力を見せようという大まかな企画。この辺に東映の神経の図太さがあるのかも知れない」と述べる一方で、「日本映画初のジェット機映画といっても内容的には貧弱。際もの的興味に訴える以外あるまい」と手厳しい。しかし、観客の多くは、日頃見ることのできない自衛隊の訓練やジェット機の飛行に好奇心をそそられたかもしれないし、あるいは親子の対立や主人公を励ます幼なじみとの純愛に共感したかもしれない。USISは、映画が戦前の日本の軍国主義とは異なる民主的な軍隊を描くとともに、ジェット機には長い滑走路が必要であることを示し、滑走路延長に反対する運動の沈静化を期待した。(49)当時は、立川基地の拡張をめぐる砂川闘争のまっただなかだった。しかし、USISが意図した政治的メッセージを受けとめた観客がはたしていたかどうかは疑わしい。

講和後は、日本の映画産業界も占領期の厳しい検閲から解放され、活気を取り戻していた。占領期には製作を許されなかった時代劇や戦争映画をはじめ、メロドラマ、喜劇、アクション、あるいは原爆映画や社会派ドラマなど、多くの作品が次々と公開された。一九五二年には二七八本だった邦画の公開本数は、五五年に四〇〇本を超え、六〇年には日本映画史上最高の五四七本に達した。(50)こうした状況のもとでは、USISが八年間に五本の映画を製作するために五〇〇〇万円を超える資金を投じても、その影響は限りなく小さかったと言わざるを得ない。(51)

七　ハリウッド映画の威力

USIS映画の影響はUSIS支援の興行映画に比べれば大きかったが、ハリウッド映画の威力には遠くおよばない。戦時中にシンガポールで多くのアメリカ映画を見た映画監督の小津安二郎は、のちに、「〔ディズニーの〕『ファンタジア』を見ながらこいつはいけない。相手がわるい。大変な相手とけんかをしたと思いましたね」と、アメリカ映画の威力を語っている。(52)占領期にCIEが日本映画だけでなくアメリカ映画の輸入にも厳しい規制を課したのは、やはりハリウッド映画の威力を認識していたからだった。CIEは民主主義の啓蒙に役立つ作品や健全な娯楽作品の上映を認め、人種差別や貧困などアメリカ社会の暗部に触れる作品を排除することによって「アメリカを、暮らしが愉しく精神的にも高い国、と理想化して見せることに成功した」と、映画評論家の佐藤忠雄は指摘する。(53)

講和後はGHQによる規制はなくなったものの、大蔵省が国内映画産業を保護するとともに、外貨の流出を防ぐために外国映画の輸入を厳しく制限した。各国の割り当て本数は前年度の輸入本数と配給収入を基準にしたために、占領期に優遇されたアメリカ映画の輸入本数が他国をはるかに上回ることになった。一九五三年から六〇年までの八年間に日本で公開された外国映画は年に二〇〇本前後で、そのうちアメリカ映画が平均六割以上を占めていた。なお、邦画を含めた封切り映画全体に占める外国映画の割合は平均約三〇％だった。[54] しかし、アメリカ映画の輸入は第二次世界大戦後に増加したわけではない。洋画の封切り本数が最も多かった一九三六年には、アメリカ映画が三四三本の外国映画のうち八割を占めていた。[55]

在日米国大使館にとっては、大蔵省が課す外国映画の厳しい輸入規制を緩和させることも懸案ではあったが、それ以上に差し迫った問題は太平洋戦争を題材とするハリウッド映画の上映だった。スクリーン上での戦争の再現が日本人の反米感情をよみがえらせることを危惧したからである。講和条約発効から二か月後には早くもジョン・ウェイン主演の『硫黄島の砂』（一九四九年米国公開）が上映され、日本の映画評論家や有識者から相次いで批判の声があがった。映画評論家の双葉十三郎は、日本人が大量に殺される映画が日本で上映されたことに、また日本人が映画をボイコットするどころか映画館に殺到したことに「絶望と憤懣」を禁じ得なかった。映画評論家の清水昌も「屈辱と憤懣にたえなかった」が、日比谷映画劇場には一日一万人以上が詰めかけ、各地でも記録的な興行成績をあげていることから、戦争映画が続々上映されることを警戒した。『硫黄島の砂』の興行収入は、一九五二年に公開された洋画のなかでは『風と共に去りぬ』に次いで二位だった。[56]

清水が危惧したように、スペンサー・トレイシー、ジョン・ミッチェル、ヴァン・ジョンソンなど一流スターが出演するＭＧＭ（メトロ・ゴールドウィン・メイヤー）の大作『東京上空三十秒』（一九四四年米国公開）の上映がすでに予定されていた。映画は東京空襲の秘密作戦に志願した主人公と妻の夫婦愛やファシズムとの戦いをテーマにしているが、空襲の様子も生々しく描かれていた。一九五二年八月に試写会で映画を見た在日米国大使館員たちは、映画が多くの日本人を憤らせ、日米が戦った頃の苦い思い出を呼び起こすことを心配した。ロバート・マーフィ駐日米国大使から報告を受けた国務省は、アメリカ映画協会に対して、日本を自由陣営の一員とするために日米両政府が懸命な努力をしているときに、日本人を憤らせるような映画の上映が好ましくないのはもちろんのこと、『東京上空三十秒』

の場合には『硫黄島の砂』のように日米の戦闘部分をカットすることも困難だと指摘し、上映の自粛を申し入れた(57)。MGMは上映を五七年まで自粛した。

一九五三年六月、在日米国大使館はミッドウェイや沖縄の実戦映像を含むワーナーズ・ブラザーズ社の『機動部隊』（一九四九年米国公開）が翌月には日本でも公開される予定だということを知った。着任してまだ一か月にもならないアリソン大使は国務省に対して、「日米の友好関係を維持するための一般的な政策として、アメリカ映画協会が協会メンバーに日本での戦争映画の上映自粛を要請する」ように国務省から働きかけることを促した。アリソンは、静岡県内灘の米軍試射場の接収を求める反対運動が激しさを増しているだけでなく、相互援助協定（ＭＳＡ）が大きな政治の争点になっているときに一連の戦争映画が上映されることは「きわめて有害」で、とくに「日本共産党は、そのような映画をプロパガンダの材料として最大限活用するだろう」と警告した。しかしダレスからの返信には、すべての戦争映画の上映自粛をアメリカ映画協会に求めることは「アメリカの検閲ならびに民間企業への政府の介入や支配に対する非難を国の内外で生じさせる危険がある」ので、個々の映画について製作会社に非公式に打診するほうが望ましいと書かれていた(58)。

『機動部隊』は、日本の報道機関や在日アメリカ企業からも危惧の声があがるなか予定よりも早く六月末に公開された。日本人の反応を憂慮するアリソンはダレスに対して、戦争映画の日本上映を自粛するという一般原則の実施を繰り返し要請した。アリソンが危惧したように、映画評論家の登川直樹は「またしても日本人の自虐性が試されるのは、映画の出来映えの如何を通り越してやりきれない思いがする」と評した。しかし観客の反応は必ずしも反米ではなかった。『週刊朝日』に掲載された「戦争映画と大衆――『機動部隊』をどう受けとったか」と題する記事では、「日本軍もよく戦ったことが、この映画によってよく分かる。これは観ている日本人にとっては、確かに一種の快感を与えるものだ」と書かれている。事実、日本の艦隊や特攻隊が現れたり、米軍に勝利したりすると、観客の一部から拍手が起った。観客の感想は、実のところさまざまだった。「あの犠牲的精神には感動した。私は再軍備に賛成だ」とか「日本は戦争に敗けたが、立派な国だったということをしみじみ感じました」と語る人もいれば、「私は戦争に反対で、この映画の公開にも反対だ」あるいは「戦争を想い出して嫌な気がした」と言う人もいた。しかし、「すべてに共通している点は、異常な興奮とスリルを感じたことで、これが理論をぬきにしてこの種の映画の魅力になっている」と、筆者は結んでいる。『機動部隊』は、一九五三年に公開された洋画作品のなかで六番目に高い配収を得た。(59)

戦争映画は、一九五〇年代の日本で上映されたアメリカ映画のごく一部にすぎない。アメリカ国内では、映画の観客動員数も興行収益も一九四六年がピークで、五〇年代にはテレビが家庭に浸透し、ハリウッド映画の人気に水をさしていた。(60)とはいえ、この時代のアメリカ映画には、ジェームズ・ディーン、マーロン・ブランド、オードリー・ヘップバーン、マリリン・モンローなど一世を風靡するスターが続々と登場し、映画史に残る多くの名作や話題作が生まれた。『真昼の決闘』、『シェーン』、『OK牧場の決闘』など、西部劇はとくに日本人の人気を集めた。また戦前に製作されながら占領期には上映されなかった『風とともに去りぬ』も講和後に公開され、空前の興行成績をあげた。

アメリカ映画には、当時のアメリカ社会の豊かさをそのまま再現する作品も多かったが、西部劇のように、はるか昔のアメリカを舞台とする作品も少なくなかった。映画評論家の川本三郎は、一九五六年に完成したばかりの新宿コマ劇場で未開地を開拓する農民たちを描いたミュージカル映画『オクラホマ』を大画面で見たときの印象を、「戦後の貧しい時代に育った私たち十代の少年にとっては晴れがましい、夢のような体験だった」と述べている。とくに、馬に乗ったカウボーイが「嗚呼、うつくしい朝」を歌いながら、どこまでも広がるオクラホマのトウモロコシ畑を進む冒頭のシーンでは、「馬に乗った彼の姿が隠れるほどに背の高いトウモロコシに驚嘆」したという。(61)アメリカ映画は、時代がいまか昔かにかかわらず、スケールの大きさで日本人を圧倒し、そうした映画を製作できるアメリカの豊かさと力を感じさせた。

一九五〇年代にはイタリア映画の『にがい米』や『道』、フランス映画の『天井桟敷の人々』や『禁じられた遊び』、イギリス映画の『第三の男』など、すぐれたヨーロッパの作品も次々と上映された。映画通の間では、アメリカ映画は大衆向きで、芸術性が高いのはヨーロッパ映画だという見方も根強かった。五〇年代に大学生だった映画字幕翻訳家の戸田奈津子は、オードリー・ヘップバーンの魅力にため息をつき、ジェームズ・ディーンの葛藤に共感しながらも、「ハリウッド映画の甘さ、ご都合主義は爪の垢ほどもない」イタリアのネオ・リアリズム映画の暗く悲惨な映像に衝撃を受けたと言い、イギリス映画、フランス映画もアメリカ映画に拮抗して、あるいはそれ以上のパワーに満ちていた」と回顧している(62)。

しかし一般の日本人の間では、わかりやすく、明るく、スケールの大きいアメリカ映画が高い人気を博していた。一九五九年時点で、戦後配給収入が多い洋画の上位二〇作品に含まれるアメリカ以外の映画は、一二位のフランス映画『ノートルダムのせむし男』だけだった(63)。すでに取り上げた労働組合員のアンケート結果でも、ハリウッド映画を見たことがある人は八七%に達し、それまでに見たハリウッド映画の本数も五本以下が二三%であるのに対して、六本から二〇本が三〇%、二一本以上という回答も三二%におよんでいる。またアンケートの回答者には、ハリウッド映画がUSIS映画とともにアメリカに関する主要な情報源だった。「アメリカの生活について、あなたがおもちの印象は、次のどれとどれから主として得ておられますか」という複数回答の設問では、ハリウッド映画（七三%）とUSIS映画（五三%）をあげた回答が圧倒的に多く、次に続くアメリカ人の著作（一八%）やUSISの資料（雑誌、パンフレット、本、講演など一五%）を大きく引き離している(64)。五九年にUSISの活動を視察したメイは、日本におけるハリウッド映画の影響について、「おそらく、ややマイナスに働いている」と感じたが、アンケートでハリウッド映画を見たことがあると答えた人のなかでは、映画から得たアメリカの印象は「非常によい」（一一%）あるいは「よい」（七一%）との回答が圧倒的に多く、「よくない」は二%、「非常によくない」は皆無だった(65)。

このアンケート結果を日本人全体の感想とみなすことはできないにしても、映画倫理規定に触れないかぎりは輸入するアメリカ映画の内容に規制が課せられなくなった講和後の日本でも、アメリカ映画は日本人によい印象を与えたことを示唆している。当時のアメリカでは、フィルム・ノワールなど、人間や社会の暗部を強調する映画も少なくなかったが、人種差別を正面から取り上げるハリウッド映画はまれだった。また輸入業者にとっては、輸入本数に厳しい制限が課せられていたこともあり、日本の大衆に受けるかどうかが主要な選択の基準だった。さらに、映画に対する評論家と一般大衆の反応が異なることは、『機動部隊』の例が示している。多くの人は批評するためではなく、楽しむために映画館に足を運ぶのであり、アメリカ映画の楽しさが、アメリカに対する好感につながったとしても不思議ではない。

日本では、テレビがまだ普及していない一九五〇年代が映画の黄金時代だった。映画館の数は一九四六年の一三七六から五八年には六〇六七に増加した。映画人口は四六年には七億三〇〇〇万人だったが、五八年には一二億二七〇〇万人のピークに達した(66)。当時の人口は約九七〇〇万人だったから、全国民が年に一二回映画館に足を運んだことになる。映画が日本人にとって最大の娯楽だった時代に、ハリウッド映画はその重要な一翼を占めていた。映画の受けとめ方は人さまざまだが、あえて一般化すれば、USIS映画はハリウッド映画の興奮、スリル、楽しさには乏しいが、ハリウッド映画が扱わないアメリカの基礎知識を、映像を通して提供した。ハリウッド映画とUSIS映画は互いに補完し合いながら、日本人にアメリカの映像とストーリーをふんだんに届け、太平洋を越えたはるか遠くの国を身近に感じさせることに貢献したと言えるであろう。

第四章　ウィリアム・フォークナーと日本

長野市立長野図書館の奥の一角に、ウィリアム・フォークナーの小さな展示コーナーがある。一九五五年八月、フォークナーが三週間にわたって日本に滞在し、そのうちの一二日間を「アメリカ文学セミナー」が開催された長野で過ごしたことに由来している。コーナーの中央に陳列ケースがあり、そのなかに置かれている大きな掛軸の真ん中には「鷹匠《たかじょう》」と書かれている。フォークナーの祖先はスコットランドの出身で、祖先の名前が鷹師を意味していたからだという。そのまわりには、数十人のセミナー参加者による署名と寄せ書きがしるされている。掛軸は帰国するフォークナーに贈られたもので、三二年後に長野に里帰りした(1)。いまではフォークナーの訪日を知る人も少ないが、掛軸からは、ノーベル賞受賞作家と長野での夏の日々をともにした日本人の熱い思いが伝わってくる。

一　文化使節の誕生

フォークナーは、一八九七年に深南部のミシシッピ州ニュー・オールバニーで生まれた。五歳のとき、一家は近くのオックスフォードに移り、そこで父は貸し馬業を営んだ。フォークナーは地元の高校を卒業したあと、さまざまな仕事につきながら詩を書き始めた。一九一九年秋には地元のミシシッピ大学に特別生として登録したが、一年で退学

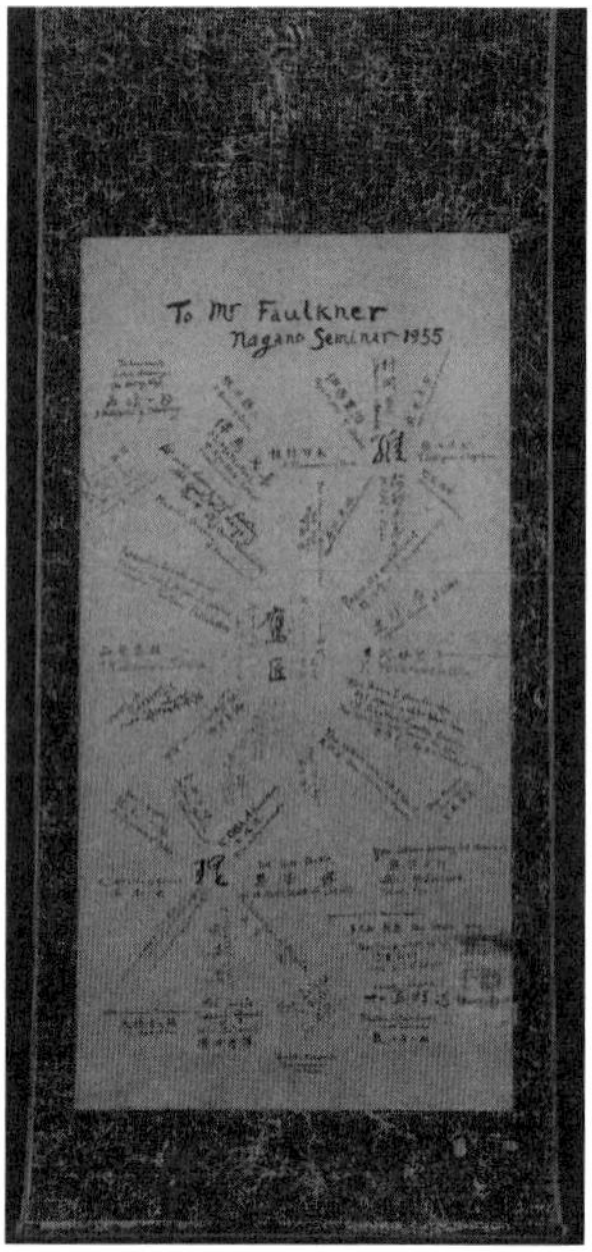

ウィリアム・フォークナーに贈られた掛軸（University of South Carolina 所蔵の写真のコピー）提供：藤平育子氏

した。(2) その後、一九二六年に処女作『兵士の報酬』を出版して以来、『サートリス』（一九二九）、『響きと怒り』（一九二九）、『死の床に横たわりて』（一九三〇）、『サンクチュアリ』（一九三一）、『八月の光』（一九三二）、『アブサロム、アブサロム』（一九三六）、『墓地への侵入者』（一九四八）など多くの小説や、短編集『行け、モーセ』（一九四二）を世に出し、リアリズムを超えるモダニズム文学の代表的作家となった。しかし当初は、フォークナーの評価はアメリカよりもヨーロッパで高かった。フォークナーの名を世界中で一躍有名にしたのは、一九五〇年のノーベル賞の受賞だった。オックスフォードを生涯の住まいとし、口数も少なく、偏屈で、変人と評されることも少なくなかったフォークナーが米国政府の文化外交に協力するようになったのも、ノーベル賞の受賞がきっかけだった。

　一九五〇年一一月、フォークナーは、空席となっていた一九四九年度ノーベル文学賞の受賞者に選ばれた。しかし、翌月にストックホルムで開かれる授賞式への出席をフォークナーは辞退した。晴れがましい席に出ることも、オックスフォードから遠いスウェーデンに行くことも、フォークナーには関心がなかった。フォークナーの欠席を知ったスウェーデン駐在米国大使のW・ウォルトン・バターワースは驚いた。国務長官のディーン・アチソンに電報を送り、フォークナーを推挙した人たちの失望を伝えるとともに、国務省職員のムナ・リーであれば、フォークナーを説得できるかもしれないと示唆した。一九四一年に国務省に入ったリーはミシシッピの出身で、詩人としても、中南米文学の翻訳家としても実績のある女性だった。(3) 実のところ、リー自身はフォークナーと直接の面識はなかったが、郷里の人脈を活用して説得作戦に乗り出した。フォークナーは友人や家族から説得され、駐米スウェーデン大使からも懇願され、ついに授賞式に出席することに同意した。ストックホルムでは、フォークナーの「飾らなさ、謙虚さ、丁重で礼儀正しい振る舞い」が記者たちに好印象を与えたと、大使館職員はワシントンに報告した。しかし、フォークナーが南部なまりの英語で早口に読み上げたノーベル賞受賞演説は、終わりに近づくにつれて声も小さくなり、近くにいた聴衆でさえも聞き取ることが困難だった。人々は翌日の新聞でスピーチを読み、感銘を受けた。(4)

国務省がフォークナーに文化使節の依頼をしたのは、それから三年半後の一九五四年六月のことだった。八月には、サンパウロ創設四〇〇周年を祝う記念行事の一環として国際作家会議が開かれることになっていた。当時ブラジルでは、四〇〇周年記念の展示にアメリカが参加しないことや、ブラジル人作家がアメリカ入国のヴィザを拒否されたことなどをめぐって対米感情が悪化していた。ブラジルの米国大使館は、アメリカとブラジルの関係を修復するために、ぜひ知名度の高い作家を派遣してほしいと国務省に要請した。このとき、国務省の米州局広報部南米課の責任者だったリーの脳裏に浮かんだのはフォークナーだった。リーによれば、フォークナーが承諾したのは、「文化交流計画を推進することによって、確実に直接アメリカに貢献できる」という国務省の説得にフォークナーが心を動かされたからだった。(5) フォークナーは、「汎米の連帯感のために何らかの貢献をすること」を望みながら、ブラジルに向かった。(6)

しかし、文化使節としての南米の旅には失敗と成功が交錯した。サンパウロに到着するやいなや酒を大量に飲み始めたフォークナーは泥酔し、救急看護を必要とする状態に陥った。南北アメリカならびにヨーロッパから数百名の著名な作家、詩人、批評家が参加する一連の会議にもほとんど出席できなかった。ブラジルのＵＳＩＳの責任者は国務省にあてた書簡のなかで、アメリカ文化外交にとって重要な諸外国の作家や知識人にフォークナーを会わせる機会が台無しになったことを嘆いた。他方、ブラジルや行き帰りに立ち寄ったリマとヴェネズエラでの記者会見はみな好評だったし、ブラジル・アメリカ文化センターの講堂で話をしたときも、満員の聴衆の反応は熱狂的だった。[7]

フォークナーにとって、一週間のブラジルでの体験はアメリカ文化外交への関心と関与を深める機会になった。フォークナーは、現地のアメリカ人外交官やUSISの職員が本国の人々からはほとんど知られることなく黙々と自国のために働く姿に共感を覚えた。帰国後、国務省国際教育交流課のハロルド・E・ハウランドに、「アメリカがラテン・アメリカで取り組まなければならない問題と、国務省がそれと取り組むために直面している問題が少しわかるようになった」こと、また「ひとたび現地に到着し、自分が参加するこの計画からまさに何が期待されているのかを知るにおよんで、自分がしようとしていることに急に関心がわいた」ことを伝えている。そして、「他国の人たちに、彼らがときとして抱いているアメリカ像よりもっと真実に近い現実の姿を伝えるのを助けるために、私にできることがあればする」と書き添えた。[8] ハウランドがフォークナーに日本行きを打診したのは、それから半年もたたないときのことだった。

二　長野セミナーとフォークナーの来日

大都市から離れた静かな場所で、数十人の日本人研究者が数人のアメリカ人講師とともに泊まり込み、おもにアメリカ文学について学び語り合うセミナーの開催を提案したのは、アメリカ文化センターの統括責任者をつとめるパトリシア・G・ヴァン・デルデンだったという。[9] 日本ではすでに、ロックフェラー財団が助成するアメリカ研究セミナーが毎年夏に開かれていた。その一つは、一九五〇年に始まった「東京大学―スタンフォード大学アメリカ研究セミナー」で、一九五一年からは京都大学と同志社大学の共催による「京都アメリカ研究セミナー」も開催されていた。しかし、いずれのセミナーも、取り上げる分野は哲学、歴史、文学、政治、経済と多岐にわたり、全体の参加者も一

〇〇人を超える大規模なものだった。(10)

日本のＵＳＩＳと米国大使館が主催するセミナーの場所は、東京からそれほど遠くなく、またアメリカ文化センターがある長野に決まり、一九五三年八月には「長野アメリカ文学・文化セミナー」が四週間にわたって開催された。五四年からは、セミナーの期間は三週間になり、名前も「長野アメリカ文学セミナー」に変わっている。セミナーには、全国の応募者のなかから選ばれた英米文学および英語教育を専門とする約三〇人の研究者が参加した。受講者は、アメリカ人講師ならびにＵＳＩＳのスタッフとともに二つの宿舎に滞在した。旅費は自己負担で、宿泊費と食費はＵＳＩＳが負担した。一年目のセミナーはアメリカ文化センターで開かれたが、センターはその後、アメリカ政府の予算削減にともなって長野県に移轄され、名称も日米文化センターになった。セミナーでは、アメリカ人講師による講義のあと、四つのグループに分かれてディスカッションを行った。一年目は、日本に滞在するフルブライト交換教授やアメリカ人研究者、ＵＳＩＳの文化担当官のグレン・ショウが講師をつとめたが、二年目からは、国務省の人物交流計画で派遣される専門家も加わるようになった。ＵＳＩＳ局長代行のウィリアム・ケネス・バンスは、二年目のセミナーのあと、日本人参加者のほとんど全員から感謝の手紙が舞い込み、それを読むと、「アメリカとアメリカに関連することに対して、日本人の好意の貯水池が満タンになったことは疑いない」と国務省に報告した。(11)

ＵＳＩＳはセミナーに関して三つの目標を掲げていた。一つは、「日本におけるアメリカ文学の地位と大学でのアメリカ文学の授業の質を向上させること」だった。アメリカ文学は戦前の日本の大学では軽視されたが、戦後は、アメリカ文化と同様にアメリカ文学への関心も増加した。しかし、アメリカ文学を専門とする教員が不足しているために、大学で開講されるアメリカ文学の授業は数においても質においても十分ではなかった。二つ目の目標は、「一流の文化活動を行うことによって、日本における大使館の文化活動全体のプレスティージを高めること」だった。最後に、「共通の関心をもつ日本人とアメリカ人が集まり、学究的な環境のなかで三週間をともに過ごすことによって親しくなり、意見をかわし、相互に信頼をはぐくむこと」もセミナーの重要な目標だった。セミナーを成功させるためにUSISのスタッフは、毎年、よい参加者を集め、内容を充実させるために努力した。[12]

一年目および二年目のセミナーは、参加者には好評だったものの、アメリカ文学に関心をもつ研究者だけに知られる地味な企画だった。バンスが国務省に報告したように、人物交流はアメリカ政府の独占ではなく、とりわけ国際文化会館がロックフェラー財団からの支援を得て実施していた交流計画では、エレノア・ローズヴェルトやノーマン・カズンズ、ウォルター・グロピウスなどの著名人が来日した。それに比べると、米国政府の交流計画は、プレスティージ、新聞報道、一般の日本人の注目度において劣勢に立たされていた。[13] 国務省がフォークナーに来日を打診したのは、バンスの報告が国務省に届いてから三か月もたたないときだった。

一九五五年のはじめにフォークナーは国務省のハウランドからローマに文化使節として行く機会があるかもしれないと言われ、本人もすっかりその気になっていた。しかし、三月のはじめにハウランドから依頼されたのは、日本の長野で開かれるアメリカ文学セミナーへの参加だった。それから二か月後、返事を催促されたフォークナーは、日本ではなくヨーロッパに行く仕事はないかと折り返し尋ねた。なぜなら、「私自身、ヨーロッパの人とであれば何かしら効果的なこと、親しさのようなもの、言葉は違っても西洋人に共通する人間性のようなものを達成する自信がある、いや自信があると思うけれども、それが日本への旅には感じられない」からだった。[14] 国務省国際教育交流局は、フォークナーの長野セミナーへの参加が国務省と在日米国大使館にとっていかに重要であるかを強調する電報を送り、ハウランドも、「そこに、あなたがいてくれることは、アジアでの私たちの文化的威信を高めるうえで計り知れない価値をもち、またそこで増大しつつある反米主義をいくらかでも鎮めるのに貢献することを私は固く信じている」と伝えた。フォークナーは、日本に行くことを承諾した。[15]

来日前のフォークナーには、日本人は「形式を重んじる国民だ（あるいは、そうだった）」という程度のイメージし

フォークナー（右）に同行するレオン・ピコン（左）
提供：Archives and Special Collections, University of Mississippi Libraries

G・ルイス・シュミット（1960年代後半）
提供：Kyoko E. Schmidt

かなかった。[16] しかし、「この仕事をきちんとなし遂げたい」という思いは強かった。とくに文学者としてではなく、一人の人間として日本に行くことを望んだフォークナーは、ハウランドにあてて次のように書いている。

私はもちろん、状況を知っている国務省の判断と計画に従うつもりだ。ただ繰り返すが、私は講演者ではなく、その経験もない。私は本当に「文学に通じた」者ではなく、ただ本が好きな田舎者だ。作家でもなく、著作や批評や本の審査をおこなうエスタブリッシュメントにも属していない。だから、アメリカであれ、どこであれ、まさに文筆家や文学の専門家として行くのであれば、私は失敗するだろう。人間と人間性に興味と信頼を抱き、人間の状況と未来について、注意深くはないにしても関心をもつ、ただの私人としてなら、よりよいことができるだろう。[17]

日本のUSISは思いがけない大物の訪日の知らせに喜び、この機会を文化外交に最大限に活用することをめざした。そのために、人物交流部長のドナルド・L・ラナードをはじめとするUSISならびに大使館の多くの職員が時間と精力を注いだが、なかでもフォークナーとのかかわりが深かったのは、USIS局長代行のG・ルイス・シュミットと、フォークナーに常に同行した書籍翻訳官のレオン・ピコンだった。シュミットは、一九三七年にワシントン大学を卒業し、その翌年には同大学の院生として日本で開かれた日米学生会議にアメリカ人学生を率いて出席した。その後、ハーヴァードの大学院に進学した。戦争勃発後は、陸軍日本語学校で日本語と日本研究を学び、フィリピンに配属された。戦争終結直後は日本に駐屯したが、まもなく帰国し、民間の不動産会社で働いたあと、農務省を経て四九年に国務省に入り、対日講和条約の発効が間近に迫る五二年二月に来日した。[18] ピコンは、ニューヨークのブルックリン大学を卒業後、エジプト学者になることをめざしてドロプシー大学（高等ユダヤ研究センターの前身）に進学した。戦時中は陸軍で日本語を学び、暗号解読の仕事にあたった。四九年に国務省に入り、五四年にUSIAに移った。その間にドロプシー大学から博士号も取得した。フォークナーが訪日する三か月前に日本に着任したばかりだったが、シュミットも認める「人とすぐに打ち解ける能力」を発揮し、フォークナーを支えた。[19]

一九五五年八月一日の朝、ライトグレイの背広に身を包んだ小柄なフォークナーが羽田空港に降り立った。すぐに多くの記者やカメラマンに取り囲まれ、矢継ぎ早に日本の印象などを尋ねられた。午後には、外国人記者クラブ（正式名は日本外国特派員協会）の会見に臨んだが、「即妙なウィットと穏やかな人柄のおかげで、彼とUSISが初日から大きく新聞に取り上げられた」ことをUSISのスタッフは喜んだ。[20]

しかし、すべりだしは実のところ順調ではなかった。フォークナーはブラジル訪問のときのように、見知らぬ日本に行く不安を紛らわすためもあったのか、羽田に降り立ったときには、すでにかなりの酒を飲んでいた。外国人記者クラブでの会見やラジオとテレビのためのインタビューは何とか切り抜けたものの、夕方の会食でも宿泊先の国際文化会館の部屋でも飲み続けたフォークナーは、翌朝、ピコンが迎えに行ったときには酩酊状態だった。アリソン大使との会見では、大使の質問にもまともな受け答えができず、シュミットとピコンはフォークナーを両側から支えながら早々に退出した。そのあとフォークナーはＵＳＩＳのオフィスで気を失い、看護婦の資格をもつシュミットの妻が介護にあたった。その日は外国人記者クラブで一七〇人余りの招待客との昼食会が予定されていたが、出席できる状態ではなかった。外国人記者クラブの会長が、フォークナーは東京の猛暑のために体調を崩したと釈明し、ピコンがフォークナーの業績について語った。しかし、翌週の『タイム』誌は、「国務省の文化交流計画の人気スターとして日本をはじめて訪れた」フォークナーを待っていた招待客は、「代わりにフィレミニョンの昼食で満足しなければならなかった。旅行客のフォークナーは、暑さ、栄養失調（太平洋横断飛行中、食事を全くとらなかった）、あまりに多くの歓迎の杯に倒れ、国際文化会館で医師と看護婦に介護されながらベッドに横たわっていた」と報じた。夕方に開かれた大使官邸でのレセプションには出席したが、公式の場が苦手なフォークナーは、ここでもジントニックを何杯も飲んで緊張をまぎらわせ、そのために、大使婦人のドレスにジントニックをこぼす不祥事を起こした。アリソン大使は怒りをシュミットらに浴びせた(21)。

しかし、フォークナーも次第に酒の量を抑えるようになり、ピコンもアルコールの弱い飲み物を勧めるなど、フォークナーの対処術を会得した。八月三日には文学者や評論家と会談し、翌日には新聞社や雑誌社などから申し込まれた五回のインタビューをこなし、夕方の夜行で長野に向かった。

三　長野、京都、東京での活動

長野では八月一日からすでにセミナーが始まっていた。日本人の参加者は三二人だった。ＵＳＩＳは、これまでは参加者を応募者のなかから選んだが、今回は参加者の半数を応募者から選んだものの、過去のセミナーやアメリカ文

セミナーの講師：左からロバート・A・ジェリフ，トラヴィス・L・サマーズギル，フォークナー，マーヴィン・フェルハイム，ゲイ・ウィルソン・アレン，右端の人物は不明
提供：橋口保夫氏

化センターの企画に参加した人たちにも声をかけ、参加者のレベルの向上をはかった。アメリカ人講師は、日本に滞在するフルブライト交換教授のロバート・A・ジェリフ（本務校不明、在神戸女学院）とトラヴィス・L・サマーズギル（ウィリアム・アンド・メアリ大学助教授、在九州大学）、国務省の人物交流計画でセミナーのために来日したゲイ・ウィルソン・アレン（ニューヨーク大学教授）とマーヴィン・フェルハイム（ミシガン大学准教授）の四人だった。講師の専門分野を考慮しながら、セミナーの前半ではフォークナー、ヘミングウェイ、アンダーソン、フィッツジェラルド、ポーター、後半ではホイットマン、フロスト、ディッキンソン、ロビンソン、サンドバーグを取り上げた。とくに最初の三日間はフォークナーの作品を取り上げ、フォークナーの到着にそなえた。従来と同じように、午前中のセミナーは長野の日米文化センターで開かれ、アメリカ人講師による一時間から一時間半の講義のあと、四つのグループに分かれてディスカッションを行った。アメリカの大学で学んだことのある三人の日本人による講義がスケジュールに組み込まれたのは、アメリカの教授法のすぐれていることを宣伝し、アメリカ留学への関心をつのる機会にしたいとＵＳＩＳスタッフが考えたからだった。しかし、参加者の多くからは日本人の講義は時間の無駄だったと言われ、ＵＳＩＳのスタッフも、期待したような講義ではなかったことを認めざるを得なかった。[22]

フォークナーとの談話会は午後四時半から一時間、フォークナーも宿泊する五明館で七回開かれた。参加者からの質問にフォークナーが答えるという形式だったが、そのうちの三回は、冒頭にフォークナーが自分の文章を読んだあ

フォークナー（中央）とセミナー参加者（長野日米文化センター）
提供：橋口保夫氏（左から２人目）

と、質疑に移った。質疑の内容は文学に関することが多かったが、アメリカ人、南部、日本についても話はおよんだ。共産主義に言及する政治的な質問もあったが、そうした質問はセミナーを通して二回だけだったと、シュミットの報告書には書かれている。[23]談話会の光景は写真やＵＳＩＳ映画に残されている。参加者がそろって宿の浴衣《ゆかた》を着ているのは、くつろいだ雰囲気をかもし出すことが意図されていたのかもしれない。しかし、フルブライト交換教授のジェリフが司会をつとめる談話会では、日本人はもとより、ＵＳＩＳのスタッフも、そしてフォークナーも緊張していた。とくに最初の会は緊張の極限のなかで始まり、しばらく沈黙が続いたあと、おおむね年長の教授が質問したが、フォークナーの返事はそっけなく、また沈黙が流れた。しかし回を重ねるにつれて、若手の研究者も質問するようになり、フォークナーの内気さも薄れ、質問に対する答えも長くなった。フォークナーがセミナーを軌道に乗せるために努力していることは、シュミットの目にも明らかだった。[24]

フォークナーは、セミナーが行われる日米文化センターのお茶の時間にひょっこり姿をみせ、参加者と雑談したり、あるいはセンターに来ている学生たちと話をかわしたりすることもあった。英語教師、学生、銀行員など約三〇人の長野市民との話し合いにも参加した。善光寺の如僧と対談する機会もあった。また連日、長野市内を散策したり、野尻湖に足をのばしたり、盆踊りを見たりと日本の夏の風情に触れながら、長野での一二日間を過ごした。

談話会．中央がフォークナー，左端はジェリフ
提供：橋口保夫氏

長野市民との懇談会
提供：Archives and Special Collections, University of Mississippi Libraries

八月一六日、フォークナーはピコンとともに京都に向かった。翌日から三日間にわたって、連日午後四時から京都アメリカ文化センターでフォークナーの会が開かれた。それぞれの会には一〇〇人以上の報道関係者、研究者、著述家、小説家、詩人、あるいは高校教員や大学院生が集まった。フォークナーは、このほかにも記者会見やレセプション、夕食会に臨んだ。同じノーベル賞受賞者ということで、自宅療養中の湯川の家を訪問したが、フォークナーはほとんど話さず、文楽の人形を見せられたときに口元をほころばせたくらいだったという。[25]

京都での文化使節の任務を終えたフォークナーは二〇日に帰京し、翌日の夕方にはアメリカ文化センターで約一五〇人の学生および教員と話し合った。日本を離れる前日の二二日は忙しい一日だった。午前中は、長野で執筆した「日本の印象」をUSISのために吹き込み、学生主催のレセプションに出席し、午後は、紀伊国屋書店で開かれた短編集『エミリーの薔薇』（角川文庫）のサイン会で一五〇人あまりの本に署名した。夕方には外国人記者クラブで最後の記者会見を行ったあと、大使館員宿舎で開かれた送別会に出席した。そこには一〇〇人を超える日本の知名人や各国の外交関係者が招待されていた。八月二三日、夕方の飛行機でマニラに向かったフォークナーは、日本での成果に満足していた。マニラからピコンにあてて書いた手紙には、「日本での満足すべき成果に匹敵するように、ここでも物事が順調に進むことを願っている」としるされていた。(26)

四　日本人へのメッセージ

日本での記者会見や対談、および長野セミナーでのフォークナーの発言は、一九五六年に出版された『長野のフォークナー』に、滞日中に書いた二つの随筆ならびにノーベル賞受賞スピーチなどとともに収められている。また日本の新聞に掲載されたフォークナーに関する記事を集めたスクラップブックが、ヴァージニア大学の図書館に保管されている。(27)いずれも、フォークナーが日本とアメリカについて何を語り、文化使節の役割をどのように果たしたかを知るうえで重要な資料である。

来日以来、フォークナーが頻繁に聞かれ、そして当惑した質問は、日本についての印象だった。フォークナーは羽田に着いたとたんに記者から日本の印象を聞かれ、かたわらのアメリカ人に「着いたばかりなのに印象を知りたがっている」ともらしたという。しかし空港をあとにするまでには、「私は日本文化のもつ繊細さ《デリカシー》と高い知性に深い尊敬の念を抱いている」と述べたと、その日の夕刊は報じている。記事には「日本文化に深い敬意」という見出しがついていた。(28)

初日の外国人記者クラブでの会見でも、フォークナーは日本文化について聞かれた。ここでは、日本文化を「知性の文化」(a culture of intelligence あるいは a culture of intellect) と表現し、フランスの「合理性の文化」(a culture of rationality) やイギリスの「孤立の文化」(a culture of insularity) とは異なると語った。以後、フォークナーは「知性の文化」の意味について何度も聞かれることになった。外国人記者クラブでは、「人間には最善の生活をするために──礼儀について、丁寧な態度について、時宜にかなった勇気について──守るべき一定の規範があるとみなすこと」だと答えた。また長野セミナーでは、「理にかなった、つまり数学的な意味で理にかなった形式に従わなければならない思考過程」のことであり、「その考えの中身は重要ではない。しかし、ちょうど一つの駒のあとを次の駒が続かなければならないように、一つの考えのあとを次の考えが続かなければならない」と説明した。(29)

実のところ、「知性の文化」という言葉の響きは美しいが、フォークナーが意味したのは、伝統や規範、形式に縛られる文化であり、個人の自由をなによりも重んじるフォークナーにとっては異質の文化だった。フォークナーは、一九五〇年代の多くのアメリカ人と同様に、文化（それは往々にしてアメリカの白人中産階級の文化だった）の普遍性を信じ、異質の文化にはとくに関心がなかった。インタビューで、「東洋の文化が西欧の文化とは異なるものを創造するようになると思うか」と尋ねられたときも、「本当に異なるものにはならない。表れ方は違うが、文化としては同じだと思う」と答えている。日本の作家や評論家と話し合ったあとでは、「考えることは同じだ、表れ方は違う、しかし根本的な真理は同じだ、という点で、私たちは同じ意見だった」と述べている。また京都でフォークナーにインタビューした、当時英字新聞の記者だった竹村健一によれば、フォークナーは「日本の庭や生け花にはまったく関心がない。〔略〕私が関心をもっているのは日本の人々だけだ。どのように米を作り、どのように生活しているのかということだ」と語り、さらに、「外国について書くこと、異質なものを見るために外国を訪問することは時間と労力の無駄だ。なぜなら人はどこにいても、人間性という共通の基盤において同じなのだから」と述べたという。(30)

長野の滞在が終わりに近づいた頃、フォークナーは「日本の印象」という題の随筆を書いた。それは、フォークナーが「来日して間もないのに日本の印象を聞かれても困る」と言っているのを耳にしたピコンが、フォークナーが折に触れてもらす感想を書きとめ、そのメモをもとにフォークナーが書いたものだった。そこには、フォークナーの目に映ったおもに信州の光景や人々がフォークナーの文章で活写されている。何を言っているのかはわからないが、子供が話せば鳥の鳴き声、女性が話せば音楽のように聞こえる日本人の言葉。積年の悲しみも苦しみもいまは過去となった皺がきざまれた老女の顔、厚化粧の陰にいたずら好きな妖精以上の何かを漂わせる芸者、若い女性のしなやかさ、つつましく女らしい着物、南部を思わせる水田風景、紙袋をかぶったりんごの木々の祝祭のような光景、魔術のように芸術的な建築、いつも聞こえる水の音、そして人々の親切。——それが、フォークナーの日本の印象だった。(31)

フォークナーの来日の目的は、ありのままのアメリカの姿を伝えることだった。フォークナーが語ったのはおもに文学だったが、南部出身の作家として、黒人問題について聞かれることも多かった。フォークナーは、黒人差別には反対だが、同時に、法律によって黒人差別を一掃することにも、黒人が差別撤廃を要求することにも反対だと述べた。白人の不安をあおり、逆効果になると考えたからだった。またフォークナーは、南部の白人による黒人差別は、白人

五明館で

善光寺の境内で

長野の町で
3点の提供：Archives and Special Collections, University of Mississippi Libraries

の生活が安価な黒人労働に依存しているという経済的理由によるもので、人種によるものではないという持論を繰り返した(32)。同時に、黒人差別がアメリカ文化外交にとって大きな問題であることを認識するフォークナーは、次のようにも語った。「私たち、つまりアメリカ人が世界の他の国の人々に自由について語るのであれば、それを実行しよう。〔略〕そうすれば誰も、『さて、あなた方は私たちに自由について語った。でも自分の国を見てごらん』と言うことはできないだろう」と(33)。

長野セミナーで政治的な質問が少なかった理由は、共産主義についてフォークナーの意見を尋ねた日本人が、「政治について話をするのは嫌いだと聞いている」と前置きしていることに示されている。フォークナーは、「私はいかなる全体主義政府も好きではない」と答えた。以前には共産主義が理論的にはよいと思ったこともあるが、実在する共産主義国家は、かつてのドイツの全体主義と同様に「大衆を利用する一枚岩の国家」であり、フォークナーにとって支持できる体制ではなかった。またフォークナーは、「私の国で話される民主主義が、人々が自らを統治するうえでは非常に不器用な非能率的な方法だという意見に私も同感だが、これまでのところ、それにまさるすべを私は知らない」と語り、民主主義に対する穏やかな支持を表明した(34)。

フォークナーは、帰国前日の外国人記者クラブでの会見では共産主義者の活動に警鐘を鳴らした。しかし、「共産主義者がどれほど懸命に、どれほど賢く活動しているか」、「共産主義者が得点を稼ぐために、どれだけのことをしているか」をアメリカ人は知らないというフォークナーの指摘には、アメリカは共産主義の軍事的脅威よりも文化攻勢に対抗することにもっと力を入れるべきだというフォークナーの考えがうかがわれる。それは、アメリカの文化外交を担いながら海外で懸命に働くアメリカ人へのエールだったかもしれない。さらに、「アメリカの司法や行政の担い手が共産主義の脅威に十分対応していないと思うか」という記者の質問に対しては、「人がつくる法律は少ないほうが、はるかによい」と答え、「〔アメリカ人は〕法律がすべてを解決できると信じ込む傾向があるが、そんなことはあり得ない」と言い添えた[35]。たとえ共産主義に対抗するためであっても自由を犠牲にすべきではないと、フォークナーは信じていた。

フォークナーが日本を離れたあと、「日本の若者たちへ」と題する随筆が日本の新聞に掲載された。フォークナーがとくに日本の若者に関心を寄せていることを知ったピコンは、若者たちにメッセージを残すことを提案した。草稿の一部は長野セミナーでも紹介されたが、最終原稿は日本を発つ日にピコンに手渡された[36]。それは、フォークナーから日本人への最後のメッセージだった。

日本の若者たちが「失われた世代」あるいは「暗いいまの時代」という言葉をしばしば口にするのを耳にしたフォークナーは、アメリカの南部と日本が敗戦および占領という苦い体験を共有していることを踏まえて、南部出身のアメリカ人には、「いまの日本の若者が未来に希望を見いだせず、執着するものも、信じるものももはやないと感じていることが理解できる」と述べた。そのうえで、「人間はたくましく、何も、本当に何も、戦争も悲嘆も失望も絶望も、人間自身が存続できるよりも長く続くことはあり得ない。自らの努力によって、すべての苦悶に打ち勝つであろう」と言い、「希望、自分の強さ、そして人間を信じながら、自らの足でまっすぐに立つ努力をする」ように呼びかけた。またフォークナーは、「人間の希望は自由な状態においてのみ存在する」ことも強調した。作家が語る普遍的な真理の基盤は、「望み、信じることのできる自由」である。しかも自由は、「人間に無償の贈り物として与えられるのではなく〔略〕それを得るために勇気と犠牲を払って努力し、それを常に守る意志をもつことによってこそ手にすることのできる権利であり、責任なのだ」とフォークナーは書いた。さらに、アメリカの民主主義は、すべての人間が自由である状況をつくり、それを維持するうえで、完璧ではないが、もっと良いものが見つかるまでは最善の選択肢であるとも指摘した[37]。フォークナーは、婉曲な表現ではあるにせよ、日本の未来は自由陣営にあることを示唆し、アメリカ冷戦文化外交の使節としての役割を担ったのだった。

五　ＵＳＩＳの評価

ＵＳＩＳのスタッフはフォークナーの気むずかしさに翻弄されたが、フォークナーの訪日が成功に終わったことを確信し、苦労も報われたと感じた。シュミットは、セミナーでのフォークナーには「強情な性格からくる想定外の要素」がしばしば見られたが、「参加者は、この天才のひらめきを感じることができ、一人ひとりが、本当にすばらしいパフォーマンスを直接目にする機会に恵まれた特権をかみしめながら会をあとにした」と思った。京都アメリカ文化センター館長のダニエル・Ｊ・ハーゲットも、「京都アメリカ文化センターの歴史上、最も忘れられない三日間」を振り返り、「フォークナーのような予測しがたい偏屈な人物にレオン・ピコンが見事に対処してくれた」ことに感謝しながら、センターを一躍有名にしたフォークナーの功績を高く評価した。フォークナーの京都訪問が発表されるやいなや、センターにはフォークナーに関する問い合わせや会合に参加したいという希望の電話が殺到した。京都の新聞はフォークナーの京都訪問を大々的に取り上げたが、センターの催しがそれほど大きく報じられたのは前代未聞のことだった。ハーゲットの報告によれば、「偏屈で矛盾したフォークナーは聴衆を当惑させもしたが、賞賛の的だった。」聴衆は、フォークナーの「淡々とした、感情を出さず、ときにはよそよそしい雰囲気」さえも「天才のしるし」と受けとめ、「同時代に生きる世界の偉大な作家の一人に出会ったことを確信しながら会をあとにした」のだった。[38]

フォークナーに対するピコンの対処に感心したＵＳＩＳの上司は、他国のＵＳＩＳのために、ピコンが作成したフォークナー対策文書をワシントンに送った。病気療養中のダレスに代わって国務長官代行をつとめていた国務次官のハーバート・フーヴァー・ジュニアは、ピコンが提供した詳しい情報と助言に感謝するとともに、「問題が数多くあったこと、また、この企画を成功させるために尽力した全員が最大の称賛に値することは、ここでも十分認識されている」と伝え、その労をねぎらった。(39)

京都アメリカ文化センターと同様に、東京のUSISにとってもフォークナーの訪日ほど日本人の注目を集めた企画はそれまでになかった。フォークナーの来日前から、日本の新聞にはフォークナーに関する多くの記事が掲載され、来日後は「フォークナーの性格と魅力にすぐに気づいた日本の新聞記者や批評家たちが、非常に好意的なアメリカ像を日本人に伝えた」とシュミットは報告している。(40)来日中は連日のようにフォークナーの発言や彼に接した日本人の報告が新聞を賑わせた。フォークナーが書いた「日本の印象」ならびに「日本の若者たちへ」も、日本語の新聞と英字新聞の両方に掲載された。フォークナーの訪日は長野セミナーを一躍有名にしただけでなく、米国大使館の文化活動に日本人の関心を集めるのに大きく貢献した。

フォークナーはまた、USISが活用できるメディアの材料を豊富に残した。ラジオの連続番組を制作するために、フォークナーの肉声が一五時間分収録された。フォークナーのインタビューやセミナーの質疑応答などを収めた『長野のフォークナー』も出版された。「日本の若者たちへ」のメッセージは新聞に掲載されたが、USISの出版部はさらに一一万部を配布した。USISの映画部は、フォークナーのエッセイと映像を合体させた『日本の印象』と題するドキュメンタリー映画を製作した。「日活世界ニュース」を製作する毎日映画社（毎日新聞社が設立した会社）は、この映画の一部を編集し、八月末から一週間、全国の映画館で上映した。シュミットは、「〔フォークナーの〕USIへの貢献は、どの国であれ、どの個人によってなされたものであれ、最も恒久的な貢献に数えられる」ことを疑わなかった。米国大使館員のなかには、経済部のペイトン・カーのように、「〔フォークナーは〕本当にそんなによかったのだろうか。ノーベル賞をもらって有名だっただけじゃないか」と、冷めた見方をするアメリカ人もいた。しかしシュミットにとっては、フォークナーが本当に偉大かどうかはどうでもよかった。重要なのは、フォークナーの来日

が大成功だったことを示す日本人の反応だった。(41)

六　作家・評論家の印象

フォークナーが来日して三日目の八月三日、滞在先の国際文化会館で日本を代表する作家や評論家との座談会が開かれた。参加したのは川端康成、伊藤整、大岡昇平、高見順、西村孝次、青野季吉の六人だった。彼らにとって最も印象的だったことは、ノーベル賞受賞作家の飾らない態度と古風な価値観だった。

青野は、フォークナーが「外国人にしては小柄で、ゴマ塩頭の、田舎のおやじじみた感じで〔略〕ちっともアメリカ人らしくない」と思ったが、同時に「彫りの深い彫刻的な美しさの争えないもの」を感じた。また、フォークナーが「自分には家族もあり、兄弟もあり、その土地に根を下ろした祖先もあり、そういうものにたいする義務を背負っている」というのを聞いて、「そういうものとはまったく縁の切れた、故郷を失ったひとばかりの多いわれわれ日本の文学者には、はなはだ古風に、前近代的にきこえる言葉であるが、それが氏の場合、ごく自然に、当たり前のこととして耳を打ってきた」という。青野にとっては、フォークナーは「会えてまことによかった、幸せを感じた作家」であった。大岡も、フォークナーが「自分は、作家であると同時に家長であって、家族を見なければならぬ。土地は先祖代々のもので、祖先に対して責任を持っている」というのを聞き、「今や正に日本から消え失せようとしている古風で、善良で、はにかみ屋で、ひたむきな文学者の型を新来のアメリカの一流作家に感じたのは異様な経験だった」と報告している。実のところ、フォークナーが住むオックスフォードの土地は祖先伝来の土地ではなく、フォークナーが購入したものだった。先祖代々の土地に住むことを日本の風習だと思ったフォークナーが事実を脚色したのかもしれない。(42)

国際文化会館の会合の翌日にもフォークナーと対談した高見は、フォークナーが典型的なアメリカ人でないことになによりも驚いた。アメリカ人については、在日アメリカ人やアメリカ映画から一定のイメージをもっていた高見は、「その概念を私は氏によって見事に破られた」という。「ノーベル賞作家というようないかついものは少しもない」ことにむしろ「真の偉大さが輝いていた」と高見は感じた。「偉大なアメリカ人に会えたことは、私にとって仕合せなことであった。偉大な人間は、どこの国の人も同じなのである。それを今更ながら知らされた。それは私にとって幸福なことであった」と書いている。西村は、フォークナーを「善良な詩人、真理を語る詩人」と表現し、「やさしい、しずかな話ぶり」のなかに「ときどき鋭く光る」目は、「多くのものを見た目、というよりも、ものをよく見つめた目である」と感じた。「戦後十年にして、はじめて、ようやくアメリカもまともな人間を日本に送ってきた」とまで西村は思った[43]。

作家や評論家の感想には、それぞれの個性が多分に投影されているとはいえ、いずれの報告からも、彼らがフォークナーの風貌、話し方、話の内容に、高圧的なアメリカ人のイメージとは異なる、またノーベル賞受賞者であることも感じさせない一人の誠実な作家を見いだしたことがうかがわれる。敗戦以来、日米の不平等な関係をことあるごとに痛感させられてきた日本の知識人は、フォークナーが自分たちとあまり変わらない人であることになによりも共感し、そして尊敬の念を抱いたように思われる。

七　セミナー参加者の印象

長野セミナーに参加した日本人の報告からは、フォークナーの誠実さに接した感動と、聞き取りにくい英語に苦労しながらも多くを学んだ充実感がうかがわれる。フォークナーが長野に着くやいなや、日本人参加者からの報告が新

長野のフォークナー
提供：Archives and Special Collections, University of Mississippi Libraries

聞に掲載された。龍口《たつのくち》直太朗は、「いろいろの本に依って描き出された人間像とはかなりちがった姿であることを、私はまず日本におけるフォークナーの愛読者諸君にお伝えしたい」と書いている。フォークナーについては、「現代の一流作家のうちで、彼ほど近づきがたいといわれている人間もいない」とか、友人と一緒でも「一〇分間もつづけてただの一語もしゃべらないことさえ珍しくない」と言われてきたが、そうしたフォークナーの態度は、「高慢な自尊心」ではなく、「謙虚さから生まれて来るもの」に龍口には思われた。長野の駅前の既製服店で安物のズボンを無造作に購入するフォークナーには、「超人ではなくて、ただの人間」が感じられた。その三日後には、大橋吉之輔も、フォークナーが、「われわれの愚問にはなんでも答えてくださるし、できるだけ、われわれと個人的、友好的な接触をなさろうとする」様子を伝えた。「無口で愛想もお世辞もなにひとついわないことに変わりはないが〔略〕率直で赤裸で村夫子《そんふうし》である人間フォークナー氏に親しくふれることができて、われわれは正直にいって深い感動につつまれている」、さらに「参加者全員がすっかり興奮しているといっても過言ではない」という大橋の文からは、セミナー参加者の心境がうかがわれる。[44]

セミナーが終わったあと、英語・英米文学専門誌の『英語青年』に報告文を書いた植村郁夫は、「温和」「柔和」「誠実」という言葉を繰り返しながらフォークナーを紹介した。最初の談話会でのフォークナーの朗読については、「声は低いが内容はノーベル賞を受けとった時の演説のようにまとまっていた」と称賛した。フォークナーは「偉大な、しかし庶民的な、親しみのある人間であった」と、植村は書いている。他方、大学で助手をつとめる和田季久代は、フォークナーの朗読について植村とは異なる報告をしている。「低い、速い、単調な口調で読むのに終始され、はじめは一同いささか茫然としてしまった。彼も私達も、それぞれ緊張の極地にいた様で、講演後の討論は、どうしても軌道にのらず、司会されたアメリカ人教授も冷や汗をかかれた様だった」と。しかし、回を重ねるにつれて緊張は和らいだ。野尻湖へのドライブに同行した和田は、船着き場に戻るフォークナーの姿に、「この湖岸へ、遥かな国から、今吹き送られてきた伝説の人を見るような錯覚」に陥ったという。和田が接したフォークナーは、「無邪気なまでに明るく健康的な反面、神経質で鋭さを持ち、同時に梃子でも動かし難い不屈なものを内にひそめている人。やさしく、おだやかで、愛情深い一方、悪に対しては容赦なく戦う強靱な心の持ち主。そして、何にもましてその特徴と言えるのは、普通人にまれな誠実さと、真剣さと、信念をもつ人間」だった。和田の描写からは、「誠実さ」にとどまらないフォークナーの複雑さがうかがわれる。和田は、フォークナー来日の知らせを「全く筆舌に尽くし難いほどの驚きと共に喜び」で受けとめたが、セミナーは期待にたがわなかった。「自信をもって彼の作品を読む事が出来るという確信を得た。私自身の心で」と、報告書の最後に書いている[45]。

会食．フォークナーの左はジェリフ，１人おいてピコン（五明館で）
提供：University of Virginia Library

長野県伊那谷の自然のなかで九〇歳を過ぎてなお詩やエッセイを執筆する加島祥造もセミナー参加者の一人だった。加島がミシシッピで発行されている『フォークナー・ニューズレター』に当時の思い出を寄稿したのは、セミナーから三〇年以上の歳月が経過した一九八九年のことだった。セミナーに参加したときには、すでにカリフォルニア州クレアモント大学院で学んだ経験があり、フォークナーの『墓場への闖入者』の翻訳者でもあった。しかし最初の日のフォークナーの朗読は、後ろに座っていた加島にもよく聞こえなかった。しかし、司会者が再三質問を促しても誰も手をあげないので、加島は、「コミュニケーションがそれほど困難で、環境がそれほど克服しがたいものであるならば、日米間のコミュニケーションはいかにしたら可能か」という趣旨の質問をした。フォークナーは、「だから私は来た」と答えただけだった。その日の会食では、フォークナーの本の翻訳者として紹介されたが、フォークナーはそれについて何か言うわけでもなかった。それから三十余年後の加島には、フォークナーが何を言ったらよいのかわからなかったことも理解できたが、そのときは、「非常に敬愛しているこの人に無視された」と感じ、セミナーが終わるまでフォークナーに再び質問することはなかった。(46)

しかし加島にも、フォークナーは「親切な気持ちで義務を果たすことに一生懸命な人」に思われた。日本人の質問や意見のなかには、的外れと思われるものも少なくなかった。「私たち日本人の研究者をどう思うか」、「どんな煙草を吸うのか」という質問もあれば、「あなたはスピーチのなかでピーナッツを売る老女について話しているが、この国ではピーナッツは高価だし、日本人はもっと倹約なので豆しか食べない」と述べる人もいた。フォークナーは誠実に答えた。加島は、「セミナーの成功は(もし成功だったとするならば)、それは、おもに私たちのナイーブさ、無知にあった」と指摘する。なぜならフォークナーは、作品をよく知るアメリカ人の研究者や記者に対するように身構える必要がなく、「正直で穏やかで温かい」フォークナーでいられたからだった。(47)

加島の感想は、長野セミナーに講師として参加したアレンの回想とも重なる。アメリカ人講師たちは、初対面のフォークナーが自分たちに話そうとしないことに当惑した。しかしアレンは、あとになって、フォークナーは『大学教授たち』の前では極端なほど自意識過剰だった」のだと思った。フォークナーが「二〇世紀アメリカ文学における最も創作力にすぐれた独創的な小説家」であることをアレンは疑わなかったが、長野セミナーのフォークナーは、木陰のベンチに座って南部の隣人たちが雑談するように、「素朴で、気取らず、生来の親しみやすさをもつ」人に思わ

れた。(48)

高橋正雄と大橋健三郎はセミナーの正式の参加者ではなかったが、高橋の知り合いのつてで五明館の浴衣を借用し、参加者に紛れて談話会に出席した。高橋にとっても、オックスフォードをほとんど離れることのないフォークナーの訪日は「まったく夢のような話」だった。しかし、高橋は当初、フォークナーは、セミナーでもメッセージのたぐいを一度読むくらいがせいぜいで、自作に関する質問には答えないだろうと思い、「現代最大の作家と信じるこの人の顔を直接眼にすることができれば、身にあまる幸せと考えて」談話会に参加した。しかし、目の前に現れたフォークナーは高橋の予想をくつがえした。

なるほど、一人でいる時のフォークナーの姿には、近付きがたいような、荘重といいたいような、静謐《せいひつ》な感じがただよっている。ことに、じっと一点を見つめている時のその顔には、文学創造の一念に取り憑かれ、多年にわたってその苦闘に耐えて来た偉大な魂の美しさがかがやいている。ところがこのフォークナーがセミナーの席上では、時折おさな児のような純粋な笑いに口もとをほころばせながら、出席者たちのさまざまな質問に一つ一つ誠意を持って答えてくれたのだ。

『響きと怒り』をはじめとするフォークナーの作品を数多く翻訳することになる高橋にとって、セミナーでの「フォークナーの言葉はフォークナーの文学を研究する上にきわめて貴重な資料であり、これによってこれまで懐かれていたいくつかの疑問が明らかにされたのみならず、アメリカの批評家たちがこれまでに述べてきた見解のいくつかが、完全にくつがえされることにさえなった」という。高橋は、フォークナーが個々の自作について語ったことを具体的に紹介している。しかし同時に、「フォークナーは大変小声で語った上、その発音にかなりなまりがあり、僕にはよく聞きとれない箇所が随分あった。それ故、あとから二三の人にいろいろ聞きただしたのだが、それでもまだ明確をかくところがいくつかあるが、話の本筋は、おそらくここに書いたところに間違いないと思う」と断っている。[49]

長野セミナーから半世紀近い歳月が過ぎた二〇〇二年、日本のフォークナー研究に多大の貢献をした大橋健三郎も、宿の浴衣を借りて紛れ込んだ談話会のことを回顧している。非公式の参加者だったことから直接質問するのは気がひけたので、前に座っている大橋吉之輔に耳打ちして代わりに何度か質問してもらったという。質疑応答の中身は覚えていないが、「彼はきわめて真率真面目で、物静かなうちに答えは真剣なものだったという印象が残っている」と書いている。[50] それから五年後の夏、セミナーの正式の参加者だった橋口保夫が長野を訪れた。五〇年前には、橋口の住む鹿児島から名古屋まで二三時間半から二五時間、さらに名古屋から長野まで五時間半かかったのに、このときは博多から長野まで七時間しかかからなかった。「そのときの思い出といっても〔略〕日記をつける習慣も手帳を保存する習慣もない私の記憶はおおかた忘却の彼方に消えてしまった」と言いながらも、再び長野の土を踏んだ橋口には、フォークナーの「古武士的な風格」や、「私は一人の田舎者にすぎない」とか、「南北戦争で敗戦を経験した南部出身の私は敗戦日本の青年たちの心情が理解できる」と言っていたことが思い起こされた。[51]

フォークナーに接したアメリカ人関係者の発言からは、フォークナーの気むずかしさに対処する苦労がうかがわれる。おそらく日本人も、加島が言及しているように、フォークナーの言動に当惑することもあっただろう。しかし、それをはるかに超える感動を、セミナーの参加者は味わった。ノーベル賞作家とともに過ごした長野の夏は、参加者一人ひとりの人生のなかで輝く思い出になったに違いない。

八　その後

長野では一九五六年の夏もアメリカ文学セミナーが開かれた。USIS次長のアーサー・ハメル・ジュニアは、

「これまでのすべてのセミナーのなかで――昨年のウィリアム・フォークナーが参加したセミナーを含めて――最も成功した」と評価した。USISの担当者はセミナーの国際化に意欲を燃やし、フィリピン、台湾、香港からも参加者をつのった。その試みは、応募者がいなかったために実現しなかったが、参加者の年齢層を若くし、日本文学も取り入れることによってセミナーの活性化をはかった。しかし、翌年にはラーソンUSIA長官と議会の対立によって予算が大幅に削減されたために、長野セミナーの継続は困難になった。USISはその代わりに「夏期経済セミナー」を一〇日間東京で開いた。(52)

一方、フォークナーは文化使節の役割を担い続けた。日本を旅立ったあとはマニラに三日間滞在し、USISが企画する講演や記者会見、インタビューに臨んだ。そのあとヨーロッパで約二か月間、もっぱら私的な休暇を過ごしたが、現地のUSISからの依頼に応じて記者会見や対話の会にも出席した。そうした機会が、フォークナーが意気込んでいたほど多くなかったのは、ピコンのフォークナー対策文書を読んだUSISの職員がフォークナーの気むずかしさや酩酊振りを知り、二の足を踏んだからかもしれない。(53)

一九五六年七月には、アイゼンハワー大統領が提唱した「ピープル・トゥ・ピープル・プログラム」の文学部門の委員長を引き受けた。他の文学者に参加を呼びかけたり、会合を開いたりもした。フォークナーの提案のなかには、一八歳から三〇歳までの、できれば共産主義者を一万人、アメリカに一年間招待し、その人たちを仕事につかせ、自動車を月賦で購入したり、ドラッグストアでアイスクリームを食べたりするような体験をさせる計画もあった。しかし、個性的な作家たちを結集する企画は軌道に乗らず、フォークナーも翌年二月に辞任した。(54)五九年秋には、国務省のムナ・リーに再び説得されて、デンヴァーで開かれた「ユネスコのためのアメリカ委員会全米会議」に出席し、短いスピーチをした。さらに六一年四月、フォークナーはヴェネズエラ在住北米アメリカ人協会からの招待に応じて、ヴェネズエラ建国一五〇周年記念の行事に参加した。このとき、ヴェネズエラ政府から文民の勲章としては最高位のアンドレス・ベージョ最高位勲章を授与されたフォークナーは、スペイン語で謝辞を述べた。[55] 翌年七月、フォークナーは六四年の生涯を閉じた。

公の場に出ることを好まなかったフォークナーがアメリカ文化外交に協力したのは、自由は権利であると同時に守る責任があるという日頃の主張を実践する機会だったからかもしれない。あるいは、アメリカが第一次世界大戦に参戦したとき、背丈と体重が足りないために米国陸軍航空部隊に入隊できなかったフォークナーの愛国心がよみがえったのかもしれない。[56] あるいは、アメリカから遠く離れた海外で黙々と働く大使館員やUSISのスタッフに共感を覚えたからかもしれない。いずれにしても、国務省からあと押しされなければ、フォークナーが日本の地を踏むことはなかったであろう。

フォークナーの来日は、USISがめざした長野セミナーの三つの目標のうちの二つ――アメリカ文学の地位向上とアメリカ大使館の文化活動のプレスティージの向上――には大きく貢献したが、相互の信頼をはぐくむという目標は達成されなかった。フォークナーには異なる文化への関心が乏しかったことに加えて、フォークナーと日本人の間には英語の壁があった。加島によれば、フォークナーが短編『斑ら馬の群』の一節を低い声で、また早口で朗読したとき、参加者は英語が聞き取れなかったという。あとから原作を読んで、それが「実に滑稽なユーモアに満ちた西部話だと知った」加島は、セミナー参加者が誰ひとり笑い出すことなく静かに聞いていたことに、「フォークナーは内心では非常に落胆したと思う」と書いている。[57]

帰国後のフォークナーと日本人との間に接点がなかったわけではない。フォークナーは、ノーベル賞の賞金をもとに、おもに黒人学生を対象とする奨学金を設置していたが、長野セミナー参加者のなかで最も若い広島女学院大学助手の佐々木翠にも支給し、一九五六年からノースカロライナ大学に留学した佐々木に送金を続けていた。[58] しかしフォークナーにとって、日本ははるか遠くの異質な国だった。訪日の二か月後、ロンドンに滞在するフォークナーのためにパーティが開かれたとき、例によって口数が少なく、何を聞かれてもそっけないフォークナーに、アメリカ大使館員が、おそらく会話が少しはずむことを期待しながら日本の印象を尋ねた。フォークナーは、「美しい国だったが、日本人の真価は、そこで生まれた者にしかわからないと思う。彼らは英語を話すが、それは英語ではない。私には日本人のことはわからない」と答えた。(59) 一九五七年の春にも、ヴァージニア大学に作家として滞在していたフォークナーは日本での体験について尋ねられた。「日本にいて、日本の若い作家たちと話をしたときに、彼らの問題はアメリカの若い作家たちと同じだと思ったか」という問いに、フォークナーは次のように答えている。

同じであるに違いないと思う。が、実のところ——私は日本人に直接触れることはなかった。彼らはみな英語を話した。しかし、それはまるで二人の人間が板ガラスの窓をはさんで超スピードで走っているかのようだった。口が動くのが見える。人間の容貌や動作が見える。しかし、コミュニケーションはなかった。それから急に道が分かれ、離れた。それだけだった。コミュニケーションはなかった。彼らが抱える問題は同じ問題に違いないと思うが、彼らの国はあまりにも違う。それは知的にプロセスを重んじる文化で、結果は重要ではない。それは、車輪がカタカタと正しく音を立てていればよいようなもので、私にも、どんな西洋人にもまったく異質だ。だが、私は日本人に直接触れることがなかった。しかし、彼らの問題は私と同じで、互いに話し合うことができていたなら、私たちはともに利するところがあったに違いないと思う。ただ、そうはできなかった。(60)

フォークナーが来日前に抱いていた「形式を重んじる国民」というイメージは、日本での体験によって変わることはなかった。独自の価値観や世界観をもつフォークナーにとって、異質な文化を理解するには、三週間は短すぎたのかもしれない。

他方、長野セミナーで講師をつとめたトラヴィス・L・サマーズギルの人生は、日本体験によって大きく変わった。

ハーヴァード大学で博士号を取得し、ヴァージニア州の名門大学であるウィリアム・アンド・メアリ大学の助教授だったサマーズギルは、フルブライト交換教授として九州大学で教えていた。そのときに結婚した日本人女性とともに一九五六年に帰国したサマーズギルを待ち受けていたのは、異人種間結婚を禁止するヴァージニア州の法律だった。学長から南部の大学で教えることのむずかしさを示唆されたサマーズギルは大学を辞任し、五年間、大学を転々としたあと、ハワイ大学英文学科に専任教員として迎え入れられた。[61] フォークナーは、南部の人種差別は人種よりも経済的理由によるところが大きいと日本人に説明したが、帰国後のサマーズギルには、人種差別の不条理さがはるかに重く感じられたことであろう。

日本人にとって、フォークナーの訪日は大きな影響を残した。「日本アメリカ文学会の沿革」には、「ノーベル賞受賞作家ウィリアム・フォークナーが来日したことは、日本のアメリカ文学研究の勢いに一段と弾みを与えた」とされている。また、フォークナーの談話会に非公式に参加した大橋健三郎の呼びかけで一九九八年に発足した日本ウィリアム・フォークナー協会は、以来、年刊誌『フォークナー』やニューズレターを発行し、シンポジウムを開催している。とくにフォークナーの訪日から三〇年、および五〇年を記念する節目には、海外からフォークナー研究者を招き、国際シンポジウムを開催した。さらに、フォークナー協会が一〇〇名を超える執筆者を動員し、一〇年の歳月をかけて二〇〇八年に刊行した『フォークナー事典』にも、フォークナーの訪日が「フォークナー研究隆盛を導く引き金となった」と書かれている。[62] 長野セミナーに参加した日本人の熱い思いは、いまも日本のアメリカ文学研究者、とりわけフォークナー研究者によって受け継がれているように思われる。

第五章 「ザ・ファミリー・オブ・マン」展

一九五六年三月二一日の春分の日、東京日本橋では「ザ・ファミリー・オブ・マン（人間家族）」展の開催と『日本経済新聞』創刊八〇周年を告げる約三〇のアドバルーンが青空に浮かんでいた。日本経済新聞社、ニューヨーク近代美術館、USISが共催する写真展は日本橋の高島屋百貨店で開催され、観客数は初日だけで一万二〇〇〇人に達した。その後、日本各地を一年半にわたって巡回した写真展には、約一〇〇万人の観客が足を運んだ。(1)「ザ・ファミリー・オブ・マン」展は、USIAが世界各地で開催した写真展だったが、日本での開催には、日本人の手で世界一流の写真展を開催したいと懸命に努力した写真を愛する人たちの思いが込められていた。

一 写真家スタイケンの誕生

「ザ・ファミリー・オブ・マン」展を企画したエドワード・スタイケンの名は、日本の写真家の間でもよく知られていた。戦前・戦後の日本を代表する写真家の一人である土門拳は、一九四八年、写真誌『カメラ』から世界の写真家ベスト・テンをあげるように言われたとき、「間違いなく第一にあげてよい写真家はアメリカのエドワード・スタイケンであろう」と断言している。とくにスタイケンが撮影した肖像写真については、「過去何世紀かの間覇権を保っていた油絵による肖像画に対して、よしやそれが画聖レンブラントであろうが、ヴェラスケスであろうが、またゴヤであろうとも、明白にカメラの勝利を一九三〇年代に記録したと言ってよい」とまで称賛した。(2)

スタイケンは一八七九年にルクセンブルグで生まれ、幼いときに両親とともにアメリカに渡った。(3) スタイケン一家が落ち着いたミシガン州ハンコックの村は銅山ブームにわき、国内の移住者やヨーロッパからの移民で賑わっていた。しかし、一度だけだったが、慣れない土地で苛立つことの多かった父が母を殴る光景を目にした三歳のスタイケンは、その後、抗争や暴力に対する本能的な嫌悪感を抱くようになったという。(4) それにもましてスタイケンにとって忘れられない思い出は、一〇歳の頃、ほかの子供を「きたない、ちびのカイク〔ユダヤ人の蔑称〕」と呼んだときの母の対応だった。スタイケンは次のように回顧している。

彼女は静かに、真剣に、長い、長い時間、私に語りかけ、すべての人は人種、信条、肌の色にかかわりなく同じなのだとさとした。彼女は偏狭や不寛容さの悪についても語った。それは、私が大人に成長する過程でおそらく最も重要な時間だった。そして、六〇年後に「ザ・ファミリー・オブ・マン」と呼ばれる展覧会に育つ種が蒔かれたのは、まぎれもないその日だった。(5)

スタイケンがカメラをはじめて手にしたのは、ウィスコンシン州ミルウォーキーの石版画印刷会社で下絵工の見習いとして働いていた一六歳のときだった。時間をかけて完成させる絵とは異なり、瞬時に対象を再現するカメラに魅了されたスタイケンは、画家になる夢を抱きながらも写真の撮影に没頭するようになった。一八九九年、フィラデルフィア写真協会とペンシルヴェニア芸術アカデミーが主催する第二回フィラデルフィア写真サロン展にスタイケンは三枚の写真を応募した。その三枚が、約一〇〇〇点の応募作品から選ばれた一八二点のなかに入り、著名な写真家の作品と並んで展示されたとき、スタイケンは写真家としてのスタートを切った。その二年後にパリで初の個展を開くことになったとき、スタイケンはパスポートを得るためにアメリカ国籍を取得し、二二年間用いてきたエドワルトの名前をエドワードに変えた(6)。

ピクトリアリズムと呼ばれるスタイケンの絵画的写真が欧米で高く評価されるようになり、スタイケンは第一次世界大戦を機に絵の道を捨て、写真に専念することを選択した。一九二〇年代および三〇年代には、『ヴォーグ』や『ヴァニティ・フェア』などの雑誌を出版するコンデナスト社の筆頭写真家として、斬新なファッション写真や有名人の肖像写真を数多く世に出した。しかし実のところ、スタイケンが手がけた写真のジャンルは幅広く、静物、ヌード、建築、風景、演劇、ダンス、戦争、広告などあらゆる分野で、また芸術写真でも商業写真でも秀でた天分をいかんなく発揮した(7)。

一九四七年、スタイケンはニューヨーク近代美術館の二代目の写真部長になった。一九二九年に創設された近代美術館は、既存の美術館が近代絵画や同時代の芸術品を展示しないことに不満を抱いた三人の女性たちの発案によるものだった。なかでも中心的役割を果たしたのはジョン・D・ロックフェラー・ジュニアの妻のアビーで、自ら財務を担当した。ロックフェラー家の影響は顕著だった。モダンアートが嫌いな夫は、当初こそ財政支援を拒んだが、次第に多額の寄付をするようになり、五番街西五三丁目の土地も譲渡した。子供たちのなかでもとくに芸術に強い関心をもつ次男のネルソンが、一九三二年に二三歳の若さで理事に、二年後には財務委員長になり、持ち前の情熱と行動力を発揮した。一九三九年に新しい美術館の建物が完成したとき、理事長は三〇歳のネルソンだった。一九四一年初頭には連邦政府の対中南米広報文化活動に専念するため理事長職を退いたが、一九四六年には再び理事長に復帰した(8)。

近代美術館は創設当初から、絵画や彫刻だけでなく写真、建築、デザイン、ポスターなど幅広い分野の作品を芸術として重視した。一九四〇年には世界の美術館のなかで最も早く写真部が設置された。その七年後、部長に就任したスタイケンはすでに六九歳だったが、写真の芸術的地位の向上を願う写真家たちの期待を背に、あらたな挑戦に意欲を燃やし、数多くの写真展を企画した。しかしスタイケンには、これまでになかったようなスケールの大きい、しかも写真家だけでなく、幅広い層の人たちにもアピールする写真展を開きたいという夢があった。(9)

二　写真展開催までの道のり

写真展のテーマは、人間はみな同じだという母の教えと、戦争および戦争写真展にかかわったスタイケンの体験から生まれた。第一次世界大戦では、スタイケンは米国陸軍通信隊の写真班員として志願し、フランスで軍事写真撮影の指揮官をつとめた。戦場の光景をカメラにおさめながら、スタイケンは戦争の残酷さを感じた。鳴りやまない銃声と多くの死体が脳裏から離れず、アメリカの勝利を知ったときにも、「人間や国家はなぜ、こんな愚かなことができるのか」と思わずにはいられなかった。第二次世界大戦が勃発したとき、六〇歳を超えていたにもかかわらず海軍の写真撮影の指揮官として従軍したスタイケンには、写真を通して戦争の実態を伝え、戦争の廃止に貢献したいという思いがあった。(10)たとえば、スタイケンが編集した写真と自伝で構成される『写真の人生』に収められている「硫黄島奪取のあと」と題する写真は、硫黄島の擂鉢山に星条旗を立てる海兵隊員と海軍兵を撮影したジョー・ローゼンタールの有名な写真とは対照的に、瓦礫《がれき》の隙間から死体の黒髪と手がのぞく光景を撮影したものだった。(11)

しかし、近代美術館で開催された三回の戦争写真展——第二次世界大戦中の二回の写真展と一九五一年の朝鮮戦争の写真展——は、戦争写真によって平和の大切さを伝えることの限界をスタイケンに感じさせた。「私は三つの写真展で戦争の残酷さをことごとく示したが、私の使命を達成することはできなかった。戦争そのものに反対する公の結束した行動をとらせるまでに人を動かすことはできなかった」と、スタイケンは述べている。スタイケンは、戦争という否定的な映像ではなく、「人生は何と素晴らしく、人間は何と驚異的で、とりわけ世界のあらゆる地域に住む人々が何と似ているかを肯定的に表明すること」のほうが、平和への願いを喚起できるのではないかと思うようになった。そんな写真展を開くことがスタイケンの目標になった。(12)

写真展のテーマを表すタイトルを探していたスタイケンは、義弟で詩人のカール・サンドバーグが書いたリンカーン伝の頁をめくったとき、リンカーンが演説のなかで用いた「ザ・ファミリー・オブ・マン」の語句が目にとまった。それは、冷戦の時代にあっても政治の対立を超える人と人との絆を描きたいと願うスタイケンの思いを表していた。タイトルを決めたスタイケンは、世界中から写真を集めて人間家族を構成する写真展の企画書を作成し、近代美術館の理事会に提出した。準備に膨大な費用と時間がかかる企画には難色を示す理事もいたが、理事長のネルソン・ロックフェラーが個人的に財政支援をすることを提案し、スタイケンの夢は実現に向けて大きく踏み出した。(13)

スタイケンはまず写真収集の可能性を探るためにヨーロッパ一一か国を訪問し、数百人の写真家に会った。帰国後は、第二次世界大戦中に海軍の写真班でスタイケンの部下だった若い写真家のウェイン・ミラーを助手として採用し、海外の写真家、雑誌社、写真団体に出品を要請した。とくに『ライフ』誌の若手写真家コンテストで入賞した日系アメリカ人の石元泰博が訪日することを知ったスタイケンは、日本人の応募作品を集めるように依頼した。一九五三年春、石元は日本に向かった。(14)

写真を選ぶエドワード・スタイケン

一方、助手のミラーはアメリカの写真家、写真業者、国立公文書館、議会図書館、政府機関、民間企業、新聞社、雑誌社が所蔵する写真に目を通し、スタイケンに見せる写真を選んだ。ライフ社が所蔵する写真だけでも三五〇万枚もあり、それに目を通すだけでも七か月から九か月を要した。スタイケンは、ミラーが選んだ二〇〇万枚を超える写真のなかから数百枚を選ばなければならなかった。選考の基準は写真としての優劣ではなく、写真が伝えるメッセージだったが、すぐれた写真が多く、選ぶ作業は困難をきわめた。最終的に選ばれた写真のなかには、南部の黒人がリンチを受けている写真や、反共主義者の標的となった物理学者ロバート・オッペンハイマーの写真など、物議をかもしそうな写真も含まれていた。スタイケンが企画に着手してから、有名無名を問わず、二七三人の写真家が六八の国で撮影した五〇三枚の写真を選ぶまでに三年の歳月が経過した。それぞれの写真はさまざまなサイズに引き伸ばされ、テーマごとに分類し、テーマにふさわしいキャプションがつけられた。写真家、詩人、著述家、編集者、そして公民権活動家でもあるドロシー・ノーマンが、聖書やアメリカ先住民の言い伝え、世界各国の文学者や哲学者の著述のなかからキャプションになる一節を選んだ。展示場の設計は、建築家でイェール大学教授のポール・ルドルフが担当した(15)。

三　写真展の開幕

一九五五年一月二五日、「ザ・ファミリー・オブ・マン」展が始まった。展覧会場は近代美術館の二階のフロア全体を占め、立体的な設営が施されていた。入場者にはサンドバーグが書いた「プロローグ」が手渡され、そのなかにしるされた「地球にしがみつく一つの大きな家族」の言葉が写真展のテーマを端的に表現していた。会場の入口には数枚の大きな写真のパネルが並び、その一枚一枚に写し出された天空の星たち、夜が明け始める頃の光と大地と海、杉の木の下に横たわる裸の幼子、狩猟民族が洞窟に描いた動物、そして現代の群衆が、創世記から現在にいたる宇宙の神秘と悠久の歴史を伝えていた(16)。

近代美術館の展示：日本の農村の家族写真（柱の左奥）

近代美術館の展示：世界の子供たちとユージン・スミス「楽園への歩み」（右端）

写真集の表紙を飾るペルーの牧童の写真．1955年版の右上には1ドルと記載されている（筆者所有）．

会場には、世界中の人が共有する生活のいとなみがパノラマのように広がっていた。人は世界のどこにいても恋をし、結婚し、妊娠し、新たな命を産み、育てる。子供は遊び、家族は寄り添う。人は働き、談笑し、歌い、楽器を奏で、踊り、集う。手をつなぎ輪になって遊ぶ一八か国の子供たちの一八枚の写真が、輪になって並んでいる（一四七頁に掲載）。人はやがて老い、死を迎える。残された人は弔い、悲しみに耐える。人生には喜びや楽しみもあれば、悲しみや失望もある。孤独や貧困もある。人は同情し、怒り、そして祈る。対立や抗争、戦争もあれば、話し合い、選挙、裁判もある。写真は、見る人をはるかな世界に住む人々のもとへいざなうとともに、すべての人は生まれ、そして死を迎える経験を共有していることを思い起こさせる。

展示のクライマックスは、約四五〇枚の写真を見終わった頃に入る暗い部屋だった。暗闇のなかにはただ一つ、縦一・八メートル、横二・四メートルの大きなスライドが置かれ、赤とオレンジ色の閃光を放つ、きのこ雲が映し出されている。それは、一九五四年の春に太平洋のビキニ環礁でアメリカが行った水爆実験の写真だった。スタイケンは、水爆実験の模様がテレビで放映されたとき、多くのアメリカ人が無関心であることに驚いた。暗室のスライドには、人類を破滅に導くかもしれない水爆の脅威を写真の力で伝えたいと思うスタイケンの意図が込められていた(17)。

暗い部屋を出ると、世界は再び日常に戻る。何組もの老夫婦の写真のあとに、世界各国の代表が一堂に会する国連総会の写真が現れる。フィナーレは、無邪気で純真な世界中の子供たちの写真の一群（一二九頁下の写真）である。最後の一枚は、手をつなぎ、光に向かって小道を歩く幼い女の子と男の子の後ろ姿を写したユージン・スミスの写真「楽園への歩み」で、「あなたがたの足元から世界が生まれる」というフランスの詩人サン＝ジョン・ペルスの言葉が添えられている。会場の随所には、笛を吹くペルーの牧童の同じ写真が飾られており、笑みをたたえた表情が見る人の心をなごませる。それぞれの写真には撮影者と撮影場所がしるされているだけで、タイトルはついていない。一枚一枚の写真に何を見、何を感じるかは写真を見る一人ひとりにゆだねられている。しかし、人間は世界のどこにいても、みんなが一つの大きな家族であり、子供たちの明日のために戦争のない世界をつくりたいと願うスタイケンのメッセージが会場全体を包んでいた。

写真展には連日、多くの観客が詰めかけ、はじめて美術館を訪れたという人も少なくなかった。二月二二日のワシントン生誕の祝日には六〇〇〇人が訪れ、近代美術館の創設以来、最多の入場者数を記録した。五月八日に閉幕されるまでの三か月半の間に、入場者数は二五万人に達した。新聞各紙も「世界中の人は家族」というメッセージに共感し、写真展を絶賛した。一ドルの写真集は発売後三週間で二五万部が売れ、ベストセラーになった。写真展はそのあと全米各地の美術館を巡回し、ダラスでは一一万六〇〇〇人、クリーヴランドでも一一万四〇〇〇人、シカゴでは三一万二〇〇〇人と、写真展としては驚異的なほど多くの観客を引きつけた(18)。

しかし、写真家や批評家のなかには写真展を批判する人も少なくなかった。戦争写真展をスタイケンと一緒に企画したことのあるハーバート・ベイヤーは、「ザ・ファミリー・オブ・マン」展は時代遅れで、センチメンタルで、仰々しいと思った。第二次世界大戦中にマンザナール強制収容所の日系アメリカ人を撮影した写真家のアンセル・アダムズは、自分が撮影した収容所近くのウィリアムソン山の写真が展示されていたが、写真の現像が劣悪だと批判した。ジャック・バーザンのような文化的保守主義者たちは、近代美術館での展示が大衆のレベルに引き下げられ、知性ではなく感情や直感に訴えていることを慨嘆した(19)。人間の普遍性というテーマそのものに異議を唱えたのは、若手の文芸評論家で、のちに保守派の論陣を張ることになるヒルトン・クレイマーだった。クレイマーは、「世界中の写真を並べて、慣習、ポーズ、態度などうわべの類似性をことごとく強調する」スタイケンの手法を厳しく批判した。

それは、一般化できない個の特異性を重視する「芸術の原則」を無視するものであり、かといって現実の世界をみすえるジャーナリズムでもなかった。クレイマーからすれば、写真展は現実の政治から逃避し、人間の本質的な善と無垢を信奉する時代遅れのイデオロギーにほかならなかった。写真展が前例を見ないほど多くのアメリカ人を引きつけ、称賛されていることにも、クレイマーは失望を隠さなかった[20]。

USIAは「ザ・ファミリー・オブ・マン」展がアメリカ文化外交にふさわしいと考え、海外の主要都市での開催を決めた。海外用に複数のセットが用意され、ヨーロッパを皮切りにアジア、中南米の各地を巡回した。一九六二年までに写真展が開催された国は三八か国、写真展の入場者は九〇〇万人に達した[21]。一九五九年夏には、モスクワで開かれたアメリカ国家博覧会の催し物の一つとして「ザ・ファミリー・オブ・マン」展が開催された。六週間の開催期間中に二七〇万人が訪れた博覧会では、サーカラマ（一九五五年にディズニーが完成した円形劇場内の全周スクリーンに映画が上映される装置）、自動車、ファッション・ショー、カラーテレビと並んで、写真展も多くのロシア人を引きつけた[22]。

四　日本への招致

戦前の日本では写真家の数も少なく、その社会的影響力も限られていた。しかし戦後は、写真雑誌やグラビア誌の増加とともにプロの写真家も増え、依頼主の意向に沿うだけでなく、主体性のある写真を撮ることができるようになった。戦後の写真界の陣頭に立った木村伊兵衛には「夢の様な気がする」進歩だった。また、国産カメラの普及によってカメラは手の届かないものではなくなり、アマチュア写真家も飛躍的に増大した。一九五〇年代半ばには国内のカメラ台数が三〇〇万を超え、カメラ雑誌も一〇誌を超えた。毎年恒例の富士フィルムの写真コンテストには四万人から六万人の応募があり、「スタイルのよい女性が銀座を歩くと数度は写真を撮られる」とか「外国で眼鏡をかけてカメラをぶら下げているのは日本人だと思って間違いない」と言われるようになった。[23]

こうした戦後の写真ブームのさなか、一九五六年に創刊八〇周年を迎える日本経済新聞社は、海外で話題を集めている「ザ・ファミリー・オブ・マン」展を日本に招致したいと考えた。一九五五年春、写真展がアメリカの国外でも公開される予定であることを知った日本経済新聞社は、外務省に写真展の主催を申し出、外務省はワシントンの日本大使館を通して国務省に打診した。USIAから日本のUSISに、写真展はヨーロッパのあと東京に一か月間立ち寄ることができるという知らせが届いたのは六月半ばのことだった。日本経済新聞社とUSISは、写真展の共催について話し合いを重ねた。[24]

フランシス・ブレークモア（中央）と夫のトマス（左）（1954年）
提供：The Blakemore Foundation

USISの展示担当責任者は、戦前から日本に在住する画家のフランシス・ブレークモアで、日本での写真展の開催を喜び、協力を惜しまなかった。ブレークモアは一九〇六年にイリノイ州で生まれ、シアトルのワシントン大学を働きながら一〇年かけて卒業したあと、一九三五年、夫と新婚旅行をかねて来日した。夫とともに英語の教師をしながら、戦前の日本を版画や絵に描く一方で、日本美術への造詣も深めた。第二次世界大戦中はハワイの検閲局で働き、一九四四年からはホノルルのOWIのスタッフとして対日宣伝ビラを作成した。戦後は日本に戻り、占領軍のCIEで働いた。このときに知り合った弁護士のトマス・ブレークモアと再婚し、講和後はUSISで展示を担当した。[25]

ブレークモアは、日本の会場の狭さを考えると、アメリカで用意された写真のセットを使うよりも、日本向きのセットをつくるほうがよいと思った。そうすれば、USIAが予定している東京での一か月の開催ではなく、長期にわたって日本各地で写真展を開催することも可能だった。さらにブレークモアは、国務省の人物交流計画を利用して、スタイケンを事前に日本に招待し、日本の写真技術の現状を見てもらうことを提案した。日本経済新聞社もブレークモアの提案に賛成だった。しかし、ブレークモアから報告を受けたUSIS局長代行のG・ルイス・シュミットは慎重だった。日本での写真展の開催にも、スタイケンを日本に招待することにも賛成だったが、「西欧の技術からすれば、ほとんど先史時代のような」日本の写真制作現場のことを思うと、日本でのネガの現像にスタイケンが同意するかどうか疑問だったからである。もしスタイケンが、日本人の注目を浴びながらカメラ工場や現像所を視察したあとに、日本での開催が技術的に無理だと判断することになれば、日本の写真界の面目がつぶれるだけでなく、「USISの威信に傷がつく」ことをシュミットは危惧した。USISは写真展の実現に「尽力する」という立場にとどまるというシュミットの意向を、日本経済新聞社は了解した。[26]

写真展の開催をまかされた日本経済新聞社は、スタイケンの来日に向けて準備にとりかかった。采配を振るったのは、のちに社長に就任する編集局長の円城寺次郎で、円城寺を支えたのは写真家の渡辺義雄だった。渡辺は、一九二八年に東京写真専門学校を卒業したあとオリエンタル写真工業に入社し、写真の撮影や編集にたずさわった。戦後は、「日本写真家協会」の創設（一九五〇年）に尽力し、一九五三年からは副会長をつとめていた。[27]

一九五五年八月八日、スタイケンが来日し、帝国ホテルに滞在した。はじめて日本を訪れたスタイケンは東京、京都、奈良の観光を楽しみ、また写真家たちとも語り合った。『アサヒカメラ』誌に掲載された写真家および評論家との座談会では、ときにはユーモアを交えながら、写真観や他の写真家について率直に語った。たとえば、欧米の写真家を比較するように求められたスタイケンは、「比べてみよといわれても不可解〔原文のママ〕なことではないでしょ

歓迎会で写真関係者と歓談するスタイケン（国際文化会館庭園にて）
提供：毎日新聞社

うか。歌麿と他の浮世絵画家と比べよといっても、両方とも人生の美しいなにものかを詩のように現わしているでしょう。〔略〕どの写真家でも優秀な人ならば、自分の傾向というものを持つでしょう。その傾向を持っているからどっちがいいということもいい切れない。バラエティに富むということは必要だと思います」と答えている。ユージン・スミスが『ライフ』と仲違いしたことについては、「写真家と雑誌編集者のケンカだったら、私はいつも写真家の肩を持ちますよ。だけどスミス氏は実際気難しい人です。たとえばファミリー・オブ・マンでも彼のところへ行くと、プリントは自分で作らなければダメだという。やらしてみればいつまでもできない。ああでもない、こうでもないといって、とてもやりにくい男だ。芸術家の立場とすれば彼の気持はよく分かるが……」（省略は原文による）と述べている[28]。

スタイケンの訪日の主要な目的は、写真の制作現場や展覧会場を視察し、開催にともなう多くの問題について日本人関係者と話し合うことだった。日本で写真展を実現させるにあたって最大の課題は、サイズも異なる、しかも一枚一枚に物語性のある五〇〇枚以上の写真を正確に再現することだった。スタイケンが持参した原画の複写ネガを数か所の現像所で引き伸ばしたが、どれもスタイケンを満足させる出来映えにはならなかった。日本側は、原因は日本の技術ではなく印画紙にあると考えた。当時、アメリカでは印画紙が一〇種類以上もあったが、日本では三種類しかなかった。渡辺らは、日本の印画紙に合うネガが必要だということをスタイケンに説明し、近代美術館からオリジナル・プリントのサンプルを借りることになった。そのプリントから日本の印画紙に合う柔らかい調子のネガをつくる作業を引き受けたのは、写真化学に詳しい渡辺だった。根気と時間を要する試行錯誤の結果、スタイケンも満足する写真を現像することができた。当時の日本では、展示会場も問題だった。上野にある近代美術館の展示室は狭く、広い場所といえばデパートの展示場しかなかった。スタイケンは、いろいろな会場を視察した結果、デパートでの開催に同意した。(29)

展示会場の設計を担当したのは東京大学助教授の丹下健三だった。当初、旅先の京都で依頼をうけた丹下は、スタイケンのことをよく知らず、乗り気ではなかった。しかし、丹下は京都を訪れたスタイケンと夜遅くまで語り合い、気持ちが変わった。そのときのことを丹下は次のように書いている。

「これはすばらしい人だ」と私は感じた。〔略〕彼の写真展のテーマについて、また彼がいだいている思想について、彼は、ある時は涙を浮べんばかりに感動しながら、話しつづけた。

彼の思想は、美しいヒューマニズムに貫かれていた。人種も、国境も、階級も超えた人間の真実と愛の力を信じる人のように思われた。戦争や闘争の不安の現実の中にいきている私たちにとって、信じられないほどの純粋さが、彼にはあった。〔略〕私は展示について協力しようという気持になったのである。(30)

スタイケンと日本人関係者の間では、ニューヨーク近代美術館の展示で日本人の作品が少なかったことも話題になった。日本人の作品を収集するために来日した石元は日本での知己も少なく、日本人の協力を得ることができなかった。ニューヨークでも作品が一点展示された木村によれば、「当初スタイケンから手紙が来たとき、言葉などの関係もあって、その趣旨がよく分からず、一流作家の作品をほとんど出品できなかった」という。田沼武能《たけよし》のように、「スタイケンが世界から写真を募集したとき、私は忙しくて応募していなかった」という写真家もいた。日本で開催される写真展には日本人の作品を追加することが決まり、日本側が写真集や写真雑誌から選んだ候補作品のなかからスタイケンが選定することになった(31)。

五　日本開催に向けて

八月二三日、スタイケンと日本経済新聞社は写真展の日本開催について合意し、翌日、スタイケンは日本をあとにした。二四日の『日本経済新聞』の一面には、「今春全米のみならず世界的に大きな反響を巻き起こした史上最大の写真展」の日本開催を発表する社告が、「史上最大の写真展」、「来春三月を期し公開」などの見出しとともに掲載された。スタイケンの「日本の皆様へ」というメッセージには、次のように書かれていた。

「ザ・ファミリー・オブ・マン」写真展は、現在世界がその時々のいろいろな問題、すなわち政治上の相違などによって分裂し、恐れと疑いにさいなまれているけれども、しょせん人類は一つのものであることを如実に示そうという考えに出発したものである。

この写真展はまた、各民族、人種、宗教は種々に分かれているが人間の生から死に至るまでは相似たものだということを示すより重要な事実を諸君の前に示すであろう。その中で写真は世界を通じて人間の善と力と弱さと過誤とを映し出す鏡となっている。私達はこの鏡の中に、喜び、悲しみ、歓喜し絶望する私たち自身の姿を見出すであろう。またそれは真実、愛、家族、個人の尊厳などが虚偽の悪よりもさらに偉大なものであることを証明しようとしている。〔略〕写真こそ「世界の言葉」であるという私の信念がこの写真展で確認されるであろうことを信じ、賛美と愛の念をこめて日本の人々に贈るものである。

この日の『日本経済新聞』は、会場は丹下健三、写真技術に関しては渡辺に加えて、日本大学に写真科を創設した日大教授の金丸重嶺《しげね》、さらに石元泰博の協力を得ることになったと報じている。しかし、翌年はじめに販売された写真集の日本語解説書には、この四人のほかに日本写真家協会会長をつとめる木村伊兵衛とフランシス・ブレークモアを加えた六人が実行委員として記載されている。このうち石元はまだ三〇代半ばで、かつ来日してから日が浅いこともあり、「大した役割はやらせてもらえなかった」と本人が言っている。[32] したがって写真に関しては、渡辺、金丸、木村の三人が中心的な役割を担ったと思われる。

「ザ・ファミリー・オブ・マン」展はＵＳＩＡの後援のもとに世界各国で開催されたが、アメリカで用意されたセットではなく、オリジナル・プリントからネガをつくり、引き伸ばし、独自に設計した会場で展示したのは日本だけだった。一九五五年一一月三〇日、写真展の原画をおさめた多数の荷箱が羽田空港に到着したが、開催までには乗り越えなければならない多くの難関があった。五〇〇枚を超える原画からネガを作成するという細心の注意と厖大な労力を要する作業は、渡辺が担当した。ネガを印画紙に引き伸ばす仕事をまかされたのは、戦前にアメリカで開催された博覧会で日本館に展示する大きな写真の引き伸ばしを請け負った実績をもつジーチーサン社だった。社長は長崎の被爆写真の撮影者として知られる山端庸介だった。展示される写真の大きさは、小は四つ切りから大は一〇メートルを超えるものまで三〇〇種類もあった。スタイケンは、引き伸ばして大きく焼いた場合、粒子が荒く出ても、かえって効果的になることもあるので差し支えないと言ったが、アメリカのような堅牢な建物もなく、地盤もゆるい日本では、引き伸ばすと粒子が乱れたり、ぼけたりすることがよくあった。一枚一枚の写真がもつ内容を忠実に再現するだけでなく、同一壁面に並べられる写真のグループ内の調和をはかり、さらにグループからグループに移る流れを効果的にするために、山端は五種類の現像液を使いわけた。作業場に用意した五つのバットを常に保温しながら、引き伸し機も電圧の高低を防ぐためにスライダック（変圧器）で調整し、露出を決定した。露出は大型引き伸しの場合で七、八分かかり、縦九尺（二・七メートル）、横一五尺（四・五メートル）以内であれば一度で露出できたが、それを超える場合にはネガをとりわけ、つなぐ必要があった。寒い時期の水洗も容易ではなかった。山端は「ザ・ファミリー・オブ・マン」展の写真制作について、「戦後の仕事としては最大の難事業であった」と述べている。(33)

一方、日本経済新聞社は写真展への関心を盛り上げるために、開催準備の進展を逐次新聞で報じた。開催直前の三月一九日の昼には日本経済新聞社、日本写真家協会、日本写真協会の共催による「試写会と講演会」が有楽町ビデオホールで開かれた。六〇〇人の観客を前に、金丸は「ファミリー・オブ・マンと芸術家スタイケン」について、渡辺は「日本開催にこぎつけるまで」について講演した。そのあと、二つのＵＳＩＳ映画――ワシントンで開催された写真展の模様を紹介する『ザ・ファミリー・オブ・マン』と、前年に日本公演が行われた『シンフォニー・オブ・ジ・エア』――が上映された。金丸と渡辺は講演をすませると、すでに木村や丹下のいる高島屋に急いだ。

徹夜の準備．左から丹下健三，金丸重嶺，木村伊兵衛，渡辺義雄
『日本経済新聞』1956年3月20日掲載

混雑する初日の会場
『日本経済新聞』1956年3月21日（夕刊）掲載

高島屋の八階では、高島屋宣伝部のスタッフ、日本合同宣伝社の作業員、日大芸術学部写真科の学生ら一五〇人が、翌日の披露パーティに間に合わせるために壁面の組み立てや写真の取りつけ作業に追われていた。なかでも頭の痛い問題を抱えていたのは、写真に裏打ちをし、パネルに張りつける仕事

を請け負った日本合同宣伝社の職人たちだった。日頃は尺貫法で仕事をしていたが、アメリカから指定された原寸はフィートで、これをもとに会場構成のプランをたてた丹下研究室の設計図はメートルだった。計算機で換算しても誤差が生じるため、ノコギリでひいたあと、さらにカンナで削って注文通りの寸法に仕上げなければならなかった。五六〇枚の写真を延べ四〇〇メートルの壁面に取りつけ終えたとき、夜は白々とあけようとしていた。[34]

二〇日の午後に開かれた披露パーティには各界の名士五〇〇人が招待された。翌日の『日本経済新聞』は、その模様を「心打つ五六〇点」「早くも起る絶賛の嵐」という見出しとともに報じた。五六〇点のなかには日本で追加された二九人の写真家の作品も含まれていた。二一日、写真展は初日を迎えた。高島屋が閉店するまでに入場者は一万二〇〇〇人に達し、デパートの有料展覧会としては空前の記録だった。その後も入場者は連日一万人を超えた。三月二五日の日曜日には一万四〇〇〇人におよび、最終日の四月一五日には一万五〇〇〇人に達した。「満員札止め」が出されることもあった。会場の設計を担当した丹下は、会場の収容能力を最大で五〇〇〇人と想定していたから、主催者の予想をはるかに超える盛況だった。[35]

当時、『日本経済新聞』の購読者数は一〇〇万以下で、四〇〇万に近い『毎日新聞』や『朝日新聞』、二〇〇万を超える『読売新聞』よりもかなり少なかった。したがって写真展の評判は、『日本経済新聞』以外のメディアや口コミによるところも大きかった。「クラスでも評判がよいのでやってきた」という高校生や、「友だちからこの写真展はぜひ一回は見なくてはならないと盛んにすすめられていた」という大学生もいた。[36]『朝日新聞』は、他社が主催する展覧会ではあったが、始まると早々に「圧巻」と評し、「個々の作品が『人間性』を主題にしながら、ここで見事な変奏曲をかなでている」と称賛した。NHKやラジオ東京（現在のTBS）のテレビ局は、開催中の模様をそれぞれ三〇分および四五分間にわたって紹介する番組を放映した。[37]日本経済新聞社は写真展の開催に先駆けて、アメリカで出版された写真集に一四頁の「日本語解説書」をつけて販売した。カール・サンドバーグとスタイケンの序文は英文学

原爆写真のパネル
Ⓒ 2014. Digital image, The Museum of Modern Art, New York/Scala, Florence

者の吉田健一が、ドロシー・ノーマンが集めた古今東西の引用句は作家の高見順が翻訳し、金丸重嶺が写真展の見どころを紹介している。写真集も写真展および全国の書店で飛ぶように売れた(38)。

六　原爆写真の撤去

ニューヨーク近代美術館の写真展ではビキニ環礁で行われた水爆実験のカラー・スライドが展示されており、その写真はＵＳＩＡが海外に送った写真展のセットにも、白黒写真ではあったが含まれていた。写真集には水爆の写真はなく、その代わりにバートランド・ラッセルの言葉が黒い頁に白い文字でしるされている。「その筋の権威たちはすべて口を揃えて言っている。水素爆弾の戦争は恐らく人類の破滅を齎《もたら》すだろう。……死から免れうる者は無いだろう。――即死は幸運な少数者だけで、大多数の人々にはゆっくりと、疾病と壊体の責苦がくる」（高見順訳、省略は原文によ

原爆写真を見る人々
Ⓒ 2014. Digital image, The Museum of Modern Art, New York/Scala, Florence

写真展を鑑賞する天皇（中央），右隣はジョン・M・アリソン米国大使
提供：毎日新聞社

る）と。[39] USIAが用意した海外向けのセットのなかに含まれていた水爆実験の白黒写真が日本で展示されなかったのは、第五福竜丸の船員二三人がまさにこの水爆実験による放射性降下物の灰を浴び、そのうちの一人が亡くなっていたからかもしれない。この事件を契機に原水爆禁止運動が日本全国に広がり、スタイケンが訪日した一九五五年八月には、広島で初の原水爆禁止大会が開催されていた。日本の写真展では、水爆実験の写真の代わりに山端庸介が原爆投下直後の長崎で撮影した写真のパネルが展示された。

近代美術館の「ザ・ファミリー・オブ・マン」展でも山端の被爆者の写真が展示されたが、それは、子供と顔に包帯を巻いた母親がおにぎりを手に茫然と立っている写真（原爆写真のパネルに貼られている写真）ではなく、いたいけない表情の子供だけの写真だった。他方、高島屋で展示された山端の写真は、何人もの黒こげの死体が横たわる被爆写真を大きく引き伸ばし、その上に「おにぎりを持つ母子」を含む四枚の被爆者の写真を貼ったパネルだった。パネルには、写真集にあるラッセルの言葉を修正したキャプション——「現場で黒コゲになって即死するものは一番幸福だ。そうでないものはもっと長く苦しむ」——がついていた。日本人は、スタイケンと話し合った際に、日本人の追加作品についてはスタイケンが事前に目を通すが、原爆の写真については日本人に一任されたと思っていた。丹下は、写真展の開催にあたり、「世界唯一の原爆被害国として、原爆に対する国民の関心は深いわけだし、スタイケン氏もこの点については日本側にまかせてくれたので原爆の写真も追加した」と語っている。しかし、それは誤解だったかもしれない。原爆写真の展示が問題になったとき、スタイケンは記者の質問に対して、「私は昨秋〔原文のママ〕日本を訪れた際、問題の写真を見て深く感動した。しかしちょっとした誤解で、私が展覧会に追加出品を認めたように思われたのは残念である」と答えたと報じられている。[40]

原爆写真の撤去を最初に求めたのは、米国大使のアリソンだったらしい。当時、USISの実習生だったジャック・シェレンバーガーによれば、一般公開の前日に会場を訪れたアリソンは、被爆者の写真を展示するのはアメリカへの侮辱だと抗議したという。第三章で触れたように、アメリカの戦争映画を日本で公開することに強硬に反対したアリソンであれば、被爆写真の公開に反対する発言があったとしても不思議ではない。そのときは日本人関係者もシェレンバーガーも写真の撤去に反対し、写真は一般に公開された。しかし、一般公開が始まってから三日目の三月二三日に天皇が参観のために高島屋に創業以来はじめて来場することになったとき、原爆写真を天皇に見せるのは好ましくないという声が日本の主催者側からもあがった。米国大使館とUSISは電報や電話でスタイケンに事情を説明し、写真を見せないことに対して了解を得た。当日は、天皇が一般客に先立って写真展を見学する間、被爆写真に幕がかけられ、天皇が立ち去ったあとに取り外された。このことは、『日本経済新聞』以外のメディアによって一斉に報じられた。[41]

数日後、『日本経済新聞』(三月二七日)は、エドワード・スタイケンの要請に従い、原爆写真を撤去することにしたとの声明文を写真展実行委員会の名前で掲載した。実行委員として名を連ねていたのは、丹下、木村、渡辺、金丸、そして日本経済新聞社主幹の園城寺だった。しかし、実行委員がみな納得していたわけではなかった。丹下は、同日の『朝日新聞』に掲載された取材のなかで、「〔スタイケンの〕編集権を尊重する建前から取外すことに決めた。しかし私たちとしては、あの写真が展覧会のテーマに反するとは思わない。また芸術的に全体の調子をくずしているとも考えない」と述べている。木村ものちに、「歴史的な事実だから、むしろお見せしたほうが、良かったのではないかと私は思っている」と語った。他方、金丸は、「原爆写真をとりはずしたことについてはいろいろ批判がありましたが、ああいう問題が起らなければ、あの写真は叙事詩の中の流れの一つであってなんでもないわけです。しかし問題がああなってきますと、あれだけがクローズアップされて、特定の場所、特定の事件ということになり、それではあの写真展の意味がなくなる。あの中には、それだけが呼び物になるというような写真があってはいけないのですね。そういう意味でスタイケン氏はとりはずしたのです」と釈明した(42)。

スタイケンは、一年前の二月に黒人のリンチの写真を近代美術館での展示からはずしていた(43)。人々の注意が一枚の暴力的な写真に集まり、それによって展示全体のテーマが見失われることを危惧したからだった。原爆写真の撤去についても、スタイケンは同様の説明をしている。

私がこれらの写真の撤去を要求したのはザ・ファミリー・オブ・マンとは人類全体の喜び、希望、悲しみの表現に関係したものを扱うのであり、特定の事件はどんなに感動的で有意義であっても、その一般的意義をゆがめずには詳細に表現することができないからである。この展覧会全体を通じて世界各国からの写真はこのテーマの特殊な面を表現してはいるが、特定の事件を一連の写真により取扱うことは一貫してさけてきた。というのは人類一般的な問題が一つの事件とそれに関連した事柄を強調することにより、ゆがめられることがないとは確証し得ないからである(44)。

原爆写真の撤去は、三月三〇日の衆議院文教委員会でも話題に上った。意見を求められた清瀬一郎文部大臣は、「見せるのも自由、見せないのも自由」と答弁した(45)。他方、四月には、名取洋之助を含む写真家と批評家の有志八人が写真の撤去に抗議する声明を出した。原爆写真の撤去は、写真という文化と政治との関係を如実に示す出来事だった。

しかし、「ザ・ファミリー・オブ・マン」展自体の人気が衰えることはなかった。東京のあと、写真展は大阪、名

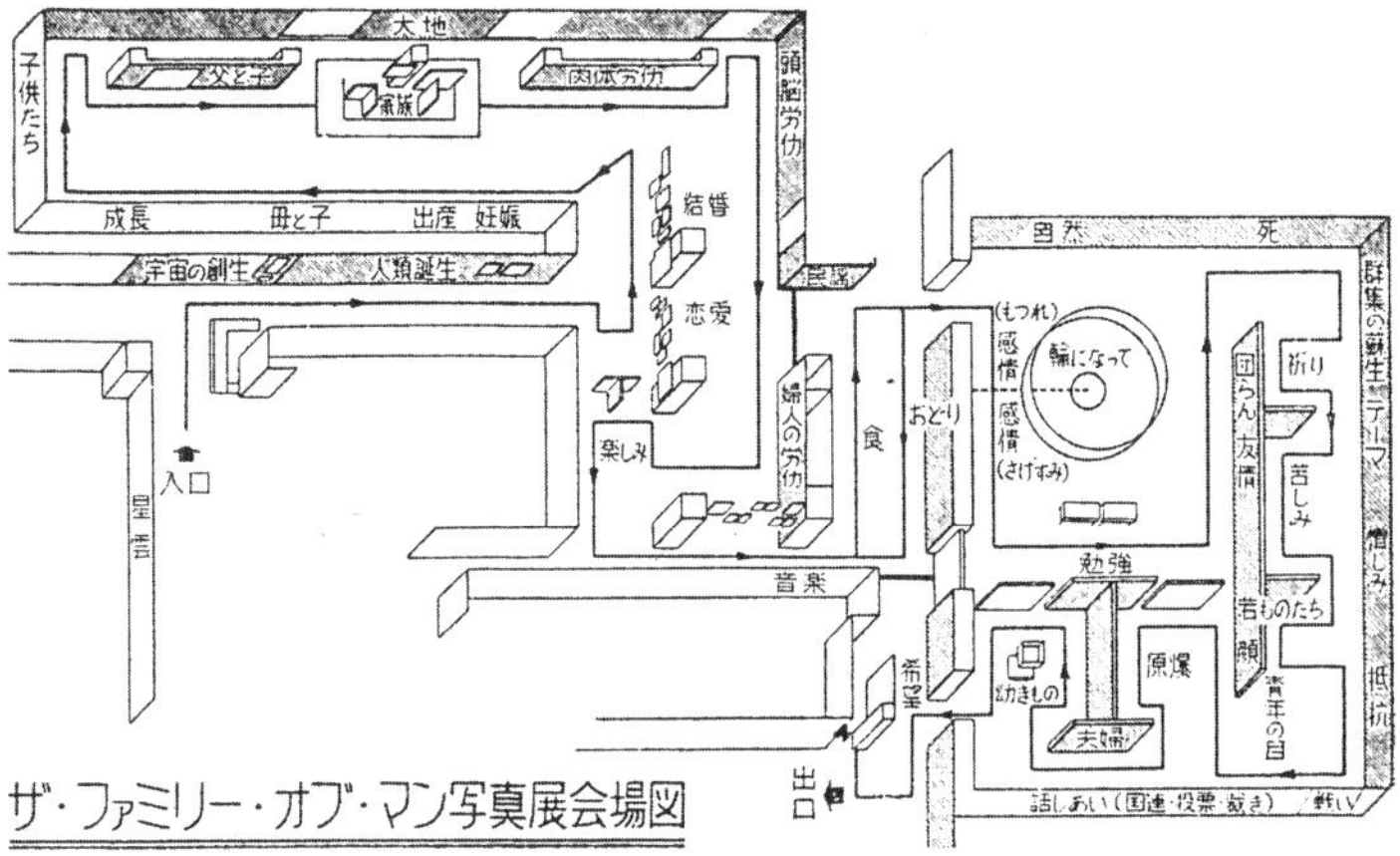

会場見取り図
『カメラ毎日』1956年6月号掲載

古屋、福岡を巡回し、「各地とも記録的な入場者を迎え絶賛を博している」と『日本経済新聞』は報じた。東京での最終日には一万五〇〇〇人が詰めかけたことから、七月半ばには日本橋高島屋で再び写真展が開催された。「今度こそゆっくりと」がうたい文句の展示にも多くの観客が訪れ、二週間の予定は、三週間に延長された。[46] その後、原版と二組のミニ版が全国各地を巡回した。そのなかには、日本の国際連合加盟を記念する行事の一環として一九五七年一月に横浜で開催された写真展もあった。スタイケンにあてた園城寺の報告によれば、一九五七年夏までには全国二六都市で開催され、入場者数は九四万六一三七人に達したが、この数字は入場券の購入者数で、招待客を含んでいない。通常、入場券購入者の五%から一〇%いるという招待客を加えれば、写真展の観客数は約一〇〇万人だったことになる。[47]

七　称賛と批判

東京で写真展が開催されている間、『日本経済新聞』は連日、有識者や一般観客の感想を掲載した。写真誌や芸術誌にも、関係者の体験談、専門家の批評や座談会が掲載された。原爆写真の撤去に抗議した名取洋之助も、没後の一九六三年に出版された『写真の読み方』のなかで写真展について詳しく論じている。

写真展の規模の大きさには誰もが圧倒された。評論家の大宅壮一は、「いままでの写真展は音楽でいえばバイオリンとかピアノとかいうような部分的なものだったが、これはあらゆる民族の全生活、感情の動きのすべての総合体としてオーケストラの迫力をもっている」と語った(48)。写真展は、しばしば「写真の交響曲」あるいは「人類の叙事詩」と表現された。多様な民族と文化の豊かさを提示しながら、同時に人間は世界のどこにいようとも同じ人間なのだというメッセージを伝える写真の力を称賛する人が多かった。「世界のあらゆる人間は表情や風俗の違いこそあれ心はひとつであるという印象をうけた。これだけの事柄を一度にみられるのはすばらしい」という人もいれば、「この写真が端的に示す人間生活の本質は絵画でも文章でも表現できないだろう」という人もいた。人波にもまれながら写真を見終わった清瀬文相は、「われわれが千年も前のホーマーの詩を読んで感動すると同じように異なった民族の喜び、悲しみ、失望、誕生をみても深く感銘を受けた。このようなことを書いた文献はたくさんあったがそれを現実に見せてくれたのはこれが初めてだ」と語った。草月流家元の勅使河原蒼風も、「文章とか絵画のような間接的なものと異なった写真の強さをしみじみと感じる」と述べた(49)。

写真家の立場から渡辺義雄は、「『写真』でこれだけ大きな意味を表現できたということは、なにかしら容易ならぬことだという気がする」と語り、木村伊兵衛は、「とくに写真をやる人に見てもらいたい点は、写真のもつ記録性、報道性、言葉で表せない表情などの具体性の生かし方だ」と指摘した。名取洋之助も、「五〇〇枚〔の写真〕が一人のアイディアのもとに選ばれ、そのアイディアの表現のために配列されたこと」は「写真の長い歴史のうえで、画期的なこと」だと称賛した。写真展のメッセージ自体は、「人はどこの国で生まれ、どのような皮膚の色を持とうと、誰もが同じように育てられ、恋愛し、働き、喜び、そして死んで行くという、ごく単純なもの」だが、写真が「抽象的

な概念を表現する」ために用いられていることは、「写真の将来の発展の方向」を示していると評価した。(50)

東大教授の石田英一郎も写真の表現力に感嘆した一人だった。石田は文化人類学者としての立場から次のように述べた。

最近の人類学者の多くは、人類間の多様性・異質性・文化、とくに価値的な文化の相対性ということに注意をうばわれて、その底に厳として横たわっているヒューマニティというものを忘れがちでした。しかし、私たちは美や、その他の価値に、時代を超え、民族を超え、階級を超えた普遍的なものの存在することを、どうしても否定することができないのです。それを専門の学問の方法で実証しようと、世界全体から材料を集めていたのです。ところが、あの展覧会で単刀直入にパッとそれをやられてしまったという気がしました。(51)

輪になって遊ぶ18か国の子供たちの18枚の写真（高島屋百貨店）
Ⓒ 2014. Digital image, The Museum of Modern Art, New York/Scala, Florence

世界の多様な人々の写真を見ながら、自分や家族のことを思う人もいた。公開初日に長野から上京した青年は、「自分たちのいつわらぬ生活がまともに描かれているので圧倒された」と語った。「子供を戦争にとられ、戦災にあい、戦後多くの苦しみに耐えながら、その中で悲しみ喜んできた母親の生活が、そのまま世界の人たちの表情の中に現われているように思えた」という主婦もいた。日本経済新聞社が募集した感想文のコンテストで一等に入選した大学生は、「幾枚かの写真に何か幼馴染と再会しているような懐かしさを感じ」、「どれもが過去のある一日における僕の肖像そのものに思えてならない」と書いていた[52]。他方、日本と外国の文化の違いにあらためて気づく人もいた。「日本人は喜怒哀楽の情を態度に表さない習慣があるが、この写真展にはそれがよく出ている」と思った人は少なくなかったに違いない。『アサヒグラフ』誌の元編集長で劇作家の飯沢匡も、「なるほど、日本人はこうしてみるとこんなに愉快に遊ばないのかもしれない。外国の人間は実に楽しそうに遊んでいる」と感じた[53]。

写真展を見た日本人は、ただ感心していただけではなかった。最も典型的な批判は、写真展が感傷的だというものだった。会場で感想を聞かれた大学生は、「民衆の喜びや悲しみの感情が非常に巧みにとらえられているが、全体としてみると少しセンチメンタルに流れてしまっているような気もする」と答えた。個性的な絵や彫刻で知られる岡本太郎は、「人類にはいろいろの生活の視野があるが気づかぬ面を見せてくれる点で、理窟ぬきの感動を覚える」と評価する一方で、「写真の選択が甘すぎるので表面的に見てしまうおそれがある」と批判した[54]。飯沢匡も写真の選択について次のように書いている。

どの写真も、ごくつつましやかな大衆の生活ばかりで、国によって大して生活程度の差が感じられないように配慮されている。
例えば労働といってもアメリカの巨大な機械設備とかトラクター産業などは出てこず、むしろ手工業や腕のたくましさといったところに焦点が絞られている。
ここいらにも総てを美化してゆく古風な詩的な目が働いていて、私には少々、物足りない感じがした[55]。

やがてモダニズムの作風で日本の写真界に旋風を起こす石元泰博は、半世紀後に写真展に言及し、「日常が大事とスタイケンは考えたみたい。でも日本ではああいうテーマは、ある意味で安手のヒューマニズムだということで批判もあった」と語っている。しかし、スタイケンから戦争写真ではない日常の写真を通して平和を訴えたいという意図を聞いていた石元は、「日本での批判は間違ってると思った」と言い添えている。(56)

さらに飯沢と名取は、スタイケンが抽象的な内容を表現することに必ずしも成功していないと感じた。名取は、抽象化に成功しているのは「労働」のように感情的な概念を表しているテーマで、「裁き」のように抽象化がより進んだテーマでは成功していないと指摘した。飯沢は、「人間家族という物優しい感情の点では成功しているが、〔略〕観念的な説得力が大変に弱いような気がした」と言い、「この写真展の展示の終わりの裁判、民主主義選挙、国際連合という盛り上がりになってぐっと力が落ちていることは否定できない」と断言した。「この部分は、詩人スタイケンが国策と妥協したのではないか」とさえ、飯沢は思った。スタイケンの写真の表現力を称賛した石田も、国連の写真については、「アメリカというものが、あまり強く出ているという感じがする」と批判的だった。(57)当時の日本の知識人には、国連がアメリカの道具のように思われていたのだろうか。

写真の非中立性を最も鋭く指摘した名取は、次のように書いている。

全体の表現方法が、人間は平等であるといいながら、白人を中心としたものであり、アフリカの黒人も、黄色い皮膚の中国人や日本人も、そのしていることはプリミティブであっても、本質的には白人と同じ目的をもって生きている。だから、人間はすべて一つの家族であると、白人の優越感を基礎としたものでした。その点では、日本人として、後味の悪いものであり、展覧会のテーマからいって、決して最適の表現方法ではありませんでした。(58)

名取の見方は、白人中心主義を批判する一九八〇年代の多文化主義を先取りしていると言えるかもしれない。あるいは、欧米優越主義に挑戦した明治以降の日本に流れるナショナリズムを反映しているのかもしれない。第二次世界大戦をアメリカの強制収容所で過ごした石元は、名取の見方をどう受けとめただろうか。いずれにしても、「ザ・ファミリー・オブ・マン」展が一九五〇年代の日本人に、写真がもつ力について、「われらみな人間家族」という世界観について、さまざまな思いをめぐらせる契機になったことは間違いない。

八　その後

スタイケンは一九七三年三月、九三歳で亡くなった。それから一〇年後のアメリカでは、異なる人種・民族集団（とくにマイノリティ）のアイデンティティを重視する多文化主義が台頭し、人類はみな同じだと主張する普遍主義が攻撃されるようになった。スタイケンの「ザ・ファミリー・オブ・マン」展も、その一例として批判の対象になった(59)。しかし、二〇歳を過ぎるまでアメリカ国籍を取得しなかったスタイケンには、多様な民族集団がもつ多様な文化の価値に対する認識があったに違いない。来日した折にも、スタイケンに同行することの多かった円城寺は、スタイケンが、「古典的な静的な美を忽ち発見し味得できる」と同時に「大都会の流れる勤労者の大群に感銘する近代性があり、浅草六区の人波にもまれて、すしの立ち食いに舌鼓をうち、夏祭りの子供のおみこしに大声を上げて喜び、『孫達への土産はこれだ』と言って、揃いの浅黄のはっぴを東京中探し回って買い求めた」と報告している(60)。しかし同時に、スタイケンにとっては、異なる国や民族が自分たちの価値観に固執して対立するのではなく、互いの相違を超えて平和な世界を構築することが至上の願いだった。

スタイケンが「私の生涯で最も重要な仕事(61)」とみなした「ザ・ファミリー・オブ・マン」展のパネルは、一九六六年、スタイケンの意向をくんで、アメリカ政府から祖国のルクセンブルグに寄贈された。スタイケンの死後、写真は放置されたままになっていたが、一九八〇年代後半に、倉庫や地下室に眠っていた作品が集められ、三年をかけて五〇三枚のオリジナル写真が修復された。一九九四年からはルクセンブルグのクレルヴォー城に新設される美術館で永久展示されることになったが、門外不出となる前に海外の三都市で展覧会が開かれた[62]。それが、フランスのトゥルーズ、東京、広島だったことは、一九五〇年代の日本における写真展の反響の大きさを物語っている。

一九九三年一二月から翌年二月にかけて日本で開催された写真展は、日本の写真家団体と写真感材ならびにカメラのメーカーの協力によって実現した。写真展の開催には、「地球上の人間は一つの家族」というスタイケンのメッセージを写真を通して、とくに若い人たちに伝えたいという主催者の思いが託されていた。広島で写真展をみた観客の一人は、「私が生きてきた時代が次々に思い出された。たくさんの人に見てもらって、平和の尊さを感じてもらえれば、すばらしい」と語った[63]。しかし、三都市で開かれた展覧会の観客総数は五万人程度だった[64]。海外を旅することも、日本にいながらにして海外の文化に触れることも容易になった九〇年代の若者たちには、「ザ・ファミリー・オブ・マン」展は多くの展覧会の一つに過ぎなかった。

田沼武能『真像残像』(東京新聞出版局)

一九五六年に開催された「ザ・ファミリー・オブ・マン」展に魅了された多くの日本人のなかには、日本写真界の重鎮としていまも日本写真家協会会長をつとめる田沼武能がいた。当時はまだ二七歳だったが、すでに横山大観、永井荷風、三島由紀夫、川端康成など著名人の写真を次々と発表し、寝る間もないほどの忙しさだった。しかし、写真展を見たときの「衝撃」が田沼の人生に大きな変化をもたらした[65]。二〇〇八年に出版した著書『真像残像――ぼくの写真人生』のなかで田沼は次のように書いている。

それらの写真はまさしく人間愛に満ち満ちていた。人間の喜び、悲しみ、怒りが写し出され、一喜一憂しながら私もそれらの写真に目を見張り、心から感動した。そして、何度もこの写真展に足を運んだ。

写真とはこういうものであるべきである。こんな写真を撮っていきたいと思った。

〔略〕文化人たちの人物写真はやりがいのある仕事だったが、ドキュメント写真もやりたい仕事である。自分だけのテーマを決め、自分にしか撮れない写真を撮りたい。そんな思いが膨らんでいた時に、この写真展に出合った。ひたすら自己流の写真を撮り続けてきた私に、この写真展は一つの啓示となった。見る人に感動を与えることができる写真を撮りたいと強く心に誓った。(66)

そして、「ザ・ファミリー・オブ・マン」展の主要なテーマの一つでもあった世界各地の子供たちの写真を撮ることが、田沼のライフワークになった。(67)

横浜美術館館長の逢坂恵理子が母親に連れられて「ザ・ファミリー・オブ・マン」展を見たのはまだ五歳のときだったが、その記憶は鮮明だった。「世界の人々の日常の姿をとらえた写真群は、幼い私に『いろいろな国の人々は異なっているけれど同じである』と伝えるに充分であった」という。逢坂は、それからちょうど五〇年後の二〇〇六年、当時、芸術監督をつとめていた水戸芸術館の現代美術ギャラリーで「人間の未来へ──ダークサイドからの逃走」と題する展覧会を開催した。四人の報道写真家と九人の現代美術家の作品を集め、谷川俊太郎やトルストイらの詩や文章とともに展示する構成にも、立派な写真のカタログにも、「ザ・ファミリー・オブ・マン」展を彷彿とさせるところがある。展示された写真のなかには、「ザ・ファミリー・オブ・マン」展の最後を飾ったユージン・スミスの幼い男の子と女の子の写真「楽園への歩み」もあった。「『ザ・ファミリー・オブ・マン』の人間讃歌への姿勢は、私にはもはや単純すぎるようにも思えるし、遠い過去のようにもむしろ懐かしくさえ思う」と逢坂は書いている。しかし、

「展覧会のタイトルには、善と同様に、人間は悪や闇を誰もが持ち合わせているし、取り去ることはできないが、個々人がいかにダークサイドから距離をおき、人間の良心や尊厳という共通の善なる部分に自覚的になれるか、という思いを込めた」という逢坂の解説には、スタイケンのヒューマニズムが時代の変化を映しながらも脈々と息づいているように思われる。(68)

二〇〇三年、「ザ・ファミリー・オブ・マン」展はユネスコ世界記憶遺産に登録された。

第六章　芸術の競演

メキシコ生まれのアメリカ人ホセ・リモンが率いる舞踊団が一九五四年末に中南米を巡演したとき、ブラジルの米国大使館は、「アメリカに友好的でない執筆者でさえも激賞した」と現地の反応を国務省に伝えた。(1) リモンの公演は、アイゼンハワー政権が芸術家やスポーツ選手を文化外交の一環として海外に派遣した第一陣だった。ソ連の文化攻勢に対抗するために、またアメリカは芸術においては後進国だというイメージを払拭するために、音楽家、交響楽団、バレエ団、演劇、ミュージカル、スポーツ選手が文化使節として世界中を駆け巡った。日本にも、シンフォニー・オブ・ジ・エアを筆頭に多くの音楽家やスポーツ選手が来た。アメリカの芸術家たちの来日は、音楽や舞踊を愛する日本人の世界を豊かにするとともに、アメリカ人にとっては日本文化を知り、日本人と交流する機会になった。

一　大統領緊急基金の設立と芸術家の派遣

一九五四年七月、アイゼンハワー大統領は、芸術家やスポーツ選手の海外派遣ならびに企業の国際貿易博覧会への参加を推進するために「国際企画参加のための大統領緊急基金」の設置を議会に要請した。アイゼンハワーは下院予算委員会にあてた書簡のなかで、「自由企業体制から生まれる製品と文化的成果の優秀さを示すために、いますぐ精力的な行動を起こす必要があると思う」と述べ、一九五五会計年度（五四年七月〜五五年六月）予算として五〇〇万ドルを申請した。翌月には国際企画参加のための大統領緊急基金が承認され、予算の五〇〇万ドルは、文化活動を支援する国務省と貿易博覧会への企業参加を推進する商務省との間で二分された。また予算の一部は、現地で広報や活動支援を行うUSIAに割り当てられると同時に、USIA長官が大統領緊急基金全体の調整役を担うことになった。大統領緊急基金は、発足二年後の五六年八月、「国際文化交流・貿易博参加法」として立法化された。(2)

大統領緊急基金の発足後、国務省は、USIAを含む関係省庁の代表から構成される省間運営委員会を設置し、広報担当国務次官補代理を委員長とした。委員会は作戦調整本部（OCB）の作業班として活動した。さらに国務省は、芸術家の人選や派遣に関する実質的な業務を米国芸術協会（ANTA）に委託した。一九三五年に設立された非営利団体のANTAは、演劇の上演を行うだけでなく、演劇の啓蒙と研究の推進をめざす組織で、以前からアメリカの芸術家たちの海外公演を国務省と連携しながら支援していた。正式に国務省から委託を受けたANTAは、音楽、舞踊、演劇の分野ごとに検討班を設置し、各分野の実力者に参加を委嘱した。たとえば音楽班には、ジュリアード音楽院学長、イーストマン音楽学校長、議会図書館音楽部長、『ニューヨーク・タイムズ』紙や『ニューヨーク・ヘラルド・トリビューン』紙の音楽担当者ならびに音楽評論家、全米音楽評議会事務局長、著名な作曲家らが参加した。各班は月に一回会合を開き、基金の趣旨にふさわしい芸術家を派遣するために、候補者の技量、プログラム、費用などについて議論をかわした。ANTAが推薦する企画の採択に関しては、省間運営委員会（一九五六年に基金が立法化されてからはOCBの文化プレゼンテーション委員会）が、海外の米国公館やUSISの意見を考慮しながら検討し、決定した。(3)

ホセ・リモンに続いて、ミュージカルの『ポギーとベス』、ヴァイオリン奏者のアイザック・スターン、ニューヨーク・シティ・バレエ、フィラデルフィア管弦楽団、ニューヨーク・フィルハーモニックなどが世界各地に派遣された。一九六〇年九月の時点で、完了した企画の数は一六〇、訪れた国は一〇五におよび、一〇の企画が進行中だった。(4)

限られた予算を効率よく使うために、派遣は大きな地域単位で行われることが一般的で、同じ地域に含まれる国々の差異に配慮できないことも多かった。たとえば、一九五八年のＯＣＢの報告書には、「中東と極東では、地元からの提言に沿って、従来よりもポピュラーな企画を多くする。これらの地域の多くの場所では、洗練された、あるいは西欧的な文化背景がないという認識による」と書かれている。また中東や極東では、上演、収容能力、運送などにも問題があり、交響楽団よりも個人あるいは小規模なグループ、運動選手の訪問のほうが有用だという指摘もあった。

しかし、日本で文化外交を担うアメリカ人は同意できなかった。そもそも、日本における大統領緊急基金の目的は、「日本の少しもったいぶった知識人たちに、舞台芸術の分野でアメリカの文化は世界のトップと肩を並べていること、またアメリカ人は物質的なことだけに関心があるのではなく、文化にも深い関心をもっていることを納得させること」だった。さらに、「アメリカは日本にきわめて重要な関心を抱いていること、日本を二級の衛星国とはみなしていないこと、日本を世界の他の先進国と同様に重視していることを日本人に納得させること」も重要で、そのためにも来日する芸術家は超一流でなければならなかった。また、ミュージカル・レヴュー、アイスショー、サーカス、ロデオ、ポピュラー音楽など娯楽性の高いものは、知識人や学生、各界の指導者など、アメリカ文化外交が重視する層の日本人には向かないと思われた(5)。

国務省の悩みは予算不足だった。現地の大使館からは、すぐれた芸術家たちを数多く派遣してほしい、多くの都市を訪問してほしい、公演以外にも交流の機会を設けたいとの要望が殺到した。そのために、一つの企画が訪問する都市の数も、滞在日数も増加し、巡演は強行軍にならざるを得なかった。たとえばシンフォニー・オブ・ジ・エアの場合、第一陣はニューヨークからサンフランシスコまで民間機で移動し、そこで二機の軍用機に乗り換え、ホノルル経由で羽田に着くまでに丸三日かかった。第二陣は演奏前日の午前中に日本に到着し、夕方のレセプションに出席する予定だったが、ウェーク島で三〇時間も待たされ、実際に到着したのは夜だった。三週間の滞在中に一九回の公演を行い、各地で開かれるレセプションにも出席した。演奏がない四日のうち二日は車中だったから、日本観光を楽しむ時間はほとんどなかった。日本のあとには、ソウル、台北、沖縄、マニラ、香港、シンガポール、バンコク、クアラルンプール、コロンボと演奏の旅が続いた。また国務省は、一つの企画にかかる費用が高くなれば、企画の総数を減らさなければならないというジレンマに悩まされた[6]。

二　シンフォニー・オブ・ジ・エアの渡来

大統領基金[7]による企画の先頭を切って、山田耕筰の表現を使えば「渡来」（本書ix頁）したシンフォニー・オブ・ジ・エアの前身は、一九三七年に設立されたNBC交響楽団だった。三〇年代のアメリカはラジオの全盛期で、とくに交響楽団の演奏は人気が高かった。アメリカで最大のネットワークをもつラジオ局のNBCが交響楽団を創設したのは、世界に名を馳せるアルトゥーロ・トスカニーニが指揮する演奏を自局で放送したいという思惑からだった。トスカニーニは一九三六年四月のニューヨーク・フィルハーモニックとの公演を最後に引退し、イタリアに帰国していたが、再びタクトを振るようにとのNBCの要請に対して、新設される交響楽団が放送のためだけに演奏し、さらに、当時のアメリカで最もすぐれていると定評があったニューヨーク・フィルハーモニック、フィラデルフィア管弦楽団、ボストン交響楽団と同じレヴェルであることを条件に承諾した。優秀な団員を集め、厳しいことで知られるトスカニーニの指導のもと、NBC交響楽団はトップレヴェルの楽団に成長した。しかし、一九五四年四月のコンサートを最後に、八六歳のトスカニーニは引退し、NBCは楽団との契約を解消した[8]。しかし、団員たちの結束は強く、名前をシンフォニー・オブ・ジ・エアに変え、常任指揮者を置かずに演奏活動を続けることになった。

日本では、毎日新聞社、NHK、ANTAの共催で公演が行われた。日本までの旅費は大統領基金から支払われる

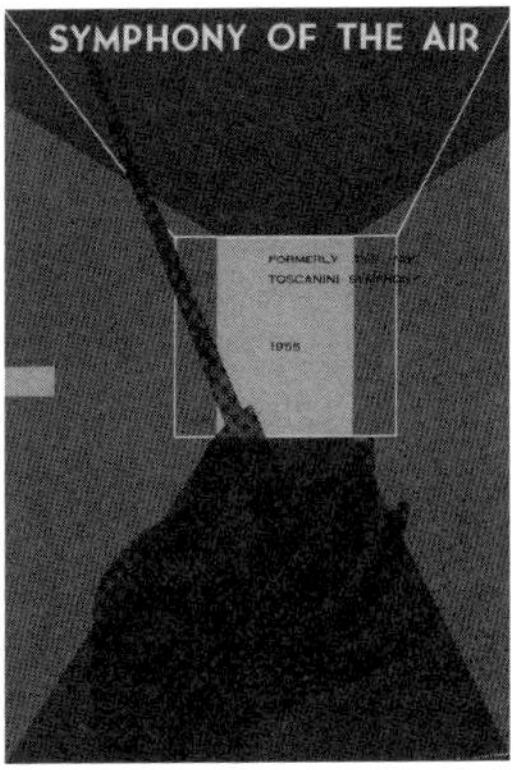

シンフォニー・オブ・ジ・エアの来日公演プログラム（筆者所有）

が、日本国内での経費や報酬などは日本の主催者が負担しなければならなかった。シンフォニー・オブ・ジ・エアの場合には、団員九二名、指揮者二人を含む大所帯で、毎日新聞社の負担は一〇万ドルだった。当時の日本では外貨の使用は厳しく制限されていたが、大手の新聞社や放送局は、海外のアーティストの報酬を外貨で支払うことを認められていた。しかし、一〇万ドルの外貨を集めるのは大変なことだった。公演の二か月前には、駐日米国公使のJ・グラハム・パーソンズがダレスにシンフォニー・オブ・ジ・エアについての懸念を伝えている。毎日新聞社はプレスティージのために赤字覚悟でいるが、もし演奏が酷評されることにでもなれば、米国政府支援の企画が苦々しい結果に終わるかもしれなかった。さらにパーソンズは、ロシア人ヴァイオリニストのダヴィッド・オイストラフやモスクワ音楽劇場バレエの来日公演に言及し、ソ連の文化事業では日本人の経済的負担がはるかに少ないことは、日本のメディア関係者の一部では周知の事実だと書き添えた。演奏会のプログラムに特別後援者としてアジア財団の名前が記載されているのは、財団からも支援を受けたからであろう。アジア財団は、アジアの教育文化推進のための助成を行う民間団体だが、当時は密かにCIAから資金援助を受けていた(9)。

米国大使館の心配はまったくの杞憂だった。戦後初の交響楽団の来日であり、しかもトスカニーニが一七年間にわたって育てた楽団とあって、日本の音楽愛好家の期待は熱狂的だった。四月一日から売り出された前売り券はすぐに完売した。アリソン大使はダレスに電報を送り、五月二日と三日のリハーサルにそれぞれ五〇〇人の学生や音楽家をUSISが招待したいので、まだアメリカにいる楽団の了承を至急取ってほしいと要請した。「東京のUSISにとって、すばらしい広報の機会になる」とアリソンは伝えた(10)。

五月三日の初演には、皇太子（現天皇）、義宮、清宮、三笠宮らの皇族、各国の大使夫妻、政治家から文化人にいたる著名人を含む三〇〇〇人の観客が日比谷公会堂の会場を埋め尽くした。翌日の『毎日新聞』(夕刊)は公演の模様を、「わが音楽史上に輝く一ページ」、「息もつまる音量」、「魔力の一夜・完璧な演奏」、「魂も奪われた」などの見出しとともに伝え、言葉のかぎりをつくして称賛した。最初のベルリオーズの「ローマの謝肉祭」では、「強い音は圧倒的に強く、そして優しいひびきはあくまでも優しく……完璧にトスカニーニ的な音の流れに、観客はひきずりこまれ酔わされた」(省略は原文による)。ブラームスの交響曲第一番では、「驚異的な楽団の力が余すところなく発揮され〔略〕場内は驚嘆の目で輝いた」。「この日の感想は『あまりにも偉大な音に圧倒された』の一語につきる」ものだった。「諸家の感激」と題する欄には「親近感を抱かせる」、「もっと聞きたかった」、「大波の寄せるように」など画家や作家、声楽家の感想が並び、そして山田耕筰の「忘れえぬ『法悦』」と題する寄稿文(本書ix〜x頁参照)が掲載された。テレビで同時放映された演奏も多くの人を釘付けにした。銀座四丁目の喫茶店では、プロレス中継にはおよばないものの、テレビを見るために集まった音楽ファンで満席だった。このままでは客が動かないと思った店員がチャンネルをジャズに切り替えたところ、店内は騒然となり、抗議する客の剣幕にチャンネルを演奏会に戻したという[11]。

日比谷公会堂では、初日から三日連続で公演が行われた。『毎日新聞』は、連日、演奏の模様を詳しく報じ、「トスカニーニの築いた長い伝統が完璧なテクニックにのって生き生きと聴衆の心にくいいる。新鮮な魅力のかげに限りなく深い愛情がこめられ聴衆はただ酔った」、「ヘンドル氏の克明なタクトは明朗、荘重、軽快、激動と激しく織りなされる圧倒的なボリュームを流し、『トスカニーニのエロイカ』を心ゆくまで聴かせてくれた」と絶賛した[12]。五月四日の夕方には、いまも音響のよさが語り草となっている完成したばかりの旧NHKホールで、テレビとラジオ同時の公開生放送も行われた。

シンフォニー・オブ・ジ・エアの人気は、「大学生のための演奏会」の切符が売り出されたときにも明らかだった。

「少年少女におくる音楽会」（日比谷野外音楽堂）
提供：National Archives

「大学生のための演奏会」（宝塚劇場）
U.S. Information Agency, 4th Review of Operations, 1 Jan.-30 June 1955 掲載

二六〇〇枚の切符の売り出しは五月五日の午前九時からだったが、学生たちは四日の早朝から毎日新聞社の前に列をつくり、真夜中の一時には二三〇〇人を超えた。夜、新聞社前に姿を見せたシンフォニー・オブ・ジ・エアのドン・ギリス会長は「NBCの過去一七年間の歴史でも初めてのことで、感激で一ぱいだ」と語り、指揮者のウォルター・ヘンドルは「日本の学生たちの音楽熱はまったくすごい」と感嘆し、ともに学生のためにサインをし続けた。なかには、「五千人でも六千人でも自分たちは構わないからいれてほしい」と、新聞社の事務局でねばった楽団員もいた。学生たちはトランプをしたり、お茶を飲んだり、歌を歌ったりしながら夜を過ごした。売り出し当日の朝には学生の数は五〇〇〇を超えた。アリソン大使も、連日の盛況や学生たちの熱意をダレスに逐次報告し、「これは疑いなく、これまでに来日したアメリカ文化のなかで最高の催し物だ」と断言した(13)。

当初は、三沢基地の慰問を除いて一六回の公演が予定されていたが、東京での「大学生のための演奏会」と「少年少女におくる音楽会」を追加し、さらに圧倒的な反響に応えて離日前日に「告別演奏会」を開催することにしたために、公演は一九回におよんだ。「大学生のための演奏会」は、東京では日比谷公会堂、大阪

後楽園球場での公演
提供：National Archives

では宝塚大劇場で開かれたが、小学校高学年から高校生までが対象の「少年少女におくる音楽会」の会場は、日比谷野外音楽堂だった。約七万人の応募者のなかから抽選で選ばれた約七五〇〇人の小中高生が「くるみ割り人形」、「アルルの女」、「スラブ舞曲十五番」など、なじみ深いメロディーに耳を傾け、曲が終わるごとに「割れるような拍手」を送った(14)。

それよりもさらに規模が大きいのは五月二三日の夕方七時から開催された後楽園球場での公演で、一万七〇〇〇人がスタンドを埋め尽くした。聴衆のなかには、シンフォニー・オブ・ジ・エアの演奏を聴くのは二度目の皇太子もいた。第一部はシンフォニー・オブ・ジ・エアの九二人の団員による演奏だった。ワグナーの楽劇「ニュールンベルグの名歌手」の前奏曲が流れると、「楽団員も聴衆も初めから深い感動に包まれた」と『毎日新聞』(五月二四日)は報じた。第二部はNHK交響楽団との合同演奏で、二〇〇人近い楽団員が舞台に勢ぞろいした。まず芥川也寸志の「交響管弦楽のための音楽」、続いてベートーヴェンの交響曲第五番「運命」を演奏した。「運命がトビラをたたく音といわれている第一楽章のテーマが響き渡れば、指揮者も演奏者も聴衆も共感に結ばれて会場はただ感激のルツボと化した。かくて終楽章が熱狂的な歓喜のうちに終わりを告げたが、聴衆の拍手は深い夜空にいつまでもコダマしていた」と書かれていた。

五月二四日、最後の演奏会が東京宝塚劇場で二七〇〇人の聴衆を前に開催された。最後の曲目が終わると、聴衆の鳴り止まない拍手にアンコールの曲が演奏された。続いて「ホタルの光」が流れ、聴衆からは舞台に紙テープや花束が投げられた。一行は、翌日、立川基地から米軍機で次の目的地のソウルに向かった。(15)

三　称賛と批判

シンフォニー・オブ・ジ・エアは日本の音楽愛好家に一大旋風を巻き起こした。しかし、演奏に対する批判も実は少なくなかった。『毎日新聞』の記事は絶賛につぐ絶賛だったが、同紙に掲載された音楽評論家の記事からも、日本人がただ感心していたのではなかったことがわかる。感涙したという山田も、「最強音がやや荒く感じられた」ことや「多少、指揮者と楽団間になにか息の合わぬ部分も時おりみられた」ことを指摘していた。音楽評論家の野村光一も、「ヨーロッパの伝統的な諸作品に対しては解釈上種々の異論も生じる」と述べた。(16)

最も不評だったのは後楽園球場での公演で、非難が殺到し、『毎日新聞』でさえ、抗議の声を「投書欄」に掲載せざるを得ないほどだった。学生からの投書の一部には、次のように書かれていた。

演奏がはじまると、いくつものスピーカーから音が分散して山ビコのようにきこえる。まるでタクトに合わせられない素人楽団みたいな感じである。〔略〕さらに、N響との合同演奏のとき、スピーカー使用を中止したが、こんどはスタンドまで音が届かない。指揮者の動きで音を想像するより手がない。そこへ電車の音が遠慮なく響く。たまりかねた人たちがグラウンド席へ移ろうとすると、係員に押し返される。これが演奏中のできごとなのだ。いかに充実した演奏でも、音がきこえなくてなんの感激があろう。(17)

聞こえなかったのは、スタンド席のせいだけではなかった。一番よい席にいたという音響物理学者の田口泖三郎も、「ようやくバスと、太鼓と、鉄琴とが聴えただけだ。バイオリンはフォルティシモだけしか聴えない。〔略〕マイクの配置をするのなら、もっと、数を増して、三十個以上は必要だったと思う。そして、イアホーンを観客に与えなければならぬ」と書いている。(18)

『芸術新潮』(新潮社)の六月号には、指揮者・作曲家の山田和男、音楽評論家の吉田秀和、三人の器楽奏者(ヴァイオリン、チェロ、打楽器)がシンフォニー・オブ・ジ・エアについて語る座談会が一〇頁にわたって掲載され、『音楽芸術』(音楽之友社)の一〇月号には、指揮者の森正と四人の音楽研究者が語り合う一六頁の記事が掲載されている。(19)総じて、『芸術新潮』の座談会での評価のほうが辛辣だ。

指揮者のヘンドルについて、『芸術新潮』では、「悪いオーケストラはない、しかし悪いコンダクターだけあるということを今度如実に見せられた」、「とてもオーケストラに追随的なんだ」、「僕の聴いた指揮者の中で、一番ダメじゃないかと思う」といった意見が相次いだ。『音楽芸術』でも、「可なりオーケストラに振り廻されているような感じはしましたね」、「指揮者の要求と、オーケストラの慣性とが、絶えず演奏中にぶつかり合っていた」と批判されているが、他方、指揮者の森は、トスカニーニに長年鍛えられてきた楽団でいきなり指揮棒を振るヘンドルの苦労に同情し、「本当に難しいことをよくやったのじゃないか、とも実は思っているのです」と語っている。弱い音に難点があることも、『芸術新潮』では、「いわば一本調子」、「アメリカは近代文明が激しく発達して、騒々しい、だから小さい音がとらえられない。こういうふうに解釈したのだ。(笑)ところがやはり本番を聞いて、本能的に、あれは間違いだというふうに感じた」と評されている。『音楽芸術』でも、弱い音の幅がないことや音のアンバランスが指摘されたが、同時に、「日比谷公会堂のステージがあんなところで、ティンパニーがあんな頭のつかえそうなところにいて、各自が聴き合わせるということが殆どできなかった」、あるいは「音の非常に出し難いホールだ」と、責任の一端は日本の会場に帰せられている。「〔会場には神経質だった〕トスカニーニが来なくてよかったですね」という発言もあった。『芸術新潮』の座談会は、演奏が静かなときに楽譜がめくられていることについて、「譜をめくる大事な場所とかいうことを全然無視している」、「それを知らないからしないんだとはちょっと考えられないな」、「じゃあ訓練が行き届いていないのか、それともわざとしないのかということになるね」、「それとも少しタルんでるのか」、「まアわれわれ、しつけがよ過ぎるということも考えられるけれど」という調子で話は進む。さらに、音の出だしに関しても「ひどいですよ、前と後の連絡が全然ない」、「第一ヴァイオリンのトップですら違っている」、「コントラバスもトップで違っている」と厳しい。批判は、「不必要な合奏の乱れがある」、「弦の歌い方というのは非常に不満だ。自然に流れるところが、段階がつく」、ティンパニーの演奏に関しては「あれはみっともないな」、ホルン奏者については「がっかりしちゃった」、「全然よくないね」、「ソロだけだったら、音楽的に日本の一流のソロの方がいいですね」と、延々と続く。しかし、『芸術新潮』の座談会の出席者も、ハーモニーの良さについては称賛している。「オーケストラ全体のハーモニーはずいぶんいいね」、「何か薄手でない体力感というのが非常にあるね」、「方々で聞いたオーケストラと比べて見ても、やはり一流中の一流だと思いますね」、「音楽のブリリアンシーみたいなものが、ヨーロッパのオーケストラよりアメリカのオーケストラの方がずっとよくできている」と。

『芸術新潮』の評者たちは、シンフォニー・オブ・ジ・エアの演奏を聴いて、日本のオーケストラもそれほど悪くないと思ったようだった。「結局同じ人間がやっていることですからそうびっくりしたようなものは出て来ない。要するにある程度日本の音楽も進歩しているんだし、あまり期待し過ぎるとだめなんだね」、「日本のオーケストラはローゼンシュトック〔戦前・戦後にNHK交響楽団の前身の新交響楽団および日本交響楽団を指揮したジョセフ・ローゼンストック〕なんかから演奏の一つの範例を教えられた。〔略〕だから非常に心細いけれども、心細いなりに自信を得たところはありますね」という感想で、座談会は終わっている。シンフォニー・オブ・ジ・エアに対する批判の数々には、

「一糸乱れず」を理想とするローゼンストックの厳格な指導を受けた日本人演奏者の自負が反映されているのかもしれない。しかし、当時NHKの音楽課にいた中野吉郎は、この頃のNHK交響楽団を約四〇年後に振り返り、「当時は楽団員も筆者も日本一のオーケストラと自負していたが、今から見れば、よくいって中学生か高校生の修業時代だったと認めざるを得ない」と書いている。(20)

『音楽芸術』の座談会では、一九七九年から約一〇年間NHK交響楽団の常任指揮者をつとめることになる森が、『芸術新潮』の座談会の出席者に応えるかのように、次のように述べている。

僕自身も大いに一生懸命自戒しているところなんだけれども、「NBC」でもああいうミステイクがあるじゃないかとか、「NBC」のああいうオーケストラのプレイーヤーでいても、あの楽器の音色は余りよくないじゃないかというふうな方向に、僕は走りたくないと思うのだよ。今度のオーケストラで取上げてかんがえなきやならないことは、アメリカのオーケストラであるとか、トスカニーニのオーケストラであるとかいうことでなくてともかく一つのオーケストラとして、理解して大いに感心したところから一生懸命取入れる。誰が一番早く取入れるだろう。日本の我々の仲間の誰が一番沢山取入れるだろうということの方が大きくて、もうこれ以外にないと思うな。(21)

森は、さらに「誰が一番沢山あらを見付け出したという傾向になったり、誰が一番沢山あの演奏に不満を持っているかという方向に外れたら、これは本当に大変なことだと思う」と念を押している。森はまた、日本人はよく楽器が悪いから良い音が出ないと言うが、「いい楽器がないのなら、それこそ十円ずつ貯金してでもいい楽器を手に入れる」、あるいは「少しでも楽器の状態を良くする」ことが先決だという。森がシンフォニー・オブ・ジ・エアの演奏を聴きながら思ったことは、「我々演奏家はもっと徹底した、突き詰めた考え方と同時に、行動に入っていかなきゃいけないのじゃないか」ということだった。(22)

完璧ではない演奏でも、当時の日本人に与えた影響は計り知れない。アリソン大使の要請で実現した公開練習を聴いた人のなかには、桐朋音楽短期大学に入学したばかりの小澤征爾もいた。海外の交響楽団の演奏を生ではじめて聴いた小澤は大きな衝撃を受けた。「日本と西洋の差があまりにも大きく見え、西洋に行かなければ本当の音楽家にはなれないのではないか、と不安になってきた」という。四年後、小澤はフランスに向けて旅立った。日本フィルハーモニーの創設を翌年に控え、団員の調達に奔走していた草刈津三《しんぞう》も、シンフォニー・オブ・ジ・エアの「輝かしい音色とパワーに圧倒され、物凄い刺激を受けた」と言う。半世紀後、草刈は次のように述べている。「アンサンブルや演奏技術面の精度の高さは、聴衆よりもむしろオーケストラの楽員、私を含めたインサイドの専門家達に大きな影響を与えた。つまり、オーケストラマンの間には、誰もが潜在的にもっていた新しい国際的なオーケストラの設立を期待するイメージが、具体的になって来たのである」と。(23)

シンフォニー・オブ・ジ・エアの影響は交響楽関係者以外にもおよんだ。当時の日本では、吹奏楽は合唱につぐ大衆音楽として、学校はもとより会社、官庁にいたるまで盛んだった。シンフォニー・オブ・ジ・エアの演奏を聴き、「演奏の美しさもさることながら、その管楽器が実によく鳴りひびいた」ことに衝撃をうけた吹奏楽関係者は、吹奏技術に加えて、楽器の構造も日本製とは違うのではないかと感じた。シンフォニー・オブ・ジ・エアの来日は、日本の楽器会社が国産管楽器の性能向上をめざす研究に乗り出す起爆剤になった。(24)

シンフォニー・オブ・ジ・エアの日本公演が終わったとき、『ニューヨーク・タイムズ』は、日本人の熱狂的な歓迎からしても、楽団が芸術におけるアメリカの優秀さを示す使命を果たしたことは確実で、「明らかに、政府の出費がこれだけ多くの成果をもたらすことは珍しい」と報じた。同時に、アメリカで存続をかけて活動している楽団員にとっても、日本での歓待はなによりの励みだった。シンフォニー・オブ・ジ・エアと日本人との交流は、「すべての人にとって、日本人にもアメリカ人にも、しあわせで、興奮に満ちた、感動的な機会」だった。その八年後、シンフォニー・オブ・ジ・エアは解散した[25]。

シンフォニー・オブ・ジ・エアに続いて、多くの芸術家やスポーツ選手が来日した。一九六〇年末までに大統領基金で日本に派遣された企画は二三におよぶ（表6-1参照）。このなかでとくにアメリカ的な芸術は舞踊とジャズだった。

四　マーサ・グレアム舞踊団の来日

その第一陣として来日したのは、舞踊家ならびに振付家として世界的に有名なマーサ・グレアムの舞踊団だった。一九二六年に三一歳のグレアムが三人の弟子とともに初の公演を行ったときにはまだ伝統舞踊の色彩が濃かったが、急速に独自のスタイルを創り出した。それは、装飾を排したシンプルな衣装や舞台装置に加えて、神話、ジェンダー、心理などの要素を物語に取り込んだ前衛的な舞踊だった。グレアムの言葉を借りれば、「ダンスの本質とは、人間を、心の中の風景を表現すること」だった。グレアムが開発した独自の技法やドラマ性のある振付は、世界中の多くの舞踊創作者に自由な表現の追求を促したといわれる。またグレアム舞踊団は、世界の舞踊団のなかでもいち早く黒人や東洋人を迎え入れたことでも知られている[26]。

グレアム舞踊団は一九五五年一〇月から翌年三月にかけて、日本を皮切りに東南アジアおよび中東の一一か国を巡演した。グレアムは当初、アジアよりもヨーロッパでの公演を望んでいたが、一九五四年にフランスがインドシナから撤退したあと東南アジアがアメリカ外交にとって重要な戦略地域になっていることを国務省から伝えられていたANTAが、グレアムを説得したという。日本には、公演の二週間前にグレアムが先着し、数日後に他の団員も加わり、ダンサー一五人（そのうち三人がアフリカ系アメリカ人）を含む約三〇人の一行がそろった。グレアムと団員は、舞踊・

表6-1　大統領基金来日企画

年	企画	ジャンル
1955	シンフォニー・オブ・ジ・エア	交響楽
	マーサ・グレアム舞踊団	モダンダンス
1956	シルビア・マーロウ	ハープシコード
	ユージン・イストミン	ピアノ
	ロサンゼルス・フィルハーモニック	交響楽
	グレゴール・ピアチゴルスキー	チェロ
	オリンピック・サッカー・チーム	スポーツ
	トム・ツー・アロウズ	アメリカ先住民の舞踊・音楽
	ウェストミンスター合唱団	混声合唱
	ジョン・セバスチャン	ハーモニカ
1957	ベニー・グッドマン楽団	ジャズ
	エリーナ・ステバー	声楽（ソプラノ）
	リチャード・タッカー	声楽（テノール）
	ヴィトーとローラ	ハープとフルート
1958	ニューヨーク・シティ・バレエ	モダンバレエ
	アマチュア・スポーツ連盟・陸上競技団	スポーツ
1959	ジャック・ティーガーデン六重奏団	ジャズ
	ゴールデン・ゲート四重唱団	黒人男性ボーカル
	リトル・オーケストラ・ソサエティ・オブ・ニューヨーク	交響楽（小規模編成）
	ブランシェ・シーボム	声楽（メゾソプラノ）
1960	ボストン交響楽団	交響楽
	ルドルフ・ゼルキン	ピアノ
	カンザス大学演劇団の公演『ブリガドーン』	ミュージカル

出所：“Report on the Cultural Presentation Program, 1 July 1958–30 June 1959,” OCB; “Inspection Report: USIS-Japan, 20 May 1961,” OCB; その他から作成

演劇関係者との対談や集まりに出席するかたわら、歌舞伎、能、舞踊、神社仏閣、庭園など日本文化を堪能した。能に魅せられたグレアムは、自伝のなかで能面に言及しながら次のように書いている。「セントラル・パークを通ってイーストからウェスト・サイドへと抜ける道に、一本の樹がある。〔略〕葉がないときにはそれは、かつては美しかった老女をかたどった、私の好きな能面のように非常に年老いて見え、心を打つ。その樹を見るたびに、私はその力と神秘に畏敬の念を抱く」(27)と。

日本では一一月一日から産業経済新聞社（通称は産経新聞社）の主催で、七回の公演が東京の産経ホールで、小中高生を対象とする公演が東京宝塚劇場で行われた。また初演の二日前には、グレアムが自分のダンスの技法について

羽田に到着したマーサ・グレアム舞踊団

日本の舞踊関係者との会で挨拶するグレアム

能の衣装を見るグレアム（左から４人目）と団員たち
３点の提供：Jerome Robbins Dance Division, The New York Public Library for Performing Arts, Astor, Lenox and Tilden Foundations

マーサ・グレアム舞踊団の来日公演プログラム（筆者所有）

解説し、八人のダンサーがそれを踊ってみせるデモンストレーションの会が開かれ、グレアムと観客との間で質疑応答もかわされた。

初日の演目の「夜の旅」、「アパラチアの春」、「エンゼルの遊戯」は、いずれもアメリカの現代作曲家の作品にグレアムが振付をし、舞台装置は、グレアムの作品を多く手がけている彫刻家のイサム・ノグチによるものだった。初日の公演について『朝日新聞』は、「古典バレエとは趣が違って、肉体のすべての躍動が自由に、作品の創意を、大きな空間の中に形成する。十分に訓練された、無数の動きの連続、集団の個々の動きの組み合わせが、形而上のものを豊かに表現する。深い味わいを秘めた高貴なみのりである」と伝えた。『毎日新聞』では、児童文学の翻訳者としても知られる舞踊評論家の光吉夏弥が初演を見たあと、「公演のもたらした意義はこれまでのどの外来の舞踊家のそれよりも大きい。なぜならグラームがわたしたちの前に提出したものは、〔略〕舞踊の芸術全般の根本につながるものだからである。わたしたちはそこに新しい『運動』の造形と力学の輝かしい、がい歌を見ることができる。〔略〕これだけ新しい独創的な『運動』の大系を打ち立てたことはまさに驚異に値する」と絶賛した。その三日後にも光吉は、「演目はひとりの才能によるものと思えないほど多様で、かつ異趣にとんでいる」、「舞台が絶えざる流動において刻々に移り、つくられていくのは感嘆のほかない。女性の踊りだけでなく、男性の踊りがまたすばらしいのは、グラームが真に偉大な振付者であることを示すものである」と賛辞を惜しまなかった。[28]

グレアム舞踊団の公演は、毎回立ち見が出るほどの盛況だった。広報担当参事官兼ＵＳＩＳ局長のジョゼフ・Ｓ・エヴァンズ・ジュニアによれば、観客の反応は回を重ねるごとに熱狂的になり、公演最後の幕が下りると、雷鳴のような拍手、歓声、クラッカーの破裂音、紙ふぶき、テープ、花束が会場にあふれた。エヴァンズは、「驚異的な成功」をおさめたグレアム舞踊団の公演について、「この国でのアメリカ人の踊り手ならびにアメリカ人の振付家による作品のプレスティージを大きく高め、モダンダンスを志す日本人に新しいインスピレーションと方向性を提供した」と国務省に報告した。アリソン大使もダレスにあてて、会場を埋め尽くした圧倒的に若い観客からは長い喝采の拍手が続き、日本人の歓迎振りには団員も大使館もこのうえなく満足していると伝えた。アリソンは、グレアムが離日する前日にも、帝国ホテルに滞在するグレアムに、「あなたを称賛する東京の大勢の人たちとともに、私も祝福の言葉を贈りたい」とのメッセージを届けた。[29]

日本人から受けた歓迎は、グレアムにとっても忘れられないものだった。一年後、グレアムは日本のUSIS交流部長ロバート・S・ブラックにあてて、次のように書いている。「もうすぐ東京での初演の夜から一年になる。私や舞踊団の全員にとって、それがどれほど意義ある記念日か、ブラック夫妻は知っているに違いない。東洋の旅はみな、すばらしい興奮に満ち、充実し、誰もが非常に親切で、厚遇してくれた。しかし、日本は私たち全員にとって最も豊かな経験の地であり、最も多くの友人ができた場所で、本当に離れがたかった。〔略〕近い将来、日本に戻ることが私たちの最大の希望だ」と。[30] グレアムは、一九七四年、一九九〇年に再び来日している。

グレアムが日本に残した影響は、アメリカ文化センターの活動に負うところが大きかった。戦前の日本ではおもにヨーロッパからバレエやダンスが洋舞として導入されたが、戦後は、東京アメリカ文化センターがモダンダンスの講習会を定期的に開き、アメリカのダンスを日本に紹介する水先案内人の役を果たした。一九五四年春には、ホセ・リモンの作品を数名のアメリカ人ダンサーが実演する会を開催している。日本の若い舞踊家たちは、それまで親しんできた舞踊とはまったく異なるモダンダンスの斬新さに衝撃を受けた。そもそも「モダンダンス」という言葉が日本で定着するようになったのも、センターでこの言葉が用いられたことがきっかけだったという。[31] グレアム舞踊団の公演に魅了された若い日本の舞踊家たちは、とくにグレアムの「コントラクションとリリース（収縮と解放）」の技法を会得したいと願い、センターの講習会はその要望に応えた。グレアム舞踊団の公演中には三人の団員がセンターの講習会に現れ、指導することもあった。しかし、センターの講習会だけでは満足できない人たちもいた。アキコ・カンダは、当時在籍していた日本女子大学を退学し、グレアムの舞踊学校で学ぶためにニューヨークに向かった。やがて、グレアム舞踊団の一員として活躍したカンダはその後帰国し、半世紀にわたって日本のモダンダンスを牽引する一人となった。(32)

五　ニューヨーク・シティ・バレエと日本文化

一九五八年春に来日したニューヨーク・シティ・バレエ（NYCB）も、ソ連やヨーロッパの伝統的なバレエ団とは大きく異なる舞踊団だった。NYCBの起源は、裕福な両親から芸術への関心を受け継いだリンカーン・カースティーンが、ハーヴァード大学在学中にソ連から亡命したジョージ・バランシンの踊りをヨーロッパで見て感銘を受けたことにあった。カースティーンはバランシンをアメリカに招き、一九三四年にアメリカ的なバレエの創造をめざしてバレエ学校を設立した。カースティーンとバランシンが創設したバレエ団のほうは結成、解散を繰り返したが、一九四八年にニューヨーク・シティ・センターの専属バレエ団になったのを契機に、世界の主要バレエ団の一つとなった。NYCBの特色は、芸術監督のバランシンが、ロシアから継承した伝統的な舞踊の技術と現代アメリカを象徴する敏捷な動きを融合させて創りだした新しいスタイルのバレエにあった。(33)

一九五八年、NYCBは、スタッフを含む約七〇名の大世帯で日本、オーストラリア、フィリピンを五か月にわたって巡演した。日本には三月から四月にかけて四週間滞在し、NHKの主催で東京と大阪で公演を行った。OCBの

リンカーン・カースティン（左）とジョージ・バランシン（右）（1950年代初頭）
提供：Jerome Robbins Dance Division, The New York Public Library for Performing Arts, Astor, Lenox and Tilden Foundations

報告書では、振付とスタイルにおいて「おそらくアメリカのあらゆる舞踊団のなかで最も革命的」なNYCBの日本公演は、収益のうえでは失敗だったものの、日本のバレエ界に恒久的な影響力を残すことができたと評価されている。日本人による批評の九九％はNYCBをボリショイ・バレエよりもすぐれているとみなし、「このアメリカの振付の鍛錬された自由とその活力、斬新さ、現代的感覚」を称賛したという。(34) 収益上の失敗の理由の一つは、公演回数の多さにあった。完成したばかりの大阪のフェスティバルホールで開催された大阪国際芸術祭（翌年からは大阪国際フェスティバルと呼ばれる）での公演は三回だったが、東京での公演は二二回もあった。なかでも前半の公演が行われた新宿コマ劇場は広く、照明設備も不十分で、プログラムにも前衛的な作品が多かったが、後半の公演が行われた産経ホールはより狭く、照明も整い、よく知られた演目が加わったこともあって、人気を盛り返した。またバレエ・ファンの多くを占める若い人には切符の値段も高かった。若い人たちのために追加した低料金の公演では、五〇〇〇人を収容する会場が満席だった。(35)

批評家の評価は総じて高かった。『朝日新聞』（三月一九日夕刊）では舞踊評論家の山脇亀雄が、「メカニックで精緻な間断なき動き、それにエネルギッシュな血が通って、繊細にしかもキビキビとした舞台を展開した。古典バレエの舞法を基礎にした踊りであるが、古典舞法はすべて変形され、複雑化され、あるときは単純化される。それによってより深く音楽を追求し、より高い次元の精神表現を求めようとしている。ものものしいアラベスクや、古典的なきら

「ファンファーレ」を踊るニューヨーク・シティ・バレエ団（1958年4月，フェスティバル・ホール）
提供：公益財団法人朝日新聞文化財団

びやかな跳躍は省略。知的で近代的な魅力の舞台だ。どの踊手もつぶぞろいで脚腰が強く軽快」だと評した。それはまさに「アメリカの個性の上に立った新しいスタイルのバレエ」だった。山脇が指摘した唯一の難点は、「群舞にまだかなり不ぞろいのところが見られた」ことだった。

『芸術新潮』は、NYCB総監督のカースティーン、芸術監督補佐のヴィーダ・ブラウン、三島由紀夫、舞踊評論家の蘆原英了の座談会を掲載している(36)。話はNYCBの公演にとどまらず、前年に来日したボリショイ・バレエ団や日本の歌舞伎にもおよんだが、意見の対立は日米よりも、蘆原と、二〇歳近く年下の三島の間で顕著だった。NYCBについて蘆原が、「踊り手たちが、みんな指というものに対してちっとも注意を払っていない」、「アメリカ人の手は死んでいる」と批判したのに対して、カースティーンは、「アメリカ人にとっては、最も目立つ大きな舞台効果を考えることが先に立つ。〔略〕手や指などのような先の方まで、まだ訓練が及んでいないということは痛感します」と言い、ブラウンも「蘆原さんのおっしゃることはほんとうです」と同意した。むしろ、『蕩児』のお父さんになった人の手は、なかなかうまく使われていましたよ」と弁護したのは三島だった。話が日本舞踊の手の動きにおよぶと、「大した動きはない」と言う蘆原と、「いいえ、ありますよ」と言い返す三島の間では、「印度舞踊などに較べると、まるでない」（蘆原）、「インド舞踊のように、手に根本的な意味を持っている舞踊を、この議論に持ち出してくるのは無理ですよ」（三島）、「いずれにしても手の動きが多いというのは言い過ぎですよ」（蘆原）、「いや、多いですよ」（三島）と、カースティーンが割って入るまで意見の応酬が続いた。

蘆原は、『中央公論』に掲載された「ニューヨーク・シティ・バレエ団への疑問」という副題のついた論稿のなかで、「筋」も「文学的要素」も「舞台装置」も「何かの役に扮しているための衣装」もないバランシンのバレエは、ダンスであってバレエではなく、バレエとダンスをソ連やフランスのように区別すべきだという持論を展開しているが、[37]座談会でも両者を区別する必要性を繰り返した。NYCBのような場合は、「私の娘はバレエを学んでいる」ではなく、フランスやソ連のように、「私の娘はクラシック・ダンスを学んでいる」と言うべきだと主張する蘆原に対して、ブラウンが、「バレエを習う」という言い方が通用しているのに、今さら言いかえるのも厄介だと言ったところで、議論は収まるかに見えたが、間もなく蘆原は、「バレエとダンスの違いに問題を戻しますが」と言い始めた。三島はこの議論には加わらなかった。

蘆原も三島もNYCBの創造性を高く評価する点では一致していた。三島は、「僕がシティ・バレエで一番感心したのは、レパートリー・システムはもちろんですが、創造精神、つまりレパートリーを創っていく精神ですね。日本では、歌舞伎や何かにはレパートリーを創っていくという精神はない」と語った。それに対してカースティーンは、「〔NYCBには〕たった五十しかレパートリーがない。歌舞伎には三百種類もあるそうじゃありませんか」と歌舞伎を擁護した。ボリショイ・バレエのテクニックの古さを批判する蘆原に対しても、カースティーンは、「彼らのテクニックは実にりっぱです。テクニックというよりも、すべての方法がりっぱですよ」と言い、ボリショイ・バレエが古い印象を与えるのは、「バレエの霊感は音楽から起こり、それがバレエに働きかけてくるのですがその霊感をもたらす外国の音楽が、ソ連には入ってこない」からだと説明する。「音楽が国際的であるように、バレエも国際的な芸術として進歩していかなくちゃならない」というカースティーンの思いは、後述するように、「BUGAKU」という演目がNYCBのレパートリーに加えられたことにもうかがわれる。

『音楽芸術』（七月号）に掲載された匿名の三人の座談会は、NYCBに対する日本人の評価の多様性を示している。[38]「アメリカものはつまんない。〔略〕『星条旗』に至ってはまさにレビューだ」と一人が酷評すれば、別の一人が「しかし楽しかったじゃないか。ああいうものがあってもいいんだよ」と言い、また一人が「最高のスターはやはりトールチェフだろう」と称賛すれば、別の一人が「あの人に就いては好き嫌いがあるようだ」と異議を唱える。しかし、問題作の「檻《おり》」は、「構成がうまいのと照明が素晴らしいのとで批判の余地がなかった」という意見に異論は出なかった。「オルフェウス」については、「すさまじい官能的な踊りには参った」という感想もあったが、「すべての条件が揃っていた。イサム・ノグチのセット、ストラヴィンスキーの音楽、照明も振付も全く申し分ない」、「ともかく素晴らしい作品だ」という意見が大勢で、「牧神の午後」についても、「二人のソリストの踊りをみていると何か夢の世界にひきこまれるような気がしてくるよ」、「そういう雰囲気をかもし出すもとは、われわれの想像したこともない新しいパ〔ステップ〕を使ったあの振付だね。ファンタスティックでしかも新鮮で思わずうなってしまう」と称賛している。ボリショイ・バレエとの比較では、「ボリショイが新演出ものは別として踊りそのものは伝統的であるのに対し、シティは全く新しい。クラシックのテクニックはボリショイに敵すべくもないが、ボリショイに真似の出来ない技術がある」と評価されている。バランシンが音楽を非常に大切にしていること、充実したスタッフに支えられた照明や装置など、日本人として学ぶところも多かった。観客が少なかったことについては、「大体NHKは興行のやり方がどこかぬけている」と言いながらも、最後には、「いながらにしてシティ・バレエを見られたことに対してはNHKの労を多としたい」と謝辞を表している。

NYCBが日本に残した影響は、その豊富なレパートリーによるところが大きかった。バランシンの振付にしても、あるいは「ウェスト・サイド・ストーリー」などミュージカルの振付も手がける芸術助監督のジェローム・ロビンズの振付にしても、前衛的な作品だけでなく、ポピュラーな作品も多かった。さらに、一九五八年の公演の際に来日したダンサーのロイ・トバアスが六一年に再来日し、教師ならびに振付家として活躍したこともあって、NYCBのレパートリーの多くが日本のバレエ団によって再演された。このことは、日本で「アメリカンバレエ、モダンバレエを押し進める上で非常に役立った」と、当時NHKテレビ局でバレエ番組を担当した大沼清は述べている(39)。

他方、NYCBの来日は日本の伝統文化をアメリカに紹介する契機になった。日本をはじめて訪れたカースティーンは、それまではヨーロッパの文化にしか関心がなかったが、たちまち日本の文化に魅せられた。カースティーンの関心は、日本の芸能から庭園、建築、武道、日本の男性にまでおよんだが、なかでも能については、「光景、音、動作、象徴において私が『完璧』と呼ぶ唯一の舞台芸術だ」と絶賛している。カースティーンは帰国後、日本に関する本を読みあさり、翌年二月には再び来日し、海外公演の経験がない宮内庁楽部の雅楽をアメリカに招聘することに成功した。秋に渡米した雅楽は、ニューヨークの国連総会議場で演奏し、NYCBのシーズン・プログラムを飾ったあと、アメリカの主要都市を巡演した。ニューヨークで公演を見たバランシンは、黛敏郎に作曲を依頼してバレエ作品「BUGAKU」(舞楽は舞いを伴う雅楽)をつくり、一九六三年に初公演を行った(40)。

カースティーンは、その後も来日を繰り返し、念願の武道の招聘には成功しなかったものの、一九六〇年には歌舞伎にとって史上初のアメリカ公演を実現させることができた。中村勘三郎(一七代)、尾上松緑(二代)、中村歌右衛門(六代)を筆頭とする二四人の役者と一八人の奏者を含む六四人の一行は、五月二七日に日本を出発し、ニューヨークのシティ・センターで二四回、ロサンゼルスのグリーク・シアターで一三回、サンフランシスコのオペラ・ハウス(一九五一年九月に対日講和条約が締結された場所)で六回、計四三回の公演を行い、七月一九日に帰国した。三〇〇

ニューヨークの町を歩く歌舞伎役者：左から中村勘三郎，尾上松緑，中村歌右衛門
提供：公益財団法人松竹大谷図書館，協力：松竹株式会社

○人を収容するシティ・センターはほぼ連日満員の盛況だったが、とくに初演の日には、ニューヨーク州知事となったネルソン・ロックフェラーや兄でジャパン・ソサエティ理事長をつとめるジョン・D・ロックフェラー三世をはじめとする各界の名士および芸術関係者が多数出席し、これほど多くのロールス・ロイスを路上で見たことがないと報道されるほどだった。数多くの新聞に公演の模様が詳しく報じられたことも、三五〇年の伝統をもつ歌舞伎に対する関心の高さをうかがわせた(41)。

文芸顧問として同行した当時早稲田大学助教授の河竹登志夫は、渡米公演を「成功」ないしは「大成功」とみなしてよいと評価し、その成果として、「歌舞伎――ないし日本の芸術――は何かひどく神秘的で難解と思っていたのが、案外に身近か（ママ）な、共感できる要素を持っていたという発見。色や音、女形、等々の異様なしかし造形的な美しさを通して、そうしたドラマティックな、あるいは汎人間的な無形の内容を与えたこと。そして何よりもそれが話や書物によるのでなく、彼らの感覚でとらえられ、肉体の中で溶解したこと」をあげている(42)。公演のさなか、現地の新聞では日本での日米安保反対運動やアイゼンハワー大統領訪日中止などのニュースが大きく報じられたが、それが公演に影を落とすことはなかった。アメリカの観客の評価や好みは多様だったが、異国の文化を理解しようとする観客の熱意は役者にも伝わった。勘三郎は、観客の拍手やかけ声など積極的な反応に「ビックリして文字通り一生懸命やってきました。そんなわけでニューヨークの舞台のしょっぱなに出た時は、感無量で涙がこみあげました。こんな経験は生まれてはじめてでした」と、帰国後に語っている。[43]

歌舞伎のアメリカ公演は、以前から日本の歌舞伎関係者やアメリカの親日家が切望しながら、いつも経費が壁となって実現しなかった。一九六〇年に渡米公演が実現したのは、日米修好通商条約締結一〇〇周年記念行事の一つとして外務省から多額の資金援助が得られたからであり、戦後一五年を経た日本の経済復興のおかげでもあった。同時に、目標に向かって突き進むカースティーンの行動力と情熱がなければ、この時期に実現することはなかったかもしれない。この年、日本政府はカースティーンに勲四等瑞宝章を授与した。

さらにカースティーンは日本滞在中に、幕末から明治にかけて渡来した西洋人と日本人の交流を描いた多色刷りの錦絵を二百枚近く購入し、ニューヨークのメトロポリタン美術館に寄贈した。一九八六年に初公開されたコレクションについて、「けばけばしく、騒々しいことも多いが、私たちの注意と関心を引いてやまない活力をこれらの版画はもっている」と、『ニューヨーク・タイムズ』は評している。[44]

六　先住民文化の紹介

グレアムやNYCBのモダンな舞踊とは対照的に、一九五六年に来日したトム・ツー・アロウズ（本名トマス・ドーシー）は、イロコイ族の伝統的な歌や踊りを日本人に紹介した。ANTAは、アメリカ先住民への関心が海外で高いことを踏まえて、一九四〇年代から学校や美術館などの文化施設で、イロクワ族の生活や文化を絵や壁画に描いたり、歌や踊りを披露したり、講演活動を行ったりしているツー・アロウズを海外に派遣することを決めた。ツー・アロウズは一九五六年の前半に東南アジアに派遣されたが、非常に好評だったことから、同年一一月から翌年二月にかけて、アジアの八か国に再び派遣されることになった。[45]

白人の妻をマネジャーとするツー・アロウズの旅は経費もあまりかからず、国務省からの支援で十分だった。日本には一一月いっぱい滞在し、全国各地をまわって、二万人の日本人に先住民の文化を踊りや歌とともに紹介した。アメリカ文化センターが会場になることが多かったが、五〇〇〇人を収容する横浜の会場では、一万二〇〇〇人が切符を求めた。テレビ放映によって、さらに多くの人に届けられたツー・アロウズの公演は、ハリウッド映画で描かれる先住民しか知らない日本人にとって、直接、先住民文化に触れるまれな機会だった。ツー・アロウズにとって貴重な経験の一つは、北海道のアイヌ部落を訪問したことで、衣服や家、容器、弓矢など、イロクワ族とアイヌ民族の文化の共通性に話が盛り上がった。ツー・アロウズはアメリカ文化外交に貢献したが、海外への旅はツー・アロウズにとっても人生のハイライトだったと思われる。一九九三年、ツー・アロウズが亡くなったとき、ニューヨーク州オールバニーの地元紙に掲載された短い訃報記事には、「USIAのために二度のアジア旅行も行っている」と書かれていた。(46)

トム・ツー・アロウズの公演
提供：Jerome Robbins Dance Division, The New York Public Library for Performing Arts, Astor, Lenox and Tilden Foundations

七　ベニー・グッドマン楽団の来日

アメリカ生まれのジャズが若者を中心に海外で圧倒的な人気を得ていることは、アメリカ文化外交関係者の間で周知の事実だった。また演奏家に黒人が多いジャズバンドの海外派遣には、アメリカ国内での黒人差別のイメージを緩和する期待も込められていた。(47)

日本では、ジャズは一九二〇年代以来、ダンスホール（当時は舞踏場とも呼ばれた）を中心に広まったが、太平洋戦争中は「敵性音楽」として演奏を禁じられた。しかし、戦後になると一転し、アメリカの活力と自由を象徴する音楽として、占領軍のラジオ局だけでなくNHKからもふんだんに流れるようになった。軍歌ばかり放送していたNHKから日本ジャズ・メンの演奏が流れるのを耳にしたときに「思わず涙ぐんでしまった」のは、ヴィブラフォン奏者の内田晃一だけではなかったかもしれない。駐留米軍の基地や娯楽施設は、日本人がジャズを演奏し、そしてジャズを学ぶ場でもあった。一九五〇年代には依然として外国のポピュラー音楽であればなんでもジャズとみなす風潮も残っていたが、正統派ジャズの演奏家や愛好家も急増した。内田によれば、「ジャズ・ブームに沸いた昭和二十七年から三十三年までの数年間に、日本のジャズ史上空前絶後といわれるほど数多い、水準の高いジャズ・コンボ〔小規模編成のジャズバンド〕が誕生した」という。(48)

大統領基金で来日したジャズバンドは、ベニー・グッドマン楽団とジャック・ティーガーデン六重奏団だった。(49)クラリネット奏者のグッドマンと、トロンボーン奏者でありブルース歌手でもあるティーガーデンはともに一九二〇年代にプロ活動を始め、一九三〇年代にトップ・プレーヤーとして活躍した。なかでもグッドマン楽団のスイングの調べに乗った軽快な演奏は、子供から老人まで幅広い層のファンを熱狂させ、恐慌のさなかのアメリカにスイング・ブームをもたらした。「スイングの王」と呼ばれるようになったグッドマンの楽団は、一九三八年にジャズバンドとしてはじめてカーネギー・ホールで演奏会を開いた。主要な白人のジャズバンドのなかでアフリカ系アメリカ人奏者を最も早くに迎え入れた楽団としても知られている。しかし、一九四〇年代にはビバップやクールと呼ばれるモダンジャズが台頭し、戦後はグッドマンもティーガーデンも自分のバンドをもたず、コンサートやツアーに応じてバンドを編成し、活動していた。(50)しかし日本のジャズ愛好家にとっては、グッドマンもティーガーデンも最盛期を過ぎたとはいえ、レコードでしか聴いたことのない演奏を生で聴くことのできる貴重な機会だった。

一五人編成のベニー・グッドマン楽団は、一九五六年一二月から六週間にわたって、タイを皮切りにアジア八か国を歴訪した。タイでは、国王のラーマ九世が大のジャズ・ファンであるだけでなく、サクソフォン奏者でもあり、グッドマン楽団とのジャムセッション（事前の準備なしに、集まった人たちが即興で行う演奏）を楽しんだ。[51] 日本では一九五七年一月に、産経新聞社の主催で東京の産経ホールで六回の演奏会が行われた。グッドマンの前半生を描いた映画『ベニイ・グッドマン物語』が前の年に公開されたこともあって、切符はたちまち売り切れ、数倍の高値がついた闇切符が出まわるほどだった。ジャズ評論家の河野隆治は人気の一因について、「正直にいってB・Gの来日こそはあまりにも大きすぎる期待なので、考えてもいなかった人が多いことだろう。それがUSII〔原文のママ〕の斡旋でまことに晴天のヘキレキの如く実現したわけで、したがって半年も一年も前から予告され続けたのとちがって喜びが一挙にあつまったという感じである」と説明している。いまでは廃刊になっているが、かつてはジャズの演奏家やファンが愛読した『スイング・ジャーナル』誌の二月号は「グッドマン来日記念特集」と銘打って、楽団がタイに向かう途中、羽田に一時間降り立ったときに撮影したグッドマンの写真を表紙に載せ、グッドマン関連の記事を満載した。特集号のコラムのなかで、USISの職員でジャズ評論家でもあるいソノ・てルヲは来日の経緯を説明しながら、「我々ジャズを通してUSISの仕事をしている者にとって、これ以上の感激はない」と述べている。[52]『スイング・ジャーナル』の三月号には、楽団の演奏ならびに日本人プレーヤーたちとの交流の模様を伝える多くのスナップ写真と解説で構成される「B・G楽団在京七日間の記録」、グッドマンのインタビュー記事、座談会などが掲載されている。

『朝日新聞』では、ジャズ評論家の野川香文が、「大編成の楽団の曲目はいささか古いという感じがないでもなかったが、よくそろった美しい合奏と、その間に点々とちりばめた各楽器の花々しいソロが、スイング

『スイング・ジャーナル』特集号（1957年2月号）

皇居前のベニー・グッドマン楽団．中央がグッドマン，右から３人目はグッドマン夫人

日本公演

グッドマン楽団と日本人のジャムセッション．左から４人目がグッドマン，右から５人目が北村英治
３点の提供：MSS 55, Benny Goodman Papers, The Gilmore Music Library, Yale University. Used with permission of the Estate of Benny Goodman.

感を強くした。独奏ではグッドマンのクラリネットがさすがに流麗でしかも若さがあり、音色はみがかれて輝きを増していた」と書いている。『スイング・ジャーナル』に掲載されたジャズ・プレーヤーと評論家の座談会でも、「アンサンブルという点ではいままでみたうちで格段に立派でしたね。それはもう無条件です」、「B・Gのクラリネットの手腕というものは完全ですね」、「完璧でしょうね」、「グッドマンのソロはそのときによって全部違いますね」、「その場その場でアイディアの湧くままにアドリーヴをやるというところに良さがあると思いますね」と称賛されている。

他方、モダンジャズの時代に「B・Gのクラリネットはなんら進歩していないということは寂しい」、「現在のジャズの水準から、感覚からは遥かにおくれてる」という見方もあれば、「若さがずいぶんなくなったということをすごく感じちゃった」、「なにか寂しかった」という感想もあった。グッドマン以外のプレーヤーについては、「実に上手い」、「ハートで吹いてますね」、「音もきれいですけれどもジャズとしてもなかなか立派なものです」と感心する一方で、歌手については「二流か三流じゃないかな。発音だけはよかった」、ドラムも「非常に粗雑な感じでしたね。決してヘボというのではないが一流と二流とに分けたら二流のドラムでしょうね」という評価もあった。(53)

日本のプレーヤーたちにとって、なによりも嬉しかったのは団員たちとの交流だった。公演の前日に開かれた産経新聞社主催の歓迎レセプションには、報道関係者、ジャズ評論家、レコード関係者、演奏家が出席し、とくに演奏家は自分と同じ楽器の奏者と歓談する光景があちこちで見られた。会が終わりに近づいた頃、グッドマンの熱烈なファンとして知られるクラリネット奏者の鈴木章治がグッドマンのレパートリーのなかから「メモリーズ・オブ・ユー」を演奏すると、グッドマンも鈴木のクラリネットで同じ曲を返奏し、場内を沸かせる場面もあった。(54)

米国大使館主催のパーティでも多くの交流の光景が見られたが、何と言っても圧巻は、アメリカ文化センターが主催した銀座エスヤホールでのグッドマン楽団と日本人プレーヤーたちとのジャムセッションだった。ジャムセッションに参加した日本人の多くが二〇代だった。「福原君なんか相当に心臓は強いほうなんだけれども身体がふるえちゃって吹けなかったっていう」と、評論家の油井正一が言えば、クラリネット奏者の北村英治は、「僕なんかふるえるばかりでなくて、口の中が乾いちゃって、唾液が出なくなって、手に汗をびっしょりかいちゃってどうしようもなかった」と、そのときの緊張を語った。北村にとって忘れられない思い出は、憧れのグッドマンと一緒に演奏したことだけではなかった。「僕が後で楽器を片付けていたら激励してくれたんですよ、B・Gがね。その時にはなにか涙が出ちゃった。一生懸命勉強しなさいと言ってくれたんで、もうそれだけでたくさんですよ」と、北村は語っている。八五歳のいまも現役として演奏活動を続ける北村のホームページのプロフィールには、「五七年文化使節として来日したベニー・グッドマンとジャムセッションを行う」とするされている。(55)

さらに交流は、毎夜、公演が終わったあとにアメリカ人プレーヤーたちが楽器を携えて訪れる銀座裏のナイトクラブでも続いた。ピーナッツ・ハッコーは公演ではテナー・サックスを担当し、クラリネットをソロで演奏する機会がなかったが、クラブでハッコーのクラリネットを聴いた日本人は一様にその上手さに驚いた。クラブを渡り歩くハッコーを「金の続く限りと思って」追いかけたという北村は、グッドマンにまさるとも思われるハッコーから、フレージング(旋律の区切り)の取り方など多くのことを直接教えてもらった。鈴木章治とリズム・エースが演奏するクラブにも、グッドマン夫妻やハッコーが訪れた。楽団が離日する前日には、ラジオ東京(現在のＴＢＳ)のスタジオで行われたリズム・エースの放送用録音にハッコーもゲストとして参加した。一緒に演奏した「鈴懸の径」にはリクエストが殺到し、鈴木のバンドの人気が急上昇する一因にもなった。他方、ハッコーも、帰国後はこの曲をレパートリーに加え、演奏している。またサックス奏者の西条孝之介は、クラブを訪れたピアノのハンク・ジョーンズやサックスのパッド・ジョンソンから演奏をほめられ、感激ひとしおだった。油井は、グッドマン楽団のメンバー全員が日本のジャズを絶賛していたと座談会で報告したが、戦前から日本のジャズ界で活躍してきた奥田宗宏は、もう少し控えめに、「ベニイ・グッドマンが来て皆さんが大いに反省されたと同時に自信をもったとおもう」と述べている。ドラム奏者のジョージ・川口は、「これから日本のミュージシャンとアメリカのと交流して勉強できたらいいですね」と期待を語った。『クリスチャン・センチュリー』紙はベニー・グッドマン楽団の海外公演について、「音楽には、〔国務長官の〕ダレス氏にはない魅力がある」と論評した。(56)

八　ジャック・ティーガーデン六重奏団の来日

ディキシーランド・ジャズの演奏で定評のあるジャック・ティーガーデンが編成した六重奏団は、一九五八年九月からカブールを皮切りにアジア一五か国を歴訪したあと、翌年一月に最後の訪問地の日本にたどり着き、産経新聞社の主催で東京、名古屋、広島、大阪で七回の公演を行った。アメリカ政府関係者のなかには、ティーガーデンのナイト・クラブ的な雰囲気が文化外交にふさわしくないと指摘する人もいたが、ティーガーデンのジャズ・プレーヤーとしての才能は際立っていた。アメリカ近現代音楽の代表的な作曲家であると同時にジャズ研究家としても著名なガンサー・シュラーは、『スイングの時代』と題する著書のなかでティーガーデンのジャズを二〇頁近くにわたって取り上げ、「まったく新しいトロンボーンの演奏方法を独力でつくりあげた驚くべき才能をもつトロンボーン奏者」であると同時に、「素晴らしい、まったくユニークな歌い手で、ビリー・ホリデーやキャップ・キャロウェイ、ルイ・アームストロングに次いで最高の真のジャズ・シンガーであることは疑いない」と絶賛している。(57)

ジャック・ティーガーデン六重奏団日本公演．右端がジャック・ティーガーデン
提供：朝日新聞社

産経ホールでのディキシーランド・スタンダード曲を中心とする初日の演奏について、ジャズ評論家の藤井肇は、「文字通りジャズの楽しさをたんのうさせてくれ」る内容で、とくに「名トロンボーン奏者ティーガーデンの素晴らしさ、暖かみある音色、またブルース歌手としての貫禄は、あかぬけた司会ぶりとともに満場の聴衆を魅了した」と書いている。『スイング・ジャーナル』が日本のジャズ関係者に対して行ったアンケートでは、評論家の河野隆治が、「幾十回となく、レコードをきいて耳なれた演奏だが、なお、オリジナリティに陶酔する。これがインプロビゼイションであり、ディキシーの真髄である」と言い、ティーガーデンと同じトランペット奏者の南里文雄も、「期待通りのすばらしいバンドだった。とくにジャ

ック・ティーガーデンの柔らかいトーンで無理をしない心を打ってくるプレイと限りないアイディアには感嘆する他はない」と述べている。(58)

日本のジャズ・プレーヤーたちは大使館主催のパーティでティーガーデン一行とのジャムセッションを楽しみ、また日本のジャズ評論家たちの企画で、ラジオ東京のテレビ放映用にティーガーデン六重奏団と日本人プレーヤーたちとの共演も実現した。とくに三〇人の弦楽器、五人のトロンボーン、ドラム、ピアノをバックに、ティーガーデンのトロンボーンと歌をフィーチャーしたムード・ミュージック風の演奏には、誰もが満足した。こうした交流の経験を踏まえて南里は、「彼らは場馴れしている。そしてやはりうまい。しかし、我々も暇と時間さえあれば（ディキシーにだけ専心できるなら）、彼らの水準にまで達するのは不可能ではあるまい」と思った。そう思ったのは南里だけではなかった。コルネット奏者の西代宗良も「ＴＶで共演したオールスターズの面々で、一曲、一曲にじっくり練習してたち向かえば決して負けないのではないかと思います」と言い、油井も、「日本のディキシーが決してきき劣りするものではないことを再確認できた」と思った。(59)

アジア公演は、ティーガーデンにとってとても思い出に残る出来事だった。大統領基金で海外に派遣されることを名誉に思い、行く先々で、「私たちはアメリカ大統領と国務省によって、この地に派遣されました」とよく言っていた。日本での公演も終わりに近づいたとき、ティーガーデンは文化交流の意義について次のように語った。「過去数週間の体験は何にもまして、世界の誰にも与える音楽があり、誰にも何か学ぶものがあることを私に確信させた。私が演奏したすべての場所で、私は音楽に、そこに住む人々の音楽に耳を傾けてきた」（強調は原文による）と。帰国後、再び、騒々しい話し声や笑い声が絶えないナイトクラブでの演奏に戻ったティーガーデンには、アジアの人々から受けた温かい歓迎や、異国のジャズ奏者たちとの交流の楽しさと興奮が忘れられなかった。アジアの音楽とアメリカのジャズを結ぶようなアルバムをつくってみたいと思った。しかし五年後、ティーガーデンはその夢を果たすことなく、五八歳で亡くなった(60)。

九　全国に届く音楽

来日した音楽家は、それぞれにアメリカの多様な芸術を紹介する役割を果たした。ピアニストのユージン・イストミンやルドルフ・ゼルキンのように世界的に有名な演奏家は人気も高かったが、ハーモニカ奏者のジョン・セバスチャンのように、それほど有名ではなくても、音楽を通して交流を深めた演奏家たちもいる。香川県では、一九五〇年に知事に就任した金子正則が、少ない経費で実施できるハーモニカ教育の推進を教育委員会に指示し、各学校にはハーモニカ合奏団がつくられていた。セバスチャンが高松市を訪れたとき、市内および近隣の学校は生徒たちを会場に送り込んだ。生徒たちは、セバスチャンのクラシックからフォスターにいたるハーモニカ演奏に魅了され、割れるような拍手を送った。セバスチャンも、生徒たちからのお礼の演奏に感動した(61)。貧しい当時の生徒たちには、手の届かないピアノやヴァイオリンではなく、ハーモニカだからこそ、またアメリカ文化外交のおかげで実現した交流だった。

ジョン・セバスチャンの公演
"First Semi-annual Report, President's Special International Program, 1 July 1956-31 Dec. 1956," OCB 掲載

　一九六一年、在日米国大使館とUSISは大統領基金による企画を評価し、文化外交としての効果を再確認した。日本

では音楽愛好家が多く、とりわけ音楽会に足を運ぶのは学生からサラリーマン、教師、知識人、そして労働組合員など、アメリカ文化外交が影響をおよぼしたい人たちだった。また、ラジオやテレビの中継で演奏を聴いた人は、会場に足を運んだ人よりもはるかに多かった。一九五〇年代はラジオの最盛期で、NHKラジオの受信契約数は一九五五年には一三二五万におよんだ。NHKテレビの受信契約数は五五年にはまだ一七万に届かなかったが、六〇年には六八六万に達した。たとえば、黒人のゴールデン・ゲート四重唱団のコンサートは一二回開かれ、観客数は二万五〇〇〇人だったが、NHKのラジオとテレビの中継を聴いた人の数は二三〇万人と見込まれている。ボストン交響楽団の場合は六回の演奏が録音され、同時中継に加えて、ラジオとテレビでそれぞれ三回まで再放送が認められたことから、コンサートの観客数は五万人であるのに対して、ラジオとテレビで演奏を聴いた人の数は一五〇〇万人と推定された。さらに日本のUSISは、来日した演奏家の公演をUSIS映画にした。シンフォニー・オブ・ジ・エア、ウェストミンスター合唱団、ジョン・セバスチャン、ボストン交響楽団の映画はUSIS映画のなかでも人気があり、こうした映画の観客数は数十万に達すると思われた(62)。

一〇　各国の競演

シンフォニー・オブ・ジ・エアの来日が「黒船の来航」にたとえられたことが嘘のように、その後、続々と海外の交響楽団が来日した。表6-2が示すように、一九六〇年までには、シンフォニー・オブ・ジ・エア以外に、八つの世界的に有名な交響楽団が来日している。日本の経済が復興のきざしを見せ始めたことと、共産圏からの文化攻勢が活発になったことの現れだった。一九五六年のウィーン・フィルハーモニーの公演は、シンフォニー・オブ・ジ・エアの公演を毎日新聞社にとられたことに失望した朝日新聞社が、日本とオーストリアの国交回復ならびにモーツアル

表6-2　来日した海外の交響楽団（1955〜60年）

交響楽団	来日年	公演回数	訪問都市	都市数
シンフォニー・オブ・ジ・エア	1955	19	東京，仙台，横浜，静岡，名古屋，宝塚，京都，広島，福岡（三沢基地慰問演奏は含まない）	9
ウィーン・フィル（指揮ヒンデミット）	1956	16	東京，名古屋，宝塚，広島，八幡，福岡	6
ロサンゼルス・フィル	1956	16	東京，札幌，横浜，静岡，名古屋，大阪，宝塚，宇部，広島，福岡	10
ベルリン・フィル	1957	16	東京，仙台，名古屋，宝塚，神戸，広島，八幡，福岡	8
レニングラード・フィル	1958	19	東京，名古屋，大阪，八幡，福岡	5
チェコ・フィル	1959	18	東京，札幌，仙台，静岡，大阪，長岡，富山，広島，福岡	9
ウィーン・フィル（指揮カラヤン）	1959	10	東京，大阪，名古屋	3
ボストン交響楽団	1960	22	東京，札幌，仙台，郡山，横浜，静岡，名古屋，大阪，京都，長岡，岡山，広島，松山，八幡，福岡，大分	16
イスラエル・フィル	1960	10	東京，横浜，名古屋，京都，大阪，岡山	6

出所：「海外オーケストラ来日公演記録抄」www003.upp.so-net.ne.jp/orch/

ト生誕二〇〇年を記念して開催した企画だった。大統領基金で来日したロサンゼルス・フィルハーモニックは、シンフォニー・オブ・ジ・エアやボストン交響楽団のような反響は呼ばなかったものの、音楽関係者からは、「きめの細かい音じゃないが、あったかい音ですね。のびのびしていて健康だ」、「ロスのオケからは、アメリカのロスアンゼルスという都会の音が聞こえてくるね」と評された(63)。

アメリカ文化外交担当者が共産圏の文化攻勢として警戒したのは、レニングラード・フィルハーモニー交響楽団（現在のサンクトペテルブルク・

フィルハーモニー交響楽団）とチェコ・フィルハーモニー管弦楽団の来日だった。しかし、イニシアティヴをとったのはソ連やチェコではなく、「呼び屋」として有名な神彰《じん》だった。神は、亡命ロシア人で構成されるドン・コサック合唱団を一九五六年に日本に招聘して大成功をおさめたあと、レニングラード・フィルハーモニーの招聘に乗り出した。来日するソ連共産党の幹部やソ連に出向く日本人にソ連政府あての手紙を託したり、日本のソ連代表部に足しげく通った努力が実り、一九五七年春、神は来日したソ連の対外文化担当責任者と議定書をかわし、レニングラード・フィルハーモニーに加えて、ボリショイ・バレエ、ボリショイ・サーカスの日本公演を託された。八月に来日したボリショイ・バレエ団は、読売新聞社と神のアート・フレンド・アソシエーションの共催で、東京と大阪で二〇回の公演を行った。日ソ国交回復後、ソ連から来日した初の芸術使節団とあって、日本人の熱烈な歓迎をうけた。翌年四月にはレニングラード・フィルハーモニーが来日し、約一か月間、朝日新聞社と神との共催で一九回の公演を行い、大盛況をおさめた。六月から七月にかけてはボリショイ・サーカスの公演が五つの都市で行われ、動物や人間の離れ業が子供から老人まで幅広い層の観客を楽しませた。いずれの公演も神に莫大な利益をもたらした(64)。

レニングラード・フィルハーモニーの一〇〇人を超える楽団員が羽田に降り立ったとき、空港ビルのフィンガーには四〇〇〇人の見物人が鈴なりだった。そのなかには、楽団員を乗せたソ連の最新鋭ジェット旅客機を見ようと待ち構えていた飛行機マニアが少なくなかった(65)。ＮＹＣＢと競演することになった大阪国際芸術祭での公演を皮切りに始まった演奏も総じて好評だったが、日本人の感想には、それがソ連の交響楽団であるということの影響も見られた。初演を聴いた指揮者の朝比奈隆は、「実に圧倒的な演奏であった」と評し、技術、豊富な音量、指揮、曲の解釈はいずれも「まことに正統的」で、ソ連という特別なものを感じなかったが、規律の厳正さはやはり「ソ連の政治的、社会的な組織から来る」のではないかと思った。「とはいえ、厳しすぎて情感に乏しいというわけではない」と断っている。『音楽芸術』誌での座談会（出席者は、作曲家の芥川也寸志、指揮者の岩城宏之、フルート奏者の吉田雅夫、音楽評論家の大木正興）でも、吉田が、「おそらく世界一訓練されている」と述べている。総じてチャイコフスキーやショスタコーヴィチなどロシアが生んだ作曲家の作品の演奏は他の交響楽団の追随を許さないほど素晴らしいが、モーツアルトやブラームスの演奏では室内学的センスの弱さが感じられるという見方が大勢だった。しかし、芥川が「私の非常に感じたことは、独奏楽器のプレイヤー達の、表現の自由さということです」と言い、大木も「どのパートも非常にのびのびと、表情的に演奏している」と同調したのに対して、岩城は、「非常に抑圧された、人間性を無視された」演奏で、「どんなつまらない曲も、くそまじめにものすごくうまくやってのけ、どんな興奮すべきところも同じようにすごくうまく、鮮やかにやっている〔略〕その点が、僕としては非常に気にくわない」と反論している[66]。評価の違いには、共産主義体制に対する見方の違いも反映されているように思われる。

神は、チェコ・フィルハーモニーとレニングラード・バレエも招聘している。チェコ・フィルハーモニーの公演は、カラヤンが指揮するウィーン・フィルハーモニーの公演と重なり、神が期待したほどの盛況にはならなかったが、専門家からは高く評価された。一九六〇年春に東京と大阪で開催されたレニングラード・バレエの公演は、前評判は高かったが、収支は赤字だった[67]。神は共産圏の対日文化外交に寄与したが、神を動かしたのはイデオロギーよりも呼び屋としての勘だったように思われる。

米ソの文化攻勢は、日本に銃弾ではなく、世界に名立たる交響楽団や舞踊団、芸術家を送り込んだ。とくに多くの交響楽団が来日したことについて、指揮者の森は、「そのどれもが、我々に常に驚きと喜びを呼び起こしてくれる特色を、或は各々ちがった良さをはっきり示してくれた。華麗、精緻、重厚、優雅といった風ないろいろなスタイルが、厳格な、そして優れた音楽性の上に、その豊かな音を響かせてくれた」と述べている[68]。また、日本の音楽関係者は、演奏を聴くだけでなく、交流を通してより深く海外の芸術について学び、日本の将来を考える機会を得ることができた。当時の日本人にとって交流がとりわけ重要だったことは、ウィーン・フィルが来日したときに、指揮者で作曲家のパウル・ヒンデミットと話す機会がなかった作曲家の別宮《べっく》貞雄の感想に如実にうかがわれる。別宮は次のように書いている。

来日音楽家が日本の音楽家との接触などということを考えないとしても、むしろ当然なので、彼等にそれを望むのは間違って居る。彼等にとっては――悲しいことだが――日本は世界の果ての一小国なのである。してみれば、それは当然日本側から働きかけるべきものであって、私は日本のジャーナリズムの文化に寄与しようとする善意を信じて居たので、今回のヒンデミットとウィン・フィルとの招聘を、全く興行としてしか扱わなかった主催者には失望した。(69)

大統領基金による芸術家の派遣では、日本のUSISも米国大使館も交流を重視し、その機会を提供することに努めた。たとえばボストン交響楽団の場合には、米国大使ダグラス・マッカーサー二世の公邸で楽団員と日本の音楽関係者が歓談するパーティが開かれた。コンサートマスター兼副指揮者のリチャード・バーギンらは桐朋音楽大学に出向いて学生の演奏を聞き、また日本の音楽家や音楽愛好家とも交友を深めた。指揮者のシャルル・ミュンシュも京都滞在中には、四年前に結成されたばかりの京都市交響楽団を訪ね、その練習演奏に耳を傾けた。(70)

一一　ボストン交響楽団と安保闘争

フィラデルフィア管弦楽団およびニューヨーク・フィルと並ぶアメリカ屈指の交響楽団であるボストン交響楽団の来日は、在日米国大使館とUSISからの警鐘に応えるものだった。米国大使館は、かねてから一流の芸術家を日本に派遣するように国務省に要請していたが、一九五九年に訪日したメイも、日本人が一流の芸術家が来日しないという不満を抱いていると報告している。[71] 大使館とUSISはまた、日本全国に拠点をもつ労音（勤労者音楽協議会）を介して共産圏の芸術家が遠隔地でも公演を行っていることに神経を尖らせた。とくにソ連の存在感が強い日本海沿いや東北、北海道の都市をソ連の芸術家が訪れることによって、地域の住民が「自分たちのことを気遣うのはロシア人だけだ」と思うことを危惧した。日本で文化外交を担うアメリカ人たちは、アメリカ人の演奏はラジオやテレビを通して日本全国に届けられているが、演奏家がその地を訪れる効果には、はるかにおよばないことを認識していた。一九六〇年の春、ボストン交響楽団は台湾、日本、フィリピン、オーストラリア、ニュージーランドなどを八週間にわたって巡演し、二四都市で三七回の演奏を行ったが、そのうちの四週間が日本に割り当てられ、日本での公演回数は二二回におよんだ。訪問した都市は一六に達し、来日した他の交響楽団と比べても際立って多いが、そのなかに長岡や札幌が入っているのは、大使館とUSISからの強い要請によるものだった。[72]

ボストン交響楽団の日本公演は、日米修好通商条約締結一〇〇周年とラジオ放送開始三五周年を記念する行事として、NHKが主催し、外務省とアメリカ大使館が後援者になった。プログラムには外務大臣の藤山愛一郎と米国大使のマッカーサー二世もメッセージを寄せ、日米親善をうたいあげている。[73] しかし皮肉なことに、ボストン交響楽団の公演は、新日米安保条約をめぐる大規模な反対運動、いわゆる安保闘争が渦巻くなかで行われた。

来日したボストン交響楽団は、常任指揮者のシャルル・ミュンシュ、副指揮者のリチャード・バーギン、「アパラチアの春」など多くの作曲を手がける客演指揮者のアーロン・コープランドを含む一一五人のフルメンバーで構成されていた。五月四日、最初の公演が開催されたNHKホールには、成婚後間もない皇太子夫妻やマッカーサー大使夫妻のほかに、社会党委員長になったばかりの浅沼稲次郎夫妻の姿もあった。浅沼は、一年前に中国を訪問した際、「アメリカ帝国主義は日中両国人民の共同の敵」と発言しており、安保闘争の先頭にも立っていた。[74] しかし浅沼は、アメリカの外交と文化を区別していたようだ。一九五六年にラジオ東京が放送したディズニーの「わんわん物語」で

安保反対デモ(1960年5月26日).車上で演説をしているのは浅沼稲次郎(右端)
提供：共同通信社

は、ブルドック役になりきって熱演したこともある。[75] 浅沼が日比谷公会堂での演説中に右翼の少年に刺殺されるのは、ボストン交響楽団の公演から五か月後のことだった。

ボストン交響楽団が全国を巡演する間も、安保反対運動は日ごとに激しさを増した。五月二〇日には新日米安保条約が自民党単独の強行採決によって衆議院本会議を通過し、抗議運動は民主主義擁護を掲げる幅広い層にまで拡大した。デモ隊が連日、国会議事堂を取り巻くなか、ボストン交響楽団は五月三〇日に東京体育館で最後の公演を行い、翌日、日本をあとにした。ボストン交響楽団の演奏が条約に反対する人たちを支持者に変えることはなかった。しかし、条約には反対でも、楽団の演奏を美しいと思った人たちは少なくなかったであろう。そしていつものように、日本の音楽関係者の評価は、ボストン交響楽団に対しても多様だった。

『毎日新聞』(五月八日)では、音楽評論家の平島正郎が、「その響きは、ただ量感があるというだけでなく、実に精緻ないい音なのである。それは最弱奏でもすっきり透って響く。個々の奏者がみな腕こきで、加えて彼らのあいだの——また各パート間のアンサンブルやバランスが、メカニカルにずばぬけて精妙だからだ。〔略〕作曲家がオーケストラにつきつける名人芸への要求に、これほどあざやかにこたえた演奏はざらにあるまい」と絶賛した。しかし、音楽評論家の吉田秀和の司会で、岩渕竜太郎(ヴァイオリニスト)、江藤玲子(ピアニスト)、大町陽一郎(指揮者)、柴田南雄《みなお》(作曲家・音楽評論家)らが語る『音楽芸術』の座談会は、はるかに批判的だった。数年前までNHK交響楽団の

ボストン交響楽団の NHK ホールでの初演

日比谷公会堂での公演

指揮者シャルル・ミュンシュ

東京体育館での最終公演

4 点の提供：NHK

コンサートマスターをつとめていた岩渕が、『『エロイカ』は、〔略〕非常に雑な演奏だったと思う。ベルリオーズの『幻想』は、もうおよそ期待はずれであったというより外にないのです」と言えば、柴田は、「非常にすばらしいものにはちがいないし、音の量はたいへんなものだ」としながらも、「音程があっていてもなにかハーモニー的にぴったりしないものがあるとか、木管がきこえなくなっちゃう」などの難点を指摘した。大町も、「エロイカ」の三楽章について、「あそこになると、みんながぜんぜん音というものに対して、愛情なんかなにもなくて、ただ弾きとばしてスポーツみたいになっちゃっていた」と言う。さらに岩渕は、「日本の聴衆を少しあまく見ているんじゃないかと思った。たとえばね、なにも真剣そのものの顔しなくてもいいけれども、少なくとも『エロイカ』の二楽章の主題なんかは、あんな力をぬいた姿勢でできる訳がないですよ」と断言する。司会の吉田は、「それにしても、今日は何だか悪口ばかりいってるみたいだけれど、世界にはいろんなオケがあるんでその中でボストン交響楽団の占めてる位置はやっぱりずいぶん高いものだと思うんだがな。じゃこの辺で」と言って、座談会を締めくくった。(76)

ボストン交響楽団の初日の演奏は、二〇〇六年にＤＶＤで見たり聴いたりすることが可能になった。聴衆も楽団員も全員が起立するなかで、日米両国の国歌が演奏され、続いて、座談会では酷評されたベートーヴェンの「英雄（エロイカ）」と、総じて批判的だった岩渕からも「非常にきれいで、色彩感が、実に立体的に出ていた」と称賛されたラヴェルの「ダフネスとクロエ組曲第二番」の演奏が収録されている。音質はもとより生演奏にはおよばないものの、音楽評論家の黒田恭一の言葉を借りれば、それは、「もう会えないものと諦めていた憧れの人と出会う」ことを可能にした。(77)それはまた、さまざまな思いを胸に交響楽団の演奏に耳を傾けた当時の日本人と出会うことでもあった。

ボストン交響楽団の演奏が収録されたＮＨＫホールは音響がよかったが、収容人数は八〇〇人程度で、収録当日の観客も、皇太子夫妻をはじめとする招待客だった。来日した交響楽団が決まって演奏したのは、一九二九年に開館した日比谷公会堂で、当時の東京では唯一のコンサートホールだった。日比谷公会堂でウィーン・フィルの演奏を聞いた矢野健太郎と近衛秀麿は、『朝日新聞』（一九五六年四月一一日）紙上でそれぞれに、「日比谷でこんな立派な音楽会をきくたびにいつも思うことであるが、欲をいえば、俗な催物などと兼用でない、もっと立派な場所のほしいところである」、「もうどうあっても、日比谷を音楽堂として改造できないのなら新しく一つ建てるより方法はない。毎度考えさせられることである」と書いている。

実のところ、日比谷公会堂どころか、体育館や野外の演奏会場、あるいは球場で海外の交響楽団の演奏に接した日本人も多かった。いまでは、コンサート専用ホールやコンサートに使用可能な多目的ホールも少なくない。他方、クラシックの音楽会のチケットを求めて徹夜で並ぶ大学生も、全国から応募する七万人の小中高生もいまはいない。対日アメリカ文化外交が盛んだった一九五〇年代は、海外への渡航も自由化され、テレビも普及し、経済成長とともに人々の余暇の過ごし方も多様化する一九六〇年代以降の日本とは異なる時代だった。それは、敗戦から立ち上がり、海外の文化に触れる機会を求める人々のひたむきさが、いまでは懐かしく思われる時代だった。

第七章　国際文化会館と日米知的交流計画

六本木の賑やかなメインストリートから鳥居坂の道に入ると、閑静な地域の一角に、名造園家小川治兵衛が昭和初期に作庭した庭園を臨んで、国際文化会館が建っている。会議室や講堂、図書室のほかに宿泊施設やレストランを備える会館は、戦後日本を代表する建築家の前川國男、坂倉準三、吉村順三の共同設計によるもので、一九五五年五月の竣工以来、増改築を経ながらも日本モダニズム建築の端正なたたずまいを保っている(1)。

国際文化会館が推進した日米知的交流計画には過去のにがい教訓が生きていた。会館の創設以来、専務理事および理事長を長くつとめた松本重治は、国際交流の重要性について次のように述べている。「軍人に大きな力を持たせてしまったことが戦争の原因の一つだった。軍人は外国のことを知らない。〔略〕もっともアメリカの方も日本のことをよく知らなかった。戦争を避ける最良の方法は、相手をよく理解し、また相手に自分をよく理解させること——これはいつの時代でも通用する真理だ」(2)と。

一　ロックフェラー三世と「米日文化関係」

国際文化会館の設立ならびに日米知的交流計画の発足に大きく貢献したのは、富豪ロックフェラー家長子のジョ

国際文化会館（1955年）
提供：公益財団法人国際文化会館

ン・D・ロックフェラー三世だった。プリンストン大学を卒業して間もない一九二九年の秋、ロックフェラーは、民間の国際組織である太平洋問題調査会の京都会議にアメリカ代表団の秘書の一人として出席するため、はじめて日本を訪れた。この会議には東京帝国大学法学部教授の高木八尺をはじめ、のちに国際文化会館の運営にかかわる日本の有識者や実業家の多くも参加した。なかでもロックフェラーが親交を深めたのは、事務局のスタッフをつとめる東大助手の松本重治だった(3)。

ロックフェラーは若い頃から父の仕事を引き継ぐだけでなく国際的な仕事にかかわりたいと思っていたが、内気で控えめな性格は、積極的で行動的な弟のネルソンと対照的だった。第二次世界大戦中も、ネルソンが中南米に対するアメリカ文化外交の陣頭指揮を取ったのに対して、ジョンの任務は海軍でのオフィス・ワークだった。しかし一九四四年一二月に国務・陸軍・海軍三省調整委員会が設置されると、ジョンは戦後日本の再生計画に関する文書の作成にかかわることになり、アジアへの関心を深めた(4)。

ロックフェラーと日本をさらに深く結びつけたのは、対日講和条約の交渉を担ったジョン・フォスター・ダレスだった。ダレスは、一九三五年からロックフェラー財団の理事、一九五〇年からは理事長をつとめ、ロックフェラーとは懇意な間柄だった。五〇年末にダレスから、講和使節団の訪日に同行し、日米間の文化・教育・広報活動の今後について検討するように要請されたロックフェラーは、日本への関心が活かされると同時に国家的意義をもつ任務の遂行に使命感を燃やした。のちにロックフェラーはダレスについて、「私の全生涯で非常に重要な存在だったことは疑いない。〔略〕同行するように誘ってくれたことに対して、彼への計り知れない恩義をいつも忘れることはないだろう」と語っている。(5)

ロックフェラーは、一九五一年一月末から約四週間日本に滞在し、サクストン・ブラッドフォードをはじめとする在日アメリカ人ならびに日本人から精力的に情報や意見を集めた。そのなかには松本もいた。松本は、助手のあと大学講師を経て、ジャーナリストの道を歩み、新聞連合社の上海支局長、同盟通信社編集局長を歴任した。戦後は、国策に協力した通信社の幹部だったことから公職追放となり、当時は弁護士をしていた。(6)

ロックフェラー三世と松本重治（1952年）
提供：公益財団法人国際文化会館

ロックフェラーは帰国後、日本をよく知る国務省職員や日本研究者たちの協力を得ながら、「米日文化関係」と題する八〇頁の報告書を完成させ、四月半ばにダレスに提出した。(7)報告書はまず、『文化』という言葉を、知的審美的活動という狭い意味よりはむしろ国民全体の生活にかかわる、より広い意味で用いている」と明記したうえで、文化交流の長期的目標として、（一）両国民の相互理解の推進、（二）交流を通して各々の文化をより豊かにすること、（三）共通の問題解決のための協力の三点を掲げている。とくに重要なことは文化関係の相互性（a two-way street）を維持することだった。そのためには、アメリカ人は日本人のこれまでの成果を認識し、日本人がどのような問題にどのように取り組んでいるかを理解し、さらに、日本文化に対する関心がアメリカで増大しつつあることを日本人に知らせる必要があると指摘している。報告書はおもに日本人によるアメリカ文化の活用について述べているが、「わが国の人々が日本国民の文化を活用し、アメリカにおける日本文化の理解と正しい評価を推進することも同じくらい重要であることを片時も忘れるべきではない」と書かれている。「相互に抱く尊敬の念が、相互の理解と協力にとって最も確かな基盤である」からだった。(8)

報告書では人物交流や文化交流から広報活動まで幅広い分野にわたる方策が具体的に提言されている。そのなかで、交流の拠点となるカルチャー・センター、および外国人の学生や研究者が宿泊するインターナショナル・ハウスの設置は、のちに国際文化会館として結実することになる構想だった。アメリカの文化に関しては、日本人は占領期にアメリカの多くの制度や様式を取り入れ、スポーツ、映画などの娯楽にも慣れ親しんできたが、それは往々にして皮相的であり、「アメリカとその文化——とくに思想、制度、とりわけ道徳的精神的価値観——をより深く理解する機会」を日本人に提供することが重要だと指摘されている。人物交流や文化交流はそのために欠かすことのできない活動だった。他方、広報活動の当面の目的は、「日本が自由主義陣営の一員としての立場を維持し、強化するように日本に促すこと」で、そのために必要なプログラムの条件としては、(一)日本人の関心、要望、必要、課題に沿ったものであること、(二)アメリカ政府による経済協力と連動すること、(三)日本を熟知するアメリカ人が統括するが、企画および実施にあたっては日本人を最大限に活用すること、(四)日本での計画責任者には最大限の裁量権を与えることの四点をあげている。さらに文化活動と広報活動は別個のものではなく、両者の間には絶えず接点があることも指摘されている。(9)

最後に報告書は、文化広報活動の立案にあたっては、独自の文化的歴史的背景をもつ日本人の特質に関する真の理解、日本人との提携、創造的な思考力と柔軟性が不可欠であると述べている。そのうえで、とくに交流計画については、日米の文化関係が占領の終結とともに途絶えることがないように日本人とすみやかに話し合いを始めることを促し、広報文化活動一般においては量ではなく質を重視することを強調している。(10)ロックフェラーはその後も、日本人の考えや感情に配慮し、交流の双方向性を尊重する姿勢を崩すことはなかった。

二　会館の設立と日米知的交流計画の発足

ダレスから、報告書のなかから民間の活動にふさわしい企画を実行に移すように勧められたロックフェラーは、講和条約調印後の一九五一年一一月、顧問のドナルド・H・マクレイン・ジュニアとともに再び日本を訪れ、多くの人の意見に耳を傾けた。マクレインは、アーモスト大学を卒業後、イエール大学ロー・スクールを修了した弁護士で、ロックフェラーからは「賢明な助言、交渉能力、企画の推進力」を高く評価されていた[11]。

一一月一二日、ロックフェラーとマクレインも同席するなかで、三五人の委員から構成される「文化センター準備委員会」が発足した。委員の大半は、戦前から日米関係を重視してきた財界人や学識者だった。委員長には、アーモスト大学を卒業した実業界の長老で、生涯を通して国際交流の重要性を説いてやまなかった樺山愛輔が選ばれ、松本とリーダーズ・ダイジェスト社日本支社長のスターリング・W・フィッシャーが常任幹事になった。フィッシャーのおかげで、日本支社の一隅に準備委員会の事務局を設けることができた。また、日本におけるアメリカ政治史研究の重鎮で松本の恩師でもある東大名誉教授の高木八尺は、委員の一人として松本を支えた[12]。

当初ロックフェラーが考えていたのは、父のロックフェラー・ジュニアがすでにニューヨーク、バークレー、シカゴ、パリに建てた外国人留学生のためのインターナショナル・ハウスを日本にも設置することだった。しかし松本たちは、留学生ではなく、日本と海外の知識人が交流を深めることのできる施設の必要性を訴えた。一九五二年八月、財団法人として設立を認可された国際文化会館の構想は、この日本人の提言に基づいていた。会館の建設用地は三菱財閥の四代目岩崎小彌太の邸宅跡に決まった。戦後、岩崎家が財産税の一部として物納し、国有地になっていた三〇

会館の建設用地を見る松本と米国大使館員：左からロバート・マーフィ大使，ブラッドフォード，マーガレット・ウィリアムズ（1952年11月）
提供：Rockefeller Archive Center

○○坪の土地は、建物は空襲で消失し、庭園も荒れ果てていた。建設用地は決まったものの、問題は資金の調達だった。ロックフェラー財団は六七万ドル（二億四三〇〇万円）の助成を約束したが、同時に日本側でも一億円の資金を五三年八月末までに集める条件が課せられていた。日本銀行総裁の一万田尚登が資金委員会の委員長になり、八八歳の樺山も「冥土への何よりの土産ができる」と名誉委員長を引き受け、資金集めに尽力した。募金は期限寸前に目標額に達し、その二か月後、樺山は世を去った(13)。

「日米知的交流計画」の発端は、多くのアメリカ人と日本人が来日中のロックフェラーに日米知的交流の緊急性を訴えたことにあった。なかでもブラッドフォードは、「最優先課題——アメリカ知識人の緊急日本派遣と日本人のアメリカ派遣」に関する九頁の覚え書きをロックフェラーに渡し、極東で日本ほど知識人が大きな影響力をもつ国はなく、また日本ほど「知識人がアメリカの進歩と創造的思考について無知な国はない」と指摘した。講和条約が批准されたものの、米国大使館の体制が整うまでに一年はかかり、その間に人物交流が滞り、「〔知識人の〕一部においては明らかに反米、大勢においては明らかに講和条約反対の現在の気運が固定する」危険を、ブラッドフォードは警告した。そのうえで、日米の知識人の交流こそ、「いま、両国の理解を促し、日本を自由主義陣営にとどめ、将来われわれとの協力を可能にするために実行できる最重要かつ唯一の企画」であり、これを実現できるのは民間の基金とイニシアティヴだけだとロックフェラーに訴えた。ブラッドフォードは、人選は民間の組織にゆだねるほうが望ましいとしながらも、日本に派遣するアメリ

カ知識人の候補者リストと費用の概算を添えた。(14)

松本たちもロックフェラーに日米知的交流の必要性を訴えた。ロックフェラーの離日前の会食の席で、松本は「ここ数か月の間に、〔アメリカから〕多数の一流の学者や知識人が来日し、日本の知識人と話し合うことができれば、どれほど役に立つかわからない」という主旨のことを述べた。同席する他の日本人も交流の緊急性を訴えた。松本らはアメリカ人の来日を日本人の渡米よりも重視したが、ロックフェラーは、「文化的なプログラムはすべて可能なかぎり双方向でなされるべきだ」と述べた。(15)

交流計画は、日米両国の委員会によって進められることになった。アメリカ側の委員会は、ロックフェラー財団の支援を得て一九四八年にコロンビア大学に設立されたばかりの東アジア研究所に置かれることになった。ロックフェラーは、イギリス人の日本史家で同研究所所長のジョージ・サンソム、および大統領選挙を控えて不在の学長アイゼンハワーの代行をつとめる副学長グレイソン・カークとの事前の話し合いに基づき、一九五一年一二月二七日、コロンビア大学に日米知的交流計画の運営を委託し、資金として一〇万ドル相当の株を譲渡する旨の公式文書をカークに送った。その文書には、交流の緊急性にかんがみて数か月以内に計画を開始し、一九五二年末の完了をめざすという了解が明記されていた。(16)委員長はサンソムがつとめることになったが、病気がちだったため、カークはアメリカ史が専門のハリー・J・カーマン教授に実質的運営の責任をゆだねた。六七歳のカーマンは大学の内外で人望が厚く、春学期からは退職にともない一コマしか授業を担当しないことから白羽の矢が立ったが、それまで日本とのかかわりはなく、東アジア研究所副所長のヒュー・ボートンがカーマンを支えた。ボートンは、アメリカ・フレンズ奉仕団の一員として一九二八年から三年間、また博士論文の資料を収集するために一九三五年から一年間、日本に滞在したことがある。一九三七年にライデン大学から日本史の博士号を取得したあとコロンビア大学で教えていたが、日米戦争勃発後は国務省で東アジアならびに日本問題を担当した。一九四八年秋にコロンビア大学に戻り、一九五一年秋からは日本で研究休暇を過ごしていた[17]。

ロックフェラーは、コロンビア大学に交流計画の運営を委託する文書を送った同じ日に松本にも手紙を書き、計画への全面的な協力を要請した。松本は一九五二年一月に開かれた文化センター準備委員会の会合で手紙を紹介し、対応について協議した。その結果、文化センター準備委員のなかから高木八尺、小泉信三（元慶應義塾塾長）、前田多門（元文部大臣）、亀山直人（日本学士院会員）、ゴードン・T・ボールズ（東京大学客員教授）を委員とする来日アメリカ人受け入れ準備委員会を設けることになった[18]。日米知的交流計画の検討は国際文化会館が認可される前に始まったが、当初から会館の設立準備委員が主体となり、会館の設立後は会館の主要な活動の一つとなった。

三　日米摩擦

日本に滞在するボートンは日本の準備委員会の会合に毎回参加し、議事録をアメリカの委員会に送った。ボートンは両委員会の橋渡し役をつとめたが、同時に、コロンビア大学の立場を強調し、松本としばしば対立することになった。二人は、一月に開かれた最初の会合で早くも衝突した。ボートンは、計画の主導権は運用資金が委託されているコロンビア大学にあり、来日するアメリカ人の人選でも日本側の提案を歓迎するが、最終判断を下すのはコロンビア大学だと述べた。しかし松本は、この計画は自分の発案に基づくものであり、アメリカ人への招待は日本側からなされるべきだと反論した。ボートンには、日本の委員が思想的に同質で、地域が東京に限られていることも不満だった[19]。

この会合の一週間後、松本とボートンの対立を心配したカーマンと東アジア研究所副所長代行のC・マーティン・ウィルバーが、ロックフェラーおよびマクレインと話し合った。「ほぼ一〇〇パーセント親米派」である日本の委員会を拡大する可能性や松本たち以外の日本人と接触することの是非をカーマンたちが尋ねたのに対して、ロックフェラーは、あくまでも松本のグループと協力するように要請した。計画の実施にあたっては「日本人がイニシアティヴをとり創造性を発揮することが重要であり、望ましい」という考えを繰り返し述べるとともに、人選はできるだけ日米共同で行うべきだと念を押した。[20]

日本の委員会のメンバーが親米派に偏っていることをアメリカ側が懸念したのは、アメリカ寄りではない知識人とも交流する必要があると考えたからだった。またボートンはウィルバーに、コロンビア大学の優先権に固執しすぎると思われているかもしれないが、「私たちが〔日本の〕委員会に対して可能なかぎり最善の取り決めをお膳立てしてこそプログラムは成功すると確信している」ことを伝えている。さらにボートンは、日本社会の弊害である「縄張り」や「党派主義」を委員会メンバーの構成に見いだして反発し、地域的にも分野的にも多様な人材から構成される委員会をつくるように日本側に主張し続けた。日米の摩擦が深まることを恐れたサンソムは、日本の委員会が「派閥となり、〔日本の知識人の〕真の代表でなくなる危険」を認めながらも、現在の委員会でも思想的に多様な日本人を招待することは可能であり、なによりも日本人のプライドを傷つけないことが重要だと考えた。ボートンに対しては、「私たちの考えのほうが賢明かどうか、彼らが本当に代表的な組織かどうかは問題ではない。この段階で私たちが彼らを動かそうとすれば〔略〕日本に対して友好的な姿勢を示すという交流計画の目的そのものが果たせなくなる」と釘をさした。[21]

日本側も結局は委員会を拡大することにし、三月には「知的交流日本委員会」をあらためて発足させた。委員長には高木、常任幹事には松本とボールズがつくことになり、委員には、すでに指名されていた小泉、前田、亀山のほかに、松本の叔父の松方三郎（共同通信社専務理事）、関西から羽田亨（元京都大学総長）と今村荒男（大阪大学学長）、女性委員として辻マツ（日本YWCA名誉委員長）と武田清子（日本YWCA）が加わった。[22]

しかし、四月には派遣する人数をめぐって再び日米の意見が対立し、ボートンは「なぜ私たちは、このように困難

長谷川氏ら六氏内定
「日米文化交流」の顔ぶれ
長谷川如是閑氏
木原均氏
都留重人氏
市川房枝女史
安倍能成氏
長与善郎氏

渡米者の内定を報じる記事
『朝日新聞』1952年5月28日掲載

な状況に陥ってしまうのか」と嘆いた。アメリカ側は一九五二年に一〇人のアメリカ人と六人の日本人の交流を提案したが、日本側は、一九五二年には三、四人を相互に送り、残りの資金を次年度以降にあてるほうが望ましいと考えた。ボートンは、そもそも多数のアメリカ人を短期間に派遣することが計画の主旨だったと反論したが、五月のはじめにカーマンから日本にすぐ行くことのできるアメリカ人を調達することが最大の問題だと知らされてからは、人数は当面の摩擦の種ではなくなった。(23)

アメリカの知識人にとっては要請が急だったことに加えて、日本は無理をしてまで訪ねたい国ではなかったのかもしれない。日本委員会は三月半ばに、ブラッドフォードやアメリカの委員会が用意した資料も参考にしながら、第一候補と第二候補あわせて一一人のアメリカ人のリストを用意した。サンソムは、日本人の要望に添って「ひたすら電報を送る」ようにカーマンに依頼したが、応諾するアメリカ人は誰もいないのが実情だった。五月下旬、日本委員会は第三候補として六人のリストを送付することにしたが、ほかによい候補がいる場合には日本側に相談しないでもよいと言わざるを得なかった。第三候補者のなかでも受諾したのは、マクレインが推薦したアーモスト大学学長のチャールズ・W・コールだけだった。(24)

一方、日本委員会は五月中旬の会合で、アメリカに派遣する日本人として長谷川如是閑、木原均、市川房枝、都留重人、長与善郎、安倍能成の六人を選んだ。ボートンから六人の訪米候補が決まったことを知らされたサンソムは、「私たちに拒否権があるとは思わないが、いずれの候補に関しても問題があれば指摘してもよいと思う」として、総じて若めの人が望ましく、またリベラルに偏らず、日本の異なる考え方を代表する人たちに来てほしいとの希望をアメリカ側の委員に伝えた。しかし、日本委員会はアメリカ側に相談することなく、即刻六人に打診し、全員が快諾した。長与は、「無論全部むこう持ちだ。旅費から滞在費から、講演の謝礼なんかも」と聞いて「心は踊らずにいられなかった」というが、それは多かれ少なかれ六人全員の気持ちであったろう。五月二八日の『朝日新聞』には、「長谷川氏ら六氏内定――『日米文化交流』の顔ぶれ」という見出しの記事が六人の写真入りで掲載され、ボートンは驚愕した。その内容は、ロックフェラー財団の後援で発足した文化センター準備委員会の事業として日米の指導的人物の交換が行われることになり、六人との交渉がすでに始まっているというもので、コロンビア大学にはわずかな言及しかなかった。その二日後、『朝日新聞』は再び社説で日米知的交流計画を取り上げたが、ロックフェラーに感謝する一方でコロンビア大学への言及は皆無だった。ボートンは落胆した。(25)

日本を離れる日が近づいたボートンは、コロンビア大学の影響力の低下を危惧したが、サンソムは資金を管理していることで引き続き影響力を行使できると考えた。しかし、サンソムも計画の見通しについては非観的になっていた。「正直なところ、これらの訪問がみな成功をおさめるかどうか私には全く確信がない。したがって失敗の責任を日本委員会が全面的に取りたいというのであれば、それに対してあまり驚くこともない」と、カーマンに書いている。しかし、「この計画のすべてが〔日米の〕非難の応酬に帰することは避けたい」と思った。(26)

四　交流の展開

水面下の摩擦とは別に、また開始は遅れたものの、交流は活発に展開した。一九五二年一〇月から四か月の間に四人の日本人が渡米し、翌年の一月から四か月の間に三人のアメリカ人とイギリス人、秋にはアメリカ人一人が来日した（表7-1を参照）。この間に来日したアメリカ人の滞在期間は一か月から二か月で、渡米した日本人の滞在は三か

表 7-1 渡米者・来日者一覧

名前	期間	専門・職業	年齢
1952〜53 年			
市川　房枝	52.10.24〜53.2.8	女性運動家・日本婦人有権者同盟会長	59
安倍　能成	52.11.12〜53.2.17	哲学，学習院院長	68
木原　均	53.1.11〜4.13	遺伝学，京都大学教授	59
長与　善郎	53.2.18〜5.21	作家・評論家	64
Cole, Charles W.	53.1.27〜3.10	経済学，アーモスト大学学長	46
D'Arcy, Martin C.	53.2.3〜3.22	宗教哲学，神父（英国人）	64
Ford, George B.	53.4.3〜6.4	神父・社会事業家	67
Roosevelt, Eleanor	53.5.22〜6.25	社会活動家・元大統領夫人	68
Cousins, Norman	53.9.6〜10.6	『サタデー・レヴュー』編集長	38
1954 年			
Carman, Harry J.	54.3.20〜5.5	アメリカ史，コロンビア大学教授	70
1955 年			
中山　伊知郎	55.10（10 日間）	経済，一橋大学学長	57
東畑　精一	同上	農業経済，東京大学教授	56
鮎澤　巖	55.9〜56.6	労働立法・運動史，国際基督教大学教授	60
Thorp, Willard L.	55.9.27〜12.4	国際経済，アーモスト大学教授	56
Kirk, Grayson L.	55.11.13〜11.27	国際政治，コロンビア大学学長	52
1956〜57 年			
長谷川　如是閑	56.3.10〜5.19	評論家	80
上代　たの	56.9.10〜10.15	英文学，日本女子大学学長	70
都留　重人	56.10.4〜57.6.28	経済学，一橋大学教授	44
Turner, Ralph E.	57.3.8〜5.12	歴史学，イエール大学教授	63
McCracken, Robert J.	57.4.27〜5.25	比較宗教学，リヴァサイド教会牧師	53
1958 年			
森戸　辰男	58.10.7〜11.30	経済学，広島大学学長	69
1959〜60 年			
八代　幸雄	59.6.15〜8.3	美術史，美術評論家	68
永井　道雄	59.7.15〜60.1	教育社会学，東京工業大学助教授	36
Tillich, Paul	60.5.3〜7.10	神学・哲学，ハーヴァード大学教授	73
Oppenheimer, J. Robert	60.9.5〜9.25	物理学，プリンストン高等研究所所長	56

出所：『国際文化会館 10 年の歩み』その他から作成．肩書きと年齢は渡米・来日時点のもの．

月を超えた。日本人は概して視察と観光に多くの時間を費やしたが、アメリカ人は講演や対談の機会が多かった。たとえば、最初に来日したアーモスト大学学長のコールは、一か月半の間に北海道から関西まで移動し、一三の大学を訪問したほか、多数の大学教員、ジャーナリスト、著述家、知識人、財界人、政治指導者、女性運動家に会った。スピーチは長短あわせて六〇回におよんだ。朝日新聞ホールでの講演には五〇〇人の聴衆が集まり、翌日の『朝日新聞』（一九五三年三月八日）には「アメリカはどこへ行く」という題で講演要旨が掲載された。日程には、日本の伝統芸術の鑑賞から工場視察、天皇・皇后との謁見、吉田首相主催の夕食会も組み込まれていた。さらに、アメリカ人は夫婦で来日することが多く、専門職をもつ妻が講演を行うこともあった(27)。

来日したアメリカ人は異口同音に、実り多い体験を可能にした日本人の周到な準備と厚いもてなしに感謝した。たとえばコールは、「日本で受けたようなもてなしを、アメリカの訪問者にすることができる人はアメリカにはいない」と、アメリカ委員会に報告している。日本側は、来日者ごとに関心を共有する学者や知識人の準備委員会をつくって万全の体制を整え、戦中・戦後に途絶えていた国際交流のために情熱を傾けた。しかし、交流計画の実施にあたっては、松本たちの献身的な努力はもちろんのこと、日本各地での協力が必要であり、その苦労も並大抵ではなかった。日本で生まれ、アーモスト大学を卒業し、同志社大学で教えていたオーテス・ケーリは、京都に二週間滞在するコールの日程を組む大変さについて、学年末は「一年のなかで最悪の時期」であり、「私から見て、多くの大学でのこうした交流はみな、彼ら〔日本人〕にとって価値があるのか、むしろ迷惑なのではないかという切実な疑問が浮かぶ」と、マクレインに伝えている(28)。

日本人渡米者のなかで、おそらくアメリカ人から最も注目されたのは、最初に訪米し、三か月半にわたって全米を視察した市川房枝だった。日本の女性運動に深くかかわり、日本婦人有権者同盟の会長をつとめる市川の話は、女性問題に関心をもつアメリカの大学関係者、政府・議会・政党の指導者、女性団体、日系人など、幅広い層の関心を集に同行したのは、ベアテ・シロタ・ゴードン（旧姓シロタ）だった。ゴードンは、ロシア人ピアニストの父が山田耕筰の招聘で東京音楽学校に赴任した一九二九年、五歳で来日した。一五歳まで日本で過ごしたあと、カリフォルニアのミルズ・カレッジを卒業し、戦後間もなくGHQのスタッフとして再び来日した。日本国憲法に男女平等を明記することに貢献したゴードンは、二〇歳近く年上の市川が「少年のように好奇心旺盛で、商社マンのようにエネルギッシュ」にスケジュールをこなし、アメリカの女性たちが「純粋で真っ直ぐ未来を向いている先生の生き方に共鳴し、好意を持った」ことを誇らしく思った。(29) また日本でも、大統領就任前のアイゼンハワーとの会見記は『朝日新聞』一

め、全国紙や訪問先の地元紙でも紹介された。テレビ、ラジオ、有線放送に出演することもあった。通訳として市川

ニューヨークに着いた市川房枝を迎える，左からベアテ・シロタ・ゴードン，ヒュー・ボートン，ハリー・J・カーマン

ニューヨークに着いた安倍能成を迎えるボートンと市川
2点の提供：公益財団法人市川房枝記念会女性と政治センター

面のトップを飾り、来日を控えたエレノア・ローズヴェルトとの会見記や、国連総会の傍聴記も新聞に大きく掲載された。市川自身にとっての最大の収穫は、大統領選挙の年に訪米し、選挙運動の実体をつぶさに観察できたことだった。(30)

市川のあとを追うように訪米した安倍能成も全米各地を三か月にわたって旅行し、おもに学者や教育者との交流を深めた。安倍に同行した通訳はハワイ出身の日系二世のミノル・シノダで、当時はコロンビア大学で博士論文を執筆中だった。(31)シノダは、安倍のプログラムが成功した最大の要因はアメリカ委員会の周到な準備にあり、とくに知己の多いカーマンが二〇の大学と連絡をとり、頼まれた教授たちがさらに周辺の大学や有力者に呼びかけて交流の機会を広げたことだったと述べている。アメリカが「最も見たい未見の国」だった安倍は好奇心旺盛で、多くの場所を積極的に見てまわったが、そのあとの会合や食事では疲れて寝てしまうこともあった。(32)

ゴードンとシノダはともに計画が大成功だったと報告し、マクレインも、「投資は、あらゆる点からみて配当金が払われている」と判断した。ロックフェラーは、交流計画を一九五四年まで延長するために二万五〇〇〇ドルを追加投入した。(33)一九五四年の秋から暮れにかけて、日米の委員会とマクレインは、あらためて交流計画の今後について話し合った。とくに一一月のアメリカ委員会の会合には松本も出席し、日本側の要望を直接伝えた。このときまでにアメリカ側の委員会の委員長はボートンになり、委員にはコロンビア関係者だけでなく、このプログラムで訪日したコールやノーマン・カズンズのほかに、エドウィン・O・ライシャワーなど他大学の教授も加わっていたが、日本側は依然としてコロンビア色が強いと感じていた。なによりも資金の運用にかかわっていないことが不満だった。派遣の人数も、アメリカ側が四人ずつを提案したのに対して、松本は最大二人ずつを主張した。さらにアメリカ側は、人選がこれまでは年長者に片寄っていたので、今後は若手を起用することを提案した。(34)

見直しの結果、交流計画は一九五五年から二年間の予定で続行されることになり、ロックフェラーは再び一〇万ドルの助成を行った。修正された計画では、指導者を年に二人ずつ、客員として大学に半年以上滞在する若手教授を一人ないし二人派遣することになった。資金は日米の委員会が半分ずつ管理することになり、人選と招待は、アメリカ人の場合は日本委員会、日本人の場合はアメリカ委員会が責任をもつが、相手委員会の了承を得ることが条件だった。マクレインが日米の委員会およびロックフェラーの意見を取り入れて何度も修正し、完成させた覚え書きが、一九五五年三月、カークから日本委員会に送付された。これを機に、国際文化会館が正式に日本委員会の実務を担当することになった。(35)

「コロンビア大学が文書で日本側との関係を明記しておけば、多くの問題は解決するだろう」とマクレインは思ったが、その数か月後には早くも鮎澤巖の人選をめぐって日米の意見が対立した。鮎澤は戦前にハヴァフォード大学で学び、コロンビア大学で博士号を取得したあと国際労働機関(ILO)に長く勤務し、戦後は国際基督教大学の教授になった。ボートンも鮎澤を戦前から知っていたが、コロンビア大学名誉教授で国際主義者として世界的にも著名なジェームズ・T・ショットウェルからの強い推薦もあり、アメリカ委員会は全員一致で鮎澤のコロンビア大学への招聘を了承した。しかし日本委員会は、鮎澤の専門分野は狭く、日本の労働状況を説明する人物としては中山伊知郎のほうがはるかによいと難色を示した。アメリカ側は、中山の訪米を排除するものではなく、鮎澤を若手客員教授として招待したいと説明したが、日本側は反対の立場を変えず、アメリカ側も鮎澤への招待を撤回しなかった。日本委員会の本音が何であれ、それはアメリカ側には伝わらず、かつてボートンが指摘した松本たちの党派性、閉鎖性をカーマンにも痛感させる結果になった。(36) 日本委員会は、アメリカ委員会にあてた報告文書では鮎澤の招待に感謝を表明しているが、『国際文化会館一〇年の歩み』では日米知的交流計画一〇年間の参加者リストから鮎澤の名前は消えている。(37)

一九五七年秋、日本委員会は交流計画を二年後に終了させることを提言した。計画の終了に同意したアメリカ委員会は、翌年七月、ニューヨークのジャパン・ソサエティに資金を移管して実務をゆだね、自らは諮問機関として存続することにした。ジャパン・ソサエティは、一九〇七年に日米関係の悪化を憂慮し、日米の交流を促進したいと願う在米日本人とアメリカ人によって創設された民間組織で、日米開戦とともに閉鎖されたが、講和後はロックフェラー三世の財政支援のもとに活動を再開していた。アメリカ委員会はその後も日本人の受け入れを支援したが、アメリカ人の招聘に関しては、日本側がイニシアティヴを取るようになった。さらに一九六一年二月、日本委員会は知的交流計画を国際文化会館の企画とし、委員会の名称を国際文化会館知的交流委員会に改めた。日米の委員会が共同で推進した交流に幕がおろされた(38)。

五　言葉の壁

国際交流が常に抱える問題の一つに言葉の壁がある。日米知的交流計画においても、日米の委員会はともに、交流を成功させるためには有能な通訳が欠かせないことを十分に認識していた。高木は、選ばれた日本人が「スピーカーとしては、ある意味では、日本語がわかる人にとっても理解することが必ずしも容易ではない人たちである」ことをアメリカ側に伝え、訪問者の考えや性格を知っている通訳の確保を要請した。場合によっては日本から通訳を同行させる可能性も示唆していた。アメリカ側は、日本人が来日する二週間前から通訳に手当を支給し、著作に目を通すことを義務づける措置を講じていた(39)。

安倍は「何しろ詞《ことば》がよく喋《しゃべ》れず、又相手の話がよく分からぬ」という自己認識がありながら、旅行中に英語力をつけたいという思いから極力英語で話そうとした。シノダは安倍のプライドを傷つけないようにしながら、安倍の英語をアメリカ人に通じる英語に訳し直さなければならなかった。安倍が「あなたの大学には地域研究（area studies）がありますか」と尋ねられて、「はい、私の研究分野（area of study）は哲学です」と答え、また「あなたの大学には国際関係のコースがありますか」と聞かれ、「いえ、私は哲学を教えていました」と答えるような行き違いがしばしば生じた。「どれだけ多くを彼が聞きそこなったか、あるいは誤解したかはわからないが、表面的にそれとわかったよりは多かったに違いない」と、シノダは思った(40)。

安倍はシノダの憂慮も知らず、「訪問した諸大学では、教授たちが快く応対してくれ、哲学関係その他の集会をしてくれたが、真面目な人、親切な人はあっても、別に思想の卓抜な、鋭利な、人格の偉大崇高なと感ずる人にも接しなかった」と書いている。他方、安倍のためにいくつかの会合を準備したベレア大学の教授は、「安倍博士のような著名な人と会う機会」があったことをカーマンに感謝しながら、「おそらく唯一の失望は、彼があまり流暢ではない英語ですべての質問に答えることに執着したことだった〔略〕。彼の通訳はこのうえなく有能だったので、彼が日本語で答えることに甘んじて通訳してもらったら、得るところがはるかに多かったことだろう」と書いている(41)。

安倍の英語を体験したエモリー大学の教授は、長与を迎えるにあたって長与の英語力を事前に問い合わせてきた。カーマンは、長与は「書かれた英語には強く語彙も非常に豊富だが、発音は理解しがたい〔略〕。できるだけ英語を使いたがるが、しばしば不幸なことに〔略〕言われていることの要点をミスし、彼が言いたいほど正確に、あるいはすみやかに答えることができない。したがって会話の内容も限られる。概して経験からすると、すべての会話に通訳を使うように計画するのが最善である」と答えている(42)。

アメリカ委員会は、来日する日本人にコロンビア大学での講演の機会を用意していたが、「最も困難な問題は、講演で用いる言葉の問題だった」と、委員会事務局のジョン・F・ハウズは報告している。安倍からコロンビア大学での講演を英語で行いたいと言われたアメリカ委員会は、英語の原稿を会場で配布することにした。案の定、聴衆は配付された原稿のコピーから目を離すことができなかった。日本の再軍備に反対する安倍の講演を松本は「勇敢率直」

な言動と評価したが、シングル・スペースで一二頁もある演説を安倍の英語で聞かされた聴衆の苦痛は想像に難くない[43]。長与もコロンビア大学で講演を行ったが、最後まで推考を重ねた日本語の原稿は真っ黒だった。長与が原稿を数分間読み、通訳のユージン・ラングストンが英訳した。長与は、「あまりいい出来とは行かなかった〔略〕。雨天の夜八時からというので聴講者の少なかったのはむしろよかった」と思ったが、ラングストンには、「言いたいことを言いたいように言えなかった」長与の講演が残念に思われた。しかしハウズは、聴衆には、通訳を使う長与の講演のほうが、安倍の英語を聞くよりもはるかによかったと感じた[44]。

言葉の壁を痛感したのは日本人だけではなかった。日本人との話し合いで「私が最も疲れたのは、あらゆることが通訳されなければならないことだった」とローズヴェルトは述べている。ローズヴェルトに同行した通訳の一人は、戦前にアメリカのスワスモア大学政治学部を卒業した松岡洋子で、ローズヴェルトも松岡の英語力を高く評価していた。しかしローズヴェルトにとっては、数分ごとに話を中断し、通訳が日本語に訳し終わるまで待ち、また話すことの繰り返しは時間がかかるだけでなく、忍耐を要した。とりわけ、原稿を読むのではなく聴衆に向かって話しかけるローズヴェルトは、中断されるたびに話の流れを保つことに神経を集中しなければならなかった。英語と日本語の両方に耳を傾ける日本人の忍耐強さに感心しながらも、「どこの国に行っても、小学校へ通っている子供まで、一人残らず知っているような一つの言葉があったならさぞかし良いことだろう。そうしたらみんな少しも気づまりな思いをせずに話し合えるだろうに」と思わずにはいられなかった[45]。

コールは、来日前に日本に関する数冊の本とともに、三〇時間で日本語が話せるようになるという入門書を入手したが、一三〇時間はかかりそうだと思い、諦めた。来日後は、日本人が英語を学ぶために厖大な時間を費やしながら、会話のできる人がまれだという事実に驚いた。なぜ学校で何年も英語を学びながら話せないのかを尋ねたコールに、日本人は、英語の教師が英語を話せないからだと説明した。またコールは多くの日本人と話をした経験から、英語の

ほうが日本語よりも考えを明確に表現できる言葉なのではないかと感じた。(46)

ローズヴェルトの通訳をつとめた松岡も、日米のコミュニケーション・スタイルの違いについて次のように書いている。

アメリカ人に最もわかりやすい論法と言葉を用いなかった人も相当あったように思う。前おきのほうが本文より長かったり、まわりくどいはなし方をする人が、ことに年配の人たちの中に多いようであったが、夫人の気持を害さないようにという心づかいからであろうか。「あなた」と「私」ということでさえ幾通りものいい方がある日本語の複雑さと、とかく抽象的なもののいい方をする私たちの癖は、具体的にものごとをつかむ習慣がついているアメリカ人には理解しにくい場合も多々あったように思う。(47)

しかし、松岡ほどの英語力を備えている日本人は少なかった。日米知的交流計画が国際文化会館独自の企画になった一九六一年、東京大学法学部教授の斎藤眞は、学内で一〇〇〇人の聴衆を前に講演を行ったハーヴァード大学教授デイヴィッド・リースマンの通訳を「ちゃんとした原稿がない」ままにまかされた。斎藤はそのときの体験について、「あれは非常に印象に残っています。印象に残っているというより、大変な重荷だった〔略〕。二度とできません」と回顧している。(48)

六　マルクス主義の壁

アメリカから最初に来日したコールは、六年前に三九歳の若さでアーモスト大学学長に就任し、日本の新聞でも「米国教育界の大物」の来日と報じられたが、専門は経済史だった。コールが直面した言葉以上に厚い壁は、日本の学生や教師が信奉するマルクス主義だった。コールが得た情報では、日本の大学では共産主義の教師や学生は一%から三%にすぎないが、マルクス主義の支持者は六〇%から七〇%もいるとのことだった。彼らは資本主義のアメリカは帝国主義で反動的、好戦的であり、共産主義のソ連は人道的、進歩的、平和的だと信じていた(49)。帰国後にアメリカ委員会に提出した報告書のなかで、コールはマルクス主義の学生が多い理由を一四、マルクス主義の教師が多い追加の理由を九つあげている。そのなかには、戦前・戦中の軍国主義のもとで非合法だった共産主義と同様に、マルクス主義には戦争反対のイメージがあること、戦前に学生だった教師にとっては禁断の実の魅力があること、戦争と占領がもたらした反米感情、国家神道や天皇崇拝に代わってマルクス主義が果たす宗教的な役割、薄給の教師や貧しい学生たちが自分たちを搾取された階級と同一視しやすいことなど、日本の歴史や政治、経済に起因する理由が多かった。しかし、コールが最も注目した理由は、日本の学者が理論に傾倒し、最近の世界情勢や研究の成果を知らないことだった。

　コールは日本人に最近のアメリカの状況や研究成果を知らせることが自分の使命だと思ったし、松本からもそうすることを勧められていた。朝日新聞社主催の講演でも、一九五〇年代のア

歓談するチャールズ・W・コール夫妻と樺山愛輔

ウィラード・L・ソープ夫妻と歓談する松本重治夫人と高木八尺
2点の提供：公益財団法人国際文化会館

メリカは二〇年代とは根本的に異なり、政府による労働者や農民の保護、さらに高額所得者に対する高率の課税によって、社会はより平等になったことを強調した。(50) しかし、講演にしても対談にしても「説得された人はごくわずかだったに違いない」とコールは感じた。日本の研究者や学生たちはマルクス主義の理論に合わない情報を受け入れようとはせず、むしろコールの説明をアメリカのプロパガンダと受けとめたからだった。コールは今後の対策として、キリスト教の影響力の拡大、英語力の向上、最新の本や雑誌の提供、ソ連の衛星国の実態を知らせることの四つを提言した。

一九五五年秋に来日したアーモスト大学教授のウィラード・L・ソープも、日本におけるマルクス主義の影響を危惧した。ソープは、経済学者であるだけでなく、ローズヴェルト政権では国家緊急会議の消費者部門の責任者や全国復興局の政策委員会の委員長、トルーマン政権では経済担当国務次官補としてパリ平和会議や国連総会のアメリカ代表をつとめ、さらに欧州復興計画（マーシャル・プラン）や途上国を対象とするポイント・フォーの立案に参画するなど、国内および海外の経済に精通する人物だった。それだけに、多くの日本の経済学者が象牙の塔にこもり、経済学者同士の交流もさることながら、他分野の研究者や海外との接触がきわめて乏しいことに驚いた。大学の内外で顕著に見られる反米感情はおもに米軍基地の存在などに起因しているが、経済学者の半数近くが信奉しているマルクス主義が反米感情を増幅しているように思われた。アメリカは「不景気ないしは深刻な不況の瀬戸際にある」、「〔アメリカの〕対外経済政策は余剰物資をさばく必要性に支配されている」、「〔アメリカ〕経済は繁栄のために軍需産業に依存している」と主張する人々が優勢で、アメリカに共鳴する人たちは劣勢に立たされていた。ソープはアメリカ委員会に対して、日本人から一目置かれるような経験と地位をもつアメリカ人を今後も数多く派遣し、説得を続けることが必要だと提言した。(51)

七　ローズヴェルトと日本女性の齟齬

日米知的交流計画で来日したアメリカ人のなかで日本人から最も注目されたのは、第三二代大統領フランクリン・D・ローズヴェルトの妻のエレノア・ローズヴェルトだった。夫の大統領在任中はもとより夫に先立たれたあとも活躍するローズヴェルトは、アメリカの国連代表として世界人権宣言の起草にかかわり、また新聞のコラムの連載や雑誌への寄稿、ラジオ番組への出演、国の内外での講演などの活動を続けていた。日本人、とくに日本の女性たちがローズヴェルトの来日に大きな期待を寄せたのは、彼女の影響力に注目したからだった。来日前のローズヴェルトと会見した市川房枝は、『朝日新聞』（一九五三年一月四日夕刊）に、「夫人の日本訪問は、アメリカの世論を形成するすえに〔原文のママ〕大きな力となることは確かである」と書いていた。来日後のローズヴェルトと対談した小説家の野上彌生子も、「終戦以来アメリカからいろいろな訪問者《ゲスト》が見えましたけれども、私たちが大きな期待をもってお待ち申上げていたのはあなたでした」と語っている[52]。

一九五三年五月二二日、ローズヴェルトは秘書と次男の妻をともなって羽田に到着した。出迎えた人たちのなかには、真珠湾攻撃のときに駐米日本大使だった野村吉三郎の姿もあった。宿泊先の帝国ホテルに到着してすぐに記者会見を行ったが、広いロビーは報道陣やローズヴェルトを一目見ようとする宿泊客で身動きができないほどだった[53]。その後も、ローズヴェルトは行く先々でカメラのフラッシュを浴び、報道陣に囲まれた。五週間の滞在中、大阪、奈良、京都をはじめ広島、福岡、仙台にも足を延ばし、吉田首相や与野党の国会議員、学生、知識人、女性活動家、農民、工場労働者など多くの日本人に会い、離日前には天皇・皇后にも謁見した。ローズヴェルトは連日、視察、対談、講演などいくつものスケジュールを精力的にこなすかたわら、日本人から寄せられる手紙に目を通し、さらにコラム

小学校参観
3点の提供：Franklin D. Roosevelt Library

羽田に着いたエレノア・ローズヴェルト．左から松本，ローズヴェルトの秘書，息子の妻（ローズヴェルトの後），右隣は野村吉三郎

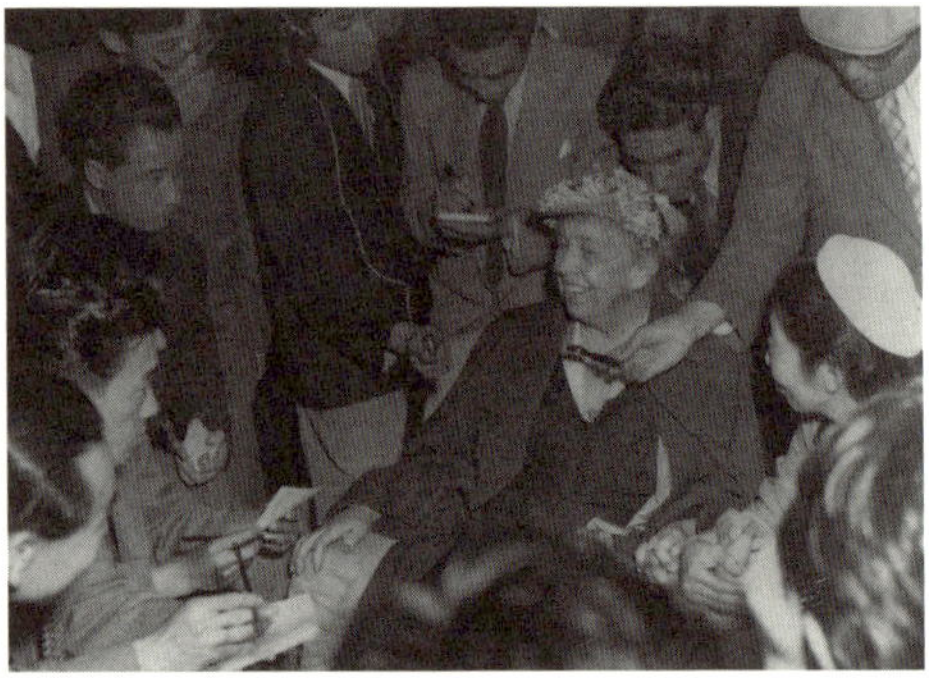

記者に囲まれるローズヴェルト．右は松岡洋子

「マイ・デイ」の原稿も執筆した。その翻訳が『毎日新聞』に連載されると、『朝日新聞』も競うかのように、通訳の松岡の同行記を二〇回にわたって掲載した。

　ローズヴェルトのもとには、留学したい、写真がほしい、会いたい、家に寄ってほしい、自分たちの町にも来てほしい、あるいは京都大学に女子寮をつくるための募金活動に協力してほしいなど、さまざまな手紙が届いた。アメリカ兵と結婚して渡米した娘を案じる手紙を送ってきた老母に代わって、ローズヴェルトがアメリカ兵の母親に「いつまでも可愛がってください」と便りを出したこともあった。政治的な陳情の手紙も多く、再軍備や基地、混血児の問題を訴える手紙が目立ったが、最も多かったのは戦犯の家族の釈放や減刑を訴える手紙で、それだけで一〇〇通を超えた。ローズヴェルトは秘書の助けを借りながら返事を書いた(54)。

　訪日前のローズヴェルトは、カーマンから「まさにいま日本女性の地位に大きな革命が起っている。あなたがこの運動に与えることのできる助言、指導、激励は筆舌に尽くしがたい」と言われていたし、ローズヴェルト自身、「民主主義の考えを広めるために、できることは何でもする」覚悟だった。(55)日本での講演や対談では、女性の地位、国連、人権を取り上げることが多かった。しかし、ローズヴェルトが想像もしていなかったことは、記者会見でも、女性活動家たちとの話し合いでも、講演のあとの質疑でも、日本の再軍備や米軍基地、混血児の問題が必ずといってよいほど話題に上り、意見を聞かれたり、同意を求められたり、協力を要請されることだった。

女性指導者たちとの討論会（神田共立講堂）
提供：毎日新聞社

日本の再軍備に関してローズヴェルトは、「アメリカの人たちは、私たちが再軍備を望んでいないことを本当に知っているのだろうか」と日本人から繰り返し尋ねられたが、「正直なところ、私はどう答えればよいのかわからない。実のところ、アメリカ人はこの問題を真剣に考えたことがあるとは思えない」というのが本音だった。ローズヴェルトは、日本人から再軍備に反対するさまざまな理由を聞いた。最大の理由は、戦争放棄をうたう日本国憲法を作成したアメリカが再軍備を要請することの矛盾だった。またソ連や中国の脅威よりも、むしろアメリカの利益のために米ソの戦いに巻き込まれることを恐れる意見や、アメリカは日本の経済発展に必要な資金を再軍備に使わせようとしているという非難も頻繁に耳にした。米ソの対立は軍事力の増強ではなく話し合いによって解決されるべきだと主張する日本人も多かった。(56)ローズヴェルトは最初の記者会見で、戦後の世界情勢の変化から日本の再軍備も必要になったと述べ、多くの批判を浴びたことから、それ以後は、日本の再軍備は日本人が決めるべきだと言うようになった。しかし同時に、ソ連の行動がアメリカに軍備増強をよぎなくさせていること、また日本国憲法も自衛権まで放棄しているとは考えられないことも指摘した。実のところ、ローズヴェルトには、再軍備反対を唱える日本人が現実の国際情勢と向き合うことなく、戦争はただいやだという「願望的思考」に陥っているように思われた(57)。

在日米軍基地はアメリカによる日本の植民地化であるとの非難や、基地があるために戦争に巻き込まれるかもしれないとの危惧を、ローズヴェルトはしばしば耳にした。とりわけ日本の女性活動家たちは基地周辺の売春と混血児の問題を解決するために、ローズヴェルトの協力を求め、基地を視察するように促した。ローズヴェルトは基地を訪問しなかったものの、日米孤児救済合同委員会の会合に出席したり、混血児を収容する施設の責任者と話し合ったりした。ローズヴェルトが協力を表明したことを伝える『読売新聞』(五月二八日)の記事には、「アメリカの世論に大きな影響力をもつル夫人の理解と協力を得ることは百万の援助を得たのにひとしいと期待されている」と書かれていた。

しかし、ローズヴェルトが多くの機会に主張したことは、基地の存在とそれに付随する問題は日本政府と在日米軍との話し合いによって解決されるべきだということだった。そのためには日本人が日本政府を動かすべきであり、とくに売春に関しては日本女性が解決のための行動を起こすべきだと指摘した。基地問題の解決を訴える日本人女性からの手紙に対して、ローズヴェルトは、「不道徳な女性たちをなくしたいのであれば、そうしなければいけないのは、あなたたちだ。彼女たちが基地の周辺にいなければ、耐えがたいと思うような状況をアメリカ人がつくることはあり得ない。〔略〕いま、日本の女性は以前よりも自由なのだから、そうすることができるように望んでいる」と返信した。野上彌生子はローズヴェルトとの対談で、地震の研究が行われている浅間山麓に建設されるかもしれない米軍基地について、「この問題が学問的にどんなにか重要かという意味で、アメリカ側にもしそういうお話をして下さると非常に好都合だろうと思うのですけれど――そんなことをお願いしていいかどうか、失礼かもしれないと存知ますけ

上：女性の田植えを視察
左：茶の点前を受けるローズヴェルト
2点の提供：Franklin D. Roosevelt Library

れど、大事な問題ですから、きょうお目にかかる機会にこのことを申上げたいと思って出かけてまいりました」と丁重に述べたが、ローズヴェルトは、日本人が日本政府およびアメリカ当局に訴えるべき問題だという見解を変えることはなかった。[58]

ローズヴェルトは原爆投下についても再三意見を求められたが、原爆投下は当時のアメリカ政府関係者が熟慮したうえでの判断だったと確信していた。広島での記者会見でも、「〔原爆投下は〕大統領が決定したことで、戦争を一刻も早く終局に導く正しい決定だったと思う」と答えている。ローズヴェルトの広島訪問を伝える『読売新聞』（六月九日）の記事には「原爆孤児へ謝罪の瞳」という見出しがついていた。確かに、ローズヴェルトは原爆の惨禍を目にして心を痛めたが、アメリカ人として謝罪すべきだとはまったく思っていなかった。ローズヴェルトの広島訪問を伝える日本の報道に関しても、「ここの新聞は信頼できないところがある。話を脚色し、可能であれば、話を作り上げることもある。ひどい火傷を追った少女たちを見て私が泣いたと報じている新聞もあるが、私は広島では泣いていない」と息子あての手紙に書いている。[59]

ローズヴェルトの飾らない親しみのある態度や、日本人の話に根気よく耳を傾け、自分の考えを率直に述べる誠実さに好印象を抱いた日本人は多かった。しかし、ローズヴェルトはしばしば激しい非難にもさらされた。たとえば、『社会タイムス』（社会党左派系の新聞、六月一七日）には、ローズヴェルトについて「再軍備の召使いである」、「日本婦人の平和への熱願に水をぶっかけようとしている」、「ルーズベルト家は軍需産業の大株主である」、「偽善者」、「こんな人にいくら話をしても無駄だとあきらめました」といった関西主婦連の幹部たちの感想が掲載されている。また、通訳の松岡洋子は同行記のなかで、「夫人への期待があまりにも大きかっただけに、失望した人たちも相当あったらしい。しかし、アメリカの『良心』にも限度があることを知ったことは収穫であった」と書いている。松岡も、失望した一人だったかもしれない。三年後に日本ペンクラブ事務局長に就任した松岡は、やがて中国や北ベトナムに共鳴し、アメリカを糾弾する論客の一人となった。(60)

離日を前に、『読売新聞』の単独会見に応じたローズヴェルトは、「日本の皆さんの親切は忘れません。実際にこの眼で日本をみて日本のいろいろな人々と話しあったことはなんともいえない大きな収穫です」と前置きしながら、日本の女性について次のように語った。「日本の民主化が進んだとはいえやはり与えられた民主主義で底が浅い。とくに婦人は封建的、半近代的な雰囲気と思想のなかに住んでいるようで農村ではこの傾向が強い。女性は思想的にも保守化しているし、センチメンタリムズをどうしても脱却できない。ここに婦人が深い反省力なくして反米的思想に走る原因の一端があると思います。もちろん日本人にも目覚めた婦人がいるが、一般的には欧米各国の婦人に比べ自覚の程度が弱いと思います」と。(61)ローズヴェルトの発言が正確に伝えられているかどうかは別にしても、ローズヴェルトと日本の女性たちとの間には意思の疎通をはばむ壁があった。それは、日米の民主主義の違いよりも、ローズヴェルトの冷戦の論理と日本人の悲惨な戦争体験が嚙み合わないことによるものだった。

一九五八年、ローズヴェルトは、夫に先立たれてからの日々を綴った『ひとりで』という題の自伝を出版し、そのなかの二章を日本体験にあてた。再軍備、基地、売春、混血児についても、その実態と日本人の考えをアメリカの読者に伝えた。広島を訪問したときの心境については、アメリカの指導者が熟慮のうえで原爆を投下したと信じながらも、「爆発や火災によって破壊された市や地域を目にするとき、死傷者についての話に耳を傾けるとき、犠牲者の写真を見るとき、深い悲しみがこみあげてくる」と書いている。そして、「神が、これからの人間により大きな英知を与えたまわんことを」という願いで日本の章を締めくくっている。(62)

八　マッカーシズムと「都留旋風」

ハーヴァード大学の都留重人と経済学者：左からポール・サミュエルソン（米），ヤン・ティンバーゲン（蘭），右端はゴットフリート・フォン・ハーバラー（墺）
提供：公益財団法人国際文化会館

ローズヴェルトが来日した一九五三年のアメリカでは、マッカーシズムと呼ばれる反共旋風が吹き荒れていた。アメリカ人を含む女性の一団が来日中のローズヴェルトに「ヤンキー・ゴー・ホーム」と叫んだことも、日本では小さく報道されただけだったが、アメリカでは、ローズヴェルトが車から引きずりおろされたという尾ひれもついたAP通信社の配信記事が七四〇紙に掲載されたことからも、反共旋風の勢いがうかがわれる。(63) 都留重人が若手教授として渡米した一九五七年までには、反共旋風をあおった上院議員のジョセフ・マッカーシーはすでに上院で譴責決議を受け、故人となっていた。しかし、かつての勢いはないとはいえ依然として続くアメリカの反共主義に都留は巻き込まれ、日本のマスコミで「都留旋風」が吹き荒れることになった。

都留は、ハーヴァード大学を卒業後、一九四〇年に同大学で博士号を取得し、経済学部の助手をつとめた。戦争勃発後に帰国し、戦後は東京商科大学（一九四九年に一橋大学に改称）の教授になった。(64) 論壇でも活躍する都留は、日本委員会が最初に発表したアメリカに派遣する六人のなかの一人だったが、ヴィザがおりなかった。一九五四年、国務省はアメリカ委員会からの打診に対し、マッカラン法（全体主義者や共産主義者の入国制限）と都留のハーヴァード時代の言動からしてヴィザの発給はむずかしいかもしれないと伝えた。翌年七月、ボートンは、かつて国務省日本課長のときに課長補佐だった駐日大使のアリソンに書簡を送り、都留の考えも戦前とは異なり、「彼がアメリカを直接目にすれば、これからの日本の問題を解決するのは共産主義ではなく民主主義だと確信するであろう」と述べて、協力を要請した。しかし、アリソンは都留の日本での反米的言動に言及し、訪米には強硬に反対した。アリソンが態度を軟化させたのは、都留の訪米を支持する米国大使館参事官のジョージ・モーガンの仲介のおかげで高木が大使を説得できたからだった。一〇月、アリソンは、都留が公の場で講演をするのではなく、教授としての活動に専念することを条件に、ヴィザの発給に同意した[65]。

一九五六年一〇月、ハーヴァード大学の客員教授として渡米した都留は、一四年振りのアメリカの生活を満喫するとともに、関係者の期待を上回る活躍をした。経済学部長のシーモア・ハリスは、当初、都留の受け入れには消極的だったが、「都留は学部のすばらしい一員で、あらゆる点で非常に協力的であり、貢献している」と評価し、「彼の経験、能力、世界的評価からして、年収八〇〇〇ドルは低すぎた」と思ったほどだった。一九五七年三月に都留をコロンビア大学の東アジア研究所に招いたボートンも、日本経済の将来に関する都留の講義を絶賛した。また、今回の訪米によってアメリカについての考えも変わったと都留が述べるのを聞いて、ボートンは嬉しく思った[66]。

都留が上院国内治安分科委員会から喚問状を受け取ったのは、その直後の三月一六日のことだった。その四日前にアメリカ人外交官のジョン・K・エマソンが委員会に喚問され、日本史研究者で、当時はエジプト駐在カナダ大使だったハーバート・ノーマンに関する質疑応答のなかで、ノーマンの友人として都留の名前が上がり、都留がアメリカにいることを委員会が知ったのがきっかけだった。ノーマンは、反共主義者たちから共産主義者ないしはソ連のスパイとみなされていた。三月二六日と二七日の二日間にわたる都留の喚問では、ハーヴァード時代にかかわったマルクス主義系雑誌『サイエンス・アンド・ソサエティ』の関係者たちとかわした数通の手紙を証拠としてつきつけられ、自分のことだけでなく、手紙に登場する人たち、およびノーマンについても質問されたが、都留は流暢な英語で対応した。自分自身については共産党員ではなかったが共産主義に共鳴した若い時代があったことを認め、現在は共産主義やマルクス主義とは決別していると述べた。(67)

アメリカのメディアではほとんど注目されなかった都留の喚問が、日本では大々的に報じられた。その論調は、アメリカの反共主義を非難するだけでなく、喚問に応じた都留にも批判的だった。『毎日新聞』（三月二一日夕刊）は、「大掛かりな思想調査――米の教授間に都留旋風」という見出しで、「都留教授の証言によって米大学教授の間における共産主義の新たな調査を行う糸口ができた」と報道し、四月三日の朝刊でも、あらためて「交友関係スラスラ」という見出しの記事を掲載した。さらに四月五日、ノーマンがカイロのビルの屋上から投身自殺したため、日本のマスコミでは「都留旋風」が吹き荒れた。上院国内治安分科委員会での都留の証言要旨や解説記事、都留の手記も新聞に掲載された。『朝日新聞』の「天声人語」（四月一〇日）の筆者は、「アメリカのお客様として招いた外国人を、なぜあんなに『検察官』的態度で追及せねばならぬか、また、都留氏も旧い交友たちのことをなぜあんなにだらしなくしゃべったのか、両方とも不可解である」として、「むしろ証言を断ってサッサと帰国した方が、日米知的交流にマイナスにならなかったのにと残念に思う」と述べた。『世界』と『中央公論』の六月号も都留特集を組み、証言の全文とともに多くの論評を掲載したが、新聞に比べると都留よりもアメリカの反共主義を強く非難する内容だった。

都留は、日本のメディアが誤報や推測、証言の誤読や誤訳に基づくセンセーショナルな記事や「完全な捏造記事」を掲載し、「無責任な個人攻撃」を行っていることに心を痛めたが、周囲のアメリカ人の対応に慰められた。ハリスやハーヴァード・カレッジの長であるマクジョージ・バンディからは「どうか気兼ねなく思う存分今までどおりの仕事を続けてほしい。将来万一問題が再燃したばあいでも、私たちはあくまであなたを支持する」と激励されたし、「アメリカ人として申し訳ない」と言う学生も少なくなかった。都留にアパートを転貸した老婦人も、「若い学生時代のことをとやかく詮索するのはけしからぬ。私だって戦前は［略］社会主義者になりかねないと思ったくらいですよ」と、委員会を非難した。(68)

五月二〇日には、知的交流委員会のメンバーで、日本史研究者のライシャワーが、三人のハーヴァードの同僚――経済学部のハリスとジョン・ケネス・ガルブレイス、中国史研究者のジョン・K・フェアバンク――との連名で投稿した記事が『ニューヨークタイムズ』紙に掲載された。投書の目的は、上院国内治安分科委員会を批判すると同時に、日本における都留批判を沈静化させることにあった。都留に対する非難の多くは誤った情報に基づいており、たとえば、都留が提供したとされる名前のリストは委員会が用意したもので、都留の証言がアメリカの友人を窮地に追い込んだとかノーマンの自殺を招いたという批判には根拠がないと述べた。また、都留が喚問に応じたことは賢明な選択であり、もし拒否して帰国したならば、不当な疑惑を招き、日米関係を一層悪化させることになったであろうと論じた。さらに、「私たちは、海外で米国に対する友好をつちかうために数十億ドルを費やしている一方で、議会分科委員会のこのような破壊的なやり方に困惑させられるとは信じがたい」という結びの文は、知的交流がもつ政治的意図を示唆していた。フェアバンクは都留の喚問に同席した弁護士に、投稿が日本でも紹介され、都留に対する誤解が少しでも解消されることを期待していると語ったが、『朝日新聞』(五月二一日)は投書の全訳を四人の写真とともに掲載した。その後帰国した都留は、秋には、「都留事件に関するかぎり、日本の雰囲気は大いに改善された。不愉快な中断もなく、私は仕事に集中できる」とカーマンに伝えている。(69)

九　日米知的交流計画の意義

日米知的交流計画は、冷戦を背景とする日米関係の脈絡のなかで誕生した。松本はロックフェラーについて、「親日家だったが、日米友好という善意だけで動いてくれたのではないだろう。日本をソ連にとられたくない、アメリカにひきつけておきたい、という戦略が半分だったに違いない」と語った。しかし日本のリベラルな知識人たちもまた、松本の言葉を借りれば、「アメリカの経済は近い将来に完全に崩壊する、あるいは崩壊を防ぐために第三次世界大戦を起こさなければならないだろう」と主張するマルクス主義者の勢力拡大を阻止する役割を、日米の知的対話に期待したのだった。(70)

当時、東京大学社会科学研究所にいた石田雄は、高木らの「地道な努力の結果、一九五〇年代も後半に入ると、アメリカについての極端に一面的な見方も、少しずつ修正されはじめる」と述べている。しかし、安保条約改定の本格的交渉が始まろうとしていた一九五八年秋、日本の知識人の対米観に不安をつのらせた高木と松本は、一九五二年と五六年に民主党大統領候補だったアドレイ・スティーヴンソンに訪日を促し、「日本人が現在のアメリカ外交をよく理解するのを助けてくれる」よう懇請した。(71) 親米リベラル派の危惧は、一九六〇年の安保改定に反対する大規模な抗議運動によって現実となった。

新日米安保条約が成立し、抗議運動も沈静化した一九六〇年秋、ライシャワーは「日本との断たれた対話」と題する論稿のなかで、「〔抗議運動への〕参加者の多くは、心から民主主義を信じていたにしても、民主主義の明らかな敵である国際共産主義にナイーヴにも騙されていた」と述べた。さらに対話が断たれた要因として、「常に存在する言葉の壁と、それにもまさる暗黙の考え方の壁」をあげ、反米の日本人との対話が欠如していたことを指摘した。(72) しかし、来日アメリカ人の体験が示すように、異なる戦争体験に根ざす日本人とアメリカ人の世界観の相違を埋めることは容易ではなかった。そのことは、一九六一年に駐日米国大使として赴任したライシャワー自身がベトナム戦争をめぐって痛感することだった。

日米知的交流計画の政治的効果が乏しかったことに加えて、知的交流においてロックフェラーが重視した相互性の達成にも限界があった。『国際文化会館一〇年の歩み』には次のように書かれている。

日本からアメリカに招かれた人びとは一二名であり〔鮎澤は含まれていない〕、当初からの two way traffic という趣旨にしたがって、ほぼアメリカその他から日本に招かれた賓客と、数においては、あまり相違はなかった。しかし日本から送られた人びとは、日本においては、押しも押されもせぬ一流の知識人ないし文化人であったが、訪問国への影響を、アメリカから来日した人びとが日本に与えた影響と比べてみると、少なからずさびしい気がする。これらの日本の知識人は、各自の学殖や人間的な持ち味を通じて、立派に使命を果たしたのであったが、訪米の成果を客観的に評価しようとすれば、語学の障害その他いろいろな技術的原因や、一九五〇年代当初のアメリカの日本への関心がまだ薄かった事実から、一〇〇パーセントの成果をあげたとはいいがたい[73]。

交流の成果が理想にはほど遠かったにしても、日米知的交流計画のおかげで両国の知的指導者が太平洋を渡り、訪問した国の人々と意見をかわし、見聞を深め、帰国後は、その経験を直接に、あるいは新聞、雑誌、本を通して多くの人たちと分かちあった。たとえば長与は、帰国後すぐに『彼を見、我を思う』と題する欧米旅行記を出版し、安倍は『週刊新潮』に連載した自叙伝のなかでアメリカ体験を綴った。都留もまた、一四年振りのアメリカで見聞し感じたことを『フェビアン研究』に連載した。『サタデー・レヴュー』誌編集長のノーマン・カズンズは日本見聞記を連載し、ローズヴェルトも自伝の二章を日本体験にあてた。パウル・ティリッヒの日本での講演は日本で単行本として出版された(74)。

神学者として世界的に著名なティリッヒの訪日が、思想や宗教に関心をもつ日本人にとって貴重な交流の機会だっただけでなく、ティリッヒにとっても意義深い体験になったことは、帰国後、「私が気づいている西欧的偏狭さが、今後、私の思想や著述において容認されることはないだろう」と書いていることからもうかがわれる。さらに一九六〇年秋、ティリッヒが一〇〇〇人のハヴァフォード大学とブリンマー大学の学生たちのために東洋と西洋の宗教に関する講演を行ったとき、ハヴァフォード大学の学長としてその場に居合わせたボートンは、「明らかに、［日本の］知的指導者たちとの交流が彼に深い影響をおよぼした」ことを確信した。ボートンはロックフェラーにあてた手紙のなかで、ティリッヒは講演でも、講演の前後に行われた学生たちとの三時間を超える話し合いでも日本にたびたび言及し、「体験に基づく、より深い、意義のある内容を［学生たちに］伝えることができた」と報告した。交流の効果はすぐには判断できないことが多いが、ティリッヒの訪日は交流の「累積する波及効果」を実証していると、ボートンは思った。ロックフェラーからの返書には、「［一般的に］プロジェクトの最終的結果や意義は実のところ確信できないことが多い。東京の国際文化会館と提携して行われてきた指導者の交流計画は、効果はやや散漫だが、総じて非常に有用で価値があったと思う」と書かれていた。またロックフェラーは、国際文化会館

ティリッヒ夫妻と鈴木大拙（鈴木邸）
提供：公益財団法人国際文化会館

が単独で主催する日米知的交流計画に三年間の助成（五万ドル）を約束したことをボートンに伝えた。[75]

日米知的交流計画を支えた日本人とアメリカ人の間には、反共リベラリズムが共有されていたにもかかわらず、また高木や松本がアメリカ研究者ないしは知米派であり、サンソムやボートンが日本研究者であったにもかかわらず、しばしば摩擦が生じた。リベラルであると同時にナショナリストである日本人が平等なパートナーシップをめざし、他方、アメリカ人が自国の体制への自負と知的優越感から指導者的な姿勢を見せたことが一因だったように思われる。『国際文化会館一〇年の歩み』では日米知的交流計画について、「はじめの数年間は、人選、経費なども両委員会の合議に基づかねばならなかった」（傍点筆者）が、「幾多の変遷を経ながら現在はイニシアティブがほとんど日本委員会によってとられている」と書かれている。[76]その記述からは、交流計画をめぐる日米関係が、ときとしてアメリカに従属する日本の姿と重なり、その関係から解放されたことへの松本たちの安堵感がうかがわれる。

松本をはじめとする日本人は、日米知的交流計画が民間の活動であることに誇りをもち、アメリカからは、反共色の強い亡命者、共産主義からの転向者、あるいは反共知識人の組織である「文化自由会議」の大物ではなく、思慮深い、すぐれた学者や思想家が来日することを希望していた。[77]しかし、日米間の理解を促進するという松本たちの願いは、アメリカ政府が行う対日文化外交の主要な目標の一つでもあった。とりわけ日本のリベラル派とアメリカ政府は、マルクス主義者が優勢を占める日本の知的風潮を変えたいという思いを共有していた。官と民のそれぞれの文化活動の境界はときとして曖昧であり、冷戦期はとくにそうだったかもしれない。しかし、そもそも政治と広い意味での文化の間に密接な関係がある以上、文化交流もまた政治と無関係ではないと言えるであろう。

いま日本では、政府から草の根まで全国各地で多様な種類と規模の国際交流が行われている。戦後日本の国際交流のパイオニアである国際文化会館は、六〇年を超える歴史に支えられながら、グローバル化する世界のなかで日米間だけでなく多文化間の知的対話を促進する交流を担い続けている。

第八章　対日アメリカ文化外交の限界と成果

アメリカの対日文化外交は、どれほど効果があったのだろうか。日本の親米・反共路線を強化し、いまもなお「日本を支配して止まない、根の深い『アメリカの呪縛』」の根源になったという見方もある。アメリカの政府ならびに民間財団のソフトパワーは、「戦後日本のエリート知識人を精神的にアメリカに依存する弱々しい人間にしてしまった」という批判もある。(1) 実際には、アメリカの情報や文化は潤沢に発進されたが、届いたのは日本人の一部であったし、なによりも日本人の受けとめ方は多様だった。とくにアメリカ文化外交が重視した日本の知識人への影響はきわめて限られたものだった。しかし、海外に関心をもつ日本人には、アメリカを知る機会、アメリカの文化や人と交流する貴重な機会だった。

一　アメリカ側の評価

アメリカ政府ならびに議会は、当然のことながら、多額の資金を投入する対日文化外交の成果に多大の関心を抱いていた。USISが発足して間もない一九五三年秋には、連邦議会下院政府業務委員会の国際業務小委員会が、委員長を含む三人を二週間日本に派遣し、米国大使館、領事館、USISを視察させるとともに、ワシントンでも公聴会を開いた。また、一九五四年にはUSIAの総務担当次官室に視察部が設置され、五五年と六一年には日本にも視察官が派遣された。五九年には米国広報諮問委員会の委員長も訪日している。さらに作戦調整本部（OCB）も対日文化外交が最も重視する日本の知識人への影響を分析する文書を五六年に作成した。いずれの報告書からも、日本人が対日文化外交にとって手強い相手だったことがうかがわれる。

下院国際業務小委員会が一九五五年に刊行した『日本における米国大使館、領事館業務、USISの活動に関する報告書』には、五三年の視察と公聴会で得られた詳しい情報が盛り込まれている。とくにUSISの活動については、極東担当USIA長官補佐のブラッドフォードと在日USIS局長代行のハナが主要な情報提供者であることが明記されている。日本を自由主義陣営の強力な一員にすることをめざすUSISが直面した大きな問題は、講和後に顕在化した反米感情だった。その要因としては、アメリカからの再軍備の圧力、厳しい経済状況、アメリカの財政支援に依存することによって傷つく自尊心、共産主義勢力の労働組合への浸透、政治的日和見主義などがあげられている。USISは反米や厭米（報告書ではem-beiと表記されている）に対抗しながら、アメリカとアメリカの政策に対する理解を得るために懸命に努力していた。しかし報告書は、「日本のUSISならびにワシントンのUSIAは、多様なプログラムがいまの日本でアメリカの目的の誠実さと妥当性を日本人に納得させるうえで効果を発揮していると感じている」が、活動の実際の効果は「判断しがたい」と述べている。USISからは半年ごとに評価報告が提出されるが、科学的な世論調査に基づいているわけではないし、USISの活動の効果を、たとえば、対日経済支援の効果と切り離すこともできないからである。(2)

しかし報告書は、多くの活動のなかでとくにアメリカ文化センターの活動と人物交流には高い評価を与えている。予算削減のために一部のCIE図書館が県や市に移管されたが、高松と岡山からは県の幹部が訪日中の議員たちに会うために駆けつけ、移管の撤回を訴えた。議員たちも、アメリカに関心をもつ多くの日本人を引きつけるセンターが

「アメリカに対する好意という大きな配当を生むことのできる安い投資」であることを認め、移管は「アメリカの目的にとって破壊的な影響をもたらすかもしれない」と危惧した。帰国後、小委員会委員長は下院予算委員会委員長に書簡を送り、アメリカ文化センターへの昇格を促した。人物交流も反米感情を抑え、アメリカの理解を深め、自由主義陣営への支持を得るうえで大きな効果があり、とくに日本で尊敬される知的文化的指導者の訪米効果は大きいと思われた。小委員会は人物交流計画のさらなる拡大を提言した。(3)

一九五五年にはUSIAの二人の視察官が東京のUSIS、四か所の地方支部、一二か所のアメリカ文化センターを一か月にわたって視察し、日本では大規模な活動が活発に行われ、職員も総じて「まれに見るほど有能で、献身的に活動を成功させようとしている」ことに好印象を抱いた。日本国内の状況も講和直後よりは落ち着き、「ナショナリズムの復活と、外国の影響に対して折に触れて表面化する反感が見られるものの、日本のUSISの企画は多くの尊敬と一般の人たちからの支持を得ている」と思われた。なかでも「アメリカ文化センターが地域の施設として根を下ろし、住民のなかで影響力をもつあらゆる層から高く評価されている所では、とくにそうだ」と、センターの役割を評価した。(4)

しかし同時に、日本人の表面的な態度からUSISの活動の真の効果を知ることのむずかしさも指摘されている。

国民は知的で教育があり、外面的には大半の西欧文化よりも礼儀正しい。知的好奇心が旺盛で、忍耐力も強く、退屈きわまる内容の講演や話し合いにも、とくに集まりの主催者が適切であれば、注意深く耳を傾ける。しかし、彼らの信頼を得るのは容易ではない。提示されたことをことごとく厳しい目で眺める。〔略〕あらゆる問題に対して、「何か自分に役立つことがあるのだろうか」という視点から向き合う当然の傾向がある。(5)

多様な活動のなかで視察官たちが最も重要だと考えたのは、「人と人との触れ合い（パーソナル・コンタクト）」だった。それだけに、シンフォニー・オブ・ジ・エアの公演や原子力平和利用の展示が非常に有用であることを認めながらも、USISの職員がその実施と広報活動に膨大な時間を取られ、そのために個々の日本人と接する時間が少なくなることを危惧した(6)。

翌年にOCBが作成した日本の知識人に関する文書は、主要な新聞やプレスティージのある雑誌に頻繁に寄稿する数百人の教授、評論家、ジャーナリストに焦点をあて、彼らの考え方を探るとともに、アメリカ文化外交の効果を分析している。ほとんどすべての知識人が、日本の経済力ならびに国際的影響力の強化、民主主義の推進を願い、憲法を擁護するが、その見通しについては悲観的で、自分たちのことを、戦争、貧困、抑圧から日本を救う使命をもつエリート集団とみなしている。その多くが中立主義を唱え、再軍備に反対し、社会党を支持し、マルクス主義や共産主義に引かれている。アメリカの外交には反対で、とくにアメリカは軍事力を過度に重視していると考える。彼らの大半は、アメリカの経済や技術の進歩、政治の伝統、文化水準の高さを評価するが、アメリカや自由主義陣営との政治的連携を唱える知識人は少数派である。しかし、日本の知識人は総じて外の世界よりも日本の国益に主要な関心があり、その意味では、「反米や容共というよりも親日」なのであって、日本の経済や政治の状況が良くなれば、多くの知識人の中立志向も変わるかもしれないと、OCB文書は予測している(7)。

さらにOCB文書は、アメリカの政府および民間が行っている日本人向けの広報文化活動については、「重要な知識人たちに影響をおよぼすという点では非常に限定された成果しかおさめていない」（傍点筆者）とみなし、次のように述べている。

アメリカの企画や接触は、政府によるものであれ民間のものであれ、何らかの形で非常に多くの日本人に届いている。おそらく実質的にはすべての知識人に少なくともある程度はおよんでいる。しかし、知識人の圧倒的多数派への影響という点では、彼らの態度から判断するかぎり、アメリカの文化や目的に対する理解を増すことにはなっても、アメリカの行動に共鳴するような態度の変化を引き起こしてはいない。アメリカの働きかけを強化しても、プラスの効果をもたらすかどうかは非常に疑問だ。なぜなら、知識人は宣伝と思われるものには強硬に抵抗するからである。(8)

他方、交響楽団やフォークナーの来日、USIS映画『日本美をもとめて』などの文化的な企画に対する需要は高く、「日本の知識人の政治的立場におよぼす効果はおそらく小さいが、日本におけるアメリカの評価を大いに高めた」と指摘している。OCB文書は、世論形成にかかわるすべての層を対象とする活動を継続するとともに、指導的立場にある知識人への働きかけ――とりわけ、率直に意見や議論をかわすことのできる「パーソナル・コンタクト」――を強化することを提言している。(9)

一九五九年には、米国広報諮問委員会委員長でイェール大学教授のマーク・A・メイが東京から地方までUSISの活動を詳細に視察した。米国広報諮問委員会は、一九四八年に成立したスミス・ムント法によって設置が義務づけられた外部評価機関で、創設以来委員長をつとめるメイはアメリカ文化外交を熟知する人物だった。メイは日本に五週間滞在したが、「大規模で複雑な日本のUSISを評価する仕事は、調査を始めたときに予想したよりもはるかに多くの時間が必要だった」と述べている。(10)

メイも、日本の知識人に対するアメリカ文化外交の影響は小さいと判断した。その根拠は、USIS局長のジョージ・ヘリヤーが指摘するように、講和から六年がたっても大半の日本の知識人の行動には変化が見られないからだった。ヘリヤーは日本の知識層に影響を与えるプログラムが早急に必要だと説いたが、メイは懐疑的だった。なぜなら、日本の知識人の急進主義は、戦前に弾圧された記憶、全体主義に逆戻りするように思われる動きに対する警戒心と恐怖、悲観主義、平和主義、中立主義、反対のための反対など、USISの影響がおよばない多くの要素に起因していると思われたからである。同時に、コミュニケーションを専門とするメイは、知識人がはたして世論に大きな影響力をおよぼしているかどうかはわからないと指摘している。いずれにしても、反米の知識人を親米にするという至難の業《わざ》に取り組むよりも、実質的には多数派であるアメリカに好意的な幅広い層の日本人に働きかけ、彼らの漠然とした親米感情をより具体的にアメリカの政策を支持する立場に変えることをめざすべきだというのが、メイの考えだった。さらにメイは、対日文化広報活動の半分以上がアメリカの支援を伏せて行われていることに言及し、USISは、アメリカにおける学問や研究の成果を提供したり、アメリカ人が日本人に関心をもち、配慮していることを示す公然の活動により多くの時間と労力を注ぐべきだと提言した。(11)

メイもアメリカ文化センターと人物交流計画の役割を重視した。センターに関しては、「主要な日本人がアメリカ文化センターを高く評価していることは、その効果を示すなによりの証拠である」と指摘している。一四あるセンターが近い将来に一一になる決定については、地域とアメリカを結ぶ貴重な接点であるセンターの閉鎖は時期尚早ではないかとの疑念を表明した。交流計画については、外の世界を知らない日本の知識人に対して一定の効果があったと評価した。フルブライト奨学金の受給者は帰国後、日米の理解と友好を推進するための組織を全国各地で立ち上げるとともに、センターの活動にも積極的に協力した。また、国務省の人物交流計画で訪米した日本人のなかには執筆者や解説者として活躍する著名人も多く、「彼らが描くアメリカ像はバランスがとれ、一般的な多くの誤解をただす役割を果たしている」と思われた。(12)

メイの訪日後、日本は新安保条約をめぐる大規模な抗議運動に揺れたが、USIAから二人の視察官が来日した一九六一年二月までには、池田勇人内閣が国民所得倍増計画を発表し、日本人の関心は政治から経済に大きく方向転換した。またアメリカでは、若いジョン・F・ケネディが大統領に就任し、視察官が日本を離れる五月までには、ハーヴァード大学教授で日本史研究者のエドウィン・O・ライシャワーが駐日大使として着任した。こうした状況を背景に、視察官たちは総じて楽観的だった。

当面、日米関係の先行きは非常に良いと思われる。過去の諸問題や不満はおおむねなくなり、いまは深刻な論争もない。日本政府は議会で確固たる多数派を有し、外交政策では自由世界ならびにアメリカとの緊密な協力を強く支持している。さらに、日本国民全体の間でもアメリカへの友好と尊敬の心情が広がり、自分たちの安全保障と経済発展はわが国と密接に結びついていることが認識されている。

視察官たちには、日本のUSISは「世界で最も大規模で最も重要かつ最も活発なUSISのプログラムの一つ」であり、「前途は非常に有望だ」と思われた(13)。

しかし、日本の知識人に対する危惧は従来と変わらなかった。「ナイーヴで混乱した形態の古典的マルクス主義」を信奉する多くの知識人を放置すれば、「やがて日本の民主主義は侵食され、究極的には日本は中ソ陣営に入ることになるかもしれない」と警告している。「民主主義に対する健全な見方、および世界情勢や日本の社会に対してもっと現実的な見方をする責任感ある知識人も少なくないが、不幸なことに、これらの人たちは〔知識人の〕集団のなかでは主流ではない」のが実情だった。他方、日本には左翼の影響力を抑止する要素も多いとして、とくに、(一)日本国民の生来の保守主義、(二)めざましい経済成長、(三)最近結成された民主社会党、(四)日米安保闘争以後かなり増加したアメリカに対する広範な関心と尊敬をあげている。しかし、視察官たちは、「知識人の間に現在広く見られる不満が続く限り、それがアメリカにとって重大な脅威になる」ことを警告し、「いま存在する便宜上の同盟が真のイデオロギー的同盟になるときにはじめて、日米のパートナーシップは健全かつ持続的な基盤の上に立脚するものになるであろう」と指摘した(14)。

二　世論調査に見る日本人の米ソ観

ＵＳＩＡでは一九五〇年代後半から海外での世論調査を頻繁に行うようになり、日本でも無作為に抽出された全国の成人男女に対する面接聴取がしばしば実施された。ＵＳＩＳから調査を委託されたのは、時事通信社調査室を主体として一九五四年に設立された中央調査社だった。(15)各調査の内容はさまざまだが、ここでは設問が重なる五六年一月と六月、五七年六月と八月、五八年二月と一二月、そして六〇年一〇月に実施された七回の調査結果をもとに、まずアメリカとソ連に対する日本人の見方を探ることにしたい。(16)

各調査のサンプル数は、表8-1が示すように、一〇〇〇人を超えている。ただし、五八年一二月の調査では、質問項目を多くするために、一九九八人のサンプルを三つのグループに分けて異なる質問をしていることが多く、質問項目によってサンプル数が異なる。同様に、六〇年一〇月の調査も、二〇七八人のサンプルを二つに分けて異なる質問をしているので、質問項目によってサンプル数にわずかな違いがある。さらに、五六年一月から五八年二月までの五回の調査では、高学歴層（大学在籍一年以上の学歴をもつ者）をサブグループとして集計している。高学歴層は全体の五・二％から七・四％を占めている。世論調査報告書では、サンプル数が一〇〇〇人を超える場合だけでなく六五〇人程度でも誤差は五％前後だが、サンプル数が一〇〇人に達しない高学歴層のデータは参考程度とみなすのが妥当だと説明されている。(17)

日本人は総じてアメリカに対して好意的だった。表8-1が示すように「非常に好き」と「好き」の合計は四四％から五七％の間で推移し、とくに一九六〇年一〇月には六二％に達している。他方、「嫌い」と「非常に嫌い」の合計は常に一〇％以下だった。

表 8-1　対米好感度　（単位 %）

	56.1	56.6	57.6	57.8	58.2	58.12	60.10
非常に好き	9	8	5	5	8	5	11
好き	48	43	39	40	46	41	51
普通	27	27	35	31	27	30	21
嫌い	5	8	5	4	4	4	2
非常に嫌い	*	1	1	*	*	1	*
わからない	11	13	15	19	14	19	15
回答なし		*	*	1	1	1	*
サンプル数	1,291	1,275	1,789	1,724	1,060	1,322	1,038

* 0.5% 以下／58.12 の総計は四捨五入により 101% になる．

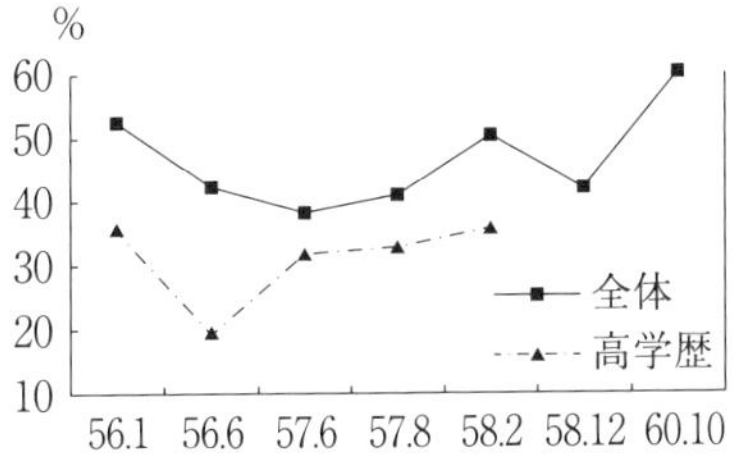

図 8-1　対米好感度

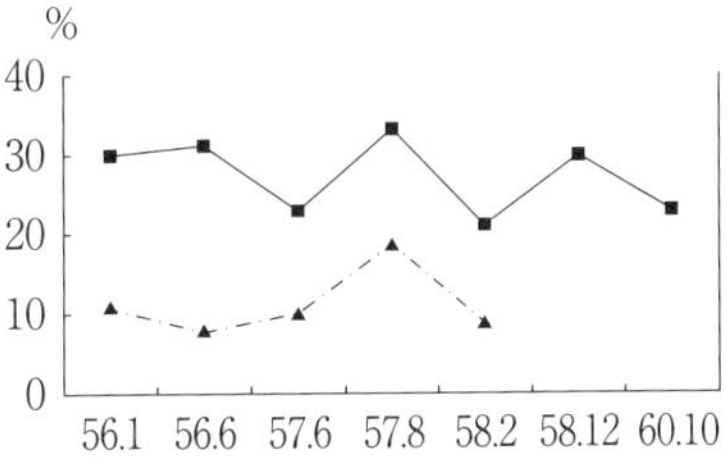

図 8-2　対ソ嫌悪度

表 8-1 と図 8-1, 2 の出所："Current Trends in Japanese Attitudes toward the U.S. versus Communist Powers, 24 Aug. 1956," 4, "Japan Public Opinion Survey, Feb. 1958," Part I, 4–5, "Japan Public Opinion Survey, Dec. 1958," Part I, 2–3, "Japan Public Opinion Survey, Oct. 1960," Part I, 1–2, RG306 から作成

図8-1は、アメリカを「非常に好き」および「好き」と回答した人の合計から、「嫌い」および「非常に嫌い」と答えた人の合計を差し引いた数値（%）を示している。全体の数値は三八%から六〇%の間で推移しているが、高学歴層の数値は全体よりも六%から二二%低く、対米好感度は最も高いときでも四〇%に達していない。

世論調査の結果は、往々にして調査の前に起こった出来事に影響されやすい。図8-1の全体のグラフを見ると、対米好感度は一九五七年六月がもっとも低く、三八%まで下がっている。この年の一月には、群馬県相馬が原の米軍演習場（現在の陸上自衛隊相馬原駐屯地）で米兵が日本人農婦を射殺する「ジラード事件」が起こり、裁判権をめぐって日米の対立が続いていた。その後、八月の国防総省による在日アメリカ地上軍撤退の発表、翌年二月の撤退完了を反映し、対米好感度は上昇している。しかし、五八年九月には埼玉県狭山市にある米軍基地の米兵が西武線の電車に向かって発砲し、乗客の大学生が死亡するという事件が起こった。加えて、アメリカの核実験、金門馬祖《きんもんばそ》をめぐる米中の対立、アメリカのレバノン介入なども重なり、対米好感度は一二月に再び下がっている(18)。しかし、個々の事件による影響とは別に、全体としてアメリカに対する好感度は高いところで推移している。

図8-2は、ソ連に対して「嫌い」および「非常に嫌い」と回答した人の合計から、「好き」および「非常に好き」と回答した人の合計を引いた数値（%）のグラフだが、全体の数値は二二%から三四%の間で推移し、ソ連に対する嫌悪感の強さがうかがわれる。日本人のソ連観は、戦前からの日本人の反共、第二次世界大戦末期におけるソ連の対日参戦および満州侵攻に加えて、抑留者の引き渡しが滞り、北方領土や漁業権をめぐる対立が続いていることに影響されていた(19)。しかし、高学歴層ではソ連に対する嫌悪度は九%から二〇%の間で、全体よりもはるかに低い。

三　世論調査に見る反共外交の支持

アメリカの対日文化外交の究極の目標は、日本人から漠然とした好感を得ることではなく、反共政策の支持者を拡大することだったが、その点では、アメリカ文化外交は成功したとは言いがたい。「いま日本は共産主義陣営あるいは反共主義陣営のいずれにつくべきだと思うか、いずれにもつくべきではないと思うか」という設問に対しては、表8-2が示すように、反共陣営の支持者が約半数で、共産主義陣営の支持者は一%ないしは二%にすぎない。しかし、反共陣営の支持者が必ずしも年ごとに増加しているわけではないということは、世論がアメリカの文化外交よりも日

表 8-2　支持する陣営　（単位 %）

	56.1	56.6	57.6	57.8	58.2	58.12	60.10
共産陣営	1	2	1	0.5	1	1	2
反共陣営	46	45	54	58	55	49	56
中立	21	29	20	20	23	23	22
わからない	32	24	24	21	19	26	19
回答なし		*	1	0.5	2	1	1

備考：サンプル数は，58.12（676 人）以外は表 8-1 に同じ．

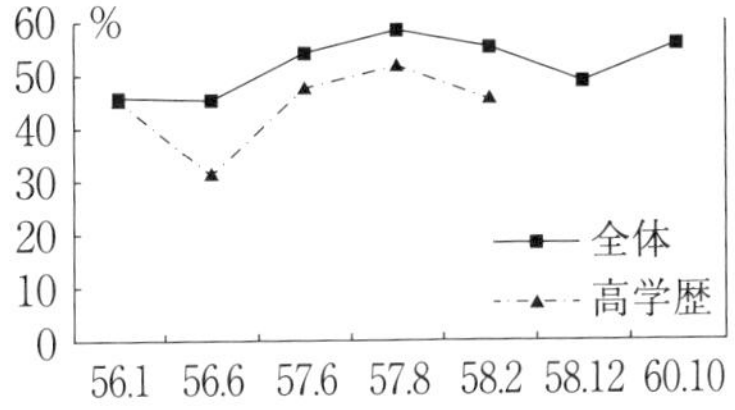

図 8-3　反共陣営支持

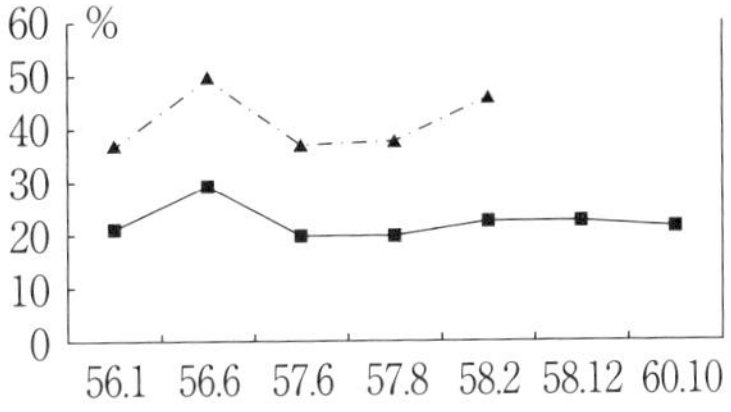

図 8-4　中立支持

表 8-2 と図 8-3, 4 の出所："Current Trends in Japanese Attitudes toward the U.S. versus Communist Powers, 24 Aug. 1956," 19, "Japan Public Opinion Survey, Feb. 1958," Part I, 6, "Japan Public Opinion Survey, Dec. 1958," Part I, 24, "Japan Public Opinion Survey, Oct. 1960," Part I, 4, RG306 から作成

表 8-3　在日米軍基地の是非　（単位 %）

	56.1	57.6	58.2	58.12	60.10
良い	16	14	19	18	16
良くない	51	56	56	50	51
わからない	33	29	24	30	32
回答なし	*	1	1	2	1
サンプル数	1,291	1,789	1,060	676	1,040

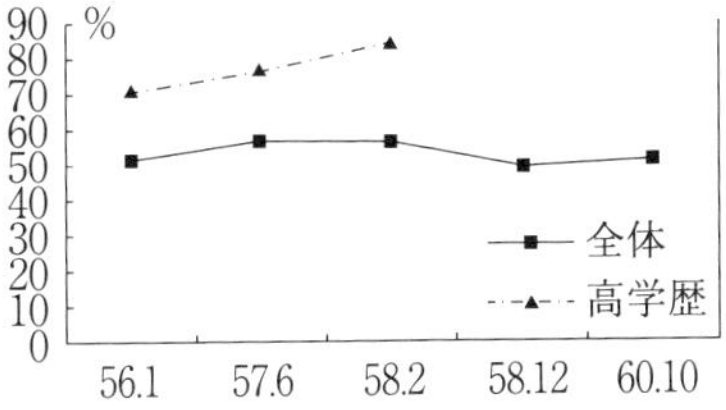

図 8-5　在日米軍基地はよくない

表 8-3 と図 8-5 の出所："Japan Public Opinion Survey, Feb. 1958," Part I, 19, "Japan Public Opinion Survey, Dec. 1958," Part I, 34, "Japan Public Opinion Survey, Oct. 1960," Part I, 25, RG306 から作成

米関係や世界情勢に影響されていることを示唆している。また、中立を望む回答が二〇%から二九%あり、「わからない」という回答と合わせると約半数になる。全体のデータを高学歴層と比較すると、図8-3および図8-4が示すように、高学歴層では反共陣営の支持が全体よりも低く、中立の支持者は三分の一強から二分の一に達している。

アメリカの反共政策の重要な柱である在日米軍基地に対しては、表8-3が示すように、「日本にとって良くない」と回答した人が、日本人の対米感情が好転している一九六〇年の調査を含めて半数を超え、良いという回答者は二割に達しない。また図8-5が示すように、高学歴層では、米軍基地が日本にとって良くないという回答が七一%から八五%におよんでいる。しかし、基地に反対する人が必ずしも基地の全面撤去を支持しているわけではない。たとえば、五八年二月と一二月の全体の調査では、基地が「日本にとって良くない」と回答した人のうち、全面撤去を支持する人は半数を越える一方で、支持しない人も三四%(二月)から四〇%(一二月)いた。[20]

ちなみに、講和条約発効直後の一九五二年五月に朝日新聞社が全国の二五二三人を対象に行った面接調査では、米軍の「駐留を希望する」(四八%)という回答が、「希望しない」(二〇%)を大きく上回っていた。[21] 講和直後は、冷戦さなかの独立に不安があったのに対して、その後、基地をめぐるさまざまな事件が起こったことから反対意見が増加したとも考えられるが、理由はそれだけではない。五八年一二月のUSISの世論調査では、基地に反対する理由として、「日本は独立国であり、外国の軍隊は必要ない」という回答(四〇%)が最も多く、「道徳の低下や犯罪」(二一%)あるいは「戦争に巻き込まれる可能性」(一七%)をはるかに上回っている。経済の復興とともに、日本人としての自尊心が強まってきたことをうかがわせる。[22]

世論調査の結果は、高学歴層が一般よりもアメリカならびにアメリカの政策に対して批判的であることを示しているが、高学歴層のなかには保守的な富裕層も含まれていることを考慮すると、知識人や大学生のアメリカに対する見方は、高学歴層の数字が示すよりもはるかに批判的だということになる。また、世論調査の結果はなによりも、日本人は全体としてアメリカに好意的で、共産主義陣営よりも自由主義陣営にいることを選択するが、そのことが米軍基地に象徴されるアメリカの冷戦外交の支持を意味しているわけではないことを如実に物語っている。

また、アメリカが実施するさまざまな企画の意図がそのまま受け手に伝わるわけではないことを示す世論調査の結果もある。「原子力平和利用博覧会」は、一九五五年から五七年にかけて一一の主要都市で開催され、観客数が二六〇万人を超える大掛かりな企画だった。そのうちの六会場で、それぞれ無作為に選ばれた二五〇人に対して、博覧会を見る前と見たあとに面接調査が行われた。その結果によれば、原子力平和利用に関する技術的な知識は増したが、アメリカやソ連に対する見方に著しい変化はなかった。多様な分野における原子力の有用性を知るよい機会であり、近い将来に原子力から個人的な利益が得られるようになると思うと回答した人は、六会場の平均で見ると、七四％から八五％に増加した。他方、核保有国が原子力を平和目的だけに利用すると考える人は一〇％から二〇％に増えたものの、そう思わない人も五〇％から五三％に増加した。原子力の平和利用に向けて最も努力している国としてアメリカをあげる人はわずかに増え、五四％から五七％になったが、ソ連をあげる人は一九％から一八％にわずかに減少しただけだった。さらに、アメリカが他国と原子力の情報を分ちあうことを真剣に考えていると思う人は三九％からむしろ三五％に減少し、他方、「わからない」という回答が三二％から三八％に増えている[23]。

一九五七年に七つの主要都市で開催された「平和のための空中査察展」でも、政治的効果は乏しかった。三つの会場で無作為に選ばれた二五〇人を対象に、展示を見る前と見たあとで行った面接調査の結果からは、空中査察を最初に提案したのがアイゼンハワーだということを知り、査察機から目標物を認知する能力など技術的な知識を得る機会になったことがうかがわれる。しかしアメリカ外交の支持者の増大にはほとんど貢献しなかった。軍縮に対するアメリカの誠意を懐疑的に思う人は展示を見る前には五八％いたが、展示を見たあとでも五二％に達した。また、空中査察が核実験の防止に役立つと思う人は、展示を見る前には五四％いたが、見終わったあとでは四七％に減少した[24]。

『二つの世界』

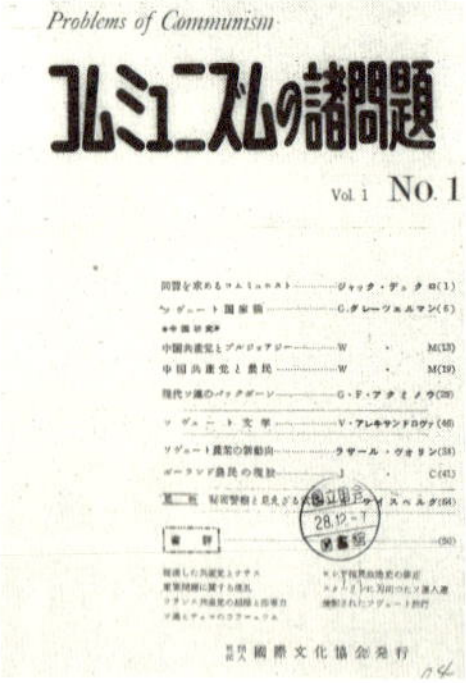

『コムミュニズムの諸問題』

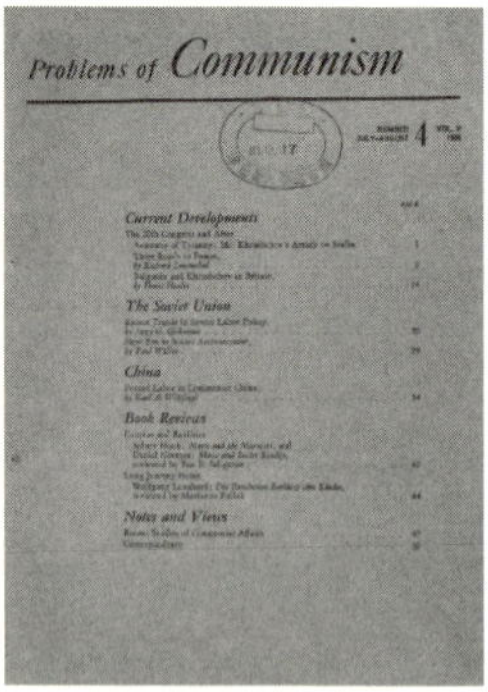

『共産主義の諸問題』(英語版)

四　模索のなかの活動

日本のUSISの活動には成功もあれば、失敗もあった。とくに反共活動は苦戦をしいられた。たとえば一九五五年秋、OCBの幹部はUSIA長官に対して、日本の知識人対策を強化するために効果的な反共の雑誌と新聞の発行を促した。しかし占領期から五四年までの七年間日本にいた国務省極東課のリチャード・フィンは、現場の職員が『共産主義の諸問題』のような雑誌を日本で出版するために、いかに苦戦しているかを指摘し、日本の出版界に影響をおよぼすことは、「冷戦の闘志」が考えるほどなまやさしくはないと反論した。(25)

フィンが言及した『共産主義の諸問題』(*Problems of Communism*)は、USIAの前身のIIAが一九五二年に創刊した雑誌だった。(26)日本のUSIS出版部は当初から日本語判を出したいと考えたが、よい翻訳者と適当な日本の出版社が見当たらなかった。そんな折、国際文化協会の古谷末男から出版の申し出があり、古谷の提示する見積もりは高額だったが、USISは提案を受け入れた。古谷の動機が多分に収益にあることも察したが、そうであればなおのこと、古谷が日本人にアピールする質のよい雑誌をつくるだろうと期待した。USISは内容には目を通すが、古谷に編集を一任したのもそのためで、英語版にはないUSISの資料や日本人の書き下ろし原稿も加えられることになった。日本語版は『コムミュニズムの諸問題』という舌をかみそうなタイトルで、一九五三年四月から二年間毎月出版されたが、協会員以外に流通ルートを拡大できず頓挫した。五五年八月からは『二つの世界』というタイトルで、ダイヤモンド社が出資する「二つの世界社」から出版されたが、一年後にはダイヤモンド社も手を引いた。代わって財政支援を申し出た不動産会社役員は、雑誌が軌道に乗る前から編集者たちと対立した。事態が改善されれば支援の額を増してもよいと思っていたUSISだったが、五七年四月には日本語版の出版を断念することをUSIAに報告している。(27)

『共産主義の諸問題』の日本語版の挫折は、隠密に行う反共活動において信頼できる日本人の協力者を得ることのむずかしさを物語っている。USISに協力を申し出る日本人のなかには、古谷のように、イデオロギーよりもUSISの資金に関心をもつ人が少なくなかった。戦前の首相近衛文麿の弟の近衛秀麿もそうだった。近衛は、山田耕筰とともに日本初の交響楽団を設立したあと、NHK交響楽団の前身の新交響楽団を結成した優秀な指揮者だったが、組織をまとめる才能には恵まれず、いくつもの交響楽団の創設にかかわりながら、いずれも長続きしなかった。一九五六年には三年半続いた近衛管弦楽団がABC交響楽団として改組されたが、運営は改善されなかった。この頃から近衛は頻繁に東京の米国大使館に接触し、ソ連のプロパガンダはアメリカよりもはるかに効果的で、来日するソ連のバレエ団、交響楽団、音楽家などを利用しながら日本の若者の左傾化を促進していると警告した。近衛の提案は、自由主義諸国から、共産圏からの亡命者を含む一流の演奏家四〇人余りを自分の交響楽団に招き入れることによって、日本の若者たちに働きかけるというものだった。近衛は、ワシントンの極東担当国務次官補ウォルター・S・ロバートソンにも同じ提案を持ちかけた。ロバートソンからの問い合わせに対して日本のUSISは、近衛の言うことにも一理あるが、提案はあまりにも近衛の利益に沿ったものだという見解を伝えた。(28)

USIAが提供する情報と特集記事を掲載する速報の「デイリー・ワイアレス・ブルテン」は反共の刊行物ではないが、日本人の評判はあまりよくなかった。一九五六年夏、USISの委託を受けた中央調査社が、速報が送られている報道機関や図書館、政府機関の担当者の約二割にあたる二九〇人に面接調査を行った。その結果によれば、「非常に役立つ」あるいは「かなり役立つ」と答えたのは四一％で、五九％が「ほとんど役立たない」あるいは「全く役立たない」と回答した。役立たない理由としては、「関心のある学術的な記事が少ない」が最も多く、「プロパガンダが感じられる」、「外国のニュースを必要としていない」、「ニュース報道が遅い」などがあげられていた。[29] 他方、USISが出版していることを明らかにしている書評誌の『米書だより』と最新の研究動向を伝える『アメリカーナ』の評判は上々だった。『アメリカーナ』の第二号（一九五五年一一月号）には、創刊号が「大好評」だったことと、「何分にも予算に制限がありますので、すべての方々の御希望に応ずることができないことを遺憾とします」との断りが書かれている。『米書だより』と『アメリカーナ』（一九六二年に『日米フォーラム』に改題）は一九七一年まで出版された。

対日文化外交にたずさわるアメリカ人にとって手強い存在は、自分たちの活動を厳しく吟味する日本人だけではなかった。本国や日本にいるアメリカ人から苦情が舞い込むことも少なくなかった。しかし、個人の苦情はかわすことができても、活動の予算を左右する議会には従うほかなかった。予算の削減にともない、CIE図書館やアメリカ文化センターを県や市に移管しなければならなかったとき、多くの日本人が存続を訴えた。人口二〇万人の函館では、アメリカ文化センターとして存続することを要望する署名が四万人に達したが、USISはどうすることもできなかった。[30] さらに文化外交は、アメリカの外交そのものに左右された。「原子力に対する日本人のヒステリックな感情は、大統領の原子力平和利用計画とUSIAの徹底したキャンペーンと展示のおかげで一九五五年末までにほとんど消滅したが、太平洋でのアメリカの新たな核実験によって再び台頭し始めている」と、OCB文書には書かれている。[31]

五　人と人との交流

USISの活動のなかで、日本人からもアメリカ人関係者からも高い評価を得たのは人と人との交流だった。正規の人物交流も重要だったが、ここでは、USISのアメリカ人スタッフと日本人の交流の例を取り上げたい。一九五五年に東京、横浜、新潟のセンターを視察した公共広告会議理事長のセオドア・S・レプリアは、『サタデー・イヴニング・ポスト』誌の記事のなかで新潟アメリカ文化センターの若い館長のガンサー・K・ロシナスに言及しながら、「東京の米国大使は日本政府に対して米国政府を代表するが、ロシナスと彼がかかわる目を見張るような活動は、おそらく大使が一年で接する日本人よりも多くの日本人に一週間で接している」と書いている[32]。ロシナスは一九二八年にドイツで生まれ、三歳のときに父を亡くし、シンシナティに住むアメリカ人家族に引き取られた。その後、ハーヴァード大学に進学し、大学院では国際関係論を専攻した。一九五一年に国務省に入り、二年後にはUSIAに異動し、翌年、新潟に赴任した。ロシナスは左翼の影響力が強い労働組合幹部との交流にとくに力を入れ、彼らと国際関係について話し合う会を定期的に開いた。五月一日のメーデーに、反米の旗も翻るデモ行進を眺めていたロシナスのところに、顔見知りの幹部たちが次々と列を離れては挨拶に来て、また戻っていった。そのとき、ロシナスは話し合うなかで生まれた日本人との絆を感じた[33]。

ガンサー・K・ロシナスと労働組合幹部

一九五七年に『タイム』誌に紹介された広島アメリカ文化センター館長のファズル・フツイは、一九一〇年にイランで生まれた。戦前は教師や販売管理などの仕事についたが、戦時中にアメリカ国籍を取得し、海兵隊員としてニューギニアの戦闘に従軍した。戦後は、陸軍省を経て国務省に入省し、仕事のかたわら通ったジョージ・ワシントン大学を一九五一年に卒業した。翌年一二月に赴任した広島では、まだ原爆投下の記憶もなまなましく、地元の公立小学校に通った七歳の娘が、原爆を落としたアメリカ人だと子どもたちから言われることもあった。フツイ一家は、家族ぐるみで地域に溶け込むことに努めた。県や市の式典や行事にはいつもフツイがいた。フツイは報道、教育、政治などさまざまな分野の有識者たちとの交流を重視する一方で、大学生に毎週英語を教えた。休暇でアメリカに帰省したときには大学をまわって広島の学生に奨学金を出すように説得した。フツイが広島にいる四年半の間に渡米した学生は三八人におよんだ。妻も日本の女性たちにアメリカの家庭生活や料理を紹介した。アメリカ文化センターではUSIS映画を年に二四〇〇回上映するなど、

記者たちに情報を提供するファズル・フツイ

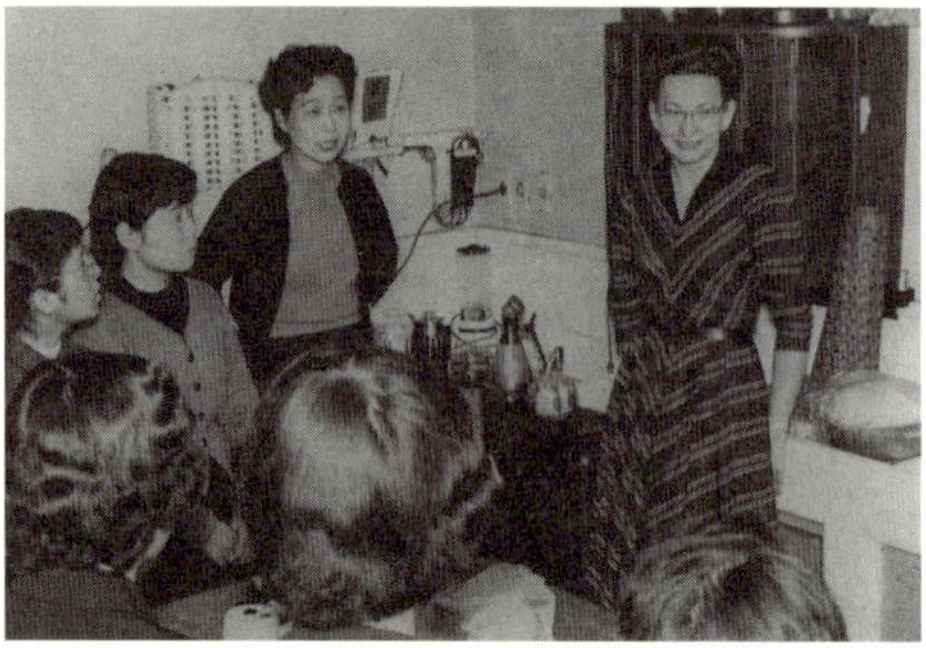

アメリカの家庭を紹介するフツイ夫人

演奏会のフツイ夫妻
3点の提供：National Archives

活動が活発に行われ、一年間の利用者は三万五八〇〇人から八万五二〇〇人に増加した。フツイ夫妻はアメリカの文化を日本人に伝えると同時に、日本の文化にも深い関心を抱き、フツイは尺八、妻と娘は琴を習い、夫妻は着物姿で演奏を披露することもあった。(34)

「原子力平和利用博覧会」が一九五六年五月に広島でも開催されたとき、県や市、大学、新聞社がこぞって博覧会の主催者に名を連ねた背景には、フツイと地元の有力者たちとの信頼関係があった。翌年四月、フツイの帰国を知った広島の知事、市長、学長らは、神戸の米国総領事にフツイの任期延長を申し入れたほどだった。当時、USIS局長代行だったG・ルイス・シュミットは、「グレン・ショウを除けば、ファズルほど日本人から愛された人はいなかった。〔略〕日本人とあのように親密な関係をつくることのできる人材が得られたことは、私たちにとって幸運だった」と回顧している。(35)

シュミットだけでなく、『大阪朝日新聞』の「天声人語」でも、「この人ほど日本の大衆に好かれた外国人もまれだ」と評されたグレン・W・ショウ（俳号は尚紅蓮）は、一八八六年にロサンゼルスで生まれ、コロラド大学で文学

大学卒業アルバムのグレン・W・ショウ（1910 年）
Pikes Peak Nugget（Colorado Springs, CO: Colorado College, 1910）掲載

USIS 文化担当官時代のショウ（1955 年）
提供：朝日新聞社

と歴史を学んだ。(36) 大学卒業後は、世界を知りたいとの思いを胸に、ボストンからロンドンに輸送される家畜の世話をしながら大西洋を渡ったが、その後、アジア系の多いハワイで教師をした経験からアジアに関心をもつようになった。はじめて日本の土を踏んだのは一九一三年、二七歳のときだった。大阪で英語教師をしながら、富士山に登り、北海道のアイヌ部落を訪れた。ショウはさらに中国、朝鮮、インドでも英語教師をしながら見聞を広めたが、一五年に日本を定住の地に選び、再び大阪で英語の教師になった。その間にアメリカで結婚し、妻も日本で英語を教えた。一九一八年から四年間は、山口で英語を教えながら日本語の力を磨き、倉田百三の『出家とその弟子』を翻訳した。その後、大阪に移り、日米関係が悪化する一九四〇年に帰国するまでの一七年間、大阪外国語大学、関西大学など多くの大学で英語や英文学を教えるかたわら、NHK大阪放送局の解説者や英語の講師、『大阪朝日新聞』〔英語版〕の定期的寄稿者としても活躍した。また、菊池寛の『藤十郎の恋』、芥川龍之介の『羅生門』、山本有三の戯曲など数多くの作品を英訳した。エドワード・サイデンステッカーやドナルド・キーンが日本文学を翻訳するはるか前のことだった。戦時中はアメリカで海軍の調査分析官ならびにコロラド大学の海軍日本語学校の責任者をつとめ、このときにコロラド大学から名誉博士号を授与された。一九四九年に国務省から日本の戦前の外交資料を記録・保存する任務を託されて再び来日し、五二年にUSISの文化担当官になった。

USISでは日米の双方向の交流につくした。日本人にアメリカを説明するときには、日本の文学や文化についての知識とともに、日本語のシャレや俳句の特技を発揮し、聞き手を引きつけた。しかし、日本人がショウを愛した本当の理由は、ショウの日本に寄せる信頼にあったように思われる。ショウは、「日本文学は世界性をもち今後立派な世界に拡がる文学が生まれるだろう」、あるいは「私は日本があの〔戦前・戦中の〕くらやみから脱出し、昼も夜もわかたぬ明るさに還った姿を見て、さすがは日本だと思った。実をいうと、日本人には強い生活力が宿っている。〔略〕それゆえ今、日本を去るにあたって、私はこの国は心配のいらない国だと思っている」と語っている。他方ショウは、日本を訪れるアメリカ人にとっては日本の文化や歴史のよき紹介者だった。歌舞伎を堪能したエレノア・ローズヴェルトは、「歴史と芝居そのものについてグレン・ショウ氏による行き届いた解説がなければ、これほど楽しむことはなかっただろう」という感想を残している。また、アリソン大使主催の昼食会でもローズヴェルトの印象に深く残ったことは、同席したショウから、軍国主義が台頭する以前の日本には国際主義、民主主義、女性の地位向上などの要求が顕著だった時代があり、いまは、当時の民主主義や自由への関心がよみがえっているのだと聞いたことだった[37]。

一九五七年、七〇歳になったショウがUSISを退職し、日本を去ることになったとき、英字新聞各紙と『大阪朝日新聞』は別れを惜しむ記事を掲載し、日本政府はショウに勲三等瑞宝章を授与した。通常、USISで働くアメリカ人の在日期間は三年前後だったが、ショウの五年間は異例の長さだった。しかしショウは、実のところ、日本に滞在した三五年間を通してアメリカを日本人に紹介し、日本を海外に紹介する役割を担い続けたのだった。帰国から四年後、『大阪朝日新聞』はショウの訃報を伝え、「京のセミ幾億匹の暑さかな」、「おさらばとカキキクキノコキンモクセイ」など、ショウが詠んだ俳句を紹介しながら、日本の友人の死を悼んだ[38]。

一九五五年に高松の日米文化センターに赴任したハリー・H・ケンドールは、一九一九年にルイジアナで生まれた。二歳のときに父が母と八人の子供を残して亡くなったために、一家は酪農を営む祖父に引き取られ、子供たちは農場で朝から晩まで働きながら、その合間に学校に通った。高校卒業後は自動車部品工場に就職したが、二年後に勃発した日米戦争によってケンドールの人生は大きく変化した。陸軍航空隊の無線技師になったケンドールは、戦後は復員兵援護法のおかげで地元の州立大学に進学することができ、さらにイェール大学から国際関係学の修士号を取得した。一九五一年に国務省に入省し、四年間ヴェネズエラで広報文化活動に従事したあと、高松に赴任した。高松の日米文化センターは、アメリカ人が館長になった唯一の例外だった。それは、香川県知事の金子正則がアメリカ人館長の必要性を米国大使やUSISの幹部に訴え続け、一九五三年秋に視察のために来日した下院国際業務小委員会の議員たちにも直訴した結果だった。USIAは、県が建物や職員、運営費を負担する条件で、ケンドールを館長ならびに香川と徳島を管轄する地域広報官として派遣した[39]。

一九五五年九月、妻と娘を伴って高松に赴任したケンドールが目にしたのは、米軍の爆撃で壊滅的な打撃を受けた住民の貧しさと、それにもかかわらずアメリカについて知りたいと思う人々の熱意だった。グレン・ショウやフルブライト交換教授が高松で講演することもあったが、そうした機会は多くはなかった。アメリカ人からアメリカのことを聞きたいと思っている日本人が多いことを知ったケンドールは、ささやかな「日米フォーラム」を実施することにし、通訳をつとめる県の職員と一緒に、しばしば妻も伴い、四国の市や町を頻繁に訪れた。地元の人たちと膝を交えながら、アメリカの教育、地方自治体、老人福祉、結婚や家族、ときには在日駐留軍などさまざまな話題について語

初詣をするハリー・ケンドール一家

植樹をするケンドール夫妻と金子正則知事

地元民と対話するケンドール夫妻と通訳（中央）
3点とも Harry H. Kendall, *A Farm Boy in the Foreign Service* 掲載

り合ったことは、ケンドールにとって「四国で経験した最も貴重な思い出の一つ」だった。ケンドールは、日本の英語教員が英語の聞き取りが不得手なことを知り、英語教育の支援にも力を入れた。英語の教材を調達するとともに、フルブライト交流計画で来日する英語教員を高松に招き、セミナーを開いたり、モデル授業を行ったりした。ケンドール自身も、毎週自宅で大学生のための英会話教室を開いた。(40)

ケンドールのもとには、日本人からさまざまな相談が舞い込んだ。香川県庁の農業責任者からサトウキビの増産について、あるいは徳島県知事から木材の生産拡大について相談されたときには、ドルの持ち合わせがない県に代わってアメリカの種業者に小切手を送り、種を入手した。初詣や阿波踊りなど、地元の行事にもよく参加した。しかし、赴任から二年後、USIAの予算が大幅に削減されたため、ケンドールは多くの人と五色のテープに送られて高松をあとにした。ケンドールは、その後もしばしば高松を訪れた。一九八八年四月、瀬戸大橋の完成式典にもケンドール夫妻の姿があった。サトウキビの増産に成功した香川県庁の元職員からは、三〇年たってもクリスマス・カードが届いた。(41)

ロバート・G・フラーシェム（前列中央）とセンターの活動を担う日本人職員（1959年，金沢アメリカ文化センターの前で）
『交流――北陸日米文化協会30周年記念集』掲載

金沢アメリカ文化センター館長のロバート・G・フラーシェムは、日本の地方史研究に打ち込んだ異色な存在だった。一九一四年にシカゴで生まれたフラーシェムは、ウィリアムズ・カレッジを卒業後、保険会社に就職し、そのかたわらペンシルヴェニア大学から修士号を取得した。戦時中はカナダ陸軍に入り、戦後は美術館および保険会社に勤務したあと、五一年に国務省に入省した。韓国、フィリピン、サイゴンで広報文化活動にたずさわり、五四年八月に金沢に赴任した。センターでの活動に加えて、県内七都市にある公立図書館に日米文化室を設置し、活動地域を拡大した。また北陸三県（石川・富山・福井）の美術工芸品のアメリカ巡回展覧会を企画したり、県内製品のアメリカ向け輸出の推進役を担ったりもした。さらに、かつて大学院でヨーロッパ中世史を専攻したフラーシェムは、東西の封建社会の比較に興味をもち、加賀藩の十村《とむら》（大庄屋）制度の研究を始めた。県内の十村を勤めた家をくまなく訪ね、古文書の資料を写真に撮って収集するうちに、赴任当初はおぼつかなかった日本語の会話も次第に上達した。石川県は五六年、五九年と大水害に見舞われ、汽車も不通になったが、フラーシェムはそのたびに往復二〇キロ以上もある道を歩いて、被災した家族を訪ねてまわった(42)。

一九五九年には金沢文化センターの創立七周年を祝う会が開かれ、記念誌が発行された。そのなかで、輪島に日米文化室が設置されて以来交友を続けてきた輪島市立図書館長の木谷久治は、「かざり気、気取りのない地味な人柄、日本の生活をし、日本人を理解し、日本に住みつきたいという」フラーシェムと地元住民との関係について、「色々なものやことよりも、フラーシェム氏自身との接触の方が、よりアメリカというものを理解するのに役立ったような気がする」と述べている(43)。翌年に金沢をあとにしたフラーシェムは、ワシントンでの勤務を経て、一九六九年に札幌アメリカ文化センターの館長として再び来日した。しかし、七〇年にはＵＳＩＡを辞し、福井大学と福井工業大学で教鞭をとったあと、八一年に金沢に戻った。単著あるいは金沢出身の妻との共著で、能登の山田文右衛門家に関する『蝦夷地場所請負人』など多くの研究成果を出版し、二〇〇六年に金沢で九二年の生涯を閉じた。

ＵＳＩＳのアメリカ人と日本人との交流のなかには、はるかに政治的なものもあった。戦前はホノルルで新聞記者だったウィリアム・Ｅ・ハッチンソンは、ＧＨＱで報告書の編集を担当したあと、講和後はＵＳＩＳの出版部に勤務した。そこで、当時、雑誌『改造』の編集長で、のちにUSISの資金援助を受けて発行されたニューズレター『世界新潮』の責任者となる原勝と懇意になった。原は、日曜といえば目黒にあるハッチンソンの家に立ち寄るようになり、やがて、岸信介を連れてくるようになった。ハッチンソンも米国大使館政治局のアメリカ人たちに声をかけた。一九五三年四月の衆議院議員選挙で当選した岸は、ときには吉田茂内閣を倒す計画を語り、ときには自分の外交方針とアメリカの政策との共通点や違いについて説明した。このUSISを介して行われた岸と大使館職員との交流は、五四年五月にハッチンソンが日本を離れたあとも、USIS局長代行のウィリアム・ケネス・バンスの離日後は、出版部のチャールズ・ロバート・ビーチャムによって引き継がれた。(44)

アメリカ人と日本人との無数の交流のなかには、ごくさりげない、けれども一生忘れられない出会いもあった。当時、中学生だった松田英世は、金沢のアメリカ文化センターを何度か訪れたが、あるとき、窓をあけたアメリカ人に習いたての英語で「ニューエア」と言ったところ、アメリカ人は笑いながら「フレッシュエア」と訂正した。半世紀以上もあとから、そのときのことを振り返り、「アメリカ人が近しく思えた瞬間だった」と言う松田の言葉には、人と人との触れ合いがもつ不思議な力がうかがわれる。(45)

六　アメリカの大衆文化と対日文化外交

日本のUSISの活動は世界各地のUSISのなかでも際立って規模が大きかったが、日本に流入するアメリカの映画や音楽、野球などの大衆文化に比べれば、その影響力ははるかに限られていた。一九五七年から六〇年にかけて行われたUSISの三回の世論調査には、日本におけるアメリカおよびアメリカ文化の影響に関する設問がある。アメリカの影響が「多すぎる」と回答した人は、表8-4が示すように、五七年には全体の四割に達している。「多すぎ

表 8-4 アメリカの影響

（単位 %）

	57.6	58.12	60.10
多すぎる	41	32	30
ほぼ良い	25	33	35
少なすぎる	1	2	6
わからない	32	32	29
回答なし	1	1	*
サンプル数	886	659	1,040

* 0.5%以下

†「わからない」と回答した人数を含まない.

表 8-5 影響の多すぎる分野

（複数回答，単位 %）

分野＼年月	58.12	60.10
政治・外交・軍事	22	21
経済	5	11
文化・慣習	39	42
全般的	19	23
その他	15	3
回答者数†	191	309

出所："Japan Public Opinion Survey, Dec. 1958," Part I, 13, Part II, 3, "Japan Public Opinion Survey, Oct. 1960," Part I, 22, Part II, 88–94, RG306 から作成

る」という回答は徐々に減少するものの、六〇年でも回答者の三割が多すぎると感じている。同時に、「わからない」という回答が三〇％前後もあることは、アメリカの影響を特定することができない日本人も多かったことを示している。

意外なことは、「アメリカの影響が多すぎる」と回答した人の多くが、表8-5が示すように、「政治・外交・軍事」よりも「文化・慣習」をあげていることである。とくに一九六〇年の調査では、「文化・慣習」が「政治・外交・軍事」の二倍に達している。五八年の調査で「文化・慣習」をあげた人の理由には、「アメリカ文化が若者の非行を増加させる」、「へんなアメリカの歌が流行している」、「ジャズが嫌い――日本の若者がアメリカ人を模倣している」、「日本の男女が髪を茶色に染める」、「若者が派手な色の服を着る」、「日本人は大和魂を失った――ロカビリーの様子を見ればよい」、「日本人の道徳の退廃」、「民主主義と呼ぶものの影響が日本の社会に浸透しすぎている」、「共学に反対」、「政治、歌、服など多くの面でアメリカに影響されている」などがあり、日本の伝統が脅かされることへの危惧がうかがわれる。「経済」を選んだ人のなかにも、「日本国民はアメリカの生活様式を模倣し、そのために健全な経済生活が阻害されている」と言う人もいる。(46)

アメリカの文化や習慣に対する否定的な見方は、当時、日本の若者の一部を熱狂させたロカビリー旋風と無縁ではない。一九五〇年代半ばからアメリカの若者たちを夢中にさせたプレスリーに象徴されるロックは日本ではロカビリーと呼ばれ、それまでジャズやカントリー・ミュージックを好んだ日本の若者たちを引きつけた。ロカビリーの人気をロカビリー旋風に拡大させたのは、五八年二月から日劇（現在の有楽町マリオン）で定期的に開催されるようになった「日劇ウエスタン・カーニバル」だった。若い男性歌手たちが身もだえしながら絶叫すると、客席の少女たちは金切り声を上げ、紙テープを投げ、舞台に向かって殺到し、歌手を引きずり降ろそうとしたり、ときには舞台に駆け上って歌手にしがみついたりした。失神する少女たちもいた。日劇の成功は他の劇場にも飛び火した。場内が興奮のるつぼと化す光景はNHKや民放によってテレビ中継され、それを見た多くの大人は驚き、慨嘆した。局には親やPTAからの抗議が殺到した。(47)

ロカビリーとアメリカ文化外交には意外な接点もあった。アメリカの音楽を聴くレコード鑑賞会はアメリカ文化センターの主要なプログラムの一つで、プログラムのなかには、カントリーやジャズなどのポピュラー・ミュージックも含まれていた。一九五八年に日劇ウエスタン・カーニバルでデビューした守屋浩にとって音楽の世界に入るきっかけは、高校時代に米軍基地向けの極東放送から流れるカントリー・ミュージックを聞いたときの「衝撃」と、カントリーの愛好者たちが月に一度、東京アメリカ文化センターに集まってレコードを聴く会に参加したことだった。そこで、のちに堀プロダクション（現在のホリプロ）を立ち上げる堀威夫《たけお》が新しいバンドの結成を発表し、守屋がバンドの業務を手伝うバンド・ボーイに志願したのが、まもなく日劇の舞台を踏む一歩となった。(48)

一九六〇年一〇月のUSISの調査では、個々のアメリカ文化についての印象も尋ねている。(49) 図8-6が示すように、悪い印象が良い印象を上回っているのはジャズだけだが、当時は、純粋のジャズだけでなくロックやカントリーなどもジャズに含まれることが多かったから、やはりロカビリー旋風の影響が大きいと思われる。スポーツの印象は

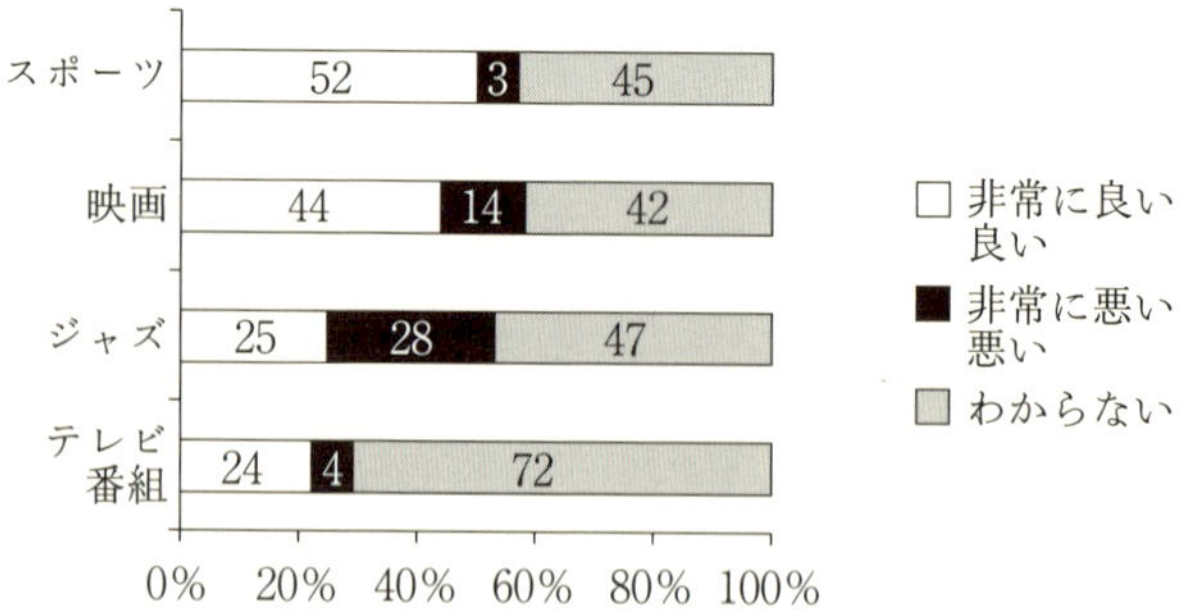

図 8-6 アメリカ大衆文化の印象

出所："Japan Public Opinion Survey, Oct. 1960," Part I, 24-25, RG306 から作成

際立ってよく、映画も良い印象が悪い印象の三倍に達している。

テレビ番組については「わからない」という回答が七割以上もあり、一般の家庭ではまだテレビが十分に普及していないことを示している。しかし、テレビ番組の是非を答えている人のなかでは、良いという意見が悪いという意見をはるかに上回っている。その背景には、一九五〇年代後半から日本のテレビで放映されるようになったアメリカのテレビドラマの存在がある。「ハイウェイ・パトロール」「スーパーマン」（一九五六年）、「アイ・ラブ・ルーシー」「名犬ラッシー」（一九五七年）、「パパは何でも知っている」「ローン・レンジャー」（一九五八年）、「うちのママは世界一」「ペリー・メイスン」「ガンスモーク」「ポパイ」「ローハイド」（一九五九年）、「ララミー牧場」「サンセット77」（一九六〇年）など、多くのホームドラマや西部劇、探偵もの、アニメが放映された[50]。開局まもない日本のテレビ局にとっては、アメリカのテレビドラマは番組編成に欠かすことができなかった。日本で制作するドラマに比べて完成度が高く、視聴者の評判もよく、安かったからである。さらに、テレビを競争相手として警戒した日本の映画会社（東宝、松竹、東映、大映、新東宝）が一九五六年に五社協定を結び、専属スターや自社製作の劇映画をテレビ局に提供することを禁止したことも大きな要因だった[51]。

一九六〇年の調査では、テレビほどではないにしても、ほかの大衆文化についても「わからない」という回答が半数近くに達している。この調査結果は、アメリカの文化が戦後の日本を席巻したかのような印象とは異なり、少なくとも意識のうえでは、アメリカ文化と無関係に暮らす人も少なくなかったことを示唆している。二〇〇五年に上映され、数々の賞を獲得した映画『ＡＬＷＡＹＳ　三丁目の夕日』は、一九五八年、建設中の東京タワーが見える下町で暮らす人々の物語である。たばこ屋のキンさんはハタキをマイク代わりにトランジスター・ラジオから流れるロカビリーに合わせて歌うことに夢中で、煙草を買いに来た顔なじみの自動車修理店の主人の声も耳に入らない。「ばばあが聞く音楽かね」と言われ、「そりゃなんたって今はロカビリーだわ」と答える。今度は、コカコーラを瓶からぐい飲みするキンさんに、主人が「その薄気味悪いものはなんだよ」と尋ねると、「知らないのかい、新発売のコーラさ。やってごらんよ」と勧められ、「冗談じゃねえよ。そんな醬油みたいなもの」と言い返す。映画はフィクションだが、二人の会話は、アメリカの大衆文化に対する日本人の異なる対応を鮮明に示している。[52]

一九五八年一二月のＵＳＩＳの世論調査には、アメリカの対日文化外交に関する設問もある。[53]「米国政府が日本人にアメリカについて知らせるためのプログラムを日本で実施していることを知っているか」という問いに対して、「知っている」と答えた人は全体で一七％にすぎなかった。プログラムを知っていると答えた人に、そのような活動の是非を尋ねると、「良い」という回答（六三％）が、「良くない」（一四％）という回答よりもはるかに多い。対外広報活動を行うアメリカの意図については、「日本国民を自由世界に引き込むため」と「宣伝」を選択した人の合計（四一％）は、「善意」を選択した人（二一％）の約二倍に達している。[54]設問の語句を少し変えて、「アメリカ政府が、アメリカについての知識を増すために日本と文化交流を行っていることを知っているか」（傍点筆者）という問いに対しては、「知っている」という回答が全体の三二％に達している。「知っている」と答えた人にその是非を聞くと、「良い」という回答はきわめて高く（八四％）、「文化交流」に対する日本人の期待の高さを物語っている。[55]

アメリカ政府が国益のために広報文化活動を行うことは十分に想定されることであり、講和後の日本人にとって重要なことは、海外と接する限られた機会が拡大されることだった。アメリカ文化外交はそうした日本人の要望に応えた。根本的にはアメリカのための活動であっても、日本で働くアメリカ人は日本人の役に立ちたいと思い、日本人は自分たちのために、あるいは地域や国のために文化外交を活用した。何を選択し、どう利用するかは人さまざまであり、アメリカの意向に合致するとは限らない。その選択が賢明であるかどうかも一概には言えない。国務省の人物交流計画で一九五六年春に渡米した香川県知事の金子政則にとって、最も印象に残ったことの一つは、どこでも、平日でも星条旗がかかげられていることだった。一年半後の年末、金子は県民に向かって、そのときに見た光景がいつまでも脳裏を離れないと語り、日本人も、敗戦以来の「喪章をつけている気持」を脱して、「日本民族の一員として、こぞってすなおに、明るく、気持よく、自ら進んで元旦から日の丸の旗を高くかかげたい」と呼びかけた。(56) アメリカの対日文化外交は、左翼の知識人の対米観を変えたり、在日米軍基地の支持者を増大させたりする政治的効果は乏しかったが、アメリカの大衆文化とともに、アメリカに対する日本人の親近感をはぐくむことに貢献した。他国からの親近感は政治的意見の一致を意味するものではないが、どの国にとっても重要な資産であると言えよう。

むすび

一九五〇年代のアメリカは、軍事、経済、文化のいずれにおいても世界の超大国で、自らの体制に対する自信に満ちあふれていた。他方、日本は国破れ、占領を経て再び主権を回復したものの、政治も経済も混迷を続けていた。国際社会に復帰し、経済復興を果たすためには、アメリカのあと押しが必要だった。同時に、日本各地に点在する米軍基地の存在と日本に対する再軍備の要求は、日本がアメリカの支配と庇護から脱していないことを日本人に痛感させた。アメリカと日本の外交関係は、対等とはほど遠いものだった。

しかし、対日文化外交における日米関係はもっと平等だった。アメリカについての理解を促進し、親米感情をはぐくみ、アメリカ外交政策の支持者拡大をめざす文化外交は、政府間の外交とは異なり、多くの日本人と接触することが必須の要件だった。対日文化外交を担うアメリカ人の間では、講和後の活動は占領期とは異なり、日本人が自ら受け入れたいと思うものでなければならず、そのためには日本人の考えや感情を理解することが必要だという認識がおおむね共有されていた。共産主義の脅威を日本人に認識させ、日本を自由陣営の確固たる一員にすることはアメリカ文化外交の主要な目的ではあったが、共産主義を差し迫った脅威とみなす日本人は多くはなかった。日本人が求めていたのは、敗戦後の荒廃から立ち上がり、国際社会に再び参画するために役立つ情報や文化だった。日本人をアメリカの味方にするために文化外交を実践するアメリカ人と、アメリカが提供する活動のなかから自分たちに役立つと思うものを選択する日本人との関係は、正規の外交よりもはるかに対等だった。

アメリカの外交政策形成過程においては多様な意見が競合しても、最終的には国の政策として集約されるのに対して、文化外交は現場の担当者の個性や考えを反映することが多かった。とりわけ文化外交の担当者には多彩な経歴の持ち主が多かった。反共から広報、文化、交流にいたる活動のなかで、なにを重視するのか、なにが有効かをめぐっては、担当者の意見が対立することもあった。たとえば、冷戦の渦中にあるドイツでは敏腕を揮ったパトリシア・G・ヴァン・デルデンの反共姿勢が、アメリカ文化センターの統括責任者として赴任した日本では、地域の文化人として活動するセンターの館長たちを当惑させることもあった。ヴァン・デルデンが各地のセンターに配布用の反共文書を送り届けたとき、人が寝静まる夜中に自動車を走らせて街角に数十部ずつ置いてまわった館長もいたが、多くの館長は指示を無視した(1)。

対日文化外交は、最も影響をおよぼしたい左翼に対しては、例外を除けばほとんど無力だった。当時はマルクス主義を信奉する日本人が、大学や論壇、労働組合を中心に、いまでは想像しがたいほど多かった。彼らの教条主義的な世界観は、講和後間もない頃に日本図書館協会の月刊誌『図書館雑誌』に掲載された記事にも顕著にうかがわれる。記事の筆者は、CIE図書館は「奴隷の植民地政策」を「日本国民大衆の間に〔略〕浸透させること」に貢献し、その政策は「名ばかりの独立後もCIEにかわって米国・国務省・対外文化情報局U・S・I・Sよりフィルムを貸与されて続行されている」と批判した。ソ連の図書館が「ソ連政府の宣伝広報機関と化している」という見方に対しては、「人間を搾取する如何なる支配階級を持たず、働く者が完全に権力を握っていて、その国家権力は直接に国民の権利と福祉を守る社会主義国」と「全世界人民の平和の欲求を抑え戦争によって自らを蘇生させねばならぬ」資本主義国を同列に論じるのは問題外だと主張した。また、講和から一年が経過しても、依然としてCIE図書館を標的とし、「米国植民地教化政策の実現に進んでいる」と非難する記事が『図書館雑誌』に掲載されている。筆者は、「この屈辱的図書館類型を打破することが、全日本図書館人の使命であり、このことは日本の独立と平和を求めて斗っている労働者、農民、学生、中小企業者の愛国的勤労大衆の支持と協力なくしては実現することはできない」と、檄《げき》を飛ばした。(2)

東京アメリカ文化センターの図書室に勤務する安藤金治は、「矛盾と誤謬の多い某等の人々の論述を看過することは出来ない」として、同誌上で反論を試みた。安藤は、「外交関係にある国が互いに相手国に自国の姿を正しく理解させようと努力することは当然であり」、センターがアメリカの管轄下にあるからといって、「治外法権的幻想を抱かねばならぬ程、我々は自国の文化や教育についての自主性を喪失して居るとは思わない」と主張した。しかし安藤には、「彼等の誤謬、正当ならざる解釈を指摘出来たとしても、彼等は事実を事実として受取ることを拒否するに違いない」と思われた。(3)

アメリカの文化外交を活用したのは、おおむねイデオロギーにとらわれない、しかし、外の世界に関心をもつ日本人だった。海外の文化や制度を取り込んで日本化するのは、日本人の伝統であり、特技である。したがって、戦争と占領によって長い間、海外との交流を断たれた日本人の間に、海外の情報や文化、とりわけ世界の超大国であるアメリカについての知識を渇望する人が多くいたことは不思議ではない。日本人は、日本の新聞や雑誌からもアメリカの情報を断片的に得ており、マッカーシズムや黒人差別のこともよく知っていた。四国各地を回って地元の人たちと話し合ったハリー・H・ケンドールは、しばしば黒人差別について質問されたという。(4)またハリウッド映画やテレビドラマ、あるいは音楽を通してアメリカの大衆文化に接した日本人も多い。しかし、メディアの情報が事件性のあるものに傾きがちであり、日本に流入するアメリカの大衆文化が採算を重視し、一般受けするものに限定されがちであるのに対して、アメリカ文化外交は、ドラマ性には乏しいが、アメリカの多様な分野の情報と文化を届けた。さらに、世界屈指の作家や舞踊団、ジャズバンド、交響楽団の訪日のように、アメリカ政府のあと押しがなければ実現しなかった魅力的な企画もあった。日本の音楽・舞踊関係者にとっては、いながらにして世界一流の音楽や舞踊に触れるだけでなく、関心を共有する海外の芸術家たちと交流する機会でもあった。他方、来日した芸術家にとっても、音楽や舞踊を愛する多くの日本人から温かく迎えられただけでなく、日本文化に触れ、世界が広がる機会だった。

アメリカ文化センターの利用者、USIS映画の観客、セミナーや講演会の出席者、写真展に見入る人たち、交響楽団や多様なジャンルの音楽、バレエやダンスを鑑賞する人たちは、知的文化的豊かさに浸った。なかには、大国のアメリカの文化といえども、たいしたことがないと思い、難点を事細かく指摘する批評家もいたが、アメリカ文化外交に接した多くの日本人は、新たに得た知識や刺激を自分のために、あるいは地域の活性化のために、あるいは日本の文化を高めるために活用した。北國新聞社社長の嵯峨喬は、金沢アメリカ文化センターが地元の人たちに受け入れられてきたのは、「その事業が直接我々の日常生活に便宜を与え、知識をひろめるために役立つ、実用に立脚したものであったからである」と述べている(5)。それは、北陸だけのことではなかった。アメリカの対日文化外交は、ワシントンでつくられる冷戦外交の一環ではありながらも、現場では、日本人に受け入れられる活動の必要性を認識するアメリカ人、とりわけ日本人の目線で日本人に役立つ情報や文化を提供することに努めた日本人職員、そして外の世界を知りたいと思う日本人のコラボレーションだった。

USIAは、冷戦という追い風がなくなった一九九九年に廃止され、アメリカ文化外交は再び国務省の管轄下に入った。一九五〇年代に比べると、予算も活動の規模も大幅に縮小された。五〇年代に活躍したアメリカ文化センターは、いまは札幌、東京、名古屋、大阪、福岡の五都市にアメリカンセンターとして存続し、小規模な活動を続けている。他方、日本はいまでは文化外交を展開する国になっている。日米経済摩擦が問題化するさなかの一九七二年、外務省所管の特殊法人として設立された国際交流基金は、現在では、世界二一か国に二二の海外拠点を置き、広報文化活動を行っている。日本の文化外交に対して、五〇年代のアメリカの対日文化外交はさまざまなメッセージを発信している。

まず、対外広報文化活動には豊富な資金が必要だということである。一方的に情報や文化を届けるのではなく、それぞれの国の人たちに配慮した活動を行おうとすれば、その土地の人々が何を考え、何を求めているかを理解する必要があり、そのためだけでも多くの人材と資金を投入しなければならない。そうした努力があったとしても、実施してみなければ、結果がわからないことも多い。活動のなかで実際に実を結ぶのは一部でしかないかもしれないが、その一部はやがて花開き、花の種は、より多くの実を結ぶだろう。日本には国際交流の仕事にかかわりたいと思う人材は多く存在するが、人材を活かす受け皿があまりにも少ないのが現状である。国際交流を含む文化外交の予算を増額しても、軍事費に比べれば、ささやかなものでしかない。

文化外交にいくら資金を投入しても、伝える広義および狭義の文化に魅力がなければ、受け手の層は広がらない。アメリカの芸術文化を海外に届ける大統領基金の担当者にとって最大の悩みは、増加する世界各地からの要望に応えられないことだった。多くの日本人がアメリカの対日文化外交を受け入れたのも、アメリカに魅力を感じたからだった。当時、ＵＳＩＳが出版する『アメリカーナ』の編集委員をつとめた桶谷繁雄は、委員を引き受けた理由について、「アメリカが好きであれ、嫌いであれ、アメリカの持つ文化には多くの驚くべきものがあり、それは決して無視は出来ないし、政治を抜きにして、それを日本の知識人に知らせる事が、日本人である私の義務であり、責任であると思ったからであった」と述べている(6)。いま、日本の文化について、桶谷と同じように思う外国人はどれほどいるだろうか。

狭い意味での文化について言えば、日本の文化を支え、活性化するための予算が乏しい。『朝日新聞』（二〇一四年一月二九日）は、下村博文文部科学相が日本を「世界トップクラスの文化大国」にするために二〇二〇年までに文化庁予算を倍増させると発言していたにもかかわらず、二〇一四年度予算における伸び率が前年度の〇・二％増でしかないことを、『「文化大国へ」掛け声空しく』という見出しで報じている。下村発言は、フランスや韓国の文化予算が国全体の一%前後であるのに対して、日本の文化庁予算が〇・一%だという状況を踏まえたものだった。(7)

もちろん、文化や国際交流に対するアメリカ政府の支援は、アメリカを文化大国にしている要素の一つでしかない。本書ではロックフェラー財団が支援した日米知的交流計画を取り上げているが、アメリカには資金力のある大きな財団から小規模の財団まで数多くの財団が存在し、政府の文化外交がもつ制約に縛られることなく、独自に意義があると思う交流を支援してきた。高等教育機関も一九世紀末以来、国際交流を教育の一部として重視してきた。さらにアメリカには、音楽、舞踊、映画から野球まで、国内はもとより海外の人々を引きつける芸術や大衆文化がある。しかし、大衆にアピールする文化は十分に収益をあげているが、オペラや交響楽団、バレエなどの維持および発展には政府や民間からの支援が欠かせない。また講和後のアメリカの対日文化外交は、たとえば野球のように、政府の支援がなくても日本に流入する大衆文化の人気を利用するよりも、むしろ意識的に大衆文化とは異なるアメリカの文化を日本に紹介することが多かった。そうすることによって、アメリカの政府ならびに民間の活動、そして大衆文化は、知的交流を求める指導者層からロックを好む若者まで広範な層の日本人に働きかけることができた。

一九五〇年代のアメリカの対日文化外交は、アメリカ文化センター、出版、放送、映画、展示、芸術家の来日など多岐におよんだが、その根幹にあるのは人と人との触れ合い、アメリカの視察報告書でよく用いられている言葉を使えば「パーソナル・コンタクト」だった。正規の人物交流だけでなく、たとえば、ジャズバンドや交響楽団の来日においても日本の音楽関係者と交流する機会を設けるなど、USISはできる限り人と人との交流が行われるように配慮した。また現場で文化外交を担う人には、相手の文化を理解し、自分たちの文化を伝えることのできる能力と意欲が求められた。インターネットで多くの情報を即時に入手することができるようになったいまも、グレン・ショウやファズル・フツイ、ハリー・ケンドール、ロバート・G・フラーシェムらの体験が示すように、人と人とが触れ合うことによってしか得られない心の交流がある。

他方、アメリカ文化外交の担当者には実現できなかった抱負があった。彼らは広報文化活動を成功させるために現地の実情や人々の考えを把握することに努めたが、同時に、任地の人々について得た情報がアメリカの外交に反映されることを望んだ。しかし、政府間の交渉を外交の本務であると考える伝統的な外交担当者の理解は得られなかった。もし、アメリカの外交が現場の状況分析をもっと取り込んでいたならば、ヴェトナムやイラクでの過ちを避けることができたかもしれない。一九五〇年代の日本人は、自国の復興を考えるのに精一杯で、他国の立場を考慮する余裕がなかった。しかし、先進国となったいま、他国の人たちの考えや感情を理解する努力が、日本の政府にも民間の組織や個人にも求められている。

グローバリゼーションという言葉が使われるようになって久しいが、国家は、これからも当分は国際社会の主要なアクターであり続けるであろう。しかし、国と国との関係は、政府間の関係だけではなく、人と人との関係によっても支えられている。いま、異なる文化をもつ人々が触れ合う機会は、一九五〇年代に外の世界を知りたいと思った日本人には想像もできないほど国の内外で広がっている。しかし依然として、自国の視点だけから世界を見る人が、どこの国でも少なくないように思われる。多様な世界を知ることは、なによりも、その人の人生を豊かにするに違いない。国境を越える人と人との接点が多くなれば、外交関係が緊張しても、国と国との関係が根底から揺らぐことはないだろう。外交の主要な課題が関係各国の利害の調整にあるとしても、世界の視点から日本のいまと将来を考える人が多くなれば、日本の外交はもっとグローバリゼーションの時代にふさわしい外交になるに違いない。

あとがき

一九八〇年代に私は明治政府が北海道を開拓するために雇ったウィリアム・S・クラークをはじめとするアメリカ人のことを調べていた。それぞれに癖のある筆跡で書かれている書簡や日誌を読み取るのに苦労したことから、次の研究ではタイプライターで書かれた資料を読みたいと思った。その思い通りに、一九五〇年代のアメリカの対日文化外交について調べ始めたところ、資料を判読する苦労は少なくなったが、タイプライターと複写機のおかげで資料の量が厖大になっていることに気づいた。当時の日本の状況を知るために集めた資料も山積みになった。資料の洪水に溺れそうになりながら文化外交を追い求めているうちに、二〇年近い歳月が過ぎた。

研究の課題を決め、資料を調べ（科学者であれば実験を繰り返し）、その成果をまとめるまでには、二〇年は例外としても、多くの時間が必要なことは、研究者であれば誰でもよく知っている。果たしてまとまるのだろうか、結果が出るのだろうか、と不安に思いながら研究を続ける（あるいは研究の時間が取れない）ときの気持ちは、先の見えない、長い暗いトンネルのなかにいるようだ。けれども、過去と向き合う歴史の研究では、資料を通して多くの人に巡り会い、その時代を懸命に生きた人の体験を共有する楽しさもある。けれども、資料として残っている体験はごく一部でしかないことを、あらためて感じたのは、ベニー・グッドマン楽団の来日時の写真をイェール大学で入手したあと、グッドマンの資産管理団体に写真を掲載する申請を行ったときだった。ビジネス・マネジャーのスーザン・サッツからの返信には、「なんて嬉しい手紙でしょう。ベニーは楽団と一緒に日本を訪れたときのことを、いつも誇りに思っていました」と書かれていた。入手した資料からはわからないグッドマンの思いだった。過去に埋没してしまうかもしれない人々の体験や心情をごく一部ではあっても本のなかに残せることは、過去を振り返る研究者にとっての喜びである。

日米関係を政府間の関係だけでなく、人や文化の交流という視点からも考えたいと思うようになった原点は、一九六七年六月から一年間過ごしたハワイのイースト・ウエスト・センター（EWC）での体験だった。東西の文化交流の促進をめざすEWCは、一九六〇年に米国連邦議会で設置が承認され、国務省の管轄のもとでいまも活動を続けるアメリカ文化外交の一環である。ハワイ大学のキャンパスの一角にはEWCの本部や講堂やキャファテリアなどを収容するホール、寮、劇場などが建てられ、アメリカ、アジア、太平洋地域の約三〇か国から年齢もまちまちな多くの男女が集まっていた。少数の専門家を除けば、参加者はハワイ大学で各自の専門分野の勉強を続けながら、寮の生活を共有し、EWCが主催するセミナー、集会、ピクニック、旅行などを通して相互の理解と交流を深めた。

当時、大学院生だった私はEWCの存在さえ知らなかったが、指導教員の中屋健弌先生に勧められるままに試験を受け、とくに強い目的意識もないままにハワイの地を踏んだ。しかし、さまざまな国の多様な見方や考えをもつ人たちとともに過ごした一年間は、日本を離れるときには想像もしていなかった貴重な体験になった。なかでも強く印象に残っているのは、タイから来ているカンチャナのことだった。チャーミングなカンチャナはアメリカ人の男子学生からよくデートに誘われていたが、「アメリカ人は親切だけれど、教えてあげるという態度が鼻につく」と言っていた。その一方で、「アジアだって、日本のように超特急や地下鉄が走っている国もある」と、得意そうに言うカンチャナだった。その言葉には、指導者としての日本ではなく、同じアジアの仲間としての日本に寄せる期待が込められているように思われた。

もちろん、EWCのアメリカ人がみなアジアを後進国とみなしていたわけではなかった。むしろ、アメリカにはない伝統や価値観を求めて、アジアの文化に憧れを抱くアメリカ人も多かった。音楽を専攻し、日本で一年間謡曲を学んだナンシー、柔道に熱中するケント、日本語で三島由紀夫の本を読みふけるアイリス。禅や能や西鶴などについて熟知するアメリカ人からの質問には、答えられないこともよくあった。EWCでの多くの出会いから、私は、どの国にもいろいろな考えの人たちがいることを知った。また、国際交流の原点は、相手の視点を理解し、同じ目の高さでつきあうことだと思うようになった。

EWCにいる間には、国家の権力を感じる出来事もあった。毎年一二月になると、EWCでは三日間にわたって、キャンパスのケネディ劇場を埋め尽くすホノルルの市民に、民族衣装を着た各国の留学生が伝統文化を披露するインターナショナル・ナイトの催しがあった。二三人の日本人留学生は地元の日舞の師匠に指導を乞い、「花笠音頭」の練習に励んだ。そのなかには、「日本」とは別の「沖縄」のグループに所属する三人もいた。沖縄がまだ本土に復帰していないからだった。「でも、インターナショナル・ナイトでは一緒に踊ろう」。そう思っていた私たちは、別個のプログラムを出すようにという事務局の指示に失望した。私たちの抗議の結果、「ジャパン・アンド・オキナワ」として一緒に踊ることになった。国務省の管轄下にあるEWCとしては、それがぎりぎりの妥協だった。

当時、ハワイはアメリカの州に昇格してから一〇年にもならず、観光地として脚光を浴びているいまからすると、はるかに素朴な太平洋の島だった。ハワイでは、雨上がりの大きな虹、夜空にまたたく無数の星、エメラルド色の海にみとれ、プルメリアの甘い香りに酔った。しかし、それよりも貴重な体験は、さまざまな国の人たちと触れ合うことによって世界の地平線が広がったことだった。

本書を執筆するにあたっては、できるだけ読みやすい文章を書くように努めたが、どこまで、そうすることができたかは心もとない。学術書であっても研究者だけでなく、より広い層の読者の目にも触れることを願ったのは、恩師の中屋健弌先生とアーサー・シュレジンガー・ジュニア教授の影響によるところが大きい。また二人の恩師からは、実証を重視する姿勢、さらに、現在を理解するためには過去を知らなければならないということも学んだ。

本書は次の既刊論文に依拠しているが、いずれも大幅に加筆・修正している。

"Eleanor Roosevelt's 1953 Visit to Japan: American Values and Japanese Response," in *Living with America, 1946–1996*, ed. Cristina Giorcelli & Rob Kroes (Amsterdam: VU University Press, 1997).

『日米知的交流計画』と一九五〇年代日米関係」『東京大学アメリカン・スタディーズ』五号（二〇〇〇年）。

「一九五〇年代アメリカの対日文化政策――概観」『津田塾大学紀要』三五号（二〇〇三年）。

"U.S. Cultural Diplomacy toward Japan during the Cold War,"『アメリカ太平洋研究』七号（二〇〇七年）。

「一九五〇年代年代アメリカの対日文化政策の効果」『津田塾大学紀要』四一号（二〇〇九年）。

「ウィリアム・フォークナーの訪日――アメリカ文化外交の一例として」『津田塾大学紀要』四三号（二〇一一年）。

研究を始めたときから本が完成するまでの期間が長かったこともあって、この間にお世話になった方々があまりにも多く、ここでお一人おひとりのお名前をあげない非礼をお許しいただきたい。アメリカと日本の図書館で資料収集に協力してくださった方たち、資料を提供してくださったり当時のことをお話しくださった方々、アメリカ研究の魅力を教えていただいた恩師と諸先輩、研究者としての楽しさと苦労を共有した国内外の友人たち、津田塾大学での日々をともにした同僚、学生、職員の方たち、仕事をもつ私を応援してくれた友人たちと家族、その他多くの方々に感謝の気持ちでいっぱいである。出版の機会をくださった東京大学出版会にも厚くお礼申し上げたい。とくに編集者の後藤健介さんには言葉では言い尽くせないほどお世話になった。心からの感謝の気持ちを伝えたい。

最後に、昨年秋に亡くなった夫の藤田博司に本書を捧げたい。

二〇一五年三月

藤田文子

アメリカ研究入門［第3版］　五十嵐武士・油井大三郎編　A5・二八〇〇円

アメリカニズム　古矢旬　A5・五八〇〇円

日米関係と東アジア　五十嵐武士　A5・四二〇〇円

アメリカン・ライフへのまなざし　瀧田佳子　A5・三五〇〇円

浸透するアメリカ、拒まれるアメリカ　油井大三郎・遠藤泰生編　A5・四〇〇〇円

迷宮としてのテクスト　林文代　A5・六二〇〇円

アメリカン・ナルシス　柴田元幸　A5・三二〇〇円

農村型事業とアメリカ資本主義の胎動　橋川健竜　A5・四八〇〇円

占領する眼・占領する声　土屋由香・吉見俊哉編　A5・五四〇〇円

ここに表示された価格は本体価格です．御購入の際には消費税が加算されますので御了承下さい．

藤田文子（ふじた・ふみこ）
1944年札幌生まれ．津田塾大学学芸学部英文学科卒，東京大学大学院社会学研究科（国際関係論）修士課程修了，ニューヨーク市立大学大学院（歴史学）博士号取得．津田塾大学名誉教授．
著書に『北海道を開拓したアメリカ人』（新潮社），*American Pioneers and the Japanese Frontier: American Experts in Nineteenth-Century Japan* (Greenwood Press)，『アメリカに生きる日本女性たち――在米津田塾同窓生の軌跡』（共編著，ドメス出版）．訳書にデイヴィッド・A・ホリンガー『ポストエスニック・アメリカ――多文化主義を超えて』（明石書店），アーサー・シュレジンガー・Jr.『アメリカ大統領と戦争』（共訳，岩波書店）など．

アメリカ文化外交と日本
冷戦期の文化と人の交流

2015年4月30日　初　版

［検印廃止］

著　者　藤田文子《ふじたふみこ》

発行所　一般財団法人　東京大学出版会
代表者　古田元夫
153-0041　東京都目黒区駒場4-5-29
http://www.utp.or.jp/
電話 03-6407-1069　FAX 03-6407-1991
振替 00160-6-59964

印刷所　株式会社精興社
製本所　誠製本株式会社

ISBN 978-4-13-020302-9　Printed in Japan

索　引

[ア行]

23
園城寺次郎　134, 145, 150

[カ行]

カー，ペイトン（Peyton Kerr）　111
海外情報部（Foreign Information Service）　5-6
外交研究・研修協会（The Association for Diplomatic Studies and Training）　26
雅楽　178
「夏期経済セミナー」　54, 119
カーク，グレイソン（Grayson Kirk）　207, 216
加島祥造　115-16, 120
カースティーン，リンカーン（Lincoln Edward Kirstein）　173, 175-78, 180, *34*
カズンズ，ノーマン（Norman Cousins）　234
金丸重嶺　138-39, 141, 143
金子正則　189, 257, 266, *48*
樺山愛輔　205-6
歌舞伎　176, 178-80
カーマン，ハリー（Harry J. Carman）　207-8, 210, 215-16, 218, 224, *39*
川口，ジョージ　186
河竹登志夫　179
川本三郎　89
カンダ，アキコ（Akiko Kanda）　173
岸信介　261
キース，ハリー（Harry Keith）　73
木谷久治　260
北村英治　185-86
『機動部隊』（*Task Force*）　88-89
木村伊兵衛　132, 136, 138-39, 143, 146
教育映画　76-77, 80, *21-22*
教育交流局（Office of Educational Exchange, OEX）　10
教育文化局（Bureau of Educational and Cultural Affairs）　36, *16*
『共産主義の諸問題』（*Problems of Communism*）　46-47, 250-51
京都新聞社　71
清瀬一郎　144, 146
ギリス，ドン（Don Gillis）　161
草刈津三　167
グッドマン，ベニー（Benny Goodman）　182-86
熊谷直忠　59
クラムゴールド，ジョゼフ（Joseph Krumgold）　62-63, 67-70
クリール，ジョージ（George Creel）　*2, 5*
クリール委員会（Creel Committee）　1-3
グリーン，フィッツヒュー（Fitzhugh Green）　23
グレアム，マーサ（Martha Graham）　168, 170-73, *33-34*
クレイマー，ヒルトン（Hilton Kramer）　131-32
黒田恭一　198
ケーリ，オーテス（Otis Cary）　213, *38-40*
原子力平和利用キャンペーン（Atoms for Peace campaign）　51, 71, 76, 252
「原子力平和利用博覧会」（Atoms for Peace Exhibit）　51-52, 240, 249, 255
ケンドール，ハリー（Harry H. Kendall）　25, 257-59, 269, *16, 47*
河野隆治　183, 187
広報委員会（Committee on Public Information）　→クリール委員会
広報官（Public Affairs Officer, PAO）　2, 36
広報局（Office of Public Information）　6
広報担当国務次官補（Assistant Secretary of State for Public Affairs）　8
広報文化担当国務次官補（Assistant Secretary of State for Public and Cultural Relations）　6-8
後楽園球場　162-63
国際企画参加のための大統領緊急基金（President's Emergency Fund for Participation in International Affairs）　155
国際広報活動大統領諮問委員会（President's Advisory Committee on International Information Activities）　→ジャクソン委員会
国際広報教育交流局（Office of International Information and Educational Exchange）　8

国際広報局（Office of International Information, OII） 10
国際広報庁（International Information Administration, IIA） 11, 32
国際公報文化局（Office of International Information and Cultural Affairs） 8
国際文化会館（International House of Japan） 98, 201, 204-5, 208, 216-17, 235-36
国際文化協会 250, *45*
国際文化交流・貿易博参加法（International Cultural Exchange and Trade Fair Participation Act） 156
国務省（U. S. Department of State） 4-5, 8, 11, 14, 22-28, 33, 60, 63, 156-58
国務省人物交流計画（Leader Program/Specialists Program） 10, 53-54, 59, 102, 134, 242, 266
国家安全保障会議（National Security Council, NSC） 9, 16, 23, 51
国家安全保障会議文書六八 11
ゴショ，ヘンリー（Henry Gosho） 48
後藤優美 58
ゴードン，ベアテ・シロタ（Beate Sirota Gordon） 214-15, *40*
コナーズ，W・ブラッドリー（W. Bradley Connors） 28
近衛秀麿 ix, 199, 251
コール，チャールズ（Charles W. Cole） 210, 213, 219-22
コロンビア大学（Columbia University） 207-9, 211, 215-16, 218-19
紺家孝雄 56-57

［サ行］

齋藤襄治 57-58
斎藤眞 220
嵯峨喬 270
作戦調整本部（Operations Coordinating Board, OCB） 15-16, 23, 156, 240-41
佐藤忠雄 86
サマーズギル，トラヴィス（Travis L. Summersgill） 102, 121-22, *27-28*
産経新聞社 170, 183, 185, 187
サンソム，ジョージ（George Sansom） 207, 209-11, 236, *38*
暫定国際広報部（Interim International Information Service） 7
サンドバーグ，カール（Carl Sandburg） 127-28
CIE 映画 73-74, 268
CIE 図書館（CIE Information Center） 40, 252, 268, *16*
シェイクスピア，フランク（Frank Shakespeare） 12
ジェリフ，ロバート（Robert A. Jelliffe） 102-3
シェレンバーガー，ジャック（Jack Shellenberger） 143
重乃皓 59-60
視聴覚ライブラリー 73-74
シノダ，ミノル（Minoru Shinoda） 215, 217-18, *40*
柴田南雄 198
シーボルド，ウィリアム（William J. Sebald） 28
姉妹都市 55-56
清水晶 87
シャーウッド，ロバート（Robert Sherwood） 5-6
ジャクソン，ウィリアム（William H. Jackson） 13
ジャクソン，チャールズ（Charles D. Jackson） 13-14
ジャクソン委員会（Jackson Committee） 13, 15
ジャパン・ソサエティ（Japan Society） 217
十六ミリ映写機 →ナトコ映写機
シュミット，G・ルイス（G. Lewis Schmidt） 33, 38, 100-101, 103, 111, 134, 255, *25*
シュラー，ガンサー（Gunther Schuller） 187
ショウ，グレン（Glenn W. Shaw） 97, 255-58, *46*
情報調整局（Office of the Coordinator of Information） 5
神彰 192-93
「真実のキャンペーン」（Campaign of Truth）

11
シンフォニー・オブ・ジ・エア（Symphony of the Air）　ix, 157-68, 240, *33*
心理戦略本部（Psychological Strategy Board, PSB）　12, 15-16, 30
鈴木章治　185-86, *36*
スタイケン，エドワード（Edward Steichen）　123-28, 130-31, 134-38, 142-44, 148-51
ストライバート，セオドア（Theodore Streibert）　20-21, 23, 65
スミス，H・アレグザンダー（H. Alcxander Smith）　9
スミス・ムント法（Smith-Mundt Act）　9-10, 53
スミス，ユージン（Eugene Smith）　130, 135, 152
政治顧問局（Office of the United States Political Adviser for Japan）　28
セバスチャン，ジョン（John Sebastian）　189
戦時情報局（Office of War Information, OWI）　5-7, 23
戦略局（Office of Strategic Services, OSS）　5, 7
ソープ，ウィラード（Willard L. Thorp）　222, *42*

[タ行]

大統領基金（President's Fund）　55, 156-58, 188, 194, *32*
大統領緊急基金（President's Emergency Fund）　→大統領基金
「対日心理戦略計画」（Psychological Strategy Program for Japan）　30-31
『第一〇一航空基地』　83-85
太平洋問題調査会（The Institute of Pacific Relations）　202
高木八尺　202, 205, 208-9, 217, 233, 236
高倉健　84
高橋正雄　117
高見順　113, 141
田口泖三郎　164
龍口直太朗　114
田沼武能　136, 151-52
ダレス，ジョン（John Foster Dulles）　14-15, 23, 27, 34-35, 88, 186, 202-3, 205
丹下健三　136-37, 139, 142-43
チェコ・フィルハーモニー管弦楽団（Czech Philharmonic Orchestra）　192-93
チェリングトン，ベン（Ben M. Cherrington）　3, 7
『父湯川博士』（*The Yukawa Story*）　61, 64-67, 71-73
地方担当広報官（Regional Public Affairs Officer）　38-39
朝鮮戦争　11-12, 73, 75
ツー・アロウズ，トム（Tom Two Arrows）/本名トマス・ドーシー（Thomas Dorsey）　180-81
都留重人　210, 229-32, 234
ティーガーデン，ジャック（Jack Teagarden）　182, 186-88
ディザード，ウィルソン（Wilson P. Dizard）　24
「デイリー・ワイアレス・ブルテン」（Daily Wireless Bulletin）　45, 251
ティリッヒ，パウル（Paul Tillich）　234-35
勅使河原蒼風　146
テレビ　49, 160, 190, 264
『東京上空三十秒』（*Thirty Seconds Over Tokyo*）　87
登川直樹　88
トスカニーニ，アルトゥーロ（Arturo Toscanini）　ix, 158, 164-65
戸田奈津子　90
トバアス，ロイ（Roy Tobias）　178
土門拳　123
トルーマン，ハリー（Harry S. Truman）　7-12, 27

[ナ行]

長野アメリカ文学セミナー　93, 96-98, 101-3, 113-19
中野吉郎　166
中村勘三郎　179
長与善郎　210-11, 218-19, 234

[ハ行]

[ヤ行]

[ラ行]

[ワ行]

注

省略表記

b.	box
CCOHC	The Columbia Center for Oral History Collection, Columbia University, New York, NY
CUUAL	Bureau of Educational and Cultural Affairs (CU) Historical Collection, University of Arkansas Libraries, Fayetteville, AR
DDEL	Dwight D. Eisenhower Library, Abilene, KS
DOS	U.S. Department of State
f.	folder
FRUS	DOS, *Foreign Relations of the United States* (Washington, D.C.: GPO)
GPO	U.S. Government Printing Office
HFUVL	Hal Howland-William Faulkner Papers, Special Collections Department, University of Virginia Library, Charlottesville, VA
HJCP	Harry J. Carman Papers, Series III, Rare Book and Manuscript Library, Columbia University, New York, NY
Ibid.	同上（文）書
JDR3, RG5.1	John D. Rockefeller 3rd Papers, RG5.1, Rockefeller Archive Center, North Tarrytown, NY
NACP	The National Archives and Records Administration at College Park, MD
NYT	*New York Times*
OCB	Record Group 59, Office Files of the Department of State, Entry 1586, Records Related to State Department Participation in the Operations Coordinating Board and the NSC, 1953–1960, NACP
OMR, RG2, G	Rockefeller Family Archives, RG2, Office of the Messrs, Rockefeller Records, Series G (Educational Interests), Rockefeller Archive Center, North Tarrytown, New York
PER	Papers of Eleanor Roosevelt, Franklin D. Roosevelt Library, Hyde Park, New York

PPP	*Public Papers of the Presidents of the United States*
PSB	Record Group 59, Office Files of the Department of State, Entry 1462, Records Relating to the Psychological Strategy Board, PSB Working File, 1951–1953, NACP
RG59	Record Group 59, General Records of the Department of State, NACP
RG306	Record Group 306, Records of the United States Information Agency, NACP
SCR	U.S. President's Committee on Information Activities Abroad (Sprague Committee): Records, 1959–61, DDEL
USFA Oral History	Association for Diplomatic Studies and Training, *Frontline Diplomacy: The U.S. Foreign Affairs Oral History Collection* (CD-ROM, 2000)
USIA	United States Information Agency
USIS	United States Information Service
"USIS-Japan, 1955"	"Inspection Report of USIS-Japan, 6–20 June, 11–28 July 1955," by William L. Grenoble & James B. Opsata, Entry 1045, Inspection Reports & Related Records, 1954–62, India & Nepal through Japan, b. 5, RG306
"USIS-Japan, 1959"	"Report on USIS-Japan, June-July 1959," by Mark A. May, Entry 1070, Reports and Studies, b. 94, RG306
"USIS-Japan, 1961"	"Inspection Report: USIS-Japan, 20 May 1961," by James L. Meader & Donald E. Wilson, Entry 1045, Inspection Reports & Related Records, 1954–62, India & Nepal through Japan, b. 5, RG306

はじめに

(1) 英語の表記はSymphony of the Airである．来日当初は，定冠詞のtheが「ザ」と表記されることが多かったが，来日後は英語の発音に近い「ジ」の表記も増えている．本書では，引用文中の表記は原文に従い，それ以外は「ジ」の表記を用いている．
(2) 小川昂編『新編日本の交響楽団定期演奏会記録，1927～1981』（民音音楽資料館，1983年），1076頁．
(3) 同上書，同頁．

第一章　アメリカ文化外交の軌跡

(1) 第一次世界大戦以前に政府が海外との交流に関与した例外としては，1908年，

セオドア・ローズヴェルト大統領が，中国人のアメリカ留学を支援する基金として義和団事件の賠償金の大半を中国政府に返還したことがある．政府による文化外交が始まる以前の文化交流については，以下を参照．Richard T. Arndt, *The First Resort of Kings: American Cultural Diplomacy in the Twentieth Century* (Washington, D.C.: Potomac Books, 2005); Merle Curti, *Prelude to Point Four: American Technical Missions Overseas, 1838–1938* (Madison: University of Wisconsin Press, 1954); Frank A. Ninkovich, *The Diplomacy of Ideas: U.S. Foreign Policy and Cultural Relations, 1938–1950* (New York: Cambridge University Press, 1981); Emily Rosenberg, *Spreading the American Dream: American Economic and Cultural Expansion, 1890–1945* (New York: Hill and Wang, 1982).

(2) 広報委員会については以下を参照．Arndt, 26–36; George Creel, *How We Advertised America: The First Telling of the Amazing Story of the Committee on Public Information That Carried the Gospel of Americanism to Every Corner of the Globe* (1920; reprt., Whitefish, MT: Kessinger Publishing, 2008); Nicholas J. Cull, *The Cold War and the United States Information Agency: American Propaganda and Public Diplomacy, 1945–1989* (New York: Cambridge University Press, 2008), 6–9; Rosenberg, 79–81.

(3) Arndt, 28, 30.

(4) Creel, 3; Ardnt, 30; Cull, 9. USIA が創設されたときには，アメリカの対外広報活動の創始者としてクリールの写真が歴代責任者の筆頭を飾った．

(5) Ardnt, 36–39; Cull, 10–11. 国際文化振興会については，柴崎厚士『近代日本と国際文化交流――国際文化振興会の創設と展開』（有信堂，1999 年）を参照．なお，British Council は 1938 年までは British Committee for Relations with Other Countries と呼ばれていた．

(6) Arndt, 66–74; Ninkovich, 29–34.

(7) Wilson P. Dizard, Jr., *Inventing Public Diplomacy: The Story of the U.S. Information Agency* (Boulder, CO: Lynne Rienner Publishers, 2004), 10; Cary Reich, *The Life of Nelson A. Rockefeller: Worlds to Conquer, 1908–1958* (New York: Doubleday, 1996), 174–88.

(8) Arndt, 79–85; Cull 12–13; Rosenberg, 206–8; Reich, 189–245.

(9) Cull, 14–17; Rosenberg, 208–10; Charles A. Thomson and Walter H. C. Laves, *Cultural Relations and U.S. Foreign Policy: A New Dimension in Foreign Relations* (Bloomington: Indiana University Press, 1963), 52. VOA の引用は Cull, 20.

(10) OWI とハリウッドの関係については，Clayton R. Koppes and Gregory D. Black, *Hollywood Goes to War: How Politics, Profits, and Propaganda Shaped World War II Movies* (New York: Free Press, 1987), 58–141 を参照．

(11) Cull, 16–17.

(12) Ibid., 17–18; "OWI Broadcast to Italy Calls Ruler 'Fascist' and 'Moronic Little

King,'" *NYT*, 27 July 1943.

(13) Cull, 19; Nincovich, 115–17.

(14) Truman, "Statement by the President Upon Signing Order Concerning Government Information Programs, 31 Aug. 1945," *PPP: Harry S. Truman, 1945* (Washington, D.C.: GPO, 1961), 252–53.

(15) John W. Henderson, *The United States Information Agency* (New York: Frederick A. Praeger Publishers, 1969), 38–39.

(16) Ibid., 37.

(17) Ibid., 39.

(18) Ibid., 40.

(19) United States Information and Educational Exchange Act of 1948, PL80 402, 27 Jan. 1948. 全文は，DOS, "Diplomacy in Action," http://go.usa.gov/QgP4 に掲載.

(20) NSC68については，佐々木卓也『封じ込めの形成と変容――ケナン，アチソン，ニッツェとトルーマン政権の冷戦戦略』（三嶺書房，1993年），193–243頁を参照.

(21) Truman, "Address on Foreign Policy at a Luncheon of the American Society of Newspaper Editors, 20 Apr. 1950," *PPP: Harry S. Truman, 1950* (Washington, D.C.: GPO, 1965), 260–64; Henderson, 44.

(22) Cull, 67.

(23) Henderson, 45–48.

(24) "Directive from Truman to the Secretary of State, the Secretary of Defense, the Director of Central Intelligence, 4 Apr. 1951," b. 6, PSB; Scott Lucas, *Freedom's War: The American Crusade against the Soviet Union* (New York: New York University Press, 1999), 131.

(25) Eisenhower to Robert McClure, 2 Oct. 1945, quoted in Kenneth Osgood, *Total Cold War: Eisenhower's Secret Propaganda Battle at Home and Abroad* (Lawrence: University Press of Kansas, 2006), 49.

(26) Frank Shakespeare, "Comment," in Hans N. Tuch and G. Lewis Shmidt, eds., *Ike and USIA: A Commemorative Symposium* (Washington, D.C.: The U.S. Information Agency Alumni Association & the Public Diplomacy Foundation, 1991), 55–56.

(27) Eisenhower, "Annual Message to the Congress on the State of the Union, 2 Feb. 1953," *PPP: Dwight D. Eisenhower, 1953* (Washington, D.C.: GPO, 1960), 18.

(28) Cull, 82–83.

(29) U.S. Advisory Commission on Information, *Seventh Semiannual Report*, Feb. 1953, quoted in Ronald I. Rubin, *The Objectives of the U.S. Information Agency: Controversies and Analysis* (New York: Frederick A. Praeger Publishers, 1966),

121; "Overseas Information Programs of the United States," Report, no. 406, Senate Committee on Foreign Relations, 83rd Congress, 1st session, 15 June 1953, 2, quoted in Dizard, 55; Cull 91.

(30) Alan L. Heil, Jr., *Voice of America: A History* (New York: Columbia University Press, 2003), 51–57; Cull, 85–94; "The Eisenhower Administration Project: Howland H. Sargent," interviewed by Don North, 15 Dec. 1970, 12–13, CCOHC, microfiche. 親ソとみなされた書籍は200万冊のうち39冊で，ソ連が同盟国だった第二次世界大戦中に収められたものだった．Dizard, 57.

(31) Dizard, 55–56. ウォッシュバーンはUSIAの副長官，ルーミスはVOA局長をつとめた．

(32) ジャクソン委員会の報告書は，"The Report of the President's Committee on International Information Activities, 30 June 1953," *FRUS, 1952–54*, vol. 2, part 2, 1795–1874.

(33) "Statement by the President on the Responsibility of the United States Information Agency, 30 July 1953," "Directive Approved by the President for the Guidance of the United States Information Agency, 28 Oct. 1953," *PPP: Eisenhower, 1953*, 527, 728.

(34) Cull, 94.

(35) "Executive Order: Establishing the Operations Coordinating Board, 2 Sept. 1953," press release, b. 6, PSB; Lucas, 177, 210. 海外活動局（Foreign Operations Administration）は1955年に国際協力局（International Cooperation Administration）になり，長官は引き続きOCBのメンバーだった．

(36) USIAの本部とその他の国内施設については，Dizard, 63; USIA, "The Agency in Brief," Jan. 1960, Section D, 19–21, b. 19, SCR.

(37) *U.S. Information Agency, First Review of Operations, Aug.–Dec. 1953*, 8–9, 22. 1960年の組織図は，USIA, "The Agency in Brief," Jan. 1960, Section C, 7, b. 19, SCRに掲載されている．組織の説明は，Henderson, 68–128.

(38) *U.S. Information Agency, First Review of Operations, Aug.–Dec. 1953*, 1, 3, 24–26; "USIA Presentation by Mr. Abbott Washburn, 14 Mar. 1960" (memorandum for the record), b. 27, SCR.

(39) *U.S. Information Agency, First Review of Operations, Aug.–Dec. 1953*, 24–26; USIA, "The Agency in Brief," Jan. 1960, Section E, 2–16, b. 19, SCR. 活動地域は，1953年の報告書では極東，中南米，欧州・英連邦，中東・南アジア・アフリカの4つに，1960年の資料では極東，中南米，西欧，東欧，中東・南アジア，アフリカの6つに分類されているが，本書ではアジア，中南米，欧州，中東，アフリカの5地域に組み替えている．%は四捨五入しているので，1953年末の総数は101%，1960会計年度の総数は99%になる．

(40) *U.S. Information Agency: 2nd Review of Operations, Jan.–June 1954*, 29; "Theodore Streibert, First Director of U.S.I.A." (obituary), *NYT*, 22 Jan. 1987.

(41) Dizard, 64-65; Cull, 100, 141; U.S. House of Congress, International Operations Subcommittee of the Committee on Government Operations, *Report on U.S. Embassy, Consular Service, and United States Information Agency Operations in Japan* (Washington, D.C.: GPO, 1955),［以下，*Report on US Embassy, Consular Service, and USIA Operations* と略記］, 23 (note 20).
(42) Cull, 135, 141-43.
(43) Quoted in Cull, 151-52.
(44) Ibid., 150-56; Henderson, 55-56.
(45) Eisenhower, "America's Place in the World," *The Reader's Digest*, Nov. 1965, 127.
(46) "Memorandum on the Organization of the Executive Branch for the Conduct of Foreign Affairs, 1 June 1953," *PPP: Eisenhower, 1953*, 352.
(47) Henderson, 54-55; Abbott Washburn, "Introduction" to Tuch and Schmidt, eds., *Ike and USIA*, 11.
(48) Fitzhugh Green, *American Propaganda Abroad: From Benjamin Franklin to Ronald Reagan* (New York: Hippocrene Books, 1988), 22.
(49) ヴァン・デルデンの経歴は，*The Biographic Register 1959* (Washington, D.C.: GPO, 1959), 737; "Personnel Notes," *Information Bulletin*, Feb. 1952, 26-27, http://digital.library.wisc.edu/1711.dl/History.omg1952Feb.
(50) ハメルは，戦後しばらくは「日本人に対して，心底ほとんど憎悪に近い感情」を抱いていたが，日本に赴任するまでには，なくなっていたと言う．ハメルは1963年に国務省に異動し，ビルマ，エチオピア，パキスタン，中国に大使として赴任した．Arthur W. Hummel, Jr., oral history interview, 16 June 1994, USFA Oral History. 父のアーサー・J・ハメルは1930年代にハーヴァード大学で中国史を教え，履修者のなかには院生のエドウィン・O・ライシャワーもいた．ジョージ・R・パッカード，森山尚美訳『ライシャワーの昭和史』（講談社，2009年），82-83頁．
(51) Dizard, 155.
(52) Harry H. Kendall, *A Farm Boy in the Foreign Service: Telling America's Story to the World* (Bloomington, IN: 1stBooks, 2003), xiv, 1-3, 26.
(53) Roy T. Haverkamp, oral history interview, 11 Apr. 1994, USFA Oral History.
(54) Henderson, ix.
(55) G. Lewis Shmidt, oral history interview, 8 Feb. 1988, USFA Oral History.
(56) Henderson, x.
(57) Association for Diplomatic Studies and Training, "Oral History Interviews," http://www.adst.org/oral-history/oral-history-interviews.

第二章　対日文化外交の形成と展開

(1) 大使館の建物は1974年に取り壊され，2年後に現在の新庁舎が竣工した．別館は1973年に三井商船に売却され，4年後に取り壊された．現在は，三井商船本社ビルが建っている．「米国大使館の歴史」“About the USA,” http://aboutusa.japan.usembassy.gov/j/jusaj-usj-embassy.html.

(2) *Report on US Embassy, Consular Service, and USIA Operations*, 23では，ブラッドフォードは1950年5月に任命されたと書かれているが，着任時期は不明．

(3) *The Battle for Buenos Aires* (Harcourt, Brace and Co., 1943)．ブラッドフォードの経歴は，“Biographies of Key Personnel,” in USIA, “The Agency in Brief,” Jan. 1960, Section F, 2, b. 19, SCR; “Saxton Bradford, U.S.I.A. Executive” (obituary), *NYT*, 26 Apr. 1966を参照．

(4) Bradford to William J. Sebald, 14 Feb. 1951, 511.94/2-1451, b. 2534, RG 59.

(5) W. Bradley Connors to Grondahl, et al., “USIE for Japan—Post, or Pre-Treaty Point of Departure,” 3 Mar. 1951, 511.9421/3-351, “Revised Country Paper for Japan,” prepared by Bradford, 14 Aug. 1951, enclosed in Niles W. Bond to DOS, 16 Aug. 1951, 511.9421/8-1651, b. 2595, RG59. この“Country Paper”は10月に承認されている．

(6) “Revised Country Paper for Japan,” 14 Aug. 1951; Bradford's recommendations, quoted in Douglas Overton to [U. Alexis] Johnson, 30 Mar. 1951, 511.9421/3-3051, b. 2595, RG 59.

(7) Bradford to DOS, 7 Sept. 1951, 511.94/9-751, b. 2534, RG59; Bradford's recommendations, quoted in Overton to Johnson, 30 Mar. 1951.

(8) “Psychological Strategy Program for Japan,” Doc. D-27, “Analysis of Japanese Attitudes,” Appendix, 30 Jan. 1953, b. 4, PSB. 以下，本文中の説明は，“Psychological Strategy Program for Japan”に依拠している．

(9) Bradford to DOS, “Semi-annual evaluation report,” 23 Jan. 1953, 511.94/1-2353, b. 2535, RG 59.

(10) Ibid.; Schmidt, oral history interview.

(11) Bradford to DOS, “Semi-annual evaluation report,” 23 Jan. 1953.

(12) John M. Allison, *Ambassador from the Prairie or Allison Wonderland* (Boston: Houghton Mifflin Company, 1973); 池井優『駐日アメリカ大使』(文春新書，2001年)，28-32頁；千々和泰明『大使たちの戦後日米関係――その役割をめぐる比較外交論，1952-2008年』(ミネルヴァ書房，2012年)，210頁．

(13) Bradford to DOS, “USIS Country Plan-Japan,” 27 Apr. 1953, 511.94/4-2753, Dulles to AmEmbassy, Tokyo, 24 June 1953, 511.94/4-2753, b. 2535, RG59.

(14) Bradford to DOS, “USIS Country Plan-Japan,” 27 Apr. 1953.

(15) Bradford to DOS, 30 Apr. 1953, 511. 94/4-3053, b. 2535, GR59.

(16) 日本語名称の変更については，USIS発行の月刊誌『アメリカーナ』と『米書

だより』の奥付，および重乃皓「米国政府の日本における広報文化活動について」『京都外国語大学 COSMICA』14 号（1985 年），13-15 頁を参照．カーター政権とレーガン政権における組織ならびに名称の変更については，Cull, chapters 9 & 10 を参照．1977 年に組織が統合されたとき，USIA と国務省教育文化局の職員数はそれぞれ 8500 人と 236 人だった．Cull, 364.

(17) "Organizational Chart," enclosed in USIS, Tokyo, to USIA, 8 Feb. 1956, Entry 1045, Inspection Reports & Related Records, 1954-62, India, Nepal through Japan, b. 5, RG306. 原典のチャートでは高松がアメリカ文化センターになっているが，第八章で取り上げるように，アメリカ人が館長をつとめたのは 1955 年から 57 年までの 2 年間だけで，館長のハリー・H・ケンドールも自伝のなかで日米文化センターと表記しているので，図 2-1 では高松を J-ACC としている．

(18) ハナは USIA を辞任後，外国文化の理解を推進する財団（American Universities Field Staff）の仕事に専念するかたわら，東南アジアの専門家として活躍した．ハナについては，*Report on US Embassy, Consular Service, and USIA Operations*, 22, 37; "Willard A. Hannah, 82, an Author and an Expert on Southeast Asia"（obituary), *NYT*, 8 Oct. 1993 を参照．辞任の経緯については，Schmidt, oral history interview. なおアリソンは，事件から 18 年後に出版した自伝のなかでは「『本当に申し訳ない．非常に痛ましいことで，償うためにあらゆることをするつもりだ』と即座に言っていれば，日本人の反応に顕著な苛立ちと感情の激化を多分に和らげたかもしれない」と書いている．Allison, 265.

(19) *The Biographic Register, 1959*; DOS, *Foreign Service List*, 1953-1960 (Washington, D.C.: GPO, 1953-1960). バンスについては，国会図書館の W. Kenneth Bunce Papers を紹介する以下のサイト（https://rnavi.ndl.go.jp/kensei/entry/Bunce.php），エヴァンズについては，*U. S. Information Agency, 4th Review of Operations, 1 Jan.-30 June, 1955*, 24 も参照．

(20) Bradford to DOS, 7 Sept. 1951.

(21) *U.S. Information Agency, First Review of Operations, Aug.-Dec. 1953*, 24-26; USIA, "The Agency in Brief," Jan. 1960, Section E, 2-16, b. 19, SCR.

(22) "USIS-Japan, 1955," 15-17.

(23) CIE 図書館については，以下を参照．「対日占領期アメリカの『民主主義』啓蒙政策 ―― 横浜 CIE 情報センターの設立と運営」横浜国際関係史研究会・横浜開港資料館編『GHQ 情報課長ドン・ブラウンとその時代 ―― 昭和の日本とアメリカ』（日本経済評論社，2009 年）；三浦太郎「CIE 情報課長ドン・ブラウンと図書館 ―― 図書館員養成との関わりを軸に」『明治大学図書館情報学研究会紀要』2 号（2011 年）；石原眞理「横浜アメリカ文化センター所蔵資料と設置者の意図」『日本図書館情報学会誌』56 巻（2010 年 3 月）．CIE 図書館が設置される背景については，今まど子「アメリカの情報交流と図書館」『紀要社会学科』（中央大学）4 号（1994 年 6 月）．

(24) Schmidt, oral history interview; "USIS-Japan, 1959," 50.

(25) センターの数については，以下に依拠している．Bradford to DOS, 30 Apr. 1953; *Report on US Embassy, Consular Service, and USIA Operations*, 82; "USIS-Japan, 1959," 55.

(26) 安藤金治「アメリカ文化センターに関する謬見」『図書館雑誌』47巻（1953年10月），4頁．

(27) 安藤金治「『アメリカの窓口』の活動」『葵会，1953〜1983』（米国大使館管轄職員共済会，1984年），40–41頁；豊後レイコ著，田口瑛子・深井耀子編『あるライブラリアンの記録――レファレンス・CIE・アメリカンセンター・司書講習』（女性図書館職研究会，2008年），32頁．1955年には各地のセンターの蔵書の平均は1万5000冊だった．"USIS-Japan, 1955," 40.

(28) 沓掛伊佐吉「横浜アメリカ文化センターの開設から閉館まで」『神奈川県図書館協会報』61号（1966年3月），3頁．

(29) 豊後『あるライブラリアンの記録』，17，43頁；安藤「『アメリカの窓口』の活動」，41頁．

(30) "USIS-Japan, 1959," 55.

(31) Ibid., 50.

(32) USISの出版については，おもに以下に依拠している．"Detailed Development of Major Actions Relating to Japan, 15 Sept. 1954–31Aug. 1955," 23 Sept. 1955, "Japanese Intellectuals," 23 May 1956, b. 22, OCB; "USIS-Japan, 1959"; William E. Hutchinson, oral history interview, 10 Aug. 1989, USFA Oral History;「PANEL-D-JAPAN，初めてヴェールを脱ぐアメリカ対日洗脳工作の全貌」『Views』1994年11月号．

(33) "Japanese Intellectuals," 10. USIAの設立前は，8万語の電信速報を海外に週6日送っていたが，USIAの予算削減にともない，6000語および週5日に減らされ，1954年にまた週6日になった．*U.S. Information Agency: First Review of Operations, Aug.–Dec. 1953*, 1; *U.S. Information Agency: 2nd Review of Operations, Jan.–June 1954*, 13.

(34) "Detailed Development of Major Actions," 6, 9; "USIS-Japan, 1959," 57.

(35) 編集委員は，尾高邦雄（東大教授），西脇順三郎（慶大教授），桶谷繁雄（東工大助教授），山田雄三（一橋大教授），中屋健一（東大教授），植田清次（早稲田大教授），鵜飼信成（東大教授）の7人だった．発行部数は，"Japanese Intellectuals," 7.

(36) USISと原の関係については，"USIS-Japan, 1959," 106, Appendix A, 17, 19–23に詳しい．発行部数は，"Japanese Intellectuals," 7, 10.

(37) "Detailed Development of Major Actions," 7;『映画年鑑1960年』（時事通信社，1960年），799–801頁に掲載の広告；「時事新書」http://ci.nii.ac.jp/ncid/BN00564475?p=1.

(38) USISの放送については，おもに以下に依拠している．"Detailed Development of Major Actions"; "Japanese Intellectuals"; "USIS-Japan, 1959"; Henry

Gosho, oral history interview, 4 Jan. 1989, USFA Oral History.

(39) Gosho, oral history interview; Shmidt, oral history interview; "Japanese Intellectuals," 10.

(40) "USIS-Japan, 1959," 61. 当時の日本のテレビの状況については，志賀信夫『昭和テレビ放送史』上巻（早川書房，1990 年），伊預田康弘・上滝徹也他『テレビ史ハンドブック』改定増補版（自由国民社，1998 年）を参照.

(41) "USIS-Japan, 1955," 22; "USIS-Japan, 1959," 61.

(42) "USIS-Japan, 1959," 61; Gosho, oral history interview.

(43) 沓掛 3 頁；Joseph S. Evans, Jr. to USIA, 11 Oct. 1956, 16 Apr. 1957, Entry 1039, Records Concerning Exhibition in Foreign Countries, 1955-67, b.18, RG306.

(44) Cull 104; Chris Tudda, *The Truth is Our Weapon: The Rhetorical Diplomacy of Dwight D. Eisenhower and John Foster Dulles* (Baton Rouge: Louisiana State University Press, 2006), 87. アイゼンハワーの演説文は，"Address before the General Assembly of the United Nations on Peaceful Uses of Atomic Energy, 8 Dec. 1953," *PPP: Eisenhower, 1953*, 813-22.

(45) USIA の原子力平和利用キャンペーンについては，Osgood, *Total Cold War*, 153-80.

(46) "Detailed Development of Major Actions," 13.

(47) 井川充雄「原子力平和利用博覧会と新聞社」津金沢聡広編『戦後日本のメディア・イベント，1945～1960 年』（世界思想社，2002 年），253 頁．日本での原子力平和利用キャンペーンと原子力平和利用博覧会については，以下も参照．土屋由香「広報文化外交としての原子力平和利用キャンペーンと 1950 年代の日米関係」竹内俊隆編著『日米同盟論 ── 歴史・機能・周辺諸国の視点』（ミネルヴァ書房，2011 年）；土屋由香「原子力平和利用 USIS 映画 ── 核ある世界へのコンセンサス形成」と吉見俊哉「もう一つのメディアとしての博覧会 ── 原子力平和利用博の受容」土屋由香・吉見俊哉編『占領する眼・占領する声 ── CIE/USIS 映画と VOA ラジオ』（東京大学出版会，2012 年）；吉見俊哉『夢の原子力』（ちくま新書，2012 年）．また，原子炉導入をめぐる当時の日米関係については，有馬哲夫『原発・正力・CIA ── 機密文書で読む昭和裏面史』（新潮新書，2008 年）および山崎正勝『日本の核開発：1939-1955 ── 原爆から原子力へ』（績文堂，2011 年）を参照.

(48) 福岡，京都，大阪の会場で行われた調査では，デパートに来てから展示を知ったという回答が 3 割を超えた．Evans to USIA, 1 Aug., 27 Nov. 1957, Office of Research, Entry 1007, Field Research Reports, 1953-86, b. 16, RG 306.

(49) 陸軍省の交流計画では年間 500 人から 800 人の日本人が渡米した．*Report on US Embassy, Consular Service, and USIA Operations*, 29. 講和後の人物交流については，おもに以下に依拠している．William K. Bunce to DOS, 28 Dec. 1954, Evans to DOS, 20 Apr. 1956, b. 2241, 10 Oct. 1957, b. 2243, 29 Aug. 1958, b. 2244, RG59; George M. Hellyer to DOS, 21 Aug. 1959, 11 Oct. 1960, b. 318, f. 17,

CUUAL; Sora Friedman, *A Salute to Citizen Diplomacy: A History of the National Council for International Visitors* (Washington, D.C.: National Council for International Visitors, 2000), http://www.nciv.org.

(50) OCB, "Progress Report on 'U.S. Policy Toward Japan' (NSC 5516/1)," 19 Oct. 1955, 3, b. 22, OCB.

(51) "USIS-Japan, 1961," 108; Evans to DOS, 29 Aug. 1958.

(52) Evans to DOS/USIA, 18 Oct. 1957, 511.943/10-1857, b. 2243, Evans to DOS/USIA, 4 Aug. 1958, 511.943/8-458, b. 2244, RG59.

(53)「ピープル・トゥ・ピープル・プログラム」については，Glenn Wesley Leppert, "Dwight D. Eisenhower and People-to-People as an Experiment in Personal Diplomacy: A Missing Element for Understanding Eisenhower's Second Term As President" (PhD diss., Kansas State University, 2003), UMI Microform を参照.

(54) Charles B. Fahs to USIA, "Status of Japan-American City Affiliations," 20 June 1962, Mark Bortman Papers, 1956-1967, b. 41, DDEL.

(55) *U.S. Information Agency, First Review of Operations, Aug.-Dec. 1953*, 24-26; *U.S. Information Agency, 6th Report to Congress, 1 Jan.-30 June, 1956*, 35-37; USIA, "The Agency in Brief," Jan. 1960, Section E, 2-16, b. 19, SCR.

(56) 西山千「日米協力の礎を思う」『葵会，1953～1983』(米国大使館管轄職員共済会，1984 年)，27 頁．"USIS-Japan, 1959," 113.

(57) 紺家孝雄『激流を泳ぐ――日本と米国の狭間に生きて！』(新風舎，2006 年)，200-201 頁，223-24 頁.

(58)『葵だより』(1968 年 4・5 月号) および『野上彰詩集幼き歌別冊』(1968 年) に掲載された齋藤の随筆は，齋藤襄治「世田谷に住んで 50 年――文学的に――その 7　閑話休題」『ぱんぽん』249 号 (日立製作所，2000 年)，101-11 頁に転載されている.

(59)「働くアメリカの主婦」上下『朝日新聞』1954 年 4 月 13 日 (夕)，14 日 (夕)；後藤優美「日米学生会議を出発点として」津田塾大学創立 100 周年記念誌出版委員会編『未知への勇気――受け継がれる津田スピリット』(津田塾同窓会，2000 年)，163 頁；筆者の質問への回答メモ (2012 年 11 月 10 日)．後藤が疎開先の新潟県村松町で占領軍の通訳をしたときの回想録は，Yumi Goto, *Those Days in Muramatsu: One Woman's Memoir of Occupied Japan* (Singapore: Ridge Books, 2014).

(60) 豊後レイコ『八八歳レイコの軌跡――原子野・図書館・エルダーホステル』(ドメス出版，2008 年)，131-32 頁.

(61) 豊後『あるライブラリアンの記録』，20 頁.

(62)「PANEL-D-JAPAN，初めてヴェールを脱ぐアメリカ対日洗脳工作の全貌，第二回：㊙指令，大学の左傾化を防げ！」『Views』1994 年 12 月号，156 頁；Walter Nichols, oral history interview, 10 Oct. 1989, USFA Oral History; "USIS-

Japan, 1959," 109-10, 112-13, Appendix 26-49.
(63)「この人 —— 京都外国語大学学長に就任した重乃皓さん」『京都新聞』1998 年 8 月 18 日；重乃皓「第二の人生 —— ゆとりと趣味を」『葵会，1953～1983』，60 頁．
(64) "USIS-Japan, 1961," 10.
(65) 西山「日米協力の礎を思う」，24-25 頁；"USIS-Japan, 1959," 96.

第三章　USIS の映画，ハリウッド映画

(1) Saxton Bradford to USIA, 20 Aug. 1953, 511.945/8-2053, Dulles to AmEmbassy, Tokyo, 4 Mar. 1953, 511.945/3-453, b. 2537, RG59.
(2) Michael Lombardi to George J. Gercke, 3 Aug. 1953, enclosed in Bradford to USIA, 20 Aug. 1953.
(3) Joseph Krumgold to Hideki Yukawa, 30 May 1953, enclosed in Bradford to USIA, 20 Aug. 1953.
(4) Ibid.; Lombardi to Gercke, 3 Aug. 1953.
(5) Lombardi to Gercke, 3 Aug. 1953.
(6) Bradford to USIA, 20 Aug. 1953; Theodore Streibert to USIS, Tokyo, 13 Oct. 1953, 511.945/8-2953, b. 2537, RG59.
(7) 湯川はこの頃はすでにコロンビア大学におり，USIA の映画製作のためにプリンストンを訪れた湯川のために，アインシュタインを含む科学者たちが撮影に協力し，散策したのだった．
(8) 脚本を読んだ湯川は，機械の限界を指摘したあとの場面で湯川夫妻が祭壇に向かって手を合わせていることについて，人間が頼るべき「智」があたかも宗教儀式であるかのようで不自然だとロンバルディに語ったが，それは修正されていない．Lombardi to Gercke, 3 Aug. 1953.
(9)「クラムゴールドの経歴については以下を参照．Bertha M. Miller and Elinor W. Field, eds., *Newbery Medal Books: 1922-1955* (Boston: Horn Book, 1955), 407-11; "Joseph Krumgold, Screenwriter and Author of Children's Books" (obituary), *NYT*, 16 July 1980; "Joseph Krumgold," *Something About the Author*, vol. 48, ed. Anne Commire (Detroit: Gale Research Company, 1987). ニューベリー章を 2 度受賞しているのは，1922 年の創設から 2014 年まで 6 人しかいない．"Newberry Medal," http://en.wikipedia.org/wiki/Newbery_Medal.
(10) Krumgold, *Onion John* (New York: Harper Collins, 1959).
(11) Krumgold, "Acceptance Paper," in Miller and Field, 412-23.
(12) 湯川秀樹『旅人 —— ある物理学者の回想』(1958 年．日本図書センター，1997 年)，273-74 頁；Lombardi to Gercke, 3 Aug. 1953. 湯川の約 60 年後にノーベル物理学賞を受賞し，若い頃に湯川に接したことのある益川敏英は，湯川が「筋金入りの『自分らしい人』」であり，「ご自身では自分のことを天才と思って

いらっしゃったらしい」と語っている.「湯川秀樹——物理の荒野のドリーマー」『こだわり人物伝』(NHK テレビテキスト, 2011 年 2–3 月), 157 頁.

(13)『京都新聞』(1948 年 8 月 30 日),『洛北高校新聞』(1948 年 7 月),『世界の子供』(1948 年 9 月) に掲載された湯川の寄稿文は『湯川秀樹著作集, 第 7 巻：回想・和歌』(岩波書店 , 1989 年), 212–21 頁に所収. 引用は『京都新聞』, 同上書, 213 頁. ほとんど同じ文は『洛北高校新聞』, 同上書, 216 頁にもある.

(14)『世界の子供』, 同上書, 216–17 頁.

(15)『京都新聞』, 同上書, 213 頁.

(16)『世界の子供』, 同上書, 220 頁.

(17) “About the Author,” *Onion John*, n. p.

(18) *U.S. Information Agency: 5th Review of Operations, 1 July–31 Dec. 1955,* 11; 米国大使館映画部『USIS 映画目録』1957 年版, 64 頁.

(19)『京都新聞』1955 年 6 月 2 日.

(20) 同上紙に掲載された湯川の挨拶文には読点がないので補足している.

(21) CIE 映画の本数は, 在日米国大使館から国務省に送られた報告では 402 本としるされている. Richard T. Kennedy to Olcott H. Deming, 9 Oct. 1952, enclosed in Deming to DOS, 13 Oct. 1952, 511.945/10–1352, b. 2537, RG59. CIE 映画については, 以下も参照. 谷川建司『アメリカ映画と占領政策』(京都大学学術出版会, 2002 年); 土屋由香『親米日本の構築——アメリカの対日情報・教育政策と日本占領』(明石書店, 2009 年); 中村秀之「占領下米国教育映画についての覚書——『映画教室』誌にみるナトコ (映写機) と CIE 映画の受容について」*CINEMagazineNet!* no. 6 (2002), http://www.cmn.hs.h.kyoto.u.ac.jp/CMN6/nakamura.htm.

(22) 田中純一郎『日本教育映画発達史』(蝸牛社, 1979 年), 173–74 頁.

(23)「ナトコ譲渡調印終わる」『キネマ旬報』1954 年 3 月下旬号, 76 頁.

(24) Kennedy to Deming, 9 Oct. 1952; 米国大使館映画部『USIS 映画目録』1953 年版.

(25) “USIS-Japan, 1959,” 61.

(26) Kennedy to Deming, 9 Oct. 1952.

(27) 米国大使館映画部『USIS 映画目録』1953 年版, 1959 年版.

(28) 同上書.

(29) 大統領緊急基金で来日し, USIS 映画の題材になった企画には, シンフォニー・オブ・ジ・エア, ロサンゼルス・フィルハーモニー, ウェストミンスター聖歌隊, ジョン. セバスチャン, ベニー・グッドマン・ジャズ楽団, ニューヨーク・シティ・バレエ団, ボストン交響楽団などがある. 詳しくは第六章を参照.

(30) 教育映画を明確に定義することはむずかしい. 映画館以外で上映される映画も, 教育映画, 教材映画, 児童映画, 記録映画, ドキュメンタリー映画, 広報映画, PR 映画, プロパガンダ映画など多岐にわたり, その境界はあいまいである. 1959 年に日本映画教育協会が行った調査報告「教育・短編映画製作の現状」で

は，「学校教育用映画」，「社会教育用映画」，「一般教養映画」，「PR 映画等」に分類されている．吉原順平『日本短編映像史 —— 文化映画・教育映画・産業映画』（岩波書店，2011 年），viii，167 頁．

(31) 田中，225-27 頁；「教育映画の『場』と傾向」『キネマ旬報』1954 年 7 月上旬号，111 頁；吉原，167 頁；岩佐氏寿「記録映画の問題」『朝日新聞』1958 年 4 月 15 日．

(32) Bradford to DOS, 6 May 1953, 511.945/5-653, b. 2537, RG59; William K. Bunce to USIA, 28 Dec. 1954, Entry 1039, Records Concerning Exhibits in Foreign Countries, 1955-67, b.18, RG306.

(33) "USIS-Japan, 1955," 2, 11.

(34)『USIS 映画目録』の 1953 年版には映画会を成功させるための留意点が 9 頁にわたって記載されている．とくに会場の選択にあたっては，子供部屋として利用できる部屋があれば，「子供づれの母親たちも子供にわずらわされることなく，映画を観賞したり，討論会に参加したりできるでしょう」（140 頁）との配慮が示されている．本文中の引用は，『Arts of Japan —— 日本美をもとめて：研究と討論』（出版元と出版年の記載なし），15 頁．

(35) Kennedy to Deming, 9 Oct. 1952; "USIS-Japan, 1959," 60.

(36) "USIS-Japan, 1959," 60.

(37) 森脇達夫「日本の文化短編映画 —— 文化映画から教育映画へ」『キネマ旬報』1954 年 7 月上旬号，107-9 頁；羽仁進「短編映画総論」『キネマ旬報』1958 年 4 月下旬号，72 頁．

(38) Kennedy to Deming, 9 Oct. 1952.

(39) 映画のあら筋は，『Arts of Japan —— 日本美をもとめて：研究と討論』，1-2 頁と「短編映画」『キネマ旬報』1954 年 7 月上旬号，130 頁を参照．

(40)「短編映画」『キネマ旬報』1954 年 7 月上旬号，130 頁．

(41) アンケートの実施状況に関する説明は，USIS, Tokyo, to USIA, "Operations Memorandum," 14 Mar. 1958，設問は日本語で書かれた 13 頁のアンケート用紙，回答は英文の "General Film Survey, Feb. 1958" に依拠している．Office of Research, Entry 1007, Field Research Reports, 1953-86, b. 16, RG306.

(42)『鉄の花束』と『怒濤の兄弟』の USIS 負担額が同じなのは不自然だが，出所の "USIS-Japan, 1961," 85 に依拠している．なお，講和直前に公開された『私は，シベリヤの捕虜だった』は，CIA 日本支部の財政支援によるという．「PANEL-D-JAPAN，初めてヴェールを脱ぐアメリカ対日洗脳工作の全貌，第 5 回　自民党」『Views』1995 年 3 月号，175 頁．

(43)『キネマ旬報』1953 年 9 月上旬号，89 頁；"USIS-Japan, 1961," 6-7.

(44) 各映画のあら筋は，映画の掲載順に『キネマ旬報』の以下を参照．1954 年 5 月下旬号，117 頁；1957 年 5 月下旬号，92 頁；1957 年 12 月上旬号，92-93 頁；1960 年 5 月下旬号，96 頁．

(45) あら筋は，『第 101 航空基地』のパンフレット（筆者所有）を参照．

(46) 同上；“USIS-Japan, 1959,” 101;『映画年鑑 1959 年』(時事通信社，1959 年)，69-72 頁.
(47) “USIS-Japan, 1961,” 84.
(48)『キネマ旬報』1954 年 9 月上旬号，50 頁，1957 年 8 月上旬号，81 頁.
(49)『キネマ旬報』1958 年 3 月上旬号，87 頁；“USIS-Japan, 1959,” 101.
(50)『映画年鑑 1962 年』(時事通信社，1962 年)，43 頁.
(51) 出費額には，完成前に製作が見送られた国連加入に関する映画の費用も含まれている．“USIS-Japan, 1961,” 84-85.
(52) 飯田心美「小津監督は語る」『キネマ旬報』1947 年 4 月号は，田中眞澄編『小津安二郎戦後語録集成，昭和 21（1946）年～昭和 38（1963）年』(フィルムアート社，1989 年)，24 頁に収録.
(53) 佐藤忠雄『アメリカ映画』(第三文明社，1990 年)，8-9 頁，138 頁.
(54) 日本映画製作本数は，『映画年鑑 1962 年』，43 頁．1953 年から 1960 年の外国映画とアメリカ映画の封切り数は，『映画年鑑』の 1955 年版～1962 年版から集計．50 年代末までにはアメリカ映画の比率も 50% 台に低下している.
(55)『映画年鑑 1951 年』(時事通信社，1951 年)，194 頁.
(56) 双葉の批評は『キネマ旬報』1952 年 8 月上旬号，53-54 頁．清水昌「対日戦争映画の公開について」『キネマ旬報』1952 年 8 月上旬号，40-41 頁；『映画年鑑 1954 年』(時事通信社，1954 年)，363 頁.
(57) Robert Murphy to Dean Acheson, 25 Aug. 1952, 511.945/8-2552, Herbert T. Edwards to John G. McCarthy, 4 Sept. 1952, 511/945/9-452, b. 2357, RG59.
(58) Allison to Dulles, 16 June 1953, 894.452/6-1653, Dulles to Amembassy, 16 June 1953, 894.452/6-1653, b. 5677, RG59.
(59) Allison to Dulles, 26 June 1953, 511.945/6-2653, b. 2537, RG59;『キネマ旬報』1953 年 7 月下旬，101 頁；「戦争映画と大衆──『機動部隊』をどう受けとったか」『週刊朝日』1953 年 7 月 26 日，13-14 頁；『映画年鑑 1955 年』(時事通信社，1955 年)，471 頁.
(60) 北野圭介『ハリウッド 100 年史講義──夢の工場から夢の王国へ』(平凡社新書，2001 年)，132 頁；Richard Pells, *Modernist America: Art, Music, Movies, & the Globalization of American Culture* (New Haven, CN: Yale University Press, 2011), 266.
(61) 川本三郎『ロードショーが 150 円だった頃──思い出のアメリカ映画』(晶文社，2000 年)，11 頁.
(62) 戸田奈津子『字幕の中に人生』(白水ボックス，1997 年)，78 頁，82 頁.
(63)『映画年鑑 1959 年』(時事通信社，1959 年)，54 頁.
(64) 組合の間には顕著な差もある．常磐炭坑と八幡製鉄ではハリウッド映画と USIS 映画が他を大きく引き離しているが，東洋陶器では，USIS 映画をあげた回答は低く（19%），むしろアメリカの展示（26%），アメリカ人との会話（20%），映画以外の USIS 資料（20%）のほうが USIS 映画をやや上回っている．“Gener-

al Film Survey, Feb. 1958."
(65) "USIS-Japan, 1959," 102: "General Film Survey, Feb. 1958."
(66) 佐藤忠雄『日本映画史 2，1941～1959』（岩波書店，1995 年），229 頁．

第四章　ウィリアム・フォークナーと日本

(1) 大橋健三郎「『鷹匠』とは」『フォークナー』4 号（2002 年），174 頁．長野市立長野図書館にある掛軸は，ガラスケースの鍵を紛失したために，ケースの外からしか撮影ができず，鮮明な写真は取れない．本文中の写真は，長野に里帰りする前にアメリカで撮影された写真のコピーである．
(2) 最も包括的なフォークナーの伝記は，Joseph Blotner, *Faulkner: A Biography,* 2 vols.（New York: Random House, 1974）である．本文だけでも 1800 頁を超える 2 巻本を約 700 頁にまとめ，若干の訂正および新しい情報を加えた要約版として，*Faulkner: A Biography,* one-volume edition（1984; repr., Jackson, MS: University Press of Mississippi, 2005）がある．
(3) W. Walton Butterworth to Dean Acheson, 20 Nov. 1950, 090.5811/11-2050, b. 0194, RG59. 文学者であると同時に汎米主義者であり，フェミニストでもあったリーの多彩な生涯と作品については，Jonathan Cohen, ed., *A Pan-American Life: Selected Poetry and Prose of Muna Lee*（Madison: University of Wisconsin Press, 2004）を参照．
(4) Eric C. Bellquist（US Embassy, Stockholm）to DOS, 21 Dec. 1950, 090.5811/12-2150, b. 0194, RG59; Blotner, *Faulkner,* 2: 1348-49, 1369.
(5) Blotner, *Faulkner,* 2: 1503; Lee to [Ralph] Hilton, 12 July 1954, quoted in ibid., 2: 1503-4. アメリカからは，フォークナーのほかに詩人のロバート・フロストも参加した．
(6) Faulkner to Saxe Commins, 2 or 9 July 1954, in Joseph Blotner, ed., *Selected Letters of William Faulkner*（New York: Random House, 1977), 368.
(7) John W. Campbell to DOS, 17 Sept. 1954, 511.203/9-1754, RG59; Blotner, *Faulkner,* 2: 1505-7. フォークナーの中南米での体験を論じているのは，Deborah Cohn, "Combatting Anti-Americanism During the Cold War: Faulkner, the State Department, and Latin America," *The Mississippi Quarterly* 59（Summer-Fall 2006): 395-413.
(8) Faulkner to Harold E. Howland, 15 Aug. 1954, in Blotner, ed., *Selected Letters,* 369. 8 月 16 日に帰国したあとの手紙なので，フォークナーが書いた日付は違っている．
(9) Schmidt, oral history interview.
(10) この 2 つのセミナーについては，『戦後日本の「アメリカ研究セミナー」の歩み』（国際文化会館，1998 年）に所収されている能登路雅子「東京大学―スタンフォード大学アメリカ研究セミナー」と佐々木隆「京都アメリカ研究セミナー」，

および松田武『戦後日本におけるアメリカのソフト・パワー——半永久的依存の起原』(岩波書店, 2008年), 7章, 8章を参照.

(11) Bunce to DOS, 7 Oct. 1954, 511.942/10-754, b. 2535, RG59.

(12) Schmidt to DOS, 27 Sept. 1955, 511.943/9-2755, b. 2240, RG59.

(13) Bunce to DOS, 28 Dec. 1954, 511.943/12-2854, b. 2536, RG59. バンスが名前をあげているアメリカ人のうち, グロピウスは「特別人物交流計画」で, ローズヴェルトとカズンズは第七章で取り上げる「日米知的交流計画」で来日した.

(14) Blotner, *Faulkner*, 2: 1526; Howland to Faulkner, 2 Mar. 1955, 511.943/3-255, 25 Apr. 1955, 511.943/4-2555, RG59; Faulkner to Howland, 10 May 1955, HFUVL.

(15) Martha G. Geesa to Faulkner, 12 May 1955, 511.943/5-1255, RG59; Howland to Faulkner, 16 May 1955, HFUVL; Faulkner to Howland, 16 May 1955, in Blotner, ed., *Selected Letters*, 380-81.

(16) Faulkner to Howland, 31 May 1955, in Blotner, ed., *Selected Letters*, 381.

(17) Faulkner to Howland, 8 July 1955, in ibid., 384.

(18) *The Biographic Register, 1959*, 640; Schmidt, oral history interview; Schmidt's obituary in *Washington Post*, 6 Jan. 2005.

(19) *The Biographic Register, 1959*, 572; Leon Picon, oral history interview, 30 Oct. 1989, USFA Oral History; Picon's obituary in *Washington Post*, 24 Aug. 1994; Schmidt, oral history interview.

(20) Schmidt to DOS/USIA, 22 Sept. 1955, 511.943/9-2255, b. 2240, RG59.

(21) フォークナーの酩酊の様子は, シュミットとピコンのオーラル・ヒストリーによる. *The Mainichi*, 3 Aug. 1953; "People," *Time*, 15 Aug. 1955, 24, 26.

(22) Schmidt to DOS, 27 Sept. 1955. 日本人の記述では, セミナーの参加者数は約50人となっていることが多いが, USISの報告書では1年目と2年目の定員は30人, 3回目は32人となっている. 50人のなかには正規の参加者ではない日本人ならびにUSISの職員も含まれているのかもしれない. 4人の講師については, セミナー参加者の橋口保夫氏からいただいた説明と写真(本文に掲載)に依拠している.

(23) Ibid. シュミットは, フォークナーとの談話会が7回開かれたと報告しているが, 龍口直太郎は6回だったという(『東京新聞』1955年8月21日). 加島祥三によれば, 1回目の会は質疑応答が不活発だったために, *Faulkner at Nagano*, ed. Robert A. Jelliffe (Tokyo: Kenkyusha, 1956) に所収されていない. 同じ理由から1回目を回数に含めない日本人がいるのかもしれない. Shozo Kajima, "Remembering Faulkner: Warmness, Sincerity, Openness at Nagano Impressed Everyone," *The Faulkner Newsletter & Yoknapatapha Review*, Apr.-June 1989, 1, 3-4. 長野市立長野図書館所蔵.

(24) Schmidt to DOS, 27 Sept. 1955.

(25) Daniel J. Harget, "William Faulkner's Visit to Kyoto," enclosed in Schmidt to

DOS/USIA, 22 Sept. 1955; Blotner, *Faulkner*, 2: 1563.

(26) Blotner, *Faulkner*, 2: 1564-67;『朝日新聞』1955年8月23日; Faulker to Picon, 24 Aug. 1955, in Blotner, ed., *Letters*, 385-86.

(27) 本章のフォークナー来日に関する記事は，スクラップ・ブックの“Press Coverage: William Faulkner Japan Visit, August 1-23, 1955, U.S. Specialists Program,” HFUVL に所収されている．

(28) Blotner, *Faulkner*, 2: 1544;『朝日新聞』1955年8月1日（夕）.

(29) *Faulkner at Nagano*, 10, 39.

(30) Ibid., 21-22; *The Mainichi*, 19 Aug. 1955.

(31) Picon, oral history interview; *Faulkner at Nagano*, 178-84.

(32) *Faulkner at Nagano*, 5, 7, 129, 166-67.

(33) Ibid., 100.

(34) Ibid., 130.

(35) *Nippon Times*, 23 Aug. 1955.

(36) Blotner, *Faulkner*, 2: 1567-68.

(37) *Faulkner at Nagano*, 185, 187-88.

(38) Schmidt to DOS, 27 Sept. 1955; Harget, “William Faulkner's Visit to Kyoto.”

(39) Blotner, *Faulkner*, 2: 1573; [Herbert] Hoover [Jr.] to AmEmbassy, Tokyo, 12 Sept. 1955, 511.943/9-1255, RG59.

(40) Schmidt to DOS/USIA, 22 Sept. 1955.

(41) Ibid.; Schmidt, oral history interview. シュミットは経済部のトップ・ツーの「アンディ・カー」と言っており，それが通称かもしれないが，該当する人物の名前はペイトン・カーである．

(42) 青野季吉「確信に満ちた態度――フォークナー氏に会う」『東京新聞』1955年8月5日；大岡昇平「フォークナー氏，日本の作家と語る――文学の運命の理解者」『朝日新聞』1955年8月5日；Blotner, *Faulkner*, 2: 1546-47.

(43) 高見順「きのうきょう――フォークナー氏」『朝日新聞』1955年8月6日；西村孝次「ものを見つめた目――フォークナー氏日本作家と会う」『日本読書新聞』1955年8月15日．

(44) 龍口直太朗「人間フォークナー」『信濃毎日新聞』1955年8月10日；大橋吉之輔「アメリカ文学セミナーの収穫――フォークナー氏を迎えて」『中部日本新聞』1955年8月13日．

(45) 植村郁夫「フォークナー氏の印象」『英語青年』101巻（1955年10月），452頁；和田季久代「フォークナーの印象――長野アメリカ文学セミナーに参加して」『日本女子大学紀要　文学部』5号（1955年），39-41頁.

(46) Kajima, “Remembering Faulkner,” 3. 加島の履歴については，以下を参照．加島祥造『フォークナーの町にて』（みすず書房，1984年）;『現代日本人名録2002』（日外アソシエーツ，2001年）;「現代の肖像：詩人・英文学者，加島祥造」『アエラ』2003年12月1日．

(47) Kajima, 1, 3-4.

(48) Gay Wilson Allen, "With Faulkner in Japan," *The American Scholar* 31.4 (Autumn 1962): 567-68, 570-71.

(49) 高橋の引用は,「フォークナー自作を語る」『群像』1955年10月号, 141-45頁による.

(50) 大橋, 178, 183頁.

(51) 橋口保夫「『フォークナーと長野』という表題の卒業論文」『フォークナー』9号 (2007年), 4頁. 実際には当時のことをよく覚えておいでの橋口氏から, セミナーについて多くの貴重な情報をいただいた.

(52) Arthur W. Hummel, Jr. to DOS, 19 Dec. 1956, 511.943/12-1956, b. 2242, RG59; Joseph S. Evans, Jr. to DOS/USIA, 18 Oct. 1957, 511.943/10-1857, b. 2243, RG59.

(53) 日本を立ったあとのフィリピンおよびヨーロッパでの活動については, Blotner, *Faulkner*, 2: 1567-79.

(54) Ibid., 2: 1610, 1617-31.

(55) Ibid., 2: 1743-45, 1777, 1779-86.

(56) Ibid., 1: 196, 210-11.

(57) 加島『フォークナーの町にて』, 36-37頁.

(58)「フォークナー氏のノーベル賞金で日本女性が初の留学」という見出しの『毎日新聞』(1955年9月7日) の記事によれば, フォークナーのノーベル賞奨学金が外国人に与えられた最初の例だった. フォークナーが, 若い綺麗な女性がいると張り切ることに気づいたピコンは, ピコンの助手をつとめるUSISの日本女性あるいは佐々木が常にいるように配慮したという. 佐々木は, 本文103頁に掲載されている写真の後列中央で, 2列目の男女の間から顔がわずかに見える. 佐々木ならびに佐々木の留学については, Blotner, 2: 1555, 1558-60, 1562, 1565, 1627, 1674を参照.

(59) Stephen Spender, *Stephen Spender: Journals, 1939-1983*, ed. John Goldsmith (London: Farber and Faber, 1985), 169-70.

(60) William Faulkner, *Faulkner in the University: Class Conferences at the University of Virginia, 1957-1958*, ed. Frederick L. Gwynn and Joseph L. Blotner (1959; repr., New York: Vintage Books, 1965), 89.

(61) サマーズギルが1954年から56年にかけて書いた数通の書簡と, 2008年の書簡はウィリアム・アンド・メアリ大学で所蔵されている. 前者は, "Summersgill, Travis L.," Office of the President, Alvin Duke Chandler Records, http://hdl.handle.net/10288/16347, 後者はUniversity Archives Faculty-Alumni File Collection, http://hdl.handle.net/10288/16346, Special Collections Research Center, Earl Gregg Swem Library, College of William and Mary, Williamsburg, VA. 2008年の書簡のなかで91歳のサマーズギルは, かつての同僚に大学を辞任するにいたった経緯を説明するとともに, ハワイ大学での活動および数年前に先立た

れた妻との 50 年間について，「幸せだった」と述べている．

(62)「日本アメリカ文学会（ALSJ）の沿革」http://wwwsoc.nii.ac.jp/alsj/enkaku.html;「日本ウィリアム・フォークナー協会：学会沿革／概要」http://wwwsoc.nii.ac.jp/wfsj/pages/gaiyou.html; Hisao Tanaka, "Preface" to *History and Memory in Faulkner's Novels*, ed. Ikuko Fujihira, Noel Polk, and Hisao Tanaka (Tokyo: Shohakusha, 2005); 藤平育子「Japan（日本におけるフォークナー）」日本ウィリアム・フォークナー協会編『フォークナー事典』（松柏社，2009 年），315 頁.

第五章　「ザ・ファミリー・オブ・マン」展

(1)『日本経済新聞』1956 年 3 月 21 日（夕），22 日．観客数は，Jiro Enjoji to Edward Steichen, 17 Dec. 1958, Edward Steichen Collection (Edward Steichen Archive), V.B.ii.11, The Museum of Modern Art Archives, New York, NY に記載.

(2)「世界の有名写真家のベスト・テンをあげて下さい」『カメラ』（1948 年 12 月）は，土門拳『写真随筆』（ダヴィッド社，1979 年），12-15 頁に所収.

(3) スタイケンの経歴については，おもに Edward Steichen, *A Life in Photography* (Garden City, NY: Doubleday & Co. in collaboration with the Museum of Modern Art, 1963) と Penelope Niven, *Steichen: A Biography,* 2nd ed. (Fort Washington, PA: Eastern National, 2004) に依拠している.

(4) Niven, 10.

(5) Steichen, *A Life in Photography*, 写真 1 の左頁．この本は，スタイケンが撮影した 249 点の写真とともに綴られた大判の自伝である．写真には番号がついているが，文章には頁の表記がない.

(6) Niven, 28-29, 56-59, 66. スタイケンは第一次世界大戦後頃まで，エドワード (Edward) よりもエドワルト (Eduard) と署名することが多かったという.

(7) William A. Ewing, *Edward Steichen* (London: Thames & Hudson, 2007), iii.

(8) Bernice Kert, *Abby Aldrich Rockefeller: The Woman in the Family* (New York: Random House, 1993), 267-92, 315-18, 343-45, 376, 413-15; Reich, 144-49. 正確には，ロックフェラー 2 世は近代美術館に土地の一部を譲渡し，残りは売却したが，妻のアビーが売却額に相当する額を近代美術館に寄付している．寄付や土地の贈与は税金対策の一つでもあった.

(9) Steichen, 写真 225 のあとの 1 頁目と 2 頁目 ; Niven, 631-32.

(10) Steichen, 写真 62 から 4 頁目，写真 225 の次頁．スタイケンは朝鮮戦争でも海軍の写真撮影の顧問をつとめている.

(11) 同上書，写真 225.

(12) 同上書，写真 225 から 3 頁目.

(13) 同上書，同頁．Niven, 633-34.

(14) Eric J. Sandeen, *Picturing an Exhibition: The Family of Man and 1950s America* (Albuquerque, NM: University of New Mexico Press, 1995), 40-41;『日本の写真家 26，石元泰博』(岩波書店，1997 年)，68 頁；石元泰博オーラル・ヒストリー，中森康文と鷲田めるろによるインタビュー，2008 年 4 月 6 日，「日本美術オーラル・ヒストリー・アーカイヴ」，www.oralarthistory.org.

(15) Steichen, "Introduction" to *The Family of Man*, created by Edward Steichen (1955; New York: The Museum of Modern Art, 2003), 3; Sandeen, 40-42; Niven, 642-48.

(16) 写真展の様子を詳しく伝えているのは，Sandeen, 46-49. ほかに以下を参照．写真集の *The Family of Man*; "'Family of Man': Panoramic Show Opens at Modern Museum," *NYT*, 30 Jan. 1955；伊奈信男「人間の家族――ニューヨーク近代美術館写真展」『芸術新潮』1955 年 5 月，179-81 頁；田中雅夫『写真 130 年史』(ダヴィッド社，1970 年)，236 頁．

(17) Niven, 645.

(18) Hilton Kramer, "Exhibiting the Family of Man: 'The World's Most Talked About Photographs,'" *Commentary*, Oct. 1955, 364; Sandeen, 40, 96.

(19) Niven, 656; Sandeen, 58-59.

(20) Kramer, 364-67.

(21) Sandeen, 4, 96.

(22) アメリカ国家博覧会については，以下を参照．Sandeen, ch. 4; Walter L. Hixon, *Parting the Curtain: Propaganda, Culture, and the Cold War, 1945-1961* (New York: St. Martin's Griffin, 1997), ch. 7; 佐々木卓也『アイゼンハワー政権の封じ込め政策――ソ連の脅威，ミサイル・ギャップ論争と東西交流』(有斐閣，2008 年)，154-65 頁．

(23) 木村伊兵衛「『ザ・ファミリー・オブ・マン』展と日本写真界」『芸術新潮』1958 年 4 月号，312 頁；「10 億回のパチリ――カメラ・ブームを切る」『週刊朝日』1955 年 3 月 13 日，4-5 頁．

(24) Schmidt to USIA, 30 Sept. 1955, Prints & Textual: Photographs & Clippings Relating to "The Family of Man Exhibition, 1955-56," b. 4, f. Tokyo, RG306-FM.

(25) Michiyo Morioka, *An American Artist in Tokyo: Frances Blakemore, 1906-1997* (Seattle: The Blakemore Foundation, 2008), 11-128.

(26) Schmidt to USIA, 30 Sept. 1955.

(27) 園城寺と渡辺については，以下を参照．『追想円城寺次郎』(日本経済新聞社，1995 年)；『日本の写真家 13，渡辺義雄』(岩波書店，1997 年)，68 頁．

(28)「E・スタイケン氏を囲んで」(座談会の出席者は，金丸重嶺，伊奈信男，三木淳，渡辺義雄)『アサヒカメラ』1955 年 11 月号，116-22 頁．

(29) 木村，310 頁；「写真による人類の叙事詩――ザ・ファミリー・オブ・マン展を語る」(座談会)『カメラ毎日』1956 年 6 月号，126 頁．

(30) 丹下健三「会場を設計して」『カメラ毎日』1956 年 6 月号，128 頁．

(31) 石元泰博オーラル・ヒストリー．木村の発言は，『日本経済新聞』1956年3月22日．田沼武能『真像残像――ぼくの写真人生』（東京新聞出版局，2008年），115頁．日本人の写真の追加については，『カメラ毎日』（1956年6月号）の座談会における金丸の発言，123頁．

(32)『ザ・ファミリー・オブ・マン（人間家族），日本語解説書』（日本経済新聞社，1956年），14頁；石元泰博オーラル・ヒストリー．

(33) 木村，310-11頁；山端庸介「暗室作業の苦心」『カメラ毎日』1956年6月号，129頁．

(34)『日本経済新聞』1956年3月14日，19日（夕），20日，22日．

(35)『日本経済新聞』1956年3月20日（夕），21日（朝・夕），22日，26日，4月16日；丹下，129頁．

(36) 各新聞の購読者数は以下を参照．『朝日新聞社史，資料編』（朝日新聞社，1955年），321頁；『毎日の3世紀――新聞が見つめた激流130年』別巻（毎日新聞社，2002年），97頁；日本新聞協会編『日本新聞年鑑 1956年』（電通，1956年），154頁，176頁．『日本経済新聞』1955年6月23日，7月14日（夕）．

(37)『朝日新聞』1956年3月24日；『日本経済新聞』1956年3月26日，4月4日．

(38)『日本経済新聞』1955年12月8日，1956年3月21日．

(39)『ザ・ファミリー・オブ・マン（人間家族），日本語解説書』，7頁．サンディーンは写真集に水爆実験の写真が収められなかったことに関して，写真集に収められる写真では核の脅威が伝わらないことをスタイケンは危惧したのではないかと推測する．Sandeen, 74.

(40)『朝日新聞』1956年3月23日（夕）．丹下のコメントは『日本経済新聞』1956年3月22日．スタイケンのコメントは『朝日新聞』3月27日（夕）．

(41) Jack Shellenberger, oral history interview, 21 Apr. 1990. 当時USISの次長だったアーサー・W・ハメルは，そもそもUSIAが用意したセットに写真を追加するのは，近代美術館とUSIAがかわした契約に違反していたと述べている．Hummel, Jr., oral history interview. 原爆写真撤去後の4月3日，義宮が長崎の国際文化館を訪れたときにも，ロウでつくられた被爆者のケロイドの模型が撤去され，原爆写真七枚に紙が貼られた．館長は，「義宮はお気の弱い方のようであるから，あのケロイド模型と写真はお見せしないように」という長崎県当局と長崎市秘書課からの指示に従ったと説明した．『朝日新聞』1956年4月4日．

(42) 木村，311頁．金丸の発言は，「写真による人類の叙事詩」，122頁．

(43) Sandeen, 49-50.

(44)『朝日新聞』1956年3月27日（夕）．

(45)『日本経済新聞』1956年4月1日．抗議声明については『日本の写真家　別巻，日本写真史概説』（岩波書店，1999年），付録23頁；日本写真家協会編『日本現代写真史，1945～1970』（平凡社，1977年），411頁．

(46)『日本経済新聞』1956年7月2日，17日（夕）．

(47)『日本経済新聞 90 年史』(日本経済新聞社, 1966 年), 412 頁;『日本経済新聞』1957 年 1 月 18 日 (夕); Enjoji to Steichen, 17 Dec. 1958.
(48)『日本経済新聞』1956 年 4 月 10 日.
(49)『日本経済新聞』1956 年 3 月 25 日, 28 日, 4 月 1 日, 3 日.
(50)『日本経済新聞』1956 年 3 月 22 日; 名取洋之助『写真の読み方』(岩波新書, 1963 年), 75–76 頁.
(51) 石田の発言は,「写真による人類の叙事詩」, 123 頁.
(52)『日本経済新聞』1956 年 3 月 22 日, 7 月 15 日.
(53)『日本経済新聞』1956 年 3 月 26 日; 飯沢匡「写真詩人スタイケン——ザ・ファミリー・オブ・マンを観て」『芸術新潮』1956 年 5 月号, 243 頁.
(54)『日本経済新聞』1956 年 3 月 21 日, 4 月 8 日.
(55) 飯沢, 243 頁.
(56)「『石元泰博——写真という思考』刊行記念トークイベント記録」(2010 年 5 月 29 日, 出演:石元泰博, 内藤廣, 司会:森山明子), www.musabi.co.jp/topics/img/topics0705.pdf.
(57) 名取, 78–79 頁; 飯沢, 244 頁. 石田の発言は,「写真による人類の叙事詩」, 125 頁.
(58) 名取, 79–80 頁.
(59) デイヴィッド・A・ホリンガー, 藤田文子訳『ポストエスニック・アメリカ——多文化主義を超えて』(明石書店, 2002 年), 25 頁, 61–65 頁.
(60) 円城寺次郎「『ザ・ファミリイ・オブ・マン』に寄せる」『文芸春秋』(1956 年 2 月号) は,『追想圓城寺次郎』, 282–86 頁に所収.
(61) Steichen, 写真 225 から 3 頁目.
(62)『朝日新聞』1993 年 12 月 7 日 (夕).
(63) 同上;『朝日新聞』(広島版) 1994 年 2 月 1 日. 展示された写真は 380 点だった.
(64) UNESCO, "Memory of the World: Family of Man," http://www.unesco.org/new/en/communication-and-information/flagship-project-activities/memory-of-the-world/register/full-list-of-registered-heritage/registered-heritage-page-3/family-of-man.
(65) 田沼, 115 頁.
(66) 田沼, 118–19 頁.
(67)『朝日新聞』の取材では, 東京大空襲のあとの焼け野原で子供の焼死体を見た体験も, 子供を撮影するようになった要因だったかもしれないと語っている.「写真家・田沼武能, 追憶の風景, 浅草」, asahi.com, 2010 年 6 月 8 日. http://www.asahi.com/culture/news_culture/TKY201006080260.html.
(68) 逢坂恵理子「異口共感の世界へ」『人間の未来へ——ダークサイドからの逃走』(水戸芸術館現代美術センター, 2006 年), 5 頁, 7 頁.

第六章　芸術の競演

（1）Naima Prevots, *Dance for Export: Cultural Diplomacy and the Cold War* (Hanover, NH: Wesleyan University Press and University Press of New England, 1998), 23.

（2）Ibid., 11, 35.

（3）Ibid., 37-42; John Harper Taylor, "Ambassadors of the Arts: An Analysis of the Eisenhower Administration's Incorporation of *Porgy and Bess* into Its Cold War Foreign Policy" (PhD diss., The Ohio State University, 1994), 53-59, https://etd.Ohiolink.edu/!etd.send_file?accession=osu125009598&disposition=inline.

（4）Taylor, Appendix A; OCB, "Report on Cultural Presentations Program: Fiscal Year 1960," 5 Oct. 1960, 1, b. 37, OCB.

（5）OCB, "Report on Activities of the Cultural Presentation Committee, 15 May 1957-30 June 1958," 20 Aug. 1958, 1-2, b. 37, OCB; "USIS-Japan, 1961," 12-22.

（6）「海外オーケストラ来日公演記録抄」www003.upp. so-net.ne.jp/orch;「シンフォニー・オブ・ジ・エア」（座談会）『音楽芸術』1955年10月号，34頁；『毎日新聞』1955年5月2日，3日，26日．ほとんどすべての活動報告書が，増大する一方の現地の要望に応えられないことを最大の問題として指摘している．たとえば，OCB, "Report on Cultural Presentations Program: Fiscal Year 1960," 2-3.

（7）当初は「大統領緊急基金」と呼ばれたが，1956年に立法化されてからは，公式には「大統領特別国際企画」（President's Special International Program）の名称が用いられている．同時に，「大統領特別基金」，「大統領企画」，「アイゼンハワー基金」などさまざまな呼び方もされている．本章では，ここからは「大統領基金」と呼ぶことにする．

（8）NBC時代のトスカニーニについては，Mortimer H. Frank, *Arturo Toscanini: The NBC Years* (Portland, OR: Amadeus Press, 2002）を参照．

（9）J. Graham Parsons to Dulles, 2 Mar. 1955, 511.943/3-255, b. 2239, RG59. アジア財団については，キンバリー・グールド・アシザワ「アメリカのフィランソロピーは日本にどう向き合ったのか」山本正編『戦後日米関係とフィランソロピー——民間財団が果たした役割，1945〜1975年』（ミネルヴァ書房，2008年），89-94頁を参照．アジア財団を含む民間組織へのCIAの資金援助は，1967年に『ランパーツ・マガジン』と『サタデー・イーヴニング・ポスト』によって暴露された．

（10）Allison to Dulles, 8 Apr. 1955, 511.943/4-855, b. 2239, RG59.

（11）『毎日新聞』1955年5月4日（夕）．

（12）『毎日新聞』1955年5月5日，6日．

（13）『毎日新聞』1955年5月5日，17日；伊奈一男「シンフォニー・オブ・ザ・エアの人々」『芸術新潮』1955年7月号，33-34頁；Allison to Dulles, 4, 6, 24

May 1955, 511.943/5-455, 5-655, 5-2455, b. 2240, RG59. アリソンの引用は5月6日の文書.

(14)『毎日新聞』1955年5月21日(夕).

(15)『毎日新聞』1955年5月24日(夕).

(16)『毎日新聞』1955年5月4日(夕), 6日.

(17)『毎日新聞』1955年5月26日.

(18) 田口泖三郎「世紀の演奏——シンフォニー・オブ・ジ・エアを見て」『教育音楽』1955年8月号, 100頁.

(19) 以下の引用は,「シンフォニイ・オブ・ザ・エアー」(座談会)『芸術新潮』1955年6月号, 175-84頁, および「シンフォニー・オブ・ジ・エア」(座談会)『音楽芸術』1955年10月号, 29-44頁による.

(20) 中野吉郎「クルト・ウェスとウィーンの伝統音楽」『洋楽放送70年史, 1925〜1955』(洋楽放送70年史プロジェクト, 1997年), 76-77頁. ローゼンストックの指導については, 楽団員だった大熊次郎も,「残酷といってもよい程きびしいもので〔略〕, 例えば簡単なピアニシモまで音色の変化ということを非常にやかましく言った」と述べている. ジョゼフ・ローゼンストック, 中村洪介訳『ローゼンストック回想録——音楽はわが生命』(日本放送出版協会, 1980年), 203-4頁.

(21)「シンフォニー・オブ・ジ・エア」『音楽芸術』, 43頁.

(22) 同上書, 44頁.

(23) 沢木耕太郎「沈黙と焔の祭司」『小沢征爾大研究』(春秋社, 1990年), 17頁;草刈津三「戦後50年・日本のオーケストラ——戦後初めて来日した外来オケ, シンフォニー・オブ・ジ・エアのパワーに圧倒され, 国際的オーケストラへの関心高まる/新しい時代のオケを目指して日本フィル設立への始動」『音楽現代』2001年5月号, 138頁.

(24)『朝日新聞』1955年5月23日. NHKホールでシンフォニー・オブ・ジ・エアの演奏を聞いたNHKの中野も,「ワーグナーのローエングリンの最初の金管で腰がぬけ, 放心状態になったのを覚えている」という.「内幸町にNHKホール建設」『洋楽放送70年史』, 108-9頁.

(25) "A Japanese Audience Listens to an American Orchestra," *NYT*, 29 May 1955. アジア公演で成功をおさめたシンフォニー・オブ・ジ・エアは, 大統領基金で再度, 海外に派遣されることになっていたが, 楽団内部の対立と運営の変更, 共産党員がいるとの告発などから, 派遣が見送られた. こうした事情が楽団の解散につながったと思われる. OCB, "Progress Report on Activities of the OCB Cultural Presentation Committee, 1 Feb.-12 Oct. 1956," 12 Oct. 1956, 3, b. 37, OCB.

(26) グレアムの経歴は, Don McDonagh, *Martha Graham: A Biography* (New York: Praeger Publishers, 1973) とRussell Freedman, *Martha Graham: A Dancer's Life* (New York: Houghton Mifflin Company, 1998) を参照. グレアム

のダンスの特徴については，Prevots, 46と「グラハム，マーサ」小倉重夫編『バレエ音楽百科』（音楽之友社，1997年），160頁を参照．引用は，マーサ・グレアム，筒井宏一訳『血の記憶――マーサ・グレアム自伝』（新書館，1992年），12頁．日本語ではグラハムやグラームとも表記されているが，最近はグレアムの表記が多い．また，Melissa Silvestri（Archive Assistant, The Martha Graham Center）から筆者あてのメール（26 July 2014）によると，グレアム舞踊団の公式名はMartha Graham and Dance Companyだが，当時の文書には，Martha Graham CompanyのほかにMartha Graham Dance Troupe, Martha Graham Dancersなど多様な表記が見られるという．

(27) アジア・中東の公演については，McDonaugh, 236–46, Prevots, 44–51を参照．来日公演については，『朝日新聞』1955年10月18日（夕），11月3日（夕），およびJoseph S. Evans to DOS, 19 Dec. 1955, 511.943/12-2955, b. 2240, RG59を参照．グレアム舞踊団の訪問国の数も来日した人数も文献によって異なる．ここでは，訪問国の数はMcDonaughに，来日人数は『朝日新聞』1955年11月3日（夕）に依拠している．引用は，グレアム『血の記憶』，15頁．

(28)『朝日新聞』1955年11月3日（夕）；『毎日新聞』1955年11月2日，5日（夕）．

(29) Evans to DOS, 19 Dec. 1955; Allison to Dulles, 4 Nov. 1955, Allison to Graham, 9 Nov. 1955, 511.943/11-455, RG59.

(30) Graham to Robert S. Black, 25 Oct. 1956, Martha Graham Dance Company Tour Records, 1941–1957, b. 2, f. 5, Jerome Robbins Dance Division, The New York Public Library for the Performing Arts, New York. グレアムは産経新聞社の会長ならびに社長にも，舞踊団マネージャーのルロイ・レザマンは販売促進部の社員たちにも感謝の手紙を送っている．

(31) 日下四郎『現代舞踊がみえてくる』（沖積社，1997年），44–46頁．

(32) 同上書，同頁；Evans to DOS, 19 Dec. 1955; アキコ・カンダ／篠山紀信『AKIKO』（碧天舎，2006年）．

(33) カースティーンの経歴については，Martin Duberman, *The Worlds of Lincoln Kirstein* (New York: Alfred A. Knopf, 2007) および“Lincoln Kirstein, City Ballet Co-Founder, Dies,” *NYT*, 6 Jan. 1996を参照．NYCBの特色は，「ニューヨーク・シティ・バレエ」小倉編『バレエ音楽百科』，357頁．

(34) OCB, “Report on the Cultural Presentation Program, 1 July 1958–30 June 1959,” 23 Sept. 1959, 10, b. 37, OCB.

(35) Ibid.;『朝日新聞』1958年4月5日．高橋保「ニューヨーク・シティ・バレエの総決算」『音楽芸術』1958年7月号，123–24頁では，客席が5割から3割しか埋まっていない日もあったと書かれている．Dave Jampel, “N.Y.City Ballet So-So B.O. in Tokyo,” 22 Apr. 1958, newspaper clipping, in Reserve Dance Clipping File, 1924–69, microfilm, The New York Public Library for the Performing Arts, New York.

(36) 以下の引用は，「新旧・バレエ論争」(座談会)『芸術新潮』1958 年 5 月号，225-39 頁による．

(37) 蘆原英了「バレエの二筋の道――ニューヨーク・シティー・バレエ団への疑問」『中央公論』1958 年 5 月号，236-41 頁．

(38) 以下の引用は高橋保「ニューヨーク・シティ・バレエの総決算」，123-30 頁．

(39) 大沼清「テレビ開局と昭和 30 年代のバレエ放送」『洋楽放送 70 年史』，113-16 頁．

(40) Duberman, ch. 27. 引用は，Lincoln Kirstein, *The New York City Ballet* (New York: Alfred A. Knopf, 1973), 153. "Dance: Balanchine's 'Bugaku' by the City Ballet," *NYT*, 22 May 1988.

(41) 1960 年の歌舞伎の渡米公演については，河竹登志夫「1960 年の渡米歌舞伎に関する記録ならびに反響の報告」『演劇学』(早稲田大学文学部演劇研究室発行)，3 号（1961 年 9 月）に詳しく解説されている．

(42) 同上，90 頁．

(43)『朝日新聞』1960 年 7 月 24 日（夕）．

(44) "Art: Woodblock Prints from Japan at the MET," *NYT*, 30 May 1986.

(45) Jacqueline Shea Murphy, *The People Have Never Stopped Dancing: Native American Modern Dance Histories* (Minneapolis: University of Minnesota Press, 2007), 183-85; Prevots, 111-12.

(46)『毎日新聞』1956 年 11 月 1 日（夕）；"Dance: Limon, Two Arrows," *New York Herald Tribune*, 30 Dec. 1956; Two Arrow's obituary, quoted in Murphy, 185.

(47) OCB, "Report on Activities of the Cultural Presentation Committee, 15 May 1957-30 June 1958," 20 Aug. 1958, 1, b. 37, OCB; Penny M. Von Eschen, *Satchmo Blows Up the World: Jazz Ambassadors Play the Cold War* (Cambridge: Harvard University Press, 2004), 3-24; Lisa E. Davenport, *Jazz Diplomacy: Promoting America in the Cold War Era* (Jackson, MS: University Press of Mississippi, 2009), 55.

(48) 日本におけるジャズの歴史については，内田晃一『日本のジャズ史――戦前戦後』(スイング・ジャーナル社，1976 年)，マイク・モラスキー『戦後日本のジャズ文化――映画・文学・アングラ』(青土社，2005 年)，日本戦後音楽史研究会編『日本戦後音楽史 上――戦後から前衛の時代へ，1945～1973』(平凡社，2007 年)，135-37 頁を参照．引用は，内田，166 頁，244 頁．

(49) グッドマンの経歴については Ross Firestone, *Swing, Swing, Swing: Life and Times of Benny Goodman* (London: Hodder and Stoughton, 1993)，ティーガーデンの経歴については Jay D. Smith and Len Guttridge, *Jack Teagarden: The Story of a Jazz Maverick* (1960; repr. with new preface, New York: Da Capo Press, 1988) を参照．なお，大統領基金が発足する前の 1953 年にもすでにノーマン・グランツが率いる JATP（ジャズ・アット・フィルハーモニック）

や「サッチモ」の愛称で知られるルイ・アームストロングがオール・スターズを引き連れて来日していた．

(50) アメリカのジャズの歴史については，以下を参照．Ted Gioia, *The History of Jazz*, 2nd ed. (New York: Oxford University Press, 2011); Geoffrey C. Ward and Ken Burns, *Jazz: A History of America's Music* (New York: Alfred A. Knopf, 2000); 岩浪洋三『これがジャズ史だ――その嘘と真実』（朔北社，2008年）；油井正一『ジャズの歴史物語』（アルテスパブリッシング，2009年）．

(51) "First Semi-annual Report: President's Special International Program, 1 July–31 Dec. 1956," 33, b. 42, OCB; Von Eschen, 43–47.

(52) 河野隆治「BGと語るよもやま話」『スイング・ジャーナル』1956年3月号，24頁；いソノてルヲ「B・G来日の楽屋ばなし」『スイング・ジャーナル』1956年2月号，11頁．

(53)『朝日新聞』1957年1月13日（夕）；「『B. グッドマン演奏会』を語る」（座談会）『スイング・ジャーナル』1957年3月号，18–22頁．

(54) 日本のレコード会社が日本人のジャズ演奏に関心をもたないことに不満を抱いた油井正一らが立ち上げたロックウェル・レコードは，グッドマン楽団の来日直前に鈴木章治のオールスターズの演奏をレコードにして発売した．その経緯について油井は，「大BG狂の鈴木章治に『ねえ章ちゃん，あんたグッドマン来たって何もレコードありませんじゃかっこ悪いから，ひとつレコードつくってあげよう』，そう言ってつくったんです」と語っている．鈴木はこのときのレコードをグッドマンに献呈した．油井正一著，行方均編『ジャズ昭和史』（DU BOOKS, 2013年），302頁．

(55) 引用は，「『B. グッドマン演奏会』を語る」，および "Eiji Kitamura," www.eijikitamura.com.

(56) 鈴木については「鈴木章治」www.ja.wikipedia.org/wiki，その他は「『B. グッドマン演奏会』を語る」．なお，ハッコーが自分のビッグ・バンドで演奏した "Suzukake No Michi (Platanus Road)" は，CD版の *Peanuts Hucko: Big Band Recordings, Complete 1956–1957* (Jazz Connections, 2007) に収録されている．*Christian Century*, 2 Jan. 1957, quoted in Von Eschen, 47.

(57) "Fifth Semi-annual Report: President's Special International Program, 1 July 1958–31 Dec. 1958," 23, CUUAL; Gunther Schuller, *The Swing Era: The Development of Jazz, 1930–1945* (New York: Oxford University Press, 1989), 590–91.

(58)『朝日新聞』1959年1月13日（夕）；「ジャック・T一行の演奏は日本でどう受け取られたか？」『スイング・ジャーナル』1959年2月号，68–69頁．

(59) "USIS-Japan, 1961," 125;「ジャック・T東京公演（ステージ・KRTV）スナップ」『スイング・ジャーナル』1959年2月号，73頁；「ジャック・T一行の演奏は日本でどう受け取られたか？」68–69頁．

(60) Smith and Guttridge, 174, 180–84.

(61) Kendall, *A Farm Boy in the Foreign Service*, 48–49.

(62) "USIS-Japan, 1961," 120–24. 受信契約数は，矢野恒太郎記念会編『数字でみる日本の100年――20世紀が分かるデータブック』6版（矢野恒太郎記念会，2013年），478頁.
(63) ウィーン・フィルの日本公演については，Bunce to DOS, 20 May 1955, 511.943/5-2055, b. 2239, RG59;『朝日新聞』1956年4月10日；「今月の演奏会評――ロスアンゼルス交響楽団を中心に」『音楽芸術』1956年8月号，87–92頁. ロサンゼルス交響楽団は，『毎日新聞』(1956年6月6日）でも，「どちらかといえば，音はきめがあらい」が，「全員がいかにも演奏をたのしむかのように，のびのびとひいていた」と評されている.
(64) 大島幹雄『虚業成れり――「呼び屋」神彰』（岩波書店，2004年），61–87頁.
(65)『朝日新聞』1958年4月12日（夕).
(66)『朝日新聞』1958年4月17日；「レニングラード交響楽団を聴いて」（座談会)『音楽芸術』1958年6月号，107–18頁.
(67) 大島，129頁，141–45頁.
(68)「ボストン交響楽団来日公演プログラム」（筆者所有).
(69) 別宮貞雄「ウィン・フィルとヒンデミット」『芸術新潮』1956年6月号，199頁.
(70) "USIS-Japan, 1961," 125;「海外オーケストラ来日公演記録抄」;『京都新聞』1960年5月13日.
(71) "USIS-Japan, 1959," 99. なおメイは，すでに予定されているボストン交響楽団の来日に言及し、日本人の不満の解消に役立つだろうと述べている.
(72) "USIS-Japan, 1961," 123.
(73)「ボストン交響楽団来日公演プログラム」.
(74) 出席者は，『ミュンシュ＝ボストン交響楽団，1960年日本特別演奏会』（DVD，NHKエンタープライズ，2006年）の映像による．豊田穣『浅沼稲次郎――人間機関車』（学陽書房，2004年），462–73頁，498–99頁.
(75)「ジャーナリズム列伝37」『朝日新聞』2011年5月26日（夕).
(76) 吉田秀和他「ボストン交響楽団の演奏を中心にしたアメリカの演奏について」（座談会)『音楽芸術』1960年7月号，30–35頁.
(77) 黒田恭一「もう会えないものと諦めていた憧れの人と出会える」『ミュンシュ＝ボストン交響楽団，1960年日本特別演奏会』（DVD）の解説書.

第七章　国際文化会館と日米知的交流計画

(1) 国際文化会館は2006年に文化庁登録有形文化財に登録されている．鈴木博之『庭師小川治兵衛とその時代』（東京大学出版会，2013年）は，国際文化会館の庭にも言及している.
(2) 松本重治『国際日本の将来を考えて』（朝日新聞社，1988年），18–19頁.
(3) 加藤幹雄編著『国際文化会館50年の歩み――1952〜2002』（増補改訂版，国際

文化会館，2003 年），1-3 頁．京都会議でのロックフェラー，高木，松本の出会いについては，斎藤眞他編『アメリカ精神を求めて —— 高木八尺の生涯』（東京大学出版会，1985 年），172-73 頁；松本，40 頁．太平洋問題調査会については，片桐康夫『太平洋問題調査会の研究 —— 戦間期日本 IPR の活動を中心として』（慶応義塾大学出版会，2003 年）；Tomoko Akami, *Internationalizing the Pacific: The United States, Japan and the Institute of Pacific Relations in War and Peace, 1919-45* (London: Routledge, 2002).

(4) ジョンとネルソンの対照的な性格については，弟のデイヴィッドが，1937 年に撮影された父と五人兄弟の写真に言及しながら，「ジョンはいかにも彼らしく，隅のほうに立っている．〔略〕内気な性格で，自分の能力に確信が持てずにいる．ネルソンもまたいかにも彼らしく，写真のちょうど真ん中に陣取り，自信たっぷりにカメラを見据えている」と述べている．デイヴィッド・ロックフェラー，楡井浩一訳『ロックフェラー回顧録』（新潮社，2007 年），11 頁．第二次世界大戦中の任務については，"The Reminiscences of John D. Rockefeller, 3rd," interviewed by Frank W. Rounds, Jr. during 1962 and 1963, CCOHC〔以下，"Reminiscences of JDR3" と略記〕，152-57.

(5) John Ensor Harr and Peter J. Johnson, *The Rockefellelr Century: Three Generations of America's Greatest Family* (New York: Charles Scribner's Sons, 1988), 502; "Reminiscences of JDR3," 167-68, 297-98. 引用文は，"Reminiscences," 297-98.

(6) 松本の生涯は，開米潤『松本重治伝 —— 最後のリベラリスト』（藤原書店，2009 年）を参照．

(7) 報告書の作成を助けたのは，海軍時代からの友人で弁護士のメリル・シェパード，国務省職員のダグラス・W・オーヴァートンとアイリーン・R・ドノヴァン，日本研究者のヒュー・ボートン，エドウィン・O・ライシャワー，ジョージ・サンソム，ロックフェラー財団のバートン・ファーズらだった．Douglas Overton to [U. Alexis] Johnson, 13 Apr. 1951, 511.94/4-1351, b. 2534, RG59; Harr and Johnson, 507.

(8) "United States-Japanese Cultural Relations: Report to Ambassador Dulles, Apr. 16, 1951," 1-3, JDR3, RG5.1, b. 49, f. 446.

(9) Ibid., 8, 60-66.

(10) Ibid., 78-80.

(11) "Reminiscences of JDR3," 169, 172；"Donald McLean, Jr., Dies at 73; Aided Rockefeller Programs," *NYT*, 14 Sept. 1984. 日本語ではマックリーンやマックレーンという表記も見られるが，本書では，大学の後輩のオーテス・ケーリの表記に従っている．ケーリ「世話上手，世話好き」『追想松本重治』（国際文化会館，1990 年），150 頁．

(12) 国際文化会館の歴史については，以下を参照．松本重治編『国際文化会館 10 年の歩み，1952 年 4 月～1962 年 3 月』（国際文化会館，1963 年）；加藤『国際文

化会館 50 年の歩み』; Kato Mikio, *The First Fifty-five Years of the International House of Japan: Genesis, Evolution, Challenges, and Renewal* (Tokyo: I-House Press, 2012).

(13) "Reminiscences of JDR3," 173-75, 301-3; 松本重治『わが心の自叙伝』(講談社, 1992 年), 191 頁; 加藤, 10-17 頁. 引用は,『樺山愛輔翁』(国際文化会館他, 1955 年), 87 頁.

(14) Saxton Bradford to JDR3, 17 Nov. 1951, b. 25, HJCP.

(15) JDR3 to Matsumoto, 27 Dec. 1951, b. 25, HJCP.

(16) JDR3 to Grayson Kirk, 27 Dec. 1951, b. 25, HJCP.

(17) Kirk to Harry J. Carman, 18 Jan. 1952, b. 25, HJCP. カーマンについては, コロンビア大学コロンビアーナ(大学関係者資料室)の "A Conversation with Harry J. Carman" と Kirk, "Harry James Carman: Memorial Address" を参照. ボートンの生涯については, ヒュー・ボートン, 五百旗頭真監修・五味俊樹訳『戦後日本の設計者——ボートン回想録』(朝日新聞社, 1998 年) を参照.

(18) JDR3 to Matsumoto, 27 Dec. 1951, Borton to Kirk, 17 Jan. 1952, b. 25, HJCP.

(19) Borton to Kirk, 17 Jan. 1952.

(20) "Notes on a Discussion with J. R., 23 Jan. 1952," b. 25, HJCP.

(21) Borton to C. Martin Wilbur, 2, 6 Feb. 1952, b. 25, Sansom to Borton, 19 Feb. 1952, b. 23, HJCP.

(22) "Minutes of the 1st Meeting of the Japan Committee, 3 Mar. 1952," "Minutes of the 2nd Meeting of the Japan Committee, 18 Mar. 1952," b. 24, HJCP. なお松方の本名は義三郎だが, 子供の頃から三郎で通っており, 1955 年に正式に三郎に改名した.

(23) Borton to Carman & Sansom, 11 Apr. 1952, Carman to Borton, 5 May 1952, b. 25, HJCP.

(24) "Minutes of the 2nd Meeting of the Japan Committee, 18 Mar. 1952"; Sansom to Carman, 28 Mar. 1952, b. 25, "Minutes of the 7th Meeting of the Japan Committee, 28 May 1952," b. 24, McLean to Carman, 4 June 1952, b. 23, HJCP.

(25) Borton to Carman & Sansom, 16 May 1952, b. 25, Sansom to Intellectual Interchange Committee, 21 May 1952, b. 23, HJCP; 長与善郎『彼を見, 我を思う』(筑摩書房, 1953 年), 301 頁; Borton to Carman, 30 May, 3 June 1952, b. 25, HJCP.

(26) Borton to Carman, 1 June 1952, Sansom to Carman, 10 June 1952, b. 23, HJCP.

(27) たとえば, トルストイ研究者のコール夫人や弁護士で女性活動家のソープ夫人は, それぞれスピーチや講演を行った. Charles W. Cole, "Report to the Japan Committee on Intellectual Cooperation of the East Asian Institute of Columbia University," OMR, RG2, G, b. 59, f. 416 A; "Biographical Notes," Willard L. and Clarence Brows Thorp Papers, Amherst College, http://asteria.fivecolleges.edu/

findaids/amherst/ma220.html.

(28) Cole, "Report to the Japan Committee"; Otis Cary to McLean, 5 Jan. 1953, OMR, RG2, G, b. 59, f. 416. Otis Cary の呼び方は本人の日本語表記に従っている．なおケーリの祖父は同志社の創立者である新島襄と同時期にアーモスト大学に在学し，明治の初期に宣教師として来日した．ケーリの父もアーモスト大学の卒業生で，1916 年に宣教師として来日し，任地の小樽でケーリが生まれた．ケーリ『日本との対話――私の文化比較論』（講談社，1968 年），481-94 頁．

(29) Beate Gordon, "Report to the American Committee on the Intercultural Exchange Program of the East Asian Institute, Columbia University, 1 Mar. 1953," OMR, RG2, G, b. 59, f. 416A; *Christian Science Monitor*, 5 Feb. 1953; ベアテ・シロタ・ゴードン，平岡磨起子（構成・文）『1945 年のクリスマス――日本国憲法に「男女平等」を書いた女性の自伝』（柏書房，1995 年），229-38 頁．引用は『1945 年のクリスマス』，230，238 頁．同書によると，ベアテは 1947 年にアメリカに帰国し，GHQ の通訳だったジョセフ・ゴードンと結婚した．市川の通訳を依頼されたのは，夫がコロンビア大学の大学院で日本語と東洋史を学んでいたからだった．

(30)『朝日新聞』1953 年 1 月 4 日（朝・夕），12 日（夕）．市川のアメリカ便りは，市川房枝記念会監修『市川房枝集，第 5 巻：1950〜1959』（日本図書センター，1994 年），77-91 頁に所収．

(31) シノダは，戦前にハワイ大学を卒業したあと日本に留学し，戦時中はミネソタの陸軍語学学校で日本語の教師をつとめた．コロンビア大学で博士号を取得後，1957 年から 84 年までハワイ大学で日本史とアジア史を教えた．"Minoru Shinoda, Historian of Japan" (obituary), *Honolulu Advertiser*, 29 Oct. 2006, http://the.honoluluadvertiser.com/article/2006/Oct/29/ln/FP610290370. html.

(32) Minoru Shinoda, "Dr. Abe's Visit to the United States (Nov. 12 to Feb. 13, 1953) on the Inter-cultural Intellectual Exchange Program," OMR, RG2, G, b. 59, f. 417; Shinoda to Carman, 6, 20 Dec. 1952, 25 Jan. 1953, b. 25, HJCP. 安倍のアメリカ見聞記は，『戦後の自叙伝』（新潮社，1959 年），243-59 頁に所収．

(33) McLean to JDR3, 11 Dec. 1952, JDR3 to Kirk, 18 Dec. 1952, OMR, RG2, G, b. 59, f. 416.

(34) Matsumoto, "Suggested Topics to be Discussed by Mr. Matsumoto with the American Committee in NY" (Japan Committee for Intellectual Interchange Meeting, 20 Sept. 1954), McLean to JDR3, memorandum, 12, 18, 22 Nov. 1954, OMR, RG2, G, b. 59, f. 417B.

(35) "Exchange of Leaders Program," draft, 24 Nov., 9, 16 Dec. 1954, 5 Feb. 1955, b. 23, Kirk, "Letter of Columbia to Japan Committee on Intellectual Exchange" [2 Mar. 1955], Takagi to Kirk, 21 Mar. 1955, b. 24, HJCP.

(36) McLean to JDR3, 18 Nov. 1954, OMR, RG2, G, b. 59, f. 416;『鮎澤巖先生記念誌』（鮎澤巖先生記念誌編集世話人，1998 年），3-5 頁；"The Minutes of the

American Committee for Intellectual Interchange, 19 May 1955," Matsumoto to Borton, 4 July 1955, Carman to Takagi, 3 Sept. 1955, Carman to Borton, 1 Aug. 1955, b. 25, HJCP.

(37) "Japan Committee for Intellectual Interchange: A Statement of 1955-57, Activities and Proposal for Further Extension of the Intellectual Interchange Program, 17 Oct. 1957," b. 23, HJCP;『国際文化会館 10 年の歩み』, 37-38 頁.

(38) Takagi to Carman, 23 Oct. 1957, Borton to Kirk, 9 Jan. 1958, Borton to Carman, 31 Jan. 1958, b. 23, HJCP；*The International House of Japan Annual Report, 1960-61*, 9-13;『国際文化会館 10 年の歩み』, 31 頁. ジャパン・ソサエティについては, Michael R. Auslin, *Pacific Cosmopolitans: A Cultural History of U.S.-Japan Relations* (Cambridge: Harvard University Press, 2011), 102-5, 197-98 を参照.

(39) Takagi to Carman, 7 June 1953, b. 23, John Howes, "Report of the Administrative Assistant to the Columbia Committee for Japan-American Intellectual Interchange, 3 July 1953," b. 24, HJCP.

(40) 安倍, 247 頁；Shinoda, "Dr. Abe's Visit to the United States."

(41) 安倍, 255 頁；George S. Noss to Carman, 5 Jan. 1953, b. 25, HJCP.

(42) Carman to H. Eleanor Rouse, 21 Apr. 1953, b. 25, HJCP.

(43) Howes, "Report of the Administrative Assistant"; Abe, "Can We Attain Peace?" b. 25, HJCP;『国際文化会館 10 年の歩み』, 37 頁. 安倍の講演を聞いた市川房枝も, 安倍を偲ぶ文のなかで講演に言及し,「先生の勇気に敬服した」と回顧している. 市川房枝記念会監修『市川房枝集, 第 6 巻：1960〜1968』(日本図書センター, 1994 年), 342 頁. しかし, 講演の場にいたコロンビア大学東アジア研究所図書館司書の甲斐美和は, 一番印象に残ったことは安倍の聞き取りにくい英語だったと筆者に語った (1996 年 8 月).

(44) 長与『彼を見, 我を思う』, 325 頁；Eugene Langston, "Yoshiro Nagayo's American Visit, 6 June 1953," b. 25, HJCP; Howes, "Report of the Administrative Assistant."

(45) Eleanor Roosevelt〔以下, ER と表記〕, *On My Own* (New York: Harper & Brothers Publisher, 1958), 113. 引用は, エリノア・ルーズヴェルト「私の日記」『毎日新聞』1953 年 6 月 2 日. 松岡の経歴については,『日本女性人名事典』(日本図書センター, 1993 年) を参照. 最近の研究書では「ローズヴェルト」と表記されることが多いが, 引用文の表記は原文に従っている.

(46) Cole to McLean, 3 Dec. 1952, OMR, RG2, G, b. 59, f. 416A; Cole, "Report to the Japan Committee."

(47) 松岡洋子「ルーズヴェルト夫人とともに 19」『朝日新聞』1953 年 6 月 24 日 (夕).

(48)『斎藤眞先生に聞く』(東京大学アメリカ研究資料センター, 1991 年), 66 頁.

(49)『朝日新聞』1953 年 1 月 18 日. コールの見解は, Cole, "Report to the Japan

Committee" に依拠している.

(50)『朝日新聞』1953 年 3 月 8 日.

(51) Willard L. Thorp to Carman, 6 Feb. 1956, OMR, RG2, G, b. 59, f. 417B. ソープの経歴は，"Biographical Notes," http://asteria.fivecolleges.edu/findaids/amherst/ma220.html を参照. 1954 年から 56 年にかけて同志社大学からアーモスト大学に留学した榊原胖夫は，ソープの国際経済学の講義について，「先生は実際の例に詳しく世界の果てで生じている小さな変化まで承知されているような感じであったが，理論はほとんどなかった」と書いている. さらに訪日を控えていたソープ夫妻は，「機会があるごとに私に質問を浴びせた」という. 榊原胖夫「アーモストでの出合い」『キリスト教社会問題研究』（同志社大学人文科学研究所），59 号（2010 年 12 月），271-73 頁.

(52) エリノア・ルーズヴェルト・野上彌生子「私の見た日本の姿」『野上彌生子全集，別巻 1：対談・座談 1』（岩波書店，1982 年），283 頁.

(53)『朝日新聞』1953 年 5 月 22 日（夕），23 日；*The Mainichi*, 23 May 1953；ER, *On My Own*, 108.

(54)「みんな大衆の声です」『産経新聞』1953 年 5 月 28 日；松岡洋子「ルーズヴェルト夫人とともに　19」『朝日新聞』1953 年 6 月 24 日（夕）. 日本人から寄せられた多くの手紙は，Franklin. D. Roosevelt Library が所蔵するエレノア・ローズヴェルト文書のなかに保管されている.

(55) Carman to ER, 17 Nov. 1952, Catalogued Correspondence, HJCP; ER, *On My Own*, 108.

(56) "Do the people of America …?" draft, n. d., f. Japan, Interviews with Japanese, Schedules, etc., May-June 1953, Trip Files, PER.

(57) ER to Anna Roosevelt, 4 June 1953, quoted in Joseph P. Lasch, *A World of Love: Eleanor Roosevelt and Her Friends, 1943-1962* (Garden City, NY: Doubleday, 1984), 395.

(58) ER to Mrs. Minakawa, 23 June 1953, f. Japan, Correspondence, June 1953, Trip Files, PER; 野上，288-89 頁. ローズヴェルトと同じ頃に日米知的交流計画で来日した神父のジョージ・B・フォードは，米軍基地周辺の売春地区を視察したあと，「私は人生ではじめて恥ずかしいと思った――アメリカ人であることを」と，ローズヴェルトにあてて書いている. George B. Ford to ER, 3 June 1953, f. Japan, Correspondence, Interviews, etc., Trip Files, PER.

(59) ER to John [Roosevelt], 12 June 1953, f. Japan, Correspondence, Invitations, Calling Cards, etc., May-June 1953, Trip Files, PER.

(60) 松岡洋子「ルーズヴェルト夫人とともに 19」『朝日新聞』1953 年 6 月 24 日（夕）. 松岡は，たとえば 1968 年の浅沼稲次郎暗殺記念集会では，「浅沼さんの暗殺は，アメリカ帝国主義とそれと結託する日本の反動が，日中両国人民の真の友好をどれほど恐れていたかを示すものであったともいえましょう」と述べ，1970 年には，「核兵器やその運搬手段まで製造するようになった中国が，プロレタリ

ア文化大革命で帝国主義侵略者と対決する姿勢をゆるぎなく固めたことを，隣国の市民として私は歓迎する」と書いている．この年，松岡は，日本ペンクラブがソウルでの国際ペンクラブ大会，台北でのアジア作家会議に参加したことに抗議し，日本ペンクラブを脱退した．松岡洋子『ベトナム・アメリカ・安保』（田畑書店，1970年），183頁，247頁，および『日本女性人名辞典』．

(61)『読売新聞』1953年6月24日．

(62) ER, *On My Own*, 127.

(63) Howes, "Report of the Administrative Assistant."

(64) 都留の経歴については，都留重人『いくつもの岐路を回顧して――都留重人自伝』（岩波書店，2001年）および尾高煌之助・西沢保編『回想の都留重人――資本主義，社会主義，そして環境』（勁草書房，2010年），413-25頁を参照．

(65) Borton to Allison, 14 July 1955, Borton to Carman, 28 July 1955, b. 23, Takagi to Carman, 13 Oct. 1955, b. 26, HJCP.

(66) Seymour E. Harris to Carman, 25 Feb. 1957, b. 26, Borton to Allison, 13 Mar. 1957, b. 23, HJCP.

(67) United States Senate, "Report of Proceedings: Scope of Soviet Activity in the United States. Hearing held before Subcommittee to Investigate the Administration of the Internal Security Act and Other Internal Security Laws, of the Committee on the Judiciary, 26, 27 Mar. 1957," OMR, RG2, G, b. 59, f. 419-20; 都留重人「アメリカ上院での喚問」都留重人著，伊藤光晴他編『都留重人著作集，第12巻：随筆と思い出』（講談社，1976年），503-40頁．

(68) 同上書，528-36頁．

(69) *NYT*, 20 May 1956; Charles Glover to Borton, 21 May 1957, Tsuru to Carman, 17 Oct. 1957, b. 26, HJCP.

(70) 松本『国際日本の将来を考えて』，42頁；Matsumoto to McLean, 10 Mar. 1953, JDR3, RG5.1, b. 51, f. 464.

(71) 石田雄『社会科学再考――敗戦から半世紀の同時代史』（東京大学出版会，1995年），27-28頁；Takagi & Matsumoto to Adlai Stevenson, 8 Oct. 1958, b. 23, HJCP.

(72) Edwin O. Reischauer, "The Broken Dialogue with Japan," *Foreign Affairs*, Oct. 1960, 11-26.

(73)『国際文化会館10年の歩み』，36頁．

(74) 安倍の連載は『戦後の自叙伝』として出版された．長与は，『彼を見，我を思う』の出版後，『わが心の遍歴』（筑摩書房，1963年）でもアメリカ体験について詳しく述べている．都留の連載は，『都留重人著作集，第12巻』に所収．カズンズの記事は，*Saturday Review*, 9 Jan., 20, 27 Feb., 3 Apr. 1954に掲載．パウル・ティリッヒ，高木八尺編訳『文化と宗教――ティリッヒ博士講演集』（岩波書店，1962年）．

(75) ティリッヒの引用は，*The International House of Japan Annual Report*,

1960-61, 11. Borton to JDR3, 26 Oct. 1960, JDR to Borton, 31 Oct. 1960, JDR3, RG5.1, b. 52, f. 465.

(76)『国際文化会館10年の歩み』, 31頁.

(77) Takagi to Sansom, 27 Mar. 1952, b. 26, HJCP; McLean to JDR3, memorandum, 22 Nov. 1954. 1960年代にCIAからの資金援助が暴露された「文化自由会議」(The Congress for Cultural Freedom) の活動は, Frances Stonor Saunders, *The Cultural Cold War: The CIA and the World of Arts and Letters* (New York: The New Press, 1999) で詳しく論じられている.

第八章　対日アメリカ文化外交の限界と成果

(1)「PANEL-D-JAPAN」『Views』1994年11月号, 38頁；松田, 334頁.

(2) *Report on US Embassy, Consular Service, and USIA Operations*, 22-24.

(3) Ibid., 24, 28.

(4) "USIS-Japan, 1955," 2, 11.

(5) Ibid., 11.

(6) Ibid., 12.

(7) "Japanese Intellectuals," 23 May 1956, b. 22, OCB.

(8) Ibid., 11.

(9) Ibid., 12.

(10) "USIS-Japan, 1959," 1.

(11) Ibid., 120-22, 127-29.

(12) Ibid., 97-100.

(13) "USIS-Japan, 1961," 4.

(14) Ibid., 4-5.

(15) 井川充雄「もう一つの世論調査史 —— アメリカの『広報外交』と世論調査」『マス・コミュニケーション研究』77号 (2010年), 32頁.

(16) ここで依拠している世論調査報告書のうち, Office of Research, Entry 1010, Public Opinion Barometer Reports, 1955-62, b. 1, RG306に収められているのは, "Current Trends in Japanese Attitudes toward the U.S. versus Communist Powers, 24 Aug. 1956"; "Trends in Japanese Attitudes toward the U.S. vs. Communist Powers and toward the Present State of Relations with the U.S., 4 Sept. 1957"; "Trends in Japanese Attitudes toward U.S. Troops, Bases and the Role of Atomic Weapons, 17 Oct. 1957"; "A Note on Japanese Attitudes toward U.S. Troops, Bases and Some Related Issues, July 1958"; "Trends in General Standing of the U.S. and Communist Powers in Japanese Public Opinion, Apr. 1959"; "Japanese Trends in Neutralism, Judgments of U.S. vs. Soviet Strength, and Reactions to U.S. Troops, May 1959." Office of Research, Entry 1015, Country Project Files, 1951-64, Japan, RG306に収められているのは, "Japan Public Opinion

Survey, Feb. 1958," b. 62; "Japan Public Opinion Survey, Dec. 1958," b. 62; "Japan Public Opinion Survey, Oct. 1960," b. 65.

(17) 多くの世論調査報告書に記載されているが，たとえば，"Current Trends in Japanese Attitudes toward the U.S. versus Communist Powers, 24 Aug. 1956," i, 650人程度のサンプルの確率については，"Trends in General Standing of the U.S. and Communist Powers, Apr. 1959," i を参照．なお高学歴層と並んで，社会的経済的上層階級（居住地，住宅の形態，社会的地位などをもとに面接員が判断する）をサブグループとする集計もある．表8-1の58年12月のサンプル数は3グループのうちの2つの合計である．

(18) "Trends in General Standing of the U.S. and Communist Powers, Apr. 1959," 7-8.

(19) Ibid., 9-10.

(20) 基地を是認する人を加えると，サンプル全体では基地全面撤去の支持者と非支持者の比率は，58年2月には29% 対38%，12月には26% 対38% で，非支持者が支持者を上回ることになる．"Japanese Trends in Neutralism, Judgments of U. S. vs. Soviet Strength, and Reactions to U. S. Troops, May 1959," 8.

(21)「本社世論調査――講和をどう考える」『朝日新聞』1952年5月17日．

(22) "Japanese Trends in Neutralism, Judgments of U.S. vs. Soviet Strength, and Reactions to U. S. Troops, May 1959," 7, 9-10.

(23) Evans, Jr. to USIA, 7 Nov. 1957, Office of Research, Entry 1007, Field Research Reports, 1953-82, b. 16, RG 306. 調査が行われた会場は，東京，大阪，広島，札幌，岡山，高岡だった．

(24) Evans, Jr. to USIA, 27 Nov. 1957, Office of Research, Entry 1007, Field Research Reports, 1953-82, b. 16, RG 306. 調査は福岡，京都，大阪で行われた．

(25) Richard Finn to Robert McClurkin, 11 Oct. 1955, 511.942/10-1155, b. 2239, RG59. なお，フィン自身は，西欧寄りの『文藝春秋』や大手の新聞が発行する週刊誌のほうが，中立主義を掲げる『世界』や『中央公論』よりも大きな影響力をもつと判断し，日本の知識人の影響力に対する過大評価を牽制している．

(26) Memorandum, 2nd meeting of the "DW" Panel, 28 Nov. 1952, b. 5, PSB.

(27) Deming to DOS, 25 June 1953, 511.9421/6-2553, b. 2535, RG59; Arthur W. Hummel, Jr. to USIA, 4 Apr. 1957, Office of Research, Entry 1007, Field Research Reports, 1953-82, b. 16, RG306. 1937年に設立された国際文化協会は，会報や雑誌の刊行，講演会や研究会の開催などを行う会員組織で，1946年に出版された『海外旬報』は2年足らずの短命だったが，月刊誌の『国際文化協会会報』は1957年まで続いた．『国際文化協会会報』1号（1937年 7月号）の奥付によると，古谷は創設時から会報の編集・印刷・発行の責任者だった．日本語版が廃刊になったあとも，英語版の *Problems of Communism* の配布は続いた．

(28) J. Graham Parsons to Walter S. Robertson, 31 Mar. 1958, 511.94/3-3158, b. 2238, RG306. 近衛については，大野芳『近衛秀麿――日本のオーケストラをつく

った男』（講談社，2006年）を参照．

(29) “Wireless Bulletin Utility Survey” (Date of Report, July 1956), Office of Research, Entry 1007, Field Research Reports, 1953-86, b. 16, RG 306.

(30) Bradford to DOS, “Semi-annual evaluation report,” 23 Jan. 1953, 511.94/1-2353, b. 2535, RG 59.

(31) OCB, “Progress Report on ‘U.S. Policy Toward Japan’ (NSC5516/1),” 27 June 1956, White House Office, NSC Staff: Papers, 1948-61 (OCB Central File Series), b. 48, DDEL.

(32) Theodore S. Repplier, “They Give Us a Good Name,” *The Saturday Evening Post*, 24 Sept. 1955, 46. レプリアは，USIA初代局長のセオドア・ストライバートの友人だったから，この寄稿文にはUSIAをあと押しする意図が込められていたと思われる．

(33) Gunther K. Rosinus, oral history interview, 21 Mar. 1989, USFA Oral History; *The Biographic Register 1959*, 621.

(34) “Assignment: Hiroshima,” *Time*, 8 Apr. 1957, 38; *The Biographic Register 1959*, 252; G. Lewis Shmidt, oral history interview.

(35)「2011年の夏：原爆と原発4」『朝日新聞』2011年7月25日；Ran Zwigenberg, “‘The Coming of a Second Sun’: The 1956 Atoms for Peace Exhibit in Hiroshima and Japan's Embrace of Nuclear Power,” *The Asia-Pacific Journal*, 10 (6 Feb. 2012), http://www.japanfocus.org/-Ran-Zwigenberg/3865; “Assignment: Hiroshima,” 38; Shmidt, oral history interview.

(36) ショウの経歴については，おもに以下を参照．「天声人声」『大阪朝日新聞』1957年5月27日；”Dr. Shaw Returning to U.S. After 35 Years in the East,” *Asahi Evening News*, 18 May 1957; Stuart Grifinn, “Meeting the People,” *The Mainichi*, 27 May 1957; Caitlin Nelson, “‘Midway Between the Occident and the Orient’: The Glenn W. Shaw Collection at the Asia Collection, University of Hawaii, Manoa,” *Journal of East Asian Libraries*, no. 139 (June 2006): 18-26, ojs.lib.byu.edu/spc/index.php/JEAL/article/view/8781/8430. また，大阪女子専門学校（現大阪女子大学）に在学中，ショウが「親しく教えを受けた最も尊敬と親しみを感じる師の一人」だったという多田房子は，ショウの英訳が日本語の原文に忠実だったことを論じている．「Glenn W. Shaw氏の英訳」『和洋女子大学英文学会誌』9号（1971年11月），31-53頁．

(37) ショウの引用は，「日本文学の欧訳者――告知版」『アサヒグラフ』1955年3月2日と尚・紅蓮（グレン・ショウ）「日本よサヨナラ」『大阪朝日新聞』1957年5月27日．ローズヴェルトの感想は，ER, draft, 4 June, 1 July 1953, f. Japan, Drafts of “My Day,” May-June 1953, Trip Files, PER.

(38) ショウの帰国を惜しんだ英字新聞には，*Asahi Evening News* (18 May 1957), *The Mainichi* (27 May 1957), *The Japan Times* (28 May 1957) などがある．「G.W. Shaw氏の訃報」『大阪朝日新聞』1961年8月28日（夕）．

(39) Kendall, *A Farm Boy in the Foreign Service*, xi-xiv, 1-3, 34-35.
(40) Ibid., 45-54.
(41) Ibid., 57-62; Kendall, oral history interview. 1975年にケンドールは再び日本に赴任した．当初は汎太平洋地域プログラム・オフィサーとして，のちに日本の6都市にあるアメリカ文化センターの統括官ならびに企画調整官として3年間東京に滞在した．
(42) フラーシェムの履歴は以下に依拠している．*The Biographic Register 1959*, 245; ロバート・G・フラーシェム，ヨシコ・N・フラーシェム『蝦夷地場所請負人――山田文右衛門家の活躍とその歴史的背景』(北海道出版企画センター，1994年）の巻末；金沢大学名誉教授・北陸日米文化協会会長の小西健二氏提供の情報（2014.4.18 筆者あての手紙）．金沢アメリカ文化センター時代の活動については，『薫苑――金沢アメリカ文化センター創立7周年記念集』(金沢アメリカ文化センター，1959年）および北陸日米文化協会編『交流――北陸日米文化協会30周年記念集』(北陸日米文化協会，1991年）を参照．
(43)『薫苑』，65頁．
(44) Hutchinson, oral history interview.
(45)「からたちサロン12　松田英世」，nisui-kanto.org/karatachi-salon/karatachi-salon02.htm.
(46) "Japan Public Opinion Survey, Dec. 1958," Part II, 29-31.
(47) 石川弘義・藤竹暁・小野耕世監修『日本風俗じてん――アメリカンカルチャー，1: '45-50s』(三省堂，1981年)，179-83頁；志賀信夫『昭和テレビ放送史』上巻（早川書房，1990年)，207-13頁；ビリー諸川『昭和浪漫ロカビリー：聞き書き，ジャズ喫茶からウエスタン・カーニバルへ』(平凡社，2005年)，51-55頁．
(48)「守屋浩さんへのインタビュー」『昭和浪漫ロカビリー』，41頁．
(49) 調査では無回答の項目もあるが，最大でも0.3% に満たない．
(50) 瀬戸川宗太『懐かしのアメリカTV映画史』(集英社新書，2005年)，16-68頁，170-74頁．
(51) フジテレビ編成制作局知財情報センター調査部編『タイムテーブルからみたフジテレビ50周年史』(フジテレビ編成制作局知財情報センター調査部，2009年)，2頁，12頁；佐古丞「ラジオ・テレビとアメリカ」高坂正尭編『日米・戦後史のドラマ――エピソードで読む好敵手《ライバル》の深層』(PHP研究所，1995年)，101-3頁．
(52) 山崎貴監督・西岸良平原作『ALWAYS　三丁目の夕日』DVD，VAP株式会社，2005年．シナリオは，『シナリオ』(2006年1月号）に掲載．コカコーラが「スカッとさわやかコカコーラ」の宣伝文句とともに日本で普及するのは一九六〇年代のことだから，一九五八年にコカコーラについて尋ねる世論調査の項目があれば，圧倒的に多くの人が「わからない」と答えたことだろう．
(53) 1958年12月の調査は，設問を多くするためにサンプルを3つに分けて実施された．そのうちの1つ（サンプル数659人）にはアメリカの広報活動について，

他の1つ（サンプル数676人）には日米文化交流についての設問がある．
(54) "Japan Public Opinion Survey, Dec. 1958," Part I, 19, Part II, 47-48.
(55) "Japan Public Opinion Survey, Dec. 1958," Part I, 36.
(56) 金子政則『知事室だより，昭和32年版』（香川県広報文書課，1958年），51-52頁．金子は，1950年に知事に就任して以来，NHK高松放送局より毎月1回放送を行い，その要旨を収録した『知事だより』を年1回出版した．ここでの引用は，1957年12月23日の放送要旨に依拠している．

むすび

(1) Nicols, oral history interview.
(2) 山本行男「今こそ全図書館人の抵抗を」『図書館雑誌』46巻（1952年12月），17-20頁；長谷川清三「日本資本主義の発達と公共図書館」『図書館雑誌』47巻（1953年4月），4-7頁．
(3) 安藤「アメリカ文化センターに関する謬見」，2-5頁．
(4) Kendall, oral history interview. 1953年に訪日したエレノア・ローズヴェルトも，とくに若い人たちからマッカーシーについて頻繁に質問され，「ここに来てまであの紳士のことを考えなければならないとは」と嘆いた．ER, draft, 30 May 1953, f. Japan, Drafts of "My Day," May-June 1953, Trip Files, PER.
(5)『薫苑』，43頁．
(6) 同上書，18頁．
(7) 2015年度予算政府案でも，文化庁予算の伸び率は前年度の0.2% で，予算全体の0.1% であることに変わりない．2015年度予算政府案は，「財務省」（www.mof.go.jp）を参照．

主要参考文献

I. 未刊行文書

Columbia University, Rare Book and Manuscript Library, New York, NY
Harry J. Carman Papers
Dwight D. Eisenhower Library, Abilene, KS
Mark Bortman Papers, 1956–67
U.S. President's Committee on Information Activities Abroad (Sprague Committee): Records, 1959–61
White House Office, NSC Staff: Papers, 1948–61 (OCB Central File Series)
Franklin D. Roosevelt Library, Hyde Park, NY
Papers of Eleanor Roosevelt
The Museum of Modern Art Archives, New York, NY
Edward Steichen Archive
The National Archives and Records Administration, College Park, MD
Record Group 59: U.S. Department of State
Record Group 306: United States Information Agency
New York Public Library for Performing Arts, Jerome Robbins Dance Division, New York, NY
Martha Graham Dance Company Tour Records
New York City Ballet Records
Rockefeller Archive Center, North Tarrytown, NY
John D. Rockefeller 3rd Papers, RG 5.1
Rockefeller Family Archives, RG2, Office of the Messrs, Rockefeller Records, Series G (Educational Interests)
The University of Arkansas Libraries, Special Collections, Fayetteville, AR
Bureau of Educational and Cultural Affairs Historical Collection
University of Virginia Library, Special Collections Department, Charlottesville, VA
Hal Howland-William Faulkner Papers

II. オーラル・ヒストリー

Association for Diplomatic Studies and Training
"Frontline Diplomacy: The U.S. Foreign Affairs Oral History Collection," CD-

ROM（2000）
最新のインタビューを含むコレクションは，ネット（http://www.adst.org/oral-history/oral-history-interviews/ および Library of Congress のサイト）で公開されている．
The Columbia Center for Oral History Collection, New York, NY
The Eisenhower Administration Project: Howland H. Sargent
The Reminiscences of John D. Rockefeller, 3rd

III. 刊行公文書

Public Papers of the Presidents of the United States: Harry S. Truman, 1945, 1950. Washington, D.C.: U.S. Government Printing Office, 1961, 1965.
Public Papers of the Presidents of the United States: Dwight D. Eisenhower, 1953. Washington, D.C.: U.S. Government Printing Office, 1960.
U.S. Congress. House. International Operations Subcommittee of the Committee on Government Operations. 83rd Congress, 2nd Session. *Report on United States Embassy, Consular Service, and United States Information Agency Operations in Japan*. Washington, D.C.: U.S. Government Printing Office, 1955.
U.S. Department of State. *The Biographic Register 1959*. Washington, D.C.: U.S. Government Printing Office, 1959.
——. *Foreign Relations of the United States*. 1952–1954: vol. 2, part 2; vol. 14, part 2. 1955–1957: vol. 23, part 1. Washington, D.C.: U.S. Government Printing Office, 1984, 1985, 1991.
——. *Foreign Service List*. 1952–1960. Washington, D.C.: U.S. Government Printing Office, 1952–1960.
U.S. Information Agency. *U.S. Information Agency: Review of Operations*（1956 年からは *Report to Congress*）. 1953–1960.
——. *USIA World*. Vol. 12, no. 4: *The United States Information Agency, 1953–1993, 40 Years, Telling America's Story to the World.*
——. *United States Information Agency: A Commemoration*. http://dosfan.lib.uic.edu/usia/abtusia/commins.pdf.

IV. 定期刊行物

『アサヒカメラ』
『朝日新聞』
『映画年鑑』
『大阪朝日新聞』
『音楽芸術』

『カメラ毎日』
『キネマ旬報』
『京都新聞』
『芸術新潮』
『週刊朝日』
『スイング・ジャーナル』
『図書館雑誌』
『日本経済新聞』
『Views』
『毎日新聞』
『読売新聞』
The New York Times
The Saturday Evening Post
The Saturday Review
The Time
The Washington Post

V. DVD

The Yukawa Story　米国国立公文書館（College Park, MD）所蔵フィルム
Impressions of Faulkner　米国国立公文書館（College Park, MD）所蔵フィルム
山崎貴監督・西岸良平原作『ALWAYS　三丁目の夕日』VAP 株式会社，2005 年.
『ミュンシュ＝ボストン交響楽団，1960 年日本特別演奏会』NHK エンタープライズ，2006 年.

VI. 書籍・論文（日本語）

青木深『めぐりあうものたちの群像 —— 戦後日本の米軍基地と音楽』大月書店，2013 年.
安倍能成『戦後の自叙伝』新潮社，1959 年.
有馬哲夫『日本テレビと CIA —— 発掘された「正力ファイル」』新潮社，2006 年.
——『原発・正力・CIA —— 機密文書で読む昭和裏面史』新潮新書，2008 年.
——『こうしてテレビは始まった —— 占領・冷戦・再軍備のはざまで』ミネルヴァ書房，2013 年.
安藤金治「『アメリカの窓口』の活動」『葵会，1953〜1983』米国大使館管轄職員共済会，1984 年.
——「アメリカ文化センターに関する謬見」『図書館雑誌』47 巻，1953 年 10 月.
五十嵐武士『戦後日米関係の形成 —— 講話・安保と冷戦後の視点に立って』講談社学術文庫，1995 年.

井川充雄「原子力平和利用博覧会と新聞社」津金沢聡広編『戦後日本のメディア・イベント，1945〜1960年』世界思想社，2002年.
――「もう一つの世論調査史――アメリカの『広報外交』と世論調査」『マス・コミュニケーション研究』77号，2010年.
池井優『駐日アメリカ大使』文春新書，2001年.
池田慎太郎『日米同盟の政治史――アリソン駐日大使と「1955年体制」の成立』国際書院，2004年.
石井修『冷戦と日米関係――パートナーシップの形成』ジャパン・タイムズ，1989年.
石川弘義・藤竹暁・小野耕世監修『日本風俗じてん――アメリカンカルチャー，1: '45-50s』三省堂，1981年.
石田雄『社会科学再考――敗戦から半世紀の同時代史』東京大学出版会，1995年.
石原眞理「横浜アメリカ文化センター所蔵資料と設置者の意図」『日本図書館情報学会誌』56巻，2010年3月.
市川房枝記念会監修『市川房枝集，第5巻：1950〜1959』，『市川房枝集，第6巻：1960〜1968』日本図書センター，1994年.
入江昭，篠原初枝訳『権力政治を超えて――文化国際主義と世界秩序』岩波書店，1998年．原著は，Akira Iriye, *Cultural Internationalism and World Order* (Baltimore: Johns Hopkins University Press, 1997).
入江昭／ロバート・A・ワンプラー編，細谷千博／有賀貞監訳『日米戦後関係史，1951-2001』講談社インターナショナル，2001年.
岩浪洋三『これがジャズ史だ――その嘘と真実』朔北社，2008年.
植村郁夫「フォークナー氏の印象」『英語青年』101巻，1955年10月.
内田晃一『日本のジャズ史――戦前戦後』スイング・ジャーナル社，1976年.
逢坂恵理子編『人間の未来へ――ダークサイドからの逃走』水戸芸術館現代美術センター，2006年.
大島幹雄『虚業成れり――「呼び屋」神彰』岩波書店，2004年.
大野芳『近衛秀麿――日本のオーケストラをつくった男』講談社，2006年.
大橋健三郎「『鷹匠』とは」『フォークナー』4号，2002年.
小川昴編『新編日本の交響楽団定期演奏会記録，1927〜1981』民音音楽資料館，1983年.
小川忠『戦後米国の沖縄文化戦略――琉球大学とミシガン・ミッション』岩波書店，2012年.
小倉重夫編『バレエ音楽百科』音楽之友社，1997年.
『小沢征爾大研究』春秋社，1990年.
「海外オーケストラ来日公演記録抄」www003.upp. so-net.ne.jp/orch.
開米潤『松本重治伝――最後のリベラリスト』藤原書店，2009年.
賀来景英・平野健一郎編『21世紀の国際知的交流と日本――日米フルブライト50年を踏まえて』中央公論新社，2002年.

片桐康夫『太平洋問題調査会の研究――戦間期日本IPRの活動を中心として』慶應義塾大学出版会，2003年.
加藤幹雄編著『国際文化会館50年の歩み――1952〜2002』増補改訂版，国際文化会館，2003年.
金子将史・北野充編『パブリック・ディプロマシー――「世論の時代」の外交戦略』PHP研究所，2007年.
『樺山愛輔翁』国際文化会館他，1955年.
亀井俊介『メリケンからアメリカへ――日米文化交流史覚書』東京大学出版会，1979年.
河竹登志夫「1960年の渡米歌舞伎に関する記録ならびに反響の報告」『演劇学』（早稲田大学文学部演劇研究室発行）3号，1961年9月.
川本三郎『ロードショーが150円だった頃――思い出のアメリカ映画』晶文社，2000年.
貴志俊彦・土屋由香編『文化冷戦の時代――アメリカとアジア』国際書院，2009年.
北野圭介『ハリウッド100年史講義――夢の工場から夢の王国へ』平凡社新書，2001年.
北村洋『敗戦とハリウッド――占領下日本の文化再建』名古屋大学出版会，2014年．日本語版のもとになっている英語版は，*Screening Enlightenment: Hollywood and the Cultural Reconstruction of Defeated Japan*. Ithaca, NY: Cornell University Press, 2010.
日下四郎『現代舞踊がみえてくる』沖積社，1997年.
グレアム，マーサ，筒井宏一訳『血の記憶――マーサ・グレアム自伝』新書館，1992年．原著は，Martha Graham, *Blood Memory* (New York: Doubleday, 1991).
『薫苑――金沢アメリカ文化センター創立7周年記念集』金沢アメリカ文化センター，1959年.
コーエン，ウォレンI.，小谷まさ代訳『アメリカがアジアになる日』草思社，2002年．原著は，Warren I. Cohen, *The Asian American Century* (Cambridge, MA: Harvard University Press, 2002).
高坂正尭編『日米・戦後史のドラマ――エピソードで読む好敵手《ライバル》の深層』PHP研究所，1995年.
後藤暢子『山田耕筰――作るのではなく生む』ミネルヴァ書房，2014年.
ゴードン，ベアテ・シロタ，平岡磨起子（構成・文）『1945年のクリスマス――日本国憲法に「男女平等」を書いた女性の自伝』柏書房，1995年.
小浜正幸・京藤松子『ブッシュとソフトパワー』自由国民社，2006年.
近藤健『もうひとつの日米関係――フルブライト教育交流の40年』ジャパン・タイムズ，1992年.
紺家孝雄『激流を泳ぐ――日本と米国の狭間に生きて！』新風舎，2006年.

坂元一哉『日米同盟の絆――安保条約と相互性の模索』有斐閣，2000 年.
佐々木隆「京都アメリカ研究セミナー」『戦後日本の「アメリカ研究セミナー」の歩み』国際文化会館，1998 年.
佐々木卓也『封じ込めの形成と変容――ケナン，アチソン，ニッツェとトルーマン政権の冷戦戦略』三嶺書房，1993 年.
――『アイゼンハワー政権の封じ込め政策――ソ連の脅威，ミサイル・ギャップ論争と東西交流』有斐閣，2008 年.
佐藤忠男『アメリカ映画』第三文明社，1990 年.
――『日本映画史 2，1941～1959』岩波書店，1995 年.
志賀信夫『昭和テレビ放送史』上巻，早川書房，1990 年.
重乃皓「米国政府の日本における広報文化活動について」『京都外国語大学 COSMICA』14 号，1985 年.
柴崎厚士『近代日本と国際文化交流――国際文化振興会の創設と展開』有信堂，1999 年.
杉田米行他『アジア太平洋戦争の意義――日米関係の基盤はいかにして成り立ったか』三和書籍，2005 年.
スノー，ナンシー，福間良明訳『情報戦争――9. 11 以降のアメリカにおけるプロパガンダ』岩波書店，2004 年．原著は，Nancy Snow, *Information War: American Propaganda, Free Speech and Opinion Control Since 9-11* (New York: Seven Stories Press, 2003).
――，椿正晴訳『プロパガンダ株式会社――アメリカ文化の広告代理店』明石書店，2004 年．原著は，Nancy Snow, *Propaganda, Inc.: Selling America's Culture to the World* (2nd ed.; New York: Seven Stories Press, 1998).
瀬戸川宗太『懐かしのアメリカ TV 映画史』集英社新書，2005 年.
高橋正雄「フォークナー自作を語る」『群像』1955 年 10 月号.
竹内洋『革新幻想の戦後史』中央公論新社，2011 年.
田中純一郎『日本映画発達史 III：戦後映画の解放』中公文庫，1976 年.
――『日本映画発達史 IV：史上最高の映画時代』中公文庫，1976 年.
――『日本教育映画発達史』蝸牛社，1979 年.
田中雅夫『写真 130 年史』ダヴィッド社，1970 年.
谷川建司『アメリカ映画と占領政策』京都大学学術出版会，2002 年.
田沼武能『真像残像――ぼくの写真人生』東京新聞出版局，2008 年.
ダワー，ジョン，三浦陽一・高杉忠明・田代泰子訳『敗北を抱きしめて』上下，増補版，岩波書店，2004 年．原著は，John W. Dower, *Embracing Defeat: Japan in the Wake of World War II* (New York: W.W. Norton, 1999).
千々和泰明『大使たちの戦後日米関係――その役割をめぐる比較外交論，1952-2008 年』ミネルヴァ書房，2012 年.
『追想円城寺次郎』日本経済新聞社，1995 年.
『追想松本重治』国際文化会館，1990 年.

土屋由香『親米日本の構築――アメリカの対日情報・教育政策と日本占領』明石書店，2009年.
――「占領期のCIE映画（ナトコ映画）」黒沢清他編『踏み越えるドキュメンタリー』岩波書店，2010年.
――「広報文化外交としての原子力平和利用キャンペーンと1950年代の日米関係」竹内俊隆編著『日米同盟論――歴史・機能・周辺諸国の視点』ミネルヴァ書房，2011年.
――・吉見俊哉編『占領する眼・占領する声――CIE/USIS映画とVOAラジオ』東京大学出版会，2012年.
椿清文『JAZZ――愛すべきジャズメンたちの物語』ネット武蔵野，2004年.
都留重人『いくつもの岐路を回顧して――都留重人自伝』岩波書店，2001年.
――著，伊藤光晴他編『都留重人著作集，第12巻：随想と思い出』講談社，1976年.
ティリッヒ，パウル，高木八尺編訳『文化と宗教――ティリッヒ博士講演集』岩波書店，1962年.
戸田奈津子『字幕の中に人生』白水ボックス，1997年.
土門拳『写真随筆』ダヴィッド社，1979年.
豊田穣『浅沼稲次郎――人間機関車』学陽書房，2004年.
ナイ，ジョセフ・S.，山岡洋一訳『ソフト・パワー――21世紀国際政治を制する見えざる力』日本経済新聞社，2004年．原著は，Joseph S. Nye, *Soft Power: The Means to Success in World Politics* (New York: Public Affairs, 2004).
中村秀之「占領下米国教育映画についての覚書――『映画教室』誌にみるナトコ（映写機）とCIE映画の受容について」CINEMagazineNet! 6号，2002年. http://www.cmn.hs.h.kyoto.u.ac.jp/CMN6/nakamura.htm.
長与善郎『彼を見，我を思う』筑摩書房，1953年.
――『わが心の遍歴』筑摩書房，1963年.
名取洋之助『写真の読み方』岩波新書，1963年.
西山千「日米協力の礎を思う」『葵会，1953～1983』米国大使館管轄職員共済会，1984年.
日米協会編『もう一つの日米交流史――日米協会資料で読む20世紀』中央公論新社，2012年.
日本ウィリアム・フォークナー協会編『フォークナー事典』松柏社，2009年.
日本写真家協会編『日本現代写真史，1945～1970』平凡社，1977年.
――編『日本現代写真史，1945～95』平凡社，2000年.
日本戦後音楽史研究会編『日本戦後音楽史　上――戦後から前衛の時代へ，1945～1973』平凡社，2007年.
『日本の写真家13，渡辺義雄』岩波書店，1997年.
『日本の写真家23，山端庸介』岩波書店，1998年.
『日本の写真家26，石元泰博』岩波書店，1997年.

『日本の写真家 別巻，日本写真史概説』岩波書店，1999 年.
能登路雅子「東京大学―スタンフォード大学アメリカ研究セミナー」『戦後日本の「アメリカ研究セミナー」の歩み』国際文化会館，1998 年.
橋口保夫「『フォークナーと長野』という表題の卒業論文」『フォークナー』9 号，2007 年.
波多野勝編著『日米文化交流史 ―― 彼らが変えたものと残したもの』学陽書房，2005 年.
パッカード，ジョージ・R.，森山尚美訳『ライシャワーの昭和史』講談社，2009 年．原著は，George R. Packard, *Edwin O. Reischauer and the American Discovery of Japan* (New York: Columbia University Press, 2010).
「PANEL-D-JAPAN，初めてヴェールを脱ぐアメリカ対日洗脳工作の全貌」『Views』1994 年 11 月号〜1995 年 3 月号.
林知己夫・西平重喜・鈴木達三著『図説・日本人の国民性』至誠堂，1965 年.
春名幹夫『秘密のファイル ―― CIA の対日工作』上下，新潮文庫，2003 年.
ハルバースタム，D.，金子宣子訳『ザ・フィフティーズ』上下，新潮社，1997 年．原著は，David Halberstam, *The Fifties* (New York: Villard Books, 1993).
平野共余子『天皇と接吻 ―― アメリカ占領下の日本映画検閲』草思社，1998 年．英語版は，*Mr. Smith Goes to Tokyo: Japanese Cinema under the American Occupation, 1945-1952*. Washington, D.C.: Smithsonian Institute Press, 1992.
平野健一郎『国際文化論』東京大学出版会，2000 年.
フジテレビ編成制作局知財情報センター調査部編『タイムテーブルからみたフジテレビ 50 周年史』フジテレビ編成制作局知財情報センター調査部，2009 年.
豊後レイコ『八八歳レイコの軌跡 ―― 原子野・図書館・エルダーホステル』ドメス出版，2008 年.
――― 著，田口瑛子・深井耀子編『あるライブラリアンの記録 ―― レファレンス・CIE・アメリカンセンター・司書講習』女性図書館職研究会，2008 年.
米国大使館映画部『USIS 映画目録』1953 年，1955 年，1957 年，1959 年，1963 年.
北陸日米文化協会編『交流 ―― 北陸日米文化協会 30 周年記念集』北陸日米文化協会，1991 年.
細谷千博監修・A50 日米戦後史編集委員会編『日本とアメリカ ―― パートナーシップの 50 年』ジャパン・タイムズ，2001 年.
ボートン，ヒュー，五百旗頭真監修・五味俊樹訳『戦後日本の設計者 ―― ボートン回想録』朝日新聞社，1998 年．英語版は，Hugh Borton, *Spanning Japan's Modern Century: The Memoirs of Hugh Borton* (Idaho Falls, ID: Lexington Books, 2002).
本間長世『アメリカ史像の探求』東京大学出版会，1991 年.
益川敏英「湯川秀樹 ―― 物理の荒野のドリーマー」『こだわり人物伝』NHK テレビテキスト，2011 年 2-3 月号.
松田武『戦後日本におけるアメリカのソフト・パワー ―― 半永久的依存の起原』岩

波書店，2008 年．英語版は，Takeshi Matsuda, *Soft Power and Its Perils: U.S. Cultural Policy in Early Postwar Japan and Permanent Dependency* (Washington, D.C. & Stanford: Woodrow Wilson Press & Stanford University Press, 2007).

松本重治『国際日本の将来を考えて』朝日新聞社，1988 年．

――『わが心の自叙伝』講談社，1992 年．

――編『国際文化会館 10 年の歩み，1952 年 4 月～1962 年 3 月』国際文化会館，1963 年．

村田晃嗣「アメリカ知日派の系譜 2――1950 年代，『不思議の国』から安保改定まで」『外交フォーラム』14 巻，2001 年 5 月．

モラスキー，マイク『戦後日本のジャズ文化――映画・文学・アングラ』青土社，2005 年．

諸川，ビリー『昭和浪漫ロカビリー：聞き書き，ジャズ喫茶からウエスタン・カーニバルへ』平凡社，2005 年．

矢野恒太郎記念会編『数字でみる日本の 100 年――20 世紀が分かるデータブック』6 版，矢野恒太郎記念会，2013 年．

山崎正勝『日本の核開発：1939～1955――原爆から原子力へ』績文堂出版，2011 年．

山田真一『オーケストラ大国アメリカ』集英社新書，2011 年．

山本正編『戦後日米関係とフィランソロピー――民間財団が果たした役割，1945～1975 年』ミネルヴァ書房，2008 年．英語版は，Yamamoto Tadashi, Iriye Akira, Iokibe Makoto, eds. *Philanthrophy & Reconciliation: Rebuilding Postwar U.S.-Japan Relations*. Tokyo: Nihon Kokusai Koryu Center, 2006.

油井正一『ジャズの歴史物語』アルテスパブリッシング，2009 年．

――著，行方均編『ジャズ昭和史』DU BOOKS，2013 年．

湯川秀樹『旅人――ある物理学者の回想』1958 年．日本図書センター，1997 年．

――『湯川秀樹著作集，第 7 巻：回想・和歌』岩波書店，1989 年．

『洋楽放送 70 年史 1925～1995』洋楽放送 70 年史プロジェクト，1997 年．

吉原順平『日本短編映像史――文化映画・教育映画・産業映画』岩波書店，2011 年．

吉見俊哉『親米と反米――戦後日本の政治的無意識』岩波新書，2007 年．

――『夢の原子力』ちくま新書，2012 年．

四方田犬彦『日本映画史 100 年』集英社新書，2000 年．

ルーズヴェルト，エリノア，野上彌生子「私の見た日本の姿」『野上彌生子全集，別巻 1：対談・座談 1』岩波書店，1982 年．

ロックフェラー，デイヴィッド，楡井浩一訳『ロックフェラー回顧録』新潮社，2007 年．原著は，David Rockefeller, *Memoirs* (New York: Random House, 2002).

ロバーツ，ジョン・G. & グレン・デイビス，森山尚美訳『軍隊なき占領』講談社

＋α文庫，2003年．原著は，John G. Roberts & Glenn Davis, *Occupation Without Troops* (Tokyo: YEN Books, 1996).
和田季久代「フォークナーの印象——長野アメリカ文学セミナーに参加して」『日本女子大学紀要　文学部』5号，1955年．
渡辺靖『アメリカン・センター——アメリカの国際文化戦略』岩波書店，2008年．
——『文化と外交——パブリック・ディプロマシーの時代』中公新書，2011年．

VII. 書籍・論文（英語）

Allen, Gay Wilson. "With Faulkner in Japan." *American Scholar* 31 (Autumn 1962).
Allison, John M. *Ambassador from the Prairie or Allison Wonderland.* Boston: Houghton Mifflin Company, 1973.
Arndt, Richard T. *The First Resort of Kings: American Cultural Diplomacy in the Twentieth Century.* Washington, D.C.: Potomac Books, 2005.
Auslin, Michael R. *Pacific Cosmopolitans: A Cultural History of U.S.-Japan Relations.* Cambridge, MA: Harvard University Press, 2011.
Barghoorn, Frederik, C. *The Soviet Cultural Offensive.* Princeton, NJ: Princeton University Press, 1960.
Belmonte, Laura A. *Selling the American Way: U.S. Propaganda and the Cold War.* Philadelphia: University of Pennsylvania Press, 2008.
Berghahn, Volker R. *America and the Intellectual Cold Wars in Europe.* Princeton, NJ: Princeton University Press, 2001.
Blotner, Joseph. *Faulkner: A Biography.* 2 vols. New York: Random House, 1974.
——. *Faulkner: A Biography.* One-volume ed. 1984. Reprint, Jackson, MS: University Press of Mississippi, 2005.
——, ed. *Selected Letters of William Faulkner.* New York: Random House, 1977.
Bogart, Leo. *Cool Words, Cold War: A New Look at USIA's Premises for Propaganda.* Rev. ed. Abridged by Agnes Bogart. Lanham, MD: American University Press, 1995.
Cohen, Warren I., and Akira Iriye, eds. *The Great Powers in East Asia, 1953–1960.* New York: Columbia University Press, 1990.
Collier, Peter. *The Rockefellers: An American Dynasty.* New York: Henry Holt & Co., 1976.
Creel, George. *How We Advertised America: The First Telling of the Amazing Story of the Committee on Public Information That Carried the Gospel of Americanism to Every Corner of the Globe.* 1920. Reprint, Whitefish, MT: Kessinger Publishing, 2008.
Cull, Nicholas J. *The Cold War and the United States Information Agency: Ameri-*

can Propaganda and Public Diplomacy, 1945-1989. New York: Cambridge University Press, 2008.

Davenport, Lisa E. *Jazz Diplomacy: Promoting America in the Cold War Era*. Jackson: University Press of Mississippi, 2009.

Dizard, Wilson P., Jr. *Inventing Public Diplomacy: The Story of the U.S. Information Agency*. Boulder, CO: Lynne Rienner Publishers, 2004.

——. *The Strategy of Truth: The Story of the U.S. Information Service*. Washington, D.C.: Public Affairs Press, 1961.

Duberman, Martin. *The Worlds of Lincoln Kirstein*. New York: Alfred A. Knopf, 2007.

Eisenhower, Dwight D. "America's Place in the World," *The Reader's Digest*, Nov. 1965.

Elder, Robert E. *The Information Machine: The United States Information Agency and American Foreign Policy*. Syracuse, NY: Syracuse University Press, 1967.

Entwistle, Basil. *Japan's Decisive Decade: How a Determined Minority Changed the Nation's Course in the 1950s*. London: Grosvenor Books, 1985.

Ewing, William A. *Edward Steichen*. London: Thames & Hudson, 2007.

The Family of Man, created by Edward Steichen. 1955. Reprint, New York: Museum of Modern Art, 2003.

Faulkner at Nagano. Ed. Robert Jelliffe. Tokyo: Kenkyusha, 1956.

Faulkner, William. *Faulkner in the University: Class Conferences at the University of Virginia, 1957-1958*. Ed. Frederick L. Gwynn and Joseph L. Blotner. 1959. Reprint, New York: Vintage Books, 1965.

Firestone, Ross. *Swing, Swing, Swing: Life and Times of Benny Goodman*. London: Hodder and Stoughton, 1993.

Frank, Mortimer H. *Arturo Toscanini: The NBC Years*. Portland, OR: Amadeus Press, 2002.

Freedman, Russell. *Martha Graham: A Dancer's Life*. New York: Houghton Mifflin Company, 1998.

Gioia, Ted. *The History of Jazz*. 2nd ed. New York: Oxford University Press, 2011.

Giorcellim, Cristina, and Rob Kroes, eds. *Living with America, 1946-1996*. Amsterdam: VU University Press, 1997.

Green, Fitzhugh. *American Propaganda Abroad: From Benjamin Franklin to Ronald Reagan*. New York: Hippocrene Books, 1988.

Gresset, Michel, *A Faulkner Chronology*. Jackson MS: University Press of Mississippi, 1985.

Harr, John Ensor, and Peter J. Johnson. *The Rockefeller Century: Three Generations of America's Greatest Family*. New York: Charles Scribner's Sons, 1988.

Heil, Alan L., Jr. *Voice of America: A History*. New York: Columbia University

Press, 2003.
Henderson, John W. *The United States Information Agency*. New York: Frederick A. Praeger Publishers, 1969.
Hixon, Walter L. *Parting the Curtain: Propaganda, Culture, and the Cold War, 1945–1961*. New York: St. Martin's Griffin, 1997.
Iriye, Akira, and Warren I. Cohen, eds. *The United States and Japan in the Postwar World*. Lexington: University Press of Kentucky, 1989.
Kajima, Shozo. "Remembering Faulkner: Warmness, Sincerity, Openness at Nagano Impressed Everyone." *The Faulkner Newsletter & Yoknapatapha Review*, Apr.-June 1989.
Karl, Frederick R. *William Faulkner: American Writer, A Biography*. New York: Weidenfeld & Nicolson, 1980.
Kato Mikio. *The First Fifty-five Years of the International House of Japan: Genesis, Evolution, Challenges, and Renewal*. Tokyo: I-House Press, 2012.
Kendall, Harry H. *A Farm Boy in the Foreign Service: Telling America's Story to the World*. Bloomington, IN: 1stBooks, 2003.
Kert, Bernice. *Abby Aldrich Rockefeller: The Woman in the Family*. New York: Random House, 1993.
Kirstein, Lincoln. *The New York City Ballet*. New York: Alfred A. Knopf, 1973.
Koppes, Clayton R., and Gregory D. Black. *Hollywood Goes to War: How Politics, Profits, and Propaganda Shaped World War II Movies*. New York: Free Press, 1987.
Kramer, Hilton. "Exhibiting the Family of Man: 'The World's Most Talked About Photographs.'" *Commentary*, Oct. 1955.
Krumgold, Joseph. *Onion John*. New York: Harper Collins, 1959.
Lasch, Joseph P. *A World of Love: Eleanor Roosevelt and Her Friends, 1943–1962*. Garden City, NY: Doubleday, 1984.
Leppert, Glenn Wesley. "Dwight D. Eisenhower and People-to-People as an Experiment in Personal Diplomacy: A Missing Element for Understanding Eisenhower's Second Term As President." PhD diss., Kansas State University, 2003. UMI Microform.
Lucas, Scott. *Freedom's War: The American Crusade against the Soviet Union*. New York: New York University Press, 1999.
McDonagh, Don. *Martha Graham: A Biography*. New York: Praeger Publishers, 1973.
Masey, Jack, and Conway Lloyd Morgan. *Cold War Confrontations: US Exhibitions and Their Role in the Cultural Cold War*. Baden, Switzerland: Lars Müller, 2008.
Miller, Bertha M., and Elinor W. Field, eds. *Newberry Medal Books, 1922–1955*.

Boston: Horn Book, 1955.

Moreland, Richard C., ed. *A Companion to William Faulkner*. Malden, MA: Blackwell, 2007.

Morioka, Michiyo. *An American Artist in Tokyo: Frances Blakemore, 1906–1997*. Seattle: The Blakemore Foundation, 2008.

Murphy, Jacqueline Shea. *The People Have Never Stopped Dancing: Native American Modern Dance Histories*. Minneapolis: University of Minnesota Press, 2007.

Ninkovich, Frank A. *The Diplomacy of Ideas: U.S. Foreign Policy and Cultural Relations, 1938–50*. New York: Cambridge University Press, 1981.

——. *U.S. Information Policy and Cultural Diplomacy*. New York: Foreign Policy Association, 1996.

Niven, Penelope. *Steichen: A Biography*. 2nd ed. Fort Washington, PA: Eastern National, 2004.

Osgood, Kenneth. *Total Cold War: Eisenhower's Secret Propaganda Battle at Home and Abroad*. Lawrence: University Press of Kansas, 2006.

Parini, Jay. *One Matchless Time: A Life of William Faulkner*. New York: Harper Perennial, 2005.

Pells, Richard. *Modernist America: Art, Music, Movies and the Globalization of American Culture*. New Haven, CT: Yale University Press, 2011.

Prevots, Naima. *Dance for Export: Cultural Diplomacy and the Cold War*. Hanover, NH: Wesleyan University Press and University Press of New England, 1998.

Reich, Cary. *The Life of Nelson A. Rockefeller: Worlds to Conquer, 1908–1958*. New York: Doubleday, 1996.

Reischauer, Edwin O. "The Broken Dialogue with Japan." *Foreign Affairs*, Oct. 1960.

Repplier, Theodore S. "They Give Us a Good Name," *The Saturday Evening Post*, 24 Sept. 1955.

Robin, Ron. *The Making of the Cold War Enemy: Culture and Politics in the Military-Intellectual Complex*. Princeton, NJ: Princeton University Press, 2001.

Roosevelt, Eleanor. *On My Own*. New York: Harper & Brothers Publisher, 1958.

Rosenberg, Emily. *Spreading the American Dream: American Economic and Cultural Expansion, 1890–1945*. New York: Hill and Wang, 1982.

Rubin, Ronald I. *The Objectives of the U.S. Information Agency: Controversies and Analysis*. New York: Frederick A. Praeger Publishers, 1966.

Saeki, Chizuru. *U.S. Cultural Propaganda in Cold War Japan: Promoting Democracy, 1948–1960*. Lewiston, NY: Edwin Mellen Press, 2007.

Sandeen, Eric J. *Picturing an Exhibition: The Family of Man and 1950s America*. Albuquerque, NM: University of New Mexico Press, 1995.

Saunders, Frances Stonor. *The Cultural Cold War: The CIA and the World of Arts and Letters.* New York: The New Press, 1999.

Schuller, Gunther. *The Swing Era: The Development of Jazz, 1930-1945.* New York: Oxford University Press, 1989.

Schwenk-Borrell, Melinda M. "Selling Democracy: The United States Information Agency's Portrayal of American Race Relations, 1953-1976." PhD diss., University of Pennsylvania, 2004.

Segrave, Kerry. *American Films Abroad: Hollywood's Domination of the World's Movie Screens from the 1890s to the Present.* Jefferson, N.C.: McFarland Company, 1997.

Smith, Jay D., and Len Guttridge. *Jack Teagarden: The Story of a Jazz Maverick.* 1960. Reprint with new preface, New York: Da Capo Press, 1988.

Something About the Author. Vol. 48. Ed. Anne Commire. Detroit: Gale Research Company, 1987.

Spender, Stephen. *Stephen Spender: Journals, 1939-1983.* Ed. John Goldsmith. London: Farber and Faber, 1985.

Steichen, Edward. *A Life in Photography.* Garden City, NY: Doubleday & Co. in collaboration with the Museum of Modern Art, 1963.

Taylor, John Harper. "Ambassadors of the Arts: An Analysis of the Eisenhower Administration's Incorporation of *Porgy and Bess* into Its Cold War Foreign Policy." PhD diss., The Ohio State University, 1994. https://etd.ohiolink.edu/!etd.send_file?accession=osu1250095985&disposition=inline.

Thomson, Charles A., and Walter H. C. Laves. *Cultural Relations and U.S. Foreign Policy: A New Dimension in Foreign Relations.* Bloomington: Indiana University Press, 1963.

Thornbury, Barbara E. *America's Japan and Japan's Performing Arts: Cultural Mobility and Exchange in New York, 1952-2011.* Ann Arbor: The University of Michigan Press, 2013.

Tuch, Hans N. *Communicating with the World: U.S. Public Diplomacy Overseas.* New York: St. Martin's Press, 1990.

——, and G. Lewis Shmidt, eds. *Ike and USIA: A Commemorative Symposium.* Washington, D.C.: The U.S. Information Agency Alumni Association & the Public Diplomacy Foundation, 1991.

Tudda, Chris. *The Truth is Our Weapon: The Rhetorical Diplomacy of Dwight D. Eisenhower and John Foster Dulles.* Baton Rouge: Louisiana State University Press, 2006.

Von Eschen, Penny M. *Satchmo Blows Up the World: Jazz Ambassadors Play the Cold War.* Cambridge, MA: Harvard University Press, 2004.

Wagnleitner, Reinhold. *Coca-Colonization and the Cold War: The Cultural Mis-*

sion of the United States in Austria After the Second World War. Trans. Diana M. Wolf. Chapel Hill: University of North Carolina Press, 1994.

Ward, Geoffrey C., and Ken Burns. *Jazz: A History of America's Music*. New York: Alfred A. Knopf, 2000.

Whitfield, Stephen J. *The Culture of the Cold War*. 2nd ed. Baltimore: Johns Hopkins University Press, 1996.

Zwigenberg, Ran. "'The Coming of a Second Sun': The 1956 Atoms for Peace Exhibit in Hiroshima and Japan's Embrace of Nuclear Power," *The Asia-Pacific Journal* 10 (6 Feb. 2012). http://www.japanfocus.org/-Ran-Zwigenberg/3685.